当代哲学研究文集

Articles of Contemporary
Philosophy Research

李建群 主编

中国社会科学出版社

图书在版编目（CIP）数据

当代哲学研究文集/李建群主编. —北京：中国社会科学出版社，2018.11

ISBN 978-7-5203-3140-1

Ⅰ.①当… Ⅱ.①李… Ⅲ.①哲学—文集 Ⅳ.①B-53

中国版本图书馆 CIP 数据核字（2018）第 209584 号

出 版 人	赵剑英
责任编辑	侯苗苗
特约编辑	曹慎慎
责任校对	周晓东
责任印制	王 超
出　　版	中国社会科学出版社
社　　址	北京鼓楼西大街甲 158 号
邮　　编	100720
网　　址	http://www.csspw.cn
发 行 部	010-84083685
门 市 部	010-84029450
经　　销	新华书店及其他书店
印　　刷	北京君升印刷有限公司
装　　订	廊坊市广阳区广增装订厂
版　　次	2018 年 11 月第 1 版
印　　次	2018 年 11 月第 1 次印刷
开　　本	710×1000 1/16
印　　张	22.5
插　　页	2
字　　数	369 千字
定　　价	95.00 元

凡购买中国社会科学出版社图书，如有质量问题请与本社营销中心联系调换
电话：010-84083683
版权所有　侵权必究

序

这本文集是从2015年的当代哲学前沿国际学术讨论会的论文中选取的部分论文，与会代表来自中、美、英、加拿大、中国台湾、俄罗斯、印度等多个国家与地区，会议得到了美国《文化与价值研究中心》的大力支持，中心主任、著名哲学家、思想家乔治·麦克林先生为大会发来了贺电，并表示将在美国出版本次会议的英文版文集。会后，将会议的部分中文稿件翻译成英文，与其他英文文稿一起结集交由乔治·麦克林和中心副主任胡也萍教授审阅、校勘，英文书稿目前仍在处理过程之中。遗憾的是，乔治·麦克林先生因病医治无效与世长辞，最终未能见到本书的出版。我们对于乔治·麦克林与胡也萍教授给予本书所付出的心血表示诚挚的感谢，也借文集中文版的出版对麦克林先生表示崇高的敬意与深深的怀念。

本文集以当代哲学为题，研究内容涉及中西哲学及哲学本身性质特点的研究，哲学的论述方法，哲学新的分支学科及其问题，如价值哲学、生态哲学、身体哲学、当代美学、发展哲学、中西哲学比较等，同时也涉及许多哲学的专门问题与热点话题，如全球化问题、信息价值问题、公共性理论、社会风险治理、文化认同与价值共识等。所提交的论文体现了学者们的当代视角与问题意识，反映了他们长期以来的研究心得与思考。

本文集话题大体集中于三个主要方面：一是关于当代哲学的一些理论问题，二是全球化与社会发展，三是文化与价值问题。

关于哲学的理论讨论中，涉及许多哲学当代基础理论问题，其中关于哲学是什么的问题，仍然具有时代性和新鲜感。对此问题的理解，既可以与历史相连，从哲学思想史的维度来把握，也可以从哲学应有的时代性角度把握。它是一个古老而又常新的问题。

当我们从哲学史与社会思想史发展的经纬来回答这个问题时，毫无疑问，哲学作为一个古老的学科，曾经是科学之母，是科学之科学，作为常新的学科，哲学是在时代的进步和发展中不断进步与发展的，它不断随着时代的发展衍生出新的学派和各种思潮，描绘着人类思想史进程的经纬框图，反映着人类精神历程的曲折和反复，社会的进步在精神上的积淀和升华使哲学本身不断更新与嬗变，哲学家不断从历史资源中获得哲学发展生命力的源泉，以独特的方式开创其自身的理论新形态和研究领域，使哲学思想或理论成为时代的先声与时代精神的精华，当然，哲学不仅反映时代精神的精华，也反映时代的糟粕。因此有好的哲学，也有坏的哲学。

因此，哲学有了所谓当代性问题，即哲学的发展和对自身的反思批判性问题。并非所有哲学都是正确的，也并非是绝对真理的体系，在对人类的经验和教训进行反思时，哲学本身应当纳入反思批判对象之中，而不是以永远正确之角色充当历史的审判者和真理的甄别者。因为任何时代的哲学作为时代精神，已然渗透在不同时代进程中的体制性、结构性、思想性基因中，存在于人类社会的各个部分，从物质生产的组织观念到意识形态的设计，都起着观念引导的作用，因此，当我们的历史发展面临重大挫折和危机时，既有哲学特别是官方哲学往往难辞其咎。哲学及其观念往往也是造成这种历史结果的一部分，而不能每每置身事外。因此，哲学以自身为对象的批判与反思是哲学发展的前提。

哲学的当代性的第二层意思是说，哲学自身的批判反思即哲学的变革当以新的时代主题和时代问题为哲学变革的导向。哲学有两种现实的选择，一是游离于历史与现实之外自娱自乐并自生自灭，或将其作为万世不变的所谓真理把玩于手，孤芳自赏，嗔怪他人不识宝玉；二是以自己特有之学科功能介入时代，回答时代问题，提出解决时代问题与矛盾的答案，推动社会与人的全面发展。

因此，什么是哲学的问题，也可以转换成哲学能为时代的进步与发展提供什么，也就是哲学能做什么的问题。具有时代价值的哲学，必须能够作为知识体系和人类物质精神活动的知识结晶为当代社会的发展提供精神上的动力，为时代的进步找出正确的方向，为时代的错误寻找历史的界碑，为社会历史与人类发展的经验教训给予合理的解释，在推动人类的精神解放和人的全面发展中提供价值坐标和终极意义的阐释。舍此，哲学将无所作为，并可能为人们所边缘化。换言之，任何真正的哲学，都是在回应它的时代问题并提供了解决这些问题的独到方法才有资格成为哲学史的一部分，那些自娱自乐式，游离时代之外打情骂俏式，厚古薄今常发思古之幽情式，文字游戏或逻辑游戏式的所谓哲学，通常无法留存在人们的记忆里，也无法得到时代的礼赞，这种哲学就是无用的哲学，最多是语言的污染物或精神垃圾。因此，哲学的功能，不是永恒的，而是在历史过程中反思历史与自我反思与批判的过程中获得与形成的，这一点我们在维特根斯坦关于哲学的价值判断中有清晰的认识。真正的哲学应该既提供知识，也提供方法，没有知识的纯粹方法是无根的，没有方法的知识也难以成为哲学。哲学应该是时代问题的凝练者、分析者及解决问题的方法论资源，哲学不是具体之工具，但哲学具有工具性，哲学提供探索真理的原则和方法，哲学提供探索和判定真理的相对坐标和尺度，哲学提供人类活动的目的与意义。同时，哲学作为工具提供给人们的是思维或精神分析的工具，是反思批判的方法，是摧毁旧的不合理的事物或秩序同时建构新秩序、新观念的思想，我们虽然反对工具理性统治世界，贬低人文价值的观念，但是如果连基本工具的价值都不具备，则它一定是无用的。

当代哲学能够为中国社会的发展和进步做什么或应该做什么呢，我以为在世界历史走向全球化的时代，我们必须恪守哲学的传统宗旨和基本属性，以原有的理论体系为基本坐标研究新问题、解释新现象，但这还远远不够。作为时代的精神表达，各个时代有着不同的特点与时代问题，因此必然要求对这些问题给予解释，并给出前瞻性的解决问题的方案，我们不仅要在解释学意义上回答哲学是什么的问题，更要在创造学意义上回答哲学能做什么，以及怎样做的问题。中国作为世界当代历史中极具意义的发展样本，它的特点和历史过程是前所未有的，它所面对的问题既是中国的，也是世界的。许多问题极具世界意义，比如：人类的发展是否可以有多种不同的模式和道路？中国与西方在精神发展上有无共通之路？中国文化精神中有无普世价值？当代中国的时代问题怎样进行哲学的概括和哲学新形态的创立等。

当然，除了在历史的高度和形而上学意义上谈论哲学之所能外，哲学也可能具有更加实际的功能，例如，在本次提交的论文中，胡也萍教授关于哲学是什么的论文也为我们提供了关于哲学所具有的某种精神治疗功能的阐释和论证，从某种角度提出了哲学可能做什么具有价值的探索。

  本书第二个比较集中的话题是全球化问题。全球化是这个时代的关键词，也是这个时代的主要特征与趋势。全球化导致了世界在经济、政治、地缘、文化方面的重要变化，它本身已经成为一种当代认知的方法论。全球化进程的一个重要问题是价值观与文化观的冲突与变迁及其对我们生活的重大影响。对于我们所处的时代，人们的直观感受是：这个时代在某种意义上说，是最好的时代，但同时也是最坏的时代。一方面，社会物质生活条件的改善和物质的丰富使人们的物质需要得到较大的满足，当代中国与世界强国在物质生活方面的差距明显缩小；另一方面，反映社会主体深刻精神内涵的理性精神和人文素养并未随着物质生活条件的极大改善而成正比提升，反而在下降。物质主义和拜金主义甚嚣尘上，物的价值成为一切价值的衡量尺度，关注理想和仰望天空成为不食人间烟火的代名词，这个时代，凸显出精神的失落与物质精神发展的不平衡，凸显出社会主体精神家园的失落和信仰的沦丧。特别在当今科学技术的发展日益具有解释权和话语权的时代，面对科学、数学，甚至各种具体的社会科学，理性精神有时竟沦为了被贬谪的对象，工具理性压倒价值理性，理性精神与价值判断在所谓"真正的科学"中被排斥，非价值化、中立化成为学科是否科学之标准。此外，民族文化的解构与重构成为一个时代问题，精神信仰也在种种迷惘中失落。习近平总书记说过：人民有信仰，民族有希望，国家有未来。这个时代需要精神的出场，这个时代无法用西方的某种定式哲学来概括和说明，也不能用中国传统文化来阐释，它就是自己的时代，需要用自己的话语逻辑来阐述。有全球化的价值，必然有反全球化的价值，这代表两种不同的价值维度和价值取向，其中的价值逻辑是重叠交叉的，非常复杂，代表两种价值追求的力量的角力是这个时代的重要特征，值得关注与研究。

  本书涉及的第三个话题是文化问题，文化问题是当代哲学关注的主要问题之一，人是文化的动物，人创造文化，文化也创造了人，文化与人类的生存与发展密不可分。在全球化时代，随着世界各经济体日益密切的联系，民族国家的历史转变为世界历史的一部分，民族国家的传统文化在这种交往的时代既面临文化融合，也面临文化冲突，全球化变革时代的力量，推动着不同民族文化的反思、重构、转型及走向现代化。文化问题具有相当的复杂性。在当今时代，我们面临许多重大的文化发展难题和文化创造与融合的困惑。比如，文化民族根性与文化的多元化之间如何平衡？世界文明所代表的方向与民族国家文化发展方面的异同如何理解？中国传统文化如何通过批判和发展成为当代先进文化的有机构成部分？文化本身有无落后与先进，文明与野蛮之分？不同文化是否具有可融合性，其基础是什么？这些问题是文化研究的难题，也是文化研究的重要内容。其中有些问题本文集的某些论文略有涉猎和论述。

本论集以当代哲学为名，涉及当代哲学及哲学的相关问题，但并非面面俱到，除上述主要话题外，也涉及诸如哲学美学、生态哲学、民族语言学中的部分研究，它们为文集增添了一抹亮色，也丰富了我们对哲学问题的理解和认知。

目 录

第一编 全球化问题

论全球化与反全球化的价值选择与内在冲突 …………… 李建群（3）
全球化时代文化认同方式面临的挑战与变革 … 万希平 李淑梅（17）
全球化背景下的发展困境与科学发展观和谐价值诉求的
　　彰显 ………………………………………………… 何小勇（29）
全球化背景下发展中国家传统文化所面临的困境 ……… 阎孟伟（44）
经济全球化时代的价值共识 ……………………………… 李永胜（51）

第二编 社会发展与文化价值

从人生到人
　　——关于价值和意义的哲学内涵之辨析 …………… 王晓勇（65）
可持续发展与后现代生态世界观 ………………………… 张学广（78）
"生存安全性"的文化价值逻辑
　　——现代性社会发展的公共性本质 ………… 袁祖社 王 轩（88）
以知识型社会战略增强创新 ……………………………… 张永缜（103）
社会发展视野下的哲学批判 ………………… 李建群 雷云飞（111）
中国传统文化的"和谐"意蕴 ………………… 燕连福 朱 婧（120）
文化的公共性阐释及其当代启示 ………………………… 丛 蕊（130）
文化公共性的实践与现代个体优良心灵秩序的
　　养成 ………………………………………… 袁祖社 董 辉（137）
中国传统文化核心价值理念当代认同度的实证研究 …… 雷巧玲（150）
多元社会对少数民族语言态度影响的实证研究
　　——以新疆南疆三地州（喀什、和田、巴音郭楞蒙古
　　自治州）为例 ……………… 孙丽莉 王 伟 张小刚（159）

第三编　哲学基础理论

哲学应当是什么 ………………………………… 胡也萍　申　楠（175）
当代哲学面临的挑战与科学合理性问题 …………… 张周志（185）
对庄子哲学几个争议焦点的辨析 …………………… 谢阳举（194）
生命整体与基元个体
　　——中西方文化的根本差异 …………………… 张　帆（213）
从老子与苏格拉底探寻中西先贤道德哲学思想的契合
　　…………………………………………… 魏　华　曹　渊（224）
阴阳：中国哲学建构性别观念的坐标 ……………… 申丽娟（233）
浅析《论语》中的社会秩序及其风险观 …………… 黄　萌（242）
黑格尔财富观探幽 …………………………………… 宁殿霞（249）
中国语境中的西方马克思主义 ……………………… 姚明今（259）

第四编　哲学分支领域理论研究

信息价值论的生态学意蕴
　　——对罗尔斯顿价值论的新解读 ……………… 邬天启（271）
西方生态学马克思主义生态危机理论探析 ………… 寇　瑶（283）
风险分配的马太效应及其对风险治理的启示 ……… 唐建旺（294）
现代化、全球化与哲学的身体化
　　——三位一体的自然主义身体哲学论纲 ……… 侯志成（302）
身体、符号及其能动性 ………………………… 张　兵　谢芳芳（322）
从实用主义美学到身体美学
　　——兼论舒斯特曼的身体美学思想与中国古典美学的
　　比较研究 …………………………… 张再林　李军学（335）
后　记 ……………………………………………………………（349）

第一编
全球化问题

论全球化与反全球化的价值选择与内在冲突

李建群

(西安交通大学人文社会科学学院教授，西安，710049)

摘 要 全球化时代是人类实现经济、贸易、文化的整体性，全方位、跨国界的相互交往，互利合作，共同发展的时代，它既是资本主义生产方式、交往方式、规制方式的全球化，同时也是体现资本主义制度及其价值诉求与文化理念的全球化过程。在全球化的早期阶段以资本为代表的西方部分国家或利益集团的基本价值诉求表现为西方中心主义价值观，其中虽然有自由、平等、民主等普遍意义的价值诉求，但这种基于西方中心论的观念在价值观的输出方面具有强烈的利己主义和标准双重性的特点。全球化进程的加深和新兴经济体的崛起，改变了世界经济、政治、文化发展的态势，全球性利益结构、经济结构的非均衡问题凸显出来，西方国家在发展理念、经济结构、国内外政策方面的战略失误和资本主义生产方式固有矛盾，导致贸易保护主义、民粹主义、反现行全球规则等反全球化思潮的兴起，其政策取向和价值诉求与全球化方向背道而驰，并存在产生冲突与对抗的可能性，从而极大地影响着全球化的健康发展和世界文明新秩序的建构。因此，深入探讨这一全球化与反全球化及其价值诉求冲突是一个重要的话题。

关键词 全球化；反全球化；新全球化；价值诉求

一 一般价值意义上的全球化价值取向

全球化是人类历史进程中十分重要的阶段，是当代世界历史发展的主要特征，对于全球化的定义与历史发端已有许多研究，从国内马克思主义关于全球化研究的基本视角来看，全球化是一个资本主义生产方式不断扩张和拓展其作用空间的过程，是资本主义商品生产和市场经济日益为包括社会主义在内的国家所接受并实行的基本经济体制的过程，是基于这种生产方式而日益形成世界体系和系统的过程。从时间上看，这个过程萌芽于资本主义生产方式的建立，兴起于资本主义全球贸易与两次世界大战，深化于20世纪中后期。全球化使曾经游离于世界的各个民族国家通过日新月异的信息化技术建立起日益紧密的联系，推动世界体系内部的民族、国家的社会变革与发展转型。每个国家，不管其社会制度如何，都面临着包括政治制度、发展模式、价值理念的挑战，是适应全球化、观察全球化、消极对抗全球化，还是反全球化？必须做出自己的选择。

从全球化的历史进程来看，全球化过程的主导力量是西方发达资本主义国家，作为全球化的引领者，西方主要资本主义国家如英、法、葡萄牙都曾作为殖民主义的宗主国以种种方式推动了资本主义殖民地的扩张和世界经济的发展，并制定了全球化的规则，形成了西方主导下的经济政治文化交往模式，即经济扩张、政治植入、文化输出，它客观上使资本主义生产关系及其要素嵌入那些处在不同历史发展中的民族国家，影响着世界不同板块与国家的经济结构、政治制度、文化取向，并逐步构建了西方主导下的体系化世界关系的雏形。第二次世界大战后，美国取（英国）而代之，成为世界头号强国，并主导了迄今为止的世界历史进程，确立了西方资本主义世界体系框架，建立了联合国等全球性政治、经济、文化组织与机构，并制定了以其利益与价值为诉求的政治框架、经贸规则、双边或多边国际关系秩序的核心理念。20世纪末至今，以西方为中心的全球化，体现了以美国为首的西方资本主义集团的利益与价值取向，它通过经济一体化过程向全球进行扩张，并努力使西方话语体系及其所包含的价值理念成为西方文明模式向世界输出的样板。

从历史发展的积极方面来看，西方所主导的全球化既推动了世界体系的进一步形成和发展，又对世界历史进程推向现代化起到某种程度的引领作用。作为全球化的原动力，西方资本主义文明推动了世界各国生产方式的变革，改变了民族国家的历史与对人类共同命运的认知；加强了各国之间从政治、经济到文化的关联，使各国的发展与世界的发展日益联系起来。为世界带来前所未有的变化，初步形成了具有高度相关性的世界体系及不同民族国家发展演变的新的历史格局。虽然全球化并未从根本上改变各国经济的数字鸿沟，但却使发展中国家获得了经济发展的必要条件，新兴经济体的崛起和经济重心的变化，对世界经济秩序构架的重组和世界政治秩序的重建产生了重大的推动作用。发展中国家如中国等"金砖国家"成为世界经济的增长和发展引擎，多极化经济格局的形成改变了过去世界经济发展的严重不平衡，推动世界经济走向更加均衡的发展之路。就中国的情况而言，中国紧紧抓住了全球化的这个重大历史机遇，我们制定并实施了一系列改革开放的经济社会政策。全球化既推动了中国社会自身在发展模式、制度体系、文化价值等方面进行的重新整合和改革，也使中国在国际经济分工中获得了自己的地位，日益成为国际经济体系中举足轻重的力量。中国在许多领域特别是在技术领域的发展与进步，使我们在世界上拥有了一定的话语权。比起30年前，中国社会面貌发生了根本性改变，人民生活水平得到了大幅度改善，幸福指数得以显著提高。因此，从某种意义上说，中国既是全球化的推动者、维护者，又是受益者。全球化是人类历史发展到当代的必然产物，是一个正在发生的现实过程，它体现于世界不同社会、国家、民族主体及体系的结构、关系、过程的变革与运动之中，也表现在人类的精神与观念的变革之中，这种全球化观念的深层内涵体现着与人类精神发展不同历史阶段的精神诉求与价值取向。换言之，全球化观念本身是一种理念，一种方法，一种价值，一种思维方式。

作为一种理念，全球化与传统的闭关锁国、互不往来的民族国家观念不可同日而语，这种理念体现了世界普遍联系的哲学理念，符合社会发展的辩证法，反映了现代世界历史发展的方向。从当代的社会发展现实来看，生产力的资本主义发展方式推动了科学技术的进步，推动了经济与贸易的全球交往，深化了人们对现代社会关系的经验和理论，世界各国、各经济体、不同的社会组织的交往方式日益加强，形成了你中有我、我中有你的交往格局与现实联系。并且人们逐渐认识到：各国的交往并非以彼此伤害为前提，它们可以是互利互惠、荣辱与共的。同时，全球化作为一种观念，对于国家、民族、集团来说，提供了一种价值维度，在世界体系中，民族国家的经济社会发展无不受到其他国家的影响，每一个国家都是"世界"的一部分，而不是外在于这个体系，因此，一国的发展受到世界的影响，同时也影响世界。例如，中国的发展是世界的一部分，世界的也必然是中国的，它体现了整体与局部的关系。各国决策无不受到体系内其他国家的影响,反过来影响其他国家。就世界立场而言,不存在与世界接轨,只存在与先进国家看齐,但发展的先进性是江山代有才人出,各领风骚数百年。

作为一种方法,全球化本身即意味着与非全球化与反全球化相反的思路,这种方法论取向是将世界作为一个整体、一个系统看待,每个民族国家只是这个整体与系统中的部分,相互之间具有不可分离的联系,并且,随着全球化进程的日渐深入,不同国家在这个整体与体系中的作用与地位会出现此消彼长的态势,从而使不同民族国家在发展着的全球化过程中的作用和重要性不断发生改变,例如,"金砖五国"的发展使世界经济的原有版图被改写和重构,这种新的世界经济版图的形成也影响着世界政治及其他方面的深刻变化。作为一种方法,全球化不是静态地反映世界的当下发展状况,而是一个动态的过程,是一个整合、融会、推动、促成各国之间更加紧密地联系起来的过程。也就是说,是一个不断强化体系化联系的过程。全球化就是一个世界不断走向体系化的过程,这个体系化的过程,不仅是经济国际化体系逐步形成的过程,也不仅是各国自身发展由分散的内源式的阶段走向彼此具有更密切的关系的阶段,也不仅是世界性全球关系的新格局正在形成的过程。最重要的而且也是具有重大意义的是:内在于全球化的深层文化观念与价值形态向世界各国传播的过程。它们决定并规范着全球化的基本方向。

作为一种价值,全球化本身也是一个具有价值意义的范畴。人类进程中不断由离散走向联合和一体化的过程本身,包含着对于下述若干价值意义的肯定与认同。我们知道,全球化虽然由西方所建立的规则与话语体系所主导,它们体现着西方利益和价值取向,但它又是人类文明进程的必然过程,具有社会发展的客观性,并且其中包含着人类文明发展的基本动因和一般价值诉求,如果没有这些可以为各国所接受的基于不同利益与特殊利益基础上的共同价值诉求,全球化进程将是不可理解的。这些共同的价值诉求与交往理性精神存在于西方所确立的全球交往的规则与准则之中,它对于相对后发的国家来说,未必都是公平的,并且与民族国家的文化价值具有内在的冲突,但却是发展中国家走向世界历史的必要条件和门槛,融入其中并受益于其中,是后发国家必须要做的功课。

其一,世界的联系是在交往中产生和生成的,交往与沟通中生成的交往理性是人类发展的基本价值。人类社会不同社会组织之间通过经济交往、文化交往，乃至政治交往，围绕义利关系逐渐形成了交往各方的价值原则和交往规范，在交往中存在和平与友善，也有暴力和掠夺；存在理性的交往，也存在强权与以强凌弱。但不论是东方还是西方的文明史，都形成了人类交往过程中的真善美价值目标，它们犹如灯塔般指引着人类历史走向文明化与智慧化，在不断形成的文明的价值引导下，善良战胜邪恶，理性原则取代非理性原则成为主要的趋势，世界交往中的理性与善以及由此产生的一系列有助于人类进步的目标不断确立起来，世界交往的历史发展到当代，交往的理性原则成为重要的价值理念和行动原则，这种交往原则派生出一系列相关的价值理念，例如，交往的合理化原则、互惠互利的原则、"双赢"或"多赢"原则，这些原则摒弃了以往交往中的那些弱肉强食、强权政治、你输我赢的非此即彼价值取向，崇尚共同发展理念，这一价值理念是事物发展的根本价值，是现代社会所应尊重和崇尚的原则，体现了积极的价值取向，也是人类文明的基本价值目标。

其二，世界是多样性的统一体，在走向一体化的过程中，也伴随着多元化。强调一体化是世界各国在科技革命的高速发展中不断加强联系的总趋势，它表明世界各国不可能孤立地走向现代化，是世界普遍联系的表现。而多元化是在世界的多样化前提下，充分尊重不同国家和民族的历史文化特性和自由选择适合各国发展的道路或模式，多元化与一体化是统一体的两个方面，没有一体化的多元化是非关联的、离散的，其结果往往造成多元对立和冲突；而没有多元化的一体化则会导致僵化和某种专制，它扼杀自由发展的空间和选择的多样性。以制度和文化发展为例，人类的制度文明既有连续性和统一性，其内存的制度基因在历史的选择中积淀下来，不论东方或西方的制度基因中都包含了人类处理自然与人、社会与人、人与人的生存智慧和经验，但制度文明除了某种线性历史外，还有与其他国家的交往中的相互影响，这导致制度文明的相互借鉴和价值融合。因而，制度文明并非一成不变的，也非绝对的。文化的发展与交流也是如此，各民族国家在其历史的长河中，形成了独特的文化，其文化既表达了民族特性，也是不同民族生存与发展历史的价值凝结，其中有民族的独特性，也有民族间的可比较性与共通性，世界交往史的产生，便证明了文化交往的现实可能，各民族在这种文化交往中彼此相互学习与融合，这是不同民族发展的重要动力。

其三，利益动态平衡的价值取向。全球化是利润再创造和再分配的过程，在第二次世界大战后所确立的资本主义国际关系体系条件下，利益分配是以强权与霸权为手段的，因此决定了国家间关系的基本格局。但随着技术进步的步伐大大加快，核力量的建立导致所有围绕利益的争端有了一个"阈值"即围绕着利益展开的国际争端与战争规模受到核武器的约束，并由于大国间的核力量的发展形成"核恐怖平衡"从而形成利益冲突处理原则的上限。因此，这导致各国寻求解决利益冲突的路径或方式受到了类似于孙悟空头上的"紧箍咒"一样的束缚，并进而形成在利益冲突方面的"利益平衡"机制。由"恐怖平衡"导致国家间关系不断形成"利益平衡"是全球化时代的重要价值取向，在利益关系的建构和利益的分配中，此消彼长、损人利己、单边主义的价值原则应该退出历史的舞台。

其四，"自由流动"的全球价值。全球联系的形成是以信息、技术、货币、人才、物资的可自由流动为特点的，在相对封闭的"世界历史"开端之前，虽然也有经济、贸易、人员流动，但与当今的全球流动不可同日而语。这种自由流动扩大了个人自由选择的空间，国家之间、民族之间，甚至不同意识形态国家之间的壁垒与限制被打破了，它大大促进了国家间的交流与往来，实现了人的迁徙与选择的自由，使生产力得到极大的解放。这是与全球化相伴随的重要价值取向。中国几十年的发展，也是开放与改革的结果，开放是全方位的，人们对商品、市场、服务、价值的选择余地更大了，这个自由的获得，使中国人在世界上显得更加大度、更加自信。因此，自由流动与闭关自守相比，更多体现了世界交往的趋势，是全球化主张者的核心价值。

其五，全球交往过程的经验教训给人类提供了反僵化与教条主义的有益启示，适应变化，接受变化，促成创新性变化也是一种重要的价值。世界历史从未像今天一样出现前所未有的新变革、新格局、新趋势，它是历史本身的必然性要求，即马克思所言的螺旋式上升与发展的辩证法的历史规律，没有恒定的原则，没有恒定的格局，变是观念创新之首要理念，因此，面对世易时移、沧海桑田的世界变革浪潮，任何国家在这一浪潮中都要接受"变化"的基本价值取向，不但顺应历史的潮流，而且成为时代的弄潮儿。英国工党及欧洲社会民主党人在20世纪面临由在野走向执政的转折中，无不以变化和创新作为其政治口号和价值诉求，并赢得了民众的支持和再度执政，创新成为改变原有发展模式，打破固有框框，适应新潮流、新思想、新境界、新未来的思想前提和价值欲求。

二 反全球化浪潮的兴起及其价值诉求

全球化是人类历史进程中的必然阶段，是现代化的结果，如前所述，早期的全球化是以资本主义国家的经济全球化为发端的，其逻辑是资本主义生产方式的全球化，在某种程度上说，由西方资本主义国家所主导的全球化是以资本的逻辑为基本展开轨迹的。在这个逻辑中，始终贯穿着一个基本的价值取向，即以资本利益最大化为原则。符合资本利益者，可以纳入由西方主导的经济、贸易、技术、信息体系，而这一利益的集中表达，则是体现在由西方资本主义国家所确立的价值体系及其原则之中。

随着全球化进程的深入和世界利益格局的重构，国际秩序开始发生变化，制定制度、体系、原则、标准和规则的西方国家却成为这些规制的失意者和失利者，因为相对稳定的世界为不同国家提供了相对均等的发展机会，新兴国家在经济发展中日益显示出其巨大的活力和作用，世界天平单向倾斜于西方的历史被逐渐改写，原有的评价标准、评价方法、评价体系和评价原则失去了对价值主体各方的同等意义，特别是对西方国家的意义，例如，如果继续坚持不折不扣的自由贸易规则，对那些失去了竞争优势的西方国家不是福音而是灾难，贸易自由使许多发展中国家和新兴经济体获得了发展的机遇，并改变了世界经济、政治版图。如果假定机遇在量上是确定的，则一方受益，可能其他相关方会受损。如同对历史的评价往往是仁者见仁、智者见智一样，当今对全球化的评价引起了西方国家在认知方面的分歧和分裂。在不同的国家、阶层、团体甚至个人中间也形成了不同的认识。这种认知的差异是与这种重大格局变化相关联的。这种新的全球化态势，表达了世界经济、政治、文化强势版图的结构与关系发生了颠覆性变化，也意味着在新兴经济体特别是大国崛起的过程中，原有格局及平衡的打破并建立一种新的国际关系与强弱关系的趋势。为此，各国为维护自己在全球化过程中的利益，必然对全球化的原有设计及其价值取向进行新的权衡和评估，并做出新的选择。

其实，由于全球格局的变化所引发的逆全球化的对抗性行为早已出现了端倪。从近代全球化的历史来看，早期的全球化诞生了英帝国全球统治和殖民的历史，确立了交往与贸易的英国规则，但美国的称霸，确立了以美国为代表的西方发达国家对于全球化的主导地位，这一轮全球化是在美国所确立的世界政治格局、经济规则、国际关系的框架下进行的，因此具有鲜明的美国色彩。伴随着此轮全球化进程，发展中国家抓住了发展的机遇，特别是中国，准确地阐发了当代世界的主题是发展与和平，并通过国内改革与对外开放，使各方面都获得了巨大的进步，且与世界其他经济体一道，改变了东西方传统关系，崛起的"金砖国家"和其他发展中国家，极大地推动了世界政治、经济格局的快速裂变。从一开始，随着大国的发展与崛起，西方对于曾经屈从并做出巨大牺牲的中国的发展给予了极大的关注，同时在许多贸易来往中违反自由贸易的规则，对中国的发展进行阻碍和破坏。从最初80年代末期的禁运与制裁，到一波波针对中国的知识产权诉讼，从人权问题对中国政治走向的干预，到种种围绕人民币升值的损人不利己的政策；从向台湾地区出售武器违反《中美公报》的原则，到南海的围追堵截，从媒体对国会妖魔化中国的声音不绝于耳，到不断利用中国的各种分裂势力干涉中国的发展，其他西方国家也在面对中国发展和崛起中追随美国，对中国在经济贸易领域进行公开的或隐蔽的干扰。特别是自美国新总统上任以来，其一系列举措与全球化早期的理念与政策背道而驰，在以美国利益至上的狭隘民族主义的价值口号引领下，美国先后退出了旨在保护人类生存环境和影响人类未来命运的《巴黎气候公约》；继而退出了联合国教科文组织；其在联合国及世界贸易组织的作为与其曾经所主张的"自由""竞争""法制"等理论原则大相径庭，在涉及全球许多重大问题的政策取向和价值原则上，做出了与世界上包括西方许多发达国家在内的大多数国家立场相反的政策取向和实际举措，其实，随着世界格局的变化，利益的单边化原则日益为利益的竞争和平衡原则所取代，以利益为中心和拥有世界经济霸权的强国开始面临新的国家的崛起与挑战，在这种挑战面前，西方中心论和西方价值中心主义的本质必然会显露出来，这一波所谓反全球化的行动为早期全球化的提倡者和发起者所推动就变得可以理解了。

反全球化的根本原因，还是由于在这一进程中，以美国为主的一些西方国家在经济、科技、贸易方面的竞争力有所下降，传统的美元经济霸权体系被动摇，与新兴经济体之间的差距日益缩小，西方的经济、政治、文化优势及优越感受到极大的抑制与弱化；发达国家内部的矛盾和冲突不断升级，例如，由于全球化带来产业格局的变化，美国产业空心化与泡沫经济造成了全球性经济金融危机，美国及部分欧洲国家的产业工人与中产阶级的利益在全球化浪潮中受到损害，这既是全球化国际分工东西易位的结果，也是资本主义价值原则的必然后果，这种价值原则将利益最大化与成本最小化运用到极致。在国际货币战争中，美国对一系列由中国主导的国际经济贸易组织或机构往往持反对的态度，围绕利益原则展开的大国博弈中，美国的价值观与当代世界的基本价值取向日益相背而行。

此外，在围绕美国利益的世界新秩序的建构中，美国恪守其传统思维和价值原则，在一系列价值输出的动作中收获了失败和战乱。美国以自由民主为主要价值观念的结果越来越令人困惑。此外，得到部分资本主义的权贵精英首肯的新民粹主义为逆全球化推波助澜，我们看到，民粹主义在许多国家"借尸还魂"，它们以反全球化面貌出现，逆开放、多元、共享的全球化精神而动，极大地冲击着民族多元价值与全球利益共享的价值原则。它已经成为当代世界的一个重要现象和问题；此外，英国的脱欧公投，西班牙加泰罗尼亚的独立公投运动，以及尚在酝酿的一些独立公投，反映了全球化利益分化带来的新情况。

从深层次文化根源来看，这种逆全球化的思潮有着其自身的逻辑与价值诉求。西方文化中那些引人入胜的普世价值理念并未遮蔽这些理念中的核心原则：以我为中心，以利益为中心，以朋友为标准，以顺我者昌、逆我者亡为特征。这些特征并不由于法制、民主、自由的说辞而消失，它们反映了西方资本主义文化中的唯利是图的本质。新任美国总统宣称"美国第一"而根本不顾及自己曾经认可并宣扬的那些价值准则时，这些具有根本性的人性恶的现象就以国家的形式表达出来，尽管我们并不否认每个国家或个人为自己的利益改变观点的做法无可厚非，但是，已经建立并得到认可的那些全球化价值原则早已得到广泛的支持并成为大国核心价值观，因此，支持全球化和反对全球化的立场在价值观方面的对立是必然的。

这种现象的出现使我们清晰地看到，全球化诉求不是永恒的全球共同意志和价值取向，在掌握主导权和丧失主导权，掌握话语权与丧失话语权的不同历史发展阶段，及全球化参与主体利益的变化会产生利益格局的重构，国际经济、政治、军事交往格局会由于各方力量的此消彼长而改变，由此导致全球不同主体所坚持的价值理念和基本诉求会发展变化。在全球化演变的过程中我们还看到，曾经的贸易自由规则的制定者高举贸易保护主义的大旗，全线阻击遵循国际规则的发展中国家的正常的经济、贸易活动，作为曾经的全球化体系与规则的制定者却奉行反全球化立场，他们在重大的国际事务和利益冲突中往往采取双重标准：国内一套标准，国际一套标准；当规则有利于自己时坚持规则，当规则不利于自己时抛弃标准；顺我者一套标准，逆我者一套标准；此时一套标准，彼时一套标准。总之，以自我利益为中心的价值取向在改变了的世界格局和发展态势下，必然奉行逆全球化观念，这一现象启示我们，具有独立的理论意义之价值中立是否存在是有疑问的，因为全球性普适原则本身会被曾经的倡导者在实践中所否定，它们也并非主观故意反对这些原则，而是客观趋势使然，毕竟如果没有永恒不变之"世势"，未有利益取向完全同一之国家，自然也不存在对价值标准的绝对遵奉。世界历史的进步迫使原来的规则制定者改变自己成为反潮流者，也是迫于时势。因此，是可以理解的。

从一定的角度来看，反全球化思潮体现了衰落时代的霸权意识的回光返照，它内含了唯我独尊、自身利益高于一切，顺我者昌、逆我者亡的历史思维，以及历史上强弱转换的战争或强权思维模式。这种思维方式已经与这个时代的内在发展要求和客观发展规律相背离。

三　全球化的新价值观

时至今日，世界进入了一个全球化发展的新阶段，这个阶段出现了一些新的特点。全球化经济、政治，乃至文化影响力的世界格局发生了新变化，以美国为代表的西方全球治理模式遇到危机，曾经的发达经济体逐渐失去在经济方面的竞争优势；单边主义、孤立主义和保护主义政策成为美国等国家的选择方案；由于经济危机及衰退导致的民粹主义思潮的兴起，以美国为主导的反全球化思潮的兴起及新旧全球化理念的冲突与重构；新兴经济体的崛起要求体现其新的价值诉求等。从价值层面上看，这些新的变化既反映了全球化进入一个新的历史发展阶段，也表明以往所确立的价值准则面临着新的挑战。这些变化并不表明世界应该被彼此割裂开来，也不意味着全球化过程中的整体化，更不意味着世界的系统化联系将由此逆转为彼此分割的前全球化状态。恰恰相反，因为如气候变化、环境污染、传染性疾病等世界性问题的日益严重，这就要求人类结成更紧密的共同体来抵御这些威胁人类的风险，在全球化日益深入的今天，全球性问题更需要人类社会形成合力才可能得到解决。因此，坚持人类共同利益与价值是大国的责任之所在，如何能够提出一个既能体现全人类共同利益的价值原则，又能保护处在不同全球化阶段的民族国家的特殊利益的新价值观念和全球交往理性原则，就成为一个迫切而又重要的问题。总结当代价值理论的新成果，我认为有一些重要的理念应该成为全球化的新的价值理念与目标取向。

　　发展、合作、共生的价值取向。尽管世界上仍然存在利益的纷争和局部的动荡与战争，但发展是世界各国的共同诉求，只有通过发展才能解决发展的不平衡问题，而发展不能是单一国家的发展，或某些国家以牺牲其他国家为代价的发展。全球化时代的重要特征就是国家之间、不同经济体之间的联系日益密切，形成了一种合作共生的新型关系，全球性经济、政治关系体系的形成，使合作共生成为必然的选择，当国家之间已经走向彼此之间你中有我、我中有你的新的国家关系时，这种利益关系的纽带就错综复杂、难舍难分。因此，以发展为价值指向的合作会带来发展与繁荣、共生与共荣、幸福与和谐。这是人类追求的最高价值，也是这个时代的正确的价值选择。合作与共生关系，是以利益为基础的，全球性交往并未否定国家发展目标和利益的多样性和复杂性，在一些情况下这些利益甚至具有对立与冲突的性质。从历史上看，以往的交往历史，基本都是强者征服弱者的历史，并且通常都是通过战争来实现这种强弱转换。当今世界，各国及各经济体在发展中的彼此依赖关系和互联互通关系日益密切，各国之间作为世界性联系的组成部分，在经济、文化交往中既是主体，也是客体。在主体之间也具有客体间的性质，主客体在具体的关系建构中是不能彼此分离，更不可彼此否定的。我们不能想象，主体间的关系和利益只能通过主体单方面建构得到满足。在现代社会，不同国家由全球化所建构起来的你中有我、我中有你的关系已经彼此交融与联结，联结这种关系的价值准则就是互利、互惠从而达到"双赢"或"多赢"的结果。

坚持公平、公正原则。公平、公正是人类社会的基本价值取向，无论是资本主义还是社会主义无不将这一价值原则作为基本的社会价值目标与取向。这一原则体现了千百年来，积淀于人们心灵深处对于公平、公正的社会理想的向往与追求。虽然对于公平、正义的内涵在不同时代和社会有不同的理解和诠释，但其基本内核和核心理念大体是一致的，即在人的生存、发展方面的基本权利和权益是相对平等的。换句话说，如果某一社会的个体或群体长期处于整个社会道德容忍度的底线之下，并且在经济利益、政治地位、社会身份等方面长期处于被剥夺的状况，那么大体可以判定这个社会是不道德的。

相互尊重、相互包容、彼此平等原则。全球化并未消除国家界限和消解国家利益，不同国家长期形成的历史文化决定着全球化的统一性和特殊性。因此，国家无论大小都是平等的主体，它享有自身存在、发展的权利，享有与其他国家同样的平等权利。因此，平等与相互尊重是国际关系的重要价值原则，没有平等和相互尊重的全球化只能是霸权主导与控制下的同质化。基于这一原则，在全球化的进程中，一个国家的发展不应以损害其他国家的利益为前提，一个国家的进步与繁荣，也不应以其他国家的贫穷落后为条件。国家间关系的平等与相互尊重，即意味着国家之间无论强弱、大小，均应该享有被尊重与相互尊重的权力，这种尊重就包含着对与自己国家在道路、模式、主义等方面有所不同的选择给予充分的理解，反对强权政治和大国沙文主义。全球化时代的一个重要特征，是以相互尊重、共同发展代替西方价值观念中的丛林法则，这种丛林法则的基本价值理念是弱肉强食、强者生存，这种法则相较于法国思想家卢梭所提出的"人权"观念，要野蛮、落后得多。人类选择全球化道路，就是寻找人类共同发展、互利共赢的途径，从而使人类个体的"人权"得到丰富、发展和实现。

坚持理性交往与协商对话的原则。全球化并不意味着不同国家之间的利益完全一致，这种利益关系的不均衡或冲突是经常发生的。问题在于与全球化早期处理这类分歧的方式不同，人类社会应该以更加理性的方式和态度对待彼此在利益方面的分歧和诉求，在理性的基础上，以协商的方式、对话的方式、谈判的方式来解决那些困难和问题，而不是动辄诉诸武力和战争。在全球化早期，人类社会由于各种不同利益的争夺往往兵戎相见、你死我活，但历史表明这种解决世界各国之间的关系的治理模式与现代社会的利益诉求以及人的发展要求背道而驰。中国古人在处理不同主体之间的关系时，主张"和为贵""求同存异""尊异爱同""化异为同"的价值取向和治理原则，它得到的是和平共处与共同发展。坚持理性的对话，彼此倾听对方的不同声音，有话好好说、慢慢说，这是人类交往关系中的共同价值，它代价最少，收益最大，这种源于人类文明历史的理念是现代性的理念，是人类交往与共生的理论原则与精神精华。

命运共同体价值取向，这一由中国国家主席习近平所提出的理念是一个深刻的价值命题，它表达了中国对处理世界性问题的基本价值视角，是一种全新的价值认识论。中国作为发展中大国，经过几十年的努力，在全球化进程中得到了长足的进步，中国的模式与道路显示出新的生命力，中国根据自己的发展经验和对当代全球化的实践特点的把握与认知，以高度负责的态度，在既有的全球交往价值原则的基础上提出了符合新的全球化发展阶段全球交往的新价值观，这些具有新颖性和建设性的理念对于处理和解决不同国家、组织、个人之间的关系和发展中遇到的矛盾具有重要的价值导向意义，其中最突出的是关于人类命运共同体的价值理念。其核心是将人类作为一个彼此命运攸关、利益相关、不可分离的体系或整体来看待，揭示了人类最基本、最重要的价值关系。随着全球化进程，人类社会的共性与普遍性特征不断被建构出来，人类的未来需要人类共同努力，它的发展逻辑不再是某些国家的发展以牺牲其他国家或大多数国家的利益为前提，人类命运的共同属性也在全球化过程中不断显露出来，例如，人类居住的地球是一个系统，局部地区的破坏会导致量的变化向质的变化发展，从而影响人类本身的生存，我们所熟知的由于人类活动导致的气候变暖、化学污染、动植物系统的失衡，乃至人类社会的诸多社会病等既非一国所造成，也非一国可以解决，面对这些问题，必须通过人类共同的努力，充分发挥人类社会多种国际组织的作用，协调人类行为，形成共同长远目标，将人类的未来和民族国家的命运联系起来，这就要在国家的发展和国际关系的准则中引入人类命运共同体的价值坐标和行为准则，将个人、组织、民族、国家、人类的进步与发展放在人类命运的共同坐标中来把握。因此，对人类命运共同特点的认识与担当是一种责任。

全球化的新理念体现了对全球化的深刻认识，体现了中国的智慧和对人类命运的关心。这些理念所内含的价值目标、取向、原则为解决当代国家、民族不同经济、政治、文化关系提供了可行的价值选择和实施路径，也是我们考虑这些问题的基本出发点。对于反全球化的价值选择来说，它虽然基于特定国家和群体的利益，但是离开了上述这些价值维度，对于合理处理和解决全球化过程中的利益关系将会走向误区，也会偏离人类文明大道。因为全球化进程中形成的与人类更好的生存与发展的价值原则是当代文明的重要组成部分，这些原则也是处理不同国家之间及其内部不同利益团体关系的重要价值坐标与价值维度，它体现了人类社会各不同利益共同体之间的普遍价值目标和共同利益诉求，它超越了阶级、国家、民族，超越了东方与西方，是需要人类共同维护的真正意义上的人类交往的新价值。

参考文献

[1] ［英］戴维·赫尔德、安东尼·麦克格鲁：《全球化理论》，社会科学文献出版社2009年版。

[2] ［美］托马斯·弗里德曼：《世界是平的：一部二十一世纪简史》，湖南科学技术出版社2008年版。

[3] 丰子义：《马克思"世界历史"理论与全球化》，人民出版社2002年版。

[4] 王玉梁：《价值哲学新探》，陕西人民出版社1993年版。

[5] 李建群、周树志：《现实价值哲学论》，社会科学文献出版社2002年版。

[6] 李连科：《价值哲学引论》，商务印书馆1999年版。

[7] 阎梦伟：《马克思主义经典论述辑要》，天津人民出版社2015年版。

全球化时代文化认同方式面临的挑战与变革

万希平　李淑梅

（中共天津市委党校副教授，天津，300000；
南开大学哲学学院教授，天津，300071）

摘　要　在全球化时代，世界范围内不同文化以前所未有的方式进行交流交融交锋，这给传统民族国家之间的文化认同带来了巨大的挑战，同时提出变革封闭、对抗的传统认同方式的新要求。本文主要从全球化对文化带来的挑战入手，从认同基础、认同视角、认同思维与内容三个方面分析全球化时代文化认同方式的变革，并在此基础上提出建构符合时代发展要求的中华民族文化认同的基本方式。

关键词　全球化；文化认同；民族文化

今天，我们所处的时代最为鲜明而且能够得到普遍认可的共同特征，就是全球化。可以说，全球化就像一个磁场，对人们生活世界的影响无处不在。全球化不仅可以被解释为经济领域市场与资本的全球一体化，还可以被解释为世界政治格局力量博弈的多极化、全球文化交流与传播的多元化。正因如此，早期国内学界一些文化保守主义者拒斥文化全球化理论，甚至官方媒体一度也回避谈论文化全球化。但进入21世纪，全球化浪潮愈演愈烈，中国官方首先开始正面回应文化全球化带来的机遇与挑战，而学界的研究也把文化全球化视为时下研究中国文化最为鲜明的时代特征。这样，在全球化条件下，原有文化认同模式面临新的挑战。

一　全球化对文化认同方式带来的挑战

全球化与现代化密不可分。在工业革命以前的前市场经济时期，文化认同方式基本是一个民族、地域范围内的认同，这种文化认同成为一定民族、地域联系起来的重要精神纽带。但自工业革命以来，世界历史掀开了现代化的篇章。现代化成为推动全球化的重要因素，也是造成民族认同危机与促进民族认同意识觉醒的重要动力。尽管人类历史沿着全球化的轨迹已经前行了几百年。[①] 但"全球化"概念直到1985年由美国经济学家莱维特在《市场全球化》一书中才首次提出。在20世纪90年代初，时任联合国秘书长加利宣布"世界进入全球化时代"。它以经济全球化为核心，包括政治、文化、科技、军事、安全、意识形态、生活方式、价值观念等多层次、多领域的相互联系、影响、制约的多元概念。这就意味着，接受我们身处于全球化时代，就等于接受多元化这样一个事实。

文化认同，最初含义是指个体对所属群体文化的亲近感与归属感，进而延伸为一个族群或民族心理趋同与精神连接的纽带，是对本民族文化的一种理性自觉。认同的出发点是以自我为中心，按照自己的标准确认"同"或"异"，并使自己的身份标准趋于中心化。因此，认同最初基本是民族国家的内部认同。因为文化认同内在地包含着文化的民族性特征，而民族性也正是文化认同形成的一个最直接、最普遍的条件，尤其是一个民族的核心价值观，这是构建文化认同的核心与基础。在这个意义上，文化认同常被视为一种文化身份，即个体在寻找群体归属中的一种文化识别密码，是个体在自觉认知中对自己身份和地位的辨别依

---

① 从时间维度上，全球化至今经历了三个阶段，第一个阶段以哥伦布发现新大陆为起点，领土面积的扩张，英国在印度建立殖民地建立为标志，资本主义国家实行资本扩张，开始把东方农业民族变成自己的殖民地，反映在文化观念上，西方文明中心论确立，殖民地国家的民族文化被视为劣等文化；第二个阶段以帝国主义以垄断公司方式通过资本和劳动力控制世界市场为标志，这一阶段加剧了东西方实际的差距，并进一步巩固了西方文明中心论和殖民地民族劣等文化论；第三个阶段以互联网为载体的信息化浪潮推动下建立起的"地球村"为标志，这一阶段文化发展呈现多元化，西方文明中心论遭遇获得解放和发展的第三世界国家民族文化的对抗，在对抗中呈现同质化和碎片化的并行发展的矛盾之中。

据。因此，在由族群、民族为基础构成的国家，其文化认同实际上成为民族国家最重要的精神纽带，也是一个国家凝聚力和向心力的源泉所在。

当世界处于前市场经济时期，各国发展相对处于封闭发展模式，这种民族国家的文化认同是本民族的内部认同，而对其他民族国家的文化基本是排斥的，因而相对民族国家内部而言，民族文化的认同是稳定的。但当有异族或外邦入侵时，这种封闭式的内部认同面临被异己力量打破的危险，本民族认同面临外部势力的挑战。在民族认同遭遇危机时，国家就会号召人民起来抗敌，以维持本民族发展历史的延续性和民族国家的完整性。从这个意义上讲，民族国家内部的认同是一种文化的认同。而武力战争基本上是一个民族国家进行认同自保和消除异质文化威胁的首选模式。所以在前市场经济时期，由于世界各国发展处于相对封闭阶段，生产力发展缓慢，因而民族国家之间并未形成现代意义上世界性的交往，因此，民族国家的文化认同基本上是封闭体系下的内部认同。

然而，伴随着资本主义工业革命的到来，现代意义上的全球化场景开始显现，不过这个阶段主要局限于民族国家层面宏观影响。原来民族国家、地域之间的森严壁垒与孤立状态，开始以商品和资本的输出逐渐形成了经济领域的世界市场。马克思在《共产党宣言》已经预见性地指出，受"不断扩大产品销路的需要，驱使资产阶级奔走于全球各地。它必须到处落户，到处开发，到处建立联系"。[①] 世界市场形成的根本原因是资本的本性使然，资本通过剥削雇佣工人从而实现其无限增值的目的。由此不难得出，世界市场是资产阶级为获取利益最大化必然选择的途径，通过建立殖民地、商品输出、资本输出、奴隶贸易以及生产国际化等方式，形成了"农村从属于城市""未开化和半开化的国家从属于文明的国家""农民的民族从属于资产阶级的民族""东方从属于西方"的控制格局。对此，马克思有经典的论述，资产阶级通过开拓殖民地和世界市场，"使一切国家的生产和消费都成为世界性的了"，"过去那种地方的和民族的自给自足和闭关自守状态，被各民族的各方面的互相往来和各方面的互相依赖所代替了。物质的生产是如此，精神的生

---

① 马克思、恩格斯：《马克思恩格斯文集》（第2卷），人民出版社2009年版，第35页。

产也是如此"。① 这个阶段的世界市场,更多的是通过军事武力、以血与火的方式开道,建立在殖民地和商品输出基础上的运行模式。这种霸权世界的方式在殖民地国家就表现为,之前一切民族甚至最野蛮的民族都被资产阶级低廉价格的商品所俘获,原来民族或地方的文化瞬间可能成为世界性的文化。但这种世界性的文化与资本主义在全球建立起来的世界市场相结合,种族、民族的优劣、文明形态的高下,都以西方文明中心论的轨迹得以确立,而后随同资本与世界市场推行到世界各地。这种世界市场模式本质上反映的是资产阶级主宰下的全球化模式。资本霸权模式的全球化蔓延,最终导致两次世界大战的爆发。两次世界大战表面上反映的是资本主义摆脱经济危机的疯狂行为,实质上反映的是资本主义霸权思维使然的结果。第二次世界大战以后的冷战时期,只不过是社会主义力量的壮大引起了资本主义的恐慌后的一系列反应而已。资本主义为了继续维持以美国为首的霸权思维,对社会主义敌视与矛盾引发为经济竞争与军备竞争及科技竞争。这一时期还有许多殖民地、半殖民地国家,人民抗争的对象不仅包括反对资本的剥削、争取主权的独立,还包括捍卫民族国家文化认同根基的完整。

20 世纪六七十年代以来,许多殖民地国家纷纷获得独立。以往靠冷战斗争思维通过硬实力比拼的控制世界的霸权方式,遭到了对于刚刚获得解放的民族国家的人民的巨大排斥与抗议。尤其是 80 年代以来东欧剧变、苏联解体,这意味着冷战时代的终结。之后的世界发展,在以知识革命、信息化浪潮为推动力的当代意义上的全球化时代真正到来,如果说伴随工业革命而来的现代意义上全球化的影响主要在宏观的民族国家层面,那么这一次的影响是不仅直接关乎宏观层面上的民族国家,而且直接关乎每个个体的微观生活世界与交往模式。它打开了人们了解世界的视野窗户和获取知识信息的渠道,也由此打破了以往人们处于相对封闭的社会生活模式和生产模式,人们对全球化的认识更多的是从"同一个世界"的"地球村"视角加以阐释,而此时全球政治第一次成为多极的和多文明形态的。正如美国学者亨廷顿所言,冷战结束以后,对于一个多极和多文明体系的世界发展来说,文化认同形成了冷战后世界的结合、分离和冲突模式。在后冷战时代,"人民之间最重要的区别

---

① 马克思、恩格斯:《马克思恩格斯文集》(第 2 卷),人民出版社 2009 年版,第 35 页。

不是意识形态的、政治的或经济的，而是文化的区别"，"人们用祖先、宗教、语言、历史、价值观、习俗和体制来界定自己。他们认同于部落、种族集团、宗教社团、民族，以及最广泛的层面上认同于文明"。① 伴随着全球化进程的不断深化，世界范围内不同文化形态之间的冲突与融合呈现出共存的发展态势。这种态势对于今天人们从全球化视角理解文化全球化的本质来说是一个预先要解决的理论问题。

二 全球化对文化认同方式提出的变革要求

今天的文化全球化不再是最初被一些西方学者描述为"大同世界"的同一文化，实质上就是用文化殖民方式以西方文化消解掉世界其他异质文化，从而形成以西方文化为核心的全球一体化文化。以美国文化模式为代表的西方文化"最招摇、最露骨"的一面，就是"将一切商品化和标准化并作为消费品的资本主义逻辑"，并凭借本国在全球经济一体化中的绝对优势向外输出文化商品。② 这种文化全球化观点所谓的"全球文化同质化是险恶的"，"全球化就是美国化，全球化就是资本主义化，其目的就是把社会主义送进坟墓"。③ 从今天来看，这种狭隘的以西方为中心的论调来理解文化全球化必然遭到发展中国家的强烈反抗，同时也不符合以和平与发展为主题的世界潮流基本要求。今天的文化认同模式，已经发生了深刻的变化。

第一，文化认同基础的变化：从封闭的民族国家文化走向开放多元的世界文化。如果我们把今天所处的现代意义上的全球化时代视为是世界历史的又一次转型，那就是从民族—国家主义向世界主义发展模式的转型。这种转型最为直接的表现就是认同基础的变化，在当前世界权力中心从硬实力比拼转向软实力竞争，在软实力竞争格局中，不同民族国

---

① ［美］塞缪尔·亨廷顿：《文明的冲突与世界秩序的重建》（修订版），新华出版社2010年版，第5页。

② 于文杰、成伯清：《欧洲社会的整合与欧洲认同》，中国大百科全书出版社2010年版，第357页。

③ ［澳］尼克·奈特：《对全球化悖论的反思：中国寻求新的文化认同》，《当代世界与社会主义》2007年第1期。

家之间的文化软实力竞争因素就凸显出来，原来相对封闭式的文化发展格局面临对外开放的压力，由此带来不同民族国家框架内形成的独特文化形态的认同模式将面临变革的新要求。

认同的最大阻力，来自不同文化体系呈现出的不同文明价值内核的碰撞与冲突。这一点从20世纪90年代以来国内学界关于文化全球化带来的是文化冲突还是融合问题的大争论中，大致可以看到两种不同的观点交锋。这反映了全球化给文化带来的，既有冲突，也有融合。一方面，文化交流空前密切频繁，不同文化形态与文明体系的共性部分促进了文化的融合；但另一方面，植根于文化领域的种族与地区冲突始终没有停止过，甚至以更大规模、更为鲜明的斗争方式存在，这是不同民族文化特有（异质）部分的碰撞。因此，融合的是不同民族国家文化外壳，以不同民族国家文化张力允许的最大范围为界限，属不同文化形态之间具有共性特征的同质性部分。而冲突建立在不同文明价值体系之上的文化内核，是一个民族国家赖以生存和发展的文化身份密码与精神连接纽带，这一部分属不同文化形态具有个性特征的异质部分。因此，在全球化时代，文化冲突与文化融合看似悖论却同时并行存在着。可以说，人类从来没有一个时代像今天，伴随着新型的相互联系与依赖的网络世界的形成和全球大规模的移民和劳动力流动的现实世界的发展，人们不得不面对不同民族文化的事实，从而不得不克制自己原有的文化传统上的心理偏好，重新定位"我"与"他者"的关系，从多元视角理性看待不同民族国家文化间的碰撞与融合。

第二，文化认同视角的变化：从对抗性走向兼容性。今天是一个靠软实力产生影响力的时代，要提高一个国家的文化软实力，扩大其影响力，如果用以前的冷战思维或霸权思维解决今天的文化冲突事件，让文化帝国主义横行，其结果将会使这种冲突陷入更大规模、更为持久的拉锯战中。因此，需要一种开放包容的认同原则，放弃霸权对抗思维，遵循平等对话原则，实现求同存异、共存共荣。正是意识到了这一点，曾在美国政府国家情报和国防等重要部门担任要职、后来重回哈佛大学肯尼迪政府学院的著名学者约瑟夫·奈提出21世纪大国外交的重要转向——文化软实力。文化软实力概念的提出，从重要性上来讲，是反映了在当前全球化背景下，一方面，国内视野，文化与政治、经济的交融性越来越强，越来越成为民族凝聚力与创造力的重要源泉，越来越成为国家综合国力竞争的重要因素。另一方面，国际视野，建立在软实力基础上的文化领导权正在替代传统强行灌输的政治意识形态的地位和作用，21世纪大国之间的力量博弈已经明显地从硬实力对抗走向软实力吸引。排异性思维和对抗性思维显然在某种程度上阻碍着国家文化软实力作用的发挥。

第三，认同思维原则与认同内容的变化：从单维度走向双维度。当全球化成为历史发展的必然趋势而且这种趋势已经无法回避和逃脱时，无论我们站在什么样的立场看待和评价它，都不可避免全球化带来的全球意识使传统排异性的认同模式面临变革的新要求。这种新要求有两个视角维度：一是本民族国家与他民族国家之间的认同模式的变革；二是民族国家内部的认同模式的变革。

就前者而言，当面对需要人类共同面对的世界性问题（如生态环境问题、人身安全问题、反恐问题）时，原来那种二元对决、非此即彼的"零和"博弈式的斗争思维模式就得让位于荣辱与共、共生"双赢"的和谐思维。这种思维模式的变革使民族国家内部认同从原来政治身份认同与族群身份认同被全球化的世界公民身份认同所替代，从而为寻求解决世界性难题达成共识提供必要的和谐共生的"双赢"文化认同原则，其中必然包含着世界主义的价值原则。与此同时，在全球化时代，民族国家的存在仍然是现存人类生活与交往世界的主要形态，因而多元文化的存在是常态性和普遍性的，当不同民族国家涉及自身利益时，文化的异质性仍然异常凸显。硬碰硬的结果是一损俱损，显然不被今天在全球化时代国家与国家之间日趋密切频繁的交往互动方式所接纳，而通过国家文化软实力吸引他国效仿和追随本国文化形态与文明价值观，就成为当今世界各国权力中心建构的新基石与新内容。通过吸引方式建立起的全球文化认同，主张以和谐思维建立文化统一性（同），包容尊重文化多样性（异），因此既反对"文化霸权主义"，又反对"文化种族主义"，正如布达佩斯俱乐部的创始人欧文·拉兹洛所言，全球化时代，我们需要一种既"承认差别"又"求同存异"的"星球文化"，这种文化以关注人类共同命运为视角，通过"有责任感的个人及其所属国家和地区有目的地建立起来"。它符合全球化要求的文化统一性原则，这种"统一性完全不同于一致性，它不是基于消除各种差别，而是基于使这些差别在一个和谐的整体中整合"。① 人类共同的未来应当在一个既有统一性又有多样性的文化生态系统中和谐共生。这是世界文明发展的趋势所向。

就后者而言，民族国家内部的认同模式也面临着变革的新要求。民族文化是一个民族产生文化认同的根基，因为它体现的是一个民族的"集体理性"精神。一个民族的文化认同往往建立在三个重要的因素基础之上，即血统、土地和语言。"如果对这三者都缺乏感情，那么任何一种爱国主义、民族主义都是无法理解的。"② 就中华民族而言，以往民族认同是建立在家庭关系、亲缘关系之上，既以血缘关系为纽带使个人自我意识与民族国家意识达成有机联系，又以此维系民族国家的统一。西方学者涂尔干把这种靠血缘、地缘等自然关系为纽带建立起来的民族认同从功能上称为"机械团结"，在这种团结社会里，人与人之间除了性别之外，几乎以相似的情感、宗教信仰、价值取向以及相似的物质和精神需要紧密联系在一起，从而在群体内部形成强烈的"集体意识"，并表现出对差别性、异质性的强烈排斥感，这种团结方式视为是传统社会或（未进入现代社会之前的）前市场经济社会的基本认同模式。当进入现代社会市场经济阶段，社会分工使"机械团结"逐渐被"有机团结"所替代，因为建立在分工基础上的团结使"社会凝聚性是完全依靠，或至少主要依靠社会分工来维持的，社会构成的本质特征也是由分工决定的"，"正因为社会分工需要一种秩序、和谐以及社会团结，所以它是道德的"。③ 而这种道德性需要法律精神予以保障。然而，这种建立在血缘关系上的认同模式在全球化过程中发生了新的变化。改革开放以来，中国社会结构转型带来对中国民族文化基本精神的认同危机。以血缘、地缘关系建立起来的社会结构被全球化带来的劳动力流动所打破，由此以现代社会劳动分工为基础形成的新型人际关系打破了"熟人"圈子交往。原来主要依靠道德维系人际交往与关系认同的文化

---

① ［美］欧文·拉兹洛：《联合国教科文组织国际专家研究报告：多种文化的星球》，社会科学文献出版社 2004 年版，第 230 页。
② 李文堂：《全球化语境中的文化身份与文化冲突》，《江苏行政学院学报》2002 年第 3 期。
③ ［法］埃米尔·涂尔干：《社会分工论》，生活·读书·新知三联书店 2000 年版，第 26—27 页。

形态，在市场经济面前显得力不从心，从而需要契约法治内容的填充。与此同时，全球化文化传播打破了国家地域的地理限制，把文化消费选择权交给了个人，并潜移默化地改变着人们传统的文化认同内容，因此，单靠血缘和地缘关系建立起来的认同模式面临现代性的变革，从而要求国家制度必须做出相应调整，形成以德治与法治共同维护社会秩序与稳定的文化认同氛围。因此，今天中华民族的内部文化认同，在全球化市场经济的影响下，需要既注重文化的传承性，还要接受现代化的契约法治精神，这就需要我们今天在发展中华民族文化时的态度既不能"唯我独尊"，也不能"拿来主义"，而是打破对抗思维，以和谐思维发展既有文化自主还有文化包容的现代民族国家文化，只有这样，才能建构真正适应时代发展要求的新型民族国家文化认同，达到共生共荣。

三　建构符合时代发展要求的中华民族文化认同方式

中华民族文化源远流长，其优秀精华成为中华民族精神的集中体现。近代中国被动卷入世界殖民地的瓜分铁爪下，不仅在民族国家主权上受西方列强的宰治，而且在民族身份上也被西方列强斥为"东亚病夫"，东方古老中华民族精神遭受西方文明中心论排斥，中华民族精神与民族文化受到极大伤害。因此，中国近代史是一部民族独立抗争史，也是排斥西方文化入侵的民族文化与民族精神斗争史。中华人民共和国成立以后，民族国家获得独立，对抗西方的冷战思维成为中国政治意识形态和文化宣传的基本立场。改革开放以来，随着中国社会转型全面展开，对外开放和内部改革要求我们重新认真审视我们对西方文化的立场态度，以民族文化为根、最大限度汲取世界其他优秀文化与文明，形成符合时代发展要求的中华民族文化新篇章。在民族国家现代化的进程中，特别是今天实现民族复兴的"中国梦"的关键时刻，如何建构既符合时代发展要求又能凝聚全民族智慧和力量的现代民族国家文化认同，需要我们做出理性思考和现实选择。

第一，在文化认同的基础上，建构全民族文化自觉意识的普遍觉醒的新局面。面对全球化带来的不同文化思潮相互碰撞与冲击，作为不同民族国家的人民而言，有的迷茫，有的焦虑，有的拒斥，有的不加识别地全盘接纳。这实际上反映出一个民族对于本民族文化的认识不清，自信不足，定位不准，所以才会产生这样或那样的复杂心态。文化自觉恰恰是要求我们对于本民族文化的形成发展历史、所具有的特色、未来发展趋向有一种理性认识，也就是"自知之明"。"自知之明"的目的是"为了加强对文化转型的自主能力，取得适应新环境、新时代文化选择的自主地位"。① 当全民文化自觉意识普遍觉醒，首先就会有强烈的危机意识。然后会迸发出对本民族文化珍视的自发情感，还能产生出对本民族文化发展的迫切愿望与创新动力，进而形成对本民族文化的自尊、自信与自强。有了文化自觉后，在对待民族文化和外来文化的态度上，既不盲目自大，也不妄自菲薄，而是理性对待，形成"求同存异""和而不同"的包容态度。全球化推动世界上不同民族国家的文化越来越成为我中有你、你中有我的相互关联性发展态势，文化越是民族的，越是世界的。不同文化与文明体系，在交流中必然要面临碰撞，如果把珍视自己民族文化的心理情感推己及人，就会在看待异己文化的态度上，不会敌对或排斥，而是仅仅把异己文化看作是一种与己有差别的另一种文化形态，且以尊重的心态对待，给予相互的生存发展空间让碰撞产生创新而不是对抗的火花，那么文化冲突自然会不断消解。在文化发展上持有"和而不同""求同存异"的态度恰恰是现代社会发展取向共享性文明的内在要求，也是一个民族国家文化自觉与自信的表现。

第二，在文化认同视角与内容上，大力弘扬民族文化与民族精神，积极借鉴和吸收各国优秀文化。今天，中华民族文化的内涵不仅包括与中华民族绵延几千年文明相伴而行的"中国"本土优秀传统文化，也包括建立为拯救中华民族摆脱三座大山压迫、实现国家统一与主权完整的政治文化，如中国化的马克思主义理论，还包括伴随中国改革开放以来形成的中国先进文化。因此，今天我们谈中华民族文化，不仅指中华民族的传统文化，还包括中国共产党的政党文化以及五四新文化运动尤其是改革开放以来西方文化精华，如民主科学文化、理性契约精神。建设中华优秀传统文化传承体系，大力弘扬中华优秀文化。中华民族优秀传统文化大致包括"爱国主义的民族情怀、团结统一的价值取向，贵

---

① 费孝通：《文化自觉的思想来源与现实意义》，《文史哲》2002年第3期。

和尚中的思维模式、勤劳勇敢的优良品质、自强不息的进取意识、厚德载物的博大胸襟、崇德重义的高尚情操"。[①] 这些文化精神是中华民族几千年文化发展的精华内容，反映了中华民族的精神核心。五四新文化运动以来，科学与民主的现代精神写入了中华民族的优秀文化内容之中。新中国的成立使社会主义成为中华民族先进文化的重要组成部分，改革开放以来，改革创新、公平法治、以人为本等新内容成为中华民族时代精神的集中展现，这些都是今天中华民族文化认同的主要内容。"中学为体，西学为用"，突出本民族优秀文化，并不是排斥全球其他各国优秀文化。拒斥国外精神文化成果和迷信、崇拜外国文化的观点都是片面的。世界其他各国文化中的优秀精华也不断为中华文化所吸收和借鉴。除了早期民主与科学外，改革开放以来，西方一些先进的文化理念传到中国，如契约精神、法治精神、理性主义以及信仰精神，如今这些内容已经成为中国当代文化精神的有机组成部分，也构成了当代中国人文化认同的重要内容。

　　第三，在文化认同的思路与途径上，坚持人民创作主体，以培育和践行社会主义核心价值观为纽带，通过深化文化体制改革，推进文化体制机制创新，最终实现文化强国。中国文化领域的改革是中国社会主义市场经济发展的内在要求，也是扩大对外文化交流，推动中华文化走向世界的必然要求。文化领域的改革态度从早期消极的"文化例外"转变为今天积极的"文化先行"。文化领域改革的目的，是为了满足当前人民日益增长的多样化的文化需求，因此，以社会主义核心价值观为纽带，坚持以人民为中心的工作导向，深化文化体制改革为动力，以满足人们日益增长的精神文化需求为目的。通过文化体制改革、理顺文化发展思路、扫清文化发展的体制性障碍，只有这样，文化的繁荣与发展才能成为可能，文化改革的成果，才能满足人民现实的精神文化需求，也才能得到人民的认同。社会主义社会的一个显著优越性在于，人民不仅是精神文化的创造者，还是文明成果的享有者，更是中华文化的传播者与继承者。在创造和享有精神文明成果的过程中，人民的思想文化素质得到培养和提升，能力得到发展，这为实现文化强国打下坚实的基础，

---

　　① 李宗桂：《中国文化精神和中华民族精神的若干问题》，《社会科学战线》2006年第1期。

也为推动中华文化走向世界创造了可能条件。

综上所述,笔者认为,在全球化时代,对于民族国家的人民而言,是一次唤醒民族文化认同危机的警醒时刻,也是一次创新民族文化认同模式和产生认同新内容、新动力的机会。对于世界人民而言,是一次促进不同民族文化繁荣发展的新契机,也是一次探寻世界多样性文化和谐共生发展的新文明机会。因此,我们应当以自觉的心理、自信的态度、自强的精神推进中国特色社会主义文化认同新模式,并积极参与全球文化体系的共建行动,以此确立中华文化在世界文化大家园中的身份地位与影响力,为构建和谐世界做出努力。

参考文献

[1] 马克思、恩格斯:《马克思恩格斯文集》(第2卷),人民出版社2009年版。

[2] [美] 塞缪尔·亨廷顿:《文明的冲突与世界秩序的重建》(修订版),新华出版社2010年版。

[3] 于文杰、成伯清:《欧洲社会的整合与欧洲认同》,中国大百科全书出版社2010年版。

[4] [澳] 尼克·奈特:《对全球化悖论的反思:中国寻求新的文化认同》,《当代世界与社会主义》2007年第1期。

[5] [美] 欧文·拉兹洛:《联合国教科文组织国际专家研究报告:多种文化的星球》,社会科学文献出版社2004年版。

[6] 李文堂:《全球化语境中的文化身份与文化冲突》,《江苏行政学院学报》2002年第3期。

[7] [法] 埃米尔·涂尔干:《社会分工论》,生活·读书·新知三联书店2000年版。

[8] 费孝通:《文化自觉的思想来源与现实意义》,《文史哲》2002年第3期。

[9] 李宗桂:《中国文化精神和中华民族精神的若干问题》,《社会科学战线》2006年第1期。

全球化背景下的发展困境与科学发展观和谐价值诉求的彰显

何小勇

(西北政法大学，西安，710063)

摘 要 20世纪中后期以来，"风险社会"理论的提出和被认同标志着全球化背景下的人类社会发展已经陷入困境。依据现代性转型的领域分离，可从生态、经济、政治、文化这几个当代人类社会实践活动最基本的领域来考察当代社会发展困境的具体表现。当代社会发展困境的凸显与人类进入工业文明时代以来形成的现代性发展观有内在关联，现代性发展观的发展理念和发展模式需要价值哲学的考问。当代发展观的重建本质上是对现代性及其全球化的反思。科学发展观与当代中国特色社会主义的发展实践和倡议构建和谐世界的战略构想在精神实质上是一致的，可以被阐释为一种寻求新现代性的和谐发展观。科学发展观辩证地融入了现代性历史逻辑的合理内容，彰显了当代社会发展的价值诉求。

关键词 全球化；现代性；风险社会；科学发展观；价值诉求

20世纪中后期以来，谋求发展成为时代主题，现代化浪潮席卷全球，然而现代化过程本身所潜藏和积累的矛盾与问题也以各种各样的风险景象呈现出来。全球变暖、飓风、海啸、旱涝、沙尘暴等气候异常现象，疯牛病、SARS、禽流感、甲型H1N1等直接危及人们生命的新型病毒的大规模流行，食品中的农药残留和有害化学成分，核战争和核泄漏的潜在危险，不可预知的恐怖袭击，接二连三的环境污染事件等唤醒并强化了人类的风险意识，社会语义和认知结构正在发生从经济语义向风险语义的转换。风险已渗透到当代人类生活的各个方面，改变着人们的行为方式和思维方式，影响着人类社会的生存和发展前景。在新科学技术革命广泛渗透到社会生活各领域和全球化迅猛推进的大背景下，发展的困境迫使人们深刻反省现代性发展观的得失成败，不断澄清人类社会发展的价值诉求。

一　世界风险社会：全球化背景下的发展困境

人类历史进步中的现代化变迁本身是一种具有高度复杂性的过程，它既有一定的必然性、规律性和连续性，又有大量的偶然性、不确定性和非连续性，是偶然与必然、确定性与不确定性、有序与无序的辩证统一。20世纪80年代以来，德国学者乌尔里希·贝克（Ulrich Beck）和英国著名学者安东尼·吉登斯（Anthony Giddens）建构了影响与日俱增的"风险社会"理论。这一理论使全球化背景下发展困境的哲学反思日益获得了理论自觉。描述和概括当代社会发展的风险景象涉及对已经发生的现实危机和灾难的反思，涉及在有限知识的条件下对未来危险的预测和想象。可以按照不同的标准对社会发展风险进行分类。从传统社会向现代社会的根本性转型是一种经济、政治、文化三大活动领域之间的结构关系从"领域合一"到"领域分离"的转变，在这种转变过程中人与自然环境的关系也发生了根本性转变。据此，可从生态、经济、政治、文化这几个当代人类社会实践活动最基本的领域来考察当代社会发展困境的具体表现。

自然环境是人类社会存在和发展的永久性前提条件和根基，不管人类利用和改造自然的能力多么强大，外部自然界的优先地位仍然会保持着，人对自然的依赖性和自然对人的先在性一样是永远不可改变的，但人与自然的关系却伴随着人类社会的发展而改变着。资本主义工业文明的进展打破了人对自然的敬畏和人与自然之间的原初和谐，制造了人与自然的对立以致对自然的伤害。生态环境遭到破坏、生态系统失去相对平衡，就可能会给人类的生存和发展造成损害、带来难以逆转的灾难，这就是生态风险。20世纪中后期以来，人类活动对土壤、大气、水体、生物多样性、太空以及整个生态系统的破坏和污染及其可能给人类发展造成的危害和灾难进入了人们的视野。1962年，美国著名女性科普作家、海洋生物学家蕾切尔·卡逊出版了《寂静的春天》一书，该书对工业化社会对待大自然不负责任的基本态度和政策及其潜藏的巨大风险提出了严正的警告：我们长期以来一直行驶的这条道路使人容易错认为是一条舒适的、平坦的超级公路，我们能在上面高速前进。实际上，在这条路的终点却有灾难等待着。如果我们不选择另外的道路，原本万籁齐鸣、生机盎然的春天就会变成"到处是死神的幽灵"的"寂静的春天"。现在我们应该清醒地看到卡逊提出的问题已经变得更加严峻了。近年来，全球气候变化及其风险受到了科学家、政治家和普通大众的聚焦式关注。全球变暖已经逐步从"幽灵般的威胁"转变为人类必须直面的现实挑战。虽然有些生态风险并非全部或者主要不是由人为原因引起的，但科学技术和生产力越发达，人类越有可能破坏人与自然之间的生态平衡，而大自然对人类的反抗和报复也越频繁、越严重。因而，现代社会中的"天灾"应更多地从"人祸"的角度来思考，生态风险已成为当今人类发展无法避开的现实境遇。

现代社会的兴起和发展与资本主义商品经济的出现及其全球性扩张是紧密联系在一起的。作为配置资源和经济运行的基本方式，自然经济以使用价值的生产和实现为轴心，而商品经济以价值的生产和实现为轴心。现今全球性的市场经济就是高度发达的商品经济。商品经济的基本规律——价值规律是在劳动产品的偶然的不断变动的交换关系中为自己开辟道路的，现代市场经济条件下的社会经济活动面对着日益增加的不确定性，因而隐藏着巨大的风险。在当今经济全球化和一体化进程加快的背景下，不仅经济系统内部各经济主体面临的风险迅速增大了，而且经济活动给其他领域和人类社会整体发展制造着越来越多的风险。"世界风险社会不仅包含经济风险，而且这些风险还会转化为社会风险、政治风险，最终会像我们在某些国家所能看到的那样重新激起迄今在民族国家的妥协框架中一直受到控制的种族冲突。此外，人们还可以观察到一些接二连三的连锁反应。面对这些反应，那些经济学家常常根本认识不到，因为他们只把世界风险中社会的经济风险作为研究课题，同时只看到经济体系内部的那些活动者。"因此，对于当代社会发展中的经济风险还应该从现代市场经济条件下人类经济活动可能给人类整体发展和各国经济安全造成的损害和灾难性影响来考量。20世纪90年代以来，随着两极格局的解体，经济全球化呈现出加速发展之势，作为一场由发达资本主义国家发动并主导的经济运动，经济全球化本身就是资本主义经济关系、经济矛盾在世界范围的扩展和深化，它不仅使发达国家内部的经济矛盾不断激化导致经济危机爆发，而且给各民族国家特别是发展中民族国家的经济发展带来了更多的风险：国际分工的加强和人员流动的加快使劳动力面临巨大的失业风险，资本在全球范围内的自由流动使一国的经济特别是金融业极易受国际金融投机家的攻击以及其他国家和地区的金融动荡的影响而爆发金融危机，发展中国家与发达国家、各国内部的贫富差距拉大从而使越来越多的人可能陷入贫困和受排挤的境地，等等。拥有巨大经济权力的跨国公司的全球性活动在市场制度框架下的一项经济决策就可能影响千百万人的生活。发展中国家在融入全球化的过程中取得了诸多实质性的进步，但与发达国家的差距在整体上拉大，穷国与富国的分化在不断加剧。发达国家主导的世界经济体系和秩序不断把各种经济风险转移或外推到急切谋求现代化的发展中国家，而且发展中国家自身的经济市场化受到多种条件的制约，这就使发展中国家在全球化的背景下面临着更多更大的经济风险。

在当代社会发展中，政治领域的风险是指由于各种内外原因对一个国家的政权稳定及其合法性造成损失或损害的可能性，以及国际政治秩序受各种因素影响而形成混乱、战争等危及社会发展的特殊状态的可能性，其中包括国内和跨国的军事暴力的滥用对人的生命和财产造成损害的可能性。现代民族国家的形成及其政治合法性的获得，现代民族国家通过对暴力的合法垄断实现其在特定地域的主权，是现代性得以产生和进展的基本前提之一。由于现代化进程在全球和民族国家内部发展的不平衡性加剧，政治风险在国内和国际两个层面上都有其表现。民族国家内部的经济利益冲突、意识形态分歧、地区性冲突以及党派斗争等因素威胁着政治合法性和政权的稳定，这一点在后发现代化国家表现得尤为突出。民族国家为了自身的经济政治利益运用军事暴力手段来处置国际关系从而给人类生存和发展可能带来的损失和灾难已经成为重要的政治风险。在当代社会发展中，战争的工业化和高科技化以及大规模杀伤性武器的全球性扩散已经发展到了十分危险的程度。冷战结束后，长期以来被两极对峙所掩盖的领土、民族、宗教等方面的矛盾日益凸显，全球范围内贫富差距拉大，全球化过程中边缘群体心理失衡，产生了严重的相对剥夺感，民族主义情绪出现反弹。现今地区性的政治紧张和实际的军事冲突不时爆发，有可能成为全球性军事冲突的开端。近年来，跨国恐怖主义组织所带来的危险已成为当代社会发展中各个主权国家都必须面对的新型政治风险。恐怖主义分子采用自杀性爆炸袭击和针对无辜平民进行大规模屠杀这些残暴方式表达政治观点和诉求，从而使高度城市化的现代社会中每一个公共场所和每一项公共行动都面临着被袭击、破坏和摧毁的危险。同时，民族国家内部的各种分裂势力、极端势力和恐怖主义活动在全球化时代更容易得到境外势力的各种支持，从而对主权国家的政治稳定造成威胁和损害。恐怖主义对军事暴力的非法使用可能会导致民主的消亡和集权的增长，导致社会公众对政治权力施加更大的压力，从而在根本上威胁现代国家政治合法性的基础。

  当今技术、经济的全球化发展特别是网络传媒的勃兴和大众媒体社会权利的提升，使文化价值观裹挟着各种利益的纷争直接走到了前台，在一个时间和空间被日益压缩的世界里，不同文化、不同价值观之间发生冲突和对抗的风险也日益增加。其一，全球范围内各文化实体之间发生冲突的风险。在当代全球化过程中，文化的普遍性与特殊性、统一性与多样性之间始终存在矛盾和张力，暗藏着发生"文明的冲突"的风险。这种文化风险也可能转化成或导致现实的政治、经济、军事灾难，从而危及人类生存和长远发展。塞缪尔·亨廷顿认为，文化和文化认同形成了冷战后世界上的结合、分裂和冲突模式，在这个新的世界里，最普遍的、重要的和危险的冲突不是社会阶级之间、富人和穷人之间，或其他以经济来划分的集团之间的冲突，而是属于不同文化实体的人民之间的冲突。随着殖民体系的瓦解和发展中国家现代化进程的加快，西方领导世界的地位正在逐渐而且无规律地衰落，因而极力把西方的文化价值观作为"普世文明"在全球推广，甚至利用国家和民族文化传统的差异故意挑起冲突和战乱。与20世纪的全球性西方化倾向相比，文化保守主义的发展在20世纪末叶和21世纪开端都已成为一个毋庸置疑的事实。这样，当今文化帝国主义和文化保守主义的兴盛无疑加大了各文化实体之间冲突的风险。其二，文化殖民主义侵蚀民族国家文化认同和文化主权的风险。信息技术、网络技术、数字化技术等现代传媒技术的全球化使全球文化交流、碰撞、沟通达到了前所未有的广度和深度。这对于发展中国家重建其文化认同来说当然是难得的机遇，但也使其文化主权和国家文化安全面临巨大的压力和风险。西方发达资本主义国家凭借在军事、经济和政治上的优势，利用互联网、电脑软件等科技手段，通过文化工业和学术话语体系，将它们的文化精神、政治主张、宗教信仰、消费观念、生活方式、价值取向等扩散到后发国家，大力推行文化殖民主义。而冷战时代被政治身份认同所遮蔽的文化认同越来越明显地表现为以各自传统的宗教—伦理价值系统为依据重建现代化精神根基的自觉努力。现代化进程中的强制性文化殖民主义破坏了民族文化自我生成的社会语境，在这一现代交往的过程中，人类及其发展由于文化心理的颠覆和变异将长期处在整体失衡的过程中。文化殖民主义虽然在形式上往往是合法的、温和的、潜移默化的，但它无疑对民族文化认同形成了有力的挤压，导致了民族国家文化主权被褫夺的危险。其三，地方民族主义冲击民族国家文化认同的风险。现代民族国家大多数是以某一族裔为核心建立起来的多民族国家，其内部不同种族文化集团在同一个政治共同体内的政治、社会、文化、法律地位的差异和不平等，使民族国家的各个组成部分之间的各种离心因素持续存在，国家上层政治文化和地方下层民间文化之间存在明显裂隙。全球化创造了重建地方认同的新的需求和可能性。全球化背景下地方民族主义的重新兴起，冲击和侵蚀着民族国家的文化认同和政治认同，存在脱离现有国家、转变为分疆裂土的极端分离主义的潜在趋势和可能，特别是在境内少数民族与境外的民族存在历史文化联系和边界接壤的地区。在全球化时代，人们突然发现自己陷入了族裔冲突与分离的旋涡之中。

二　发展是什么，发展为什么：现代性发展观的哲学拷问

　　从哲学的层面来说，发展观是发展研究或发展理论的灵魂和核心。发展观形成于人们的发展实践活动之中，又对人们的发展实践活动起指导作用。任何发展都是一定发展观指导之下的发展，发展观深刻影响和制约人们对发展道路和模式的选择以及发展的结果。在这个意义上，当代社会发展困境的凸显与人类进入工业文明时代以来形成的现代性发展观有内在关联，现代性发展观的发展理念和发展模式是当今全球风险社会极其复杂的成因谱系中的重要因素之一。

　　现代性发展观建基于近代以来主客二分的主体性哲学基础之上，是

人类中心主义的发展观,这种发展观在人与自然的关系方面把自然作为征服和掳掠的客体,在人类内部把其他民族和国家作为异己的控制对象,在现代性逐步展开的历史进程中造成了人类与自然以及人类内部矛盾的尖锐化,从而为人类发展埋下了风险的隐患。文艺复兴和启蒙运动在对宗教神学的反叛中发现并树立了人的价值、尊严和权利,人性代替了神性成为世界的中心,而人性在主客二分的架构中被设定和确证为主体。主客二分的文化思想模式是近现代西方哲学的根本致思倾向,笛卡儿"我思故我在"的认识论转向之后,作为主体的人取代了上帝的位置,人成为基本的和唯一的主体,成为一切存在的尺度和中心。当笛卡儿把怀疑一切作为现代哲学的开端的时候,"他也就使人去思考人本身,也即人的'我'。这样,'自我',人类主体性,就被说明为思想的中心。现代的自我立场及其主观主义即源出于此"。启蒙以来主体性的觉醒和张扬在康德发动的"哥白尼式的革命"中取得胜利,作为主体的人成为世界的立法者和最高权威。在主客二分的哲学基础上确立的人类主体性,在近现代科技进步和工业文明日益兴盛、人类实践创造能力空前提高的历史条件下滋生并转化成了人类中心主义的现代性发展观念。人类的自我中心化使整个世界进入了海德格尔所说的"世界图像的时代",一切存在者都被作为对象和客体带到人的面前,被摆置到人的决定和支配领域之中。在人类中心主义的现代性发展观的引导下,现代社会追求的发展就是不断地向自然的广度和深度进军,自然的神秘魅力在人类主体性膨胀的狭隘视界中退隐,成了被摆置、被征服、被盘剥的对象和客体,成了人类可以无限利用和支配的有用物。人类中心主义的征服者利剑斩断了自然生态系统固有的内在联系,毁坏着人类赖以生存的生态家园,使人类走向了与自然对抗的危险境地,人类超出生态限度的每一次胜利都会受到自然的报复。以主客二分为根基的人类中心主义发展观在现代化的历史进程中并不是以整个人类的共同长远利益来处理人类内部的相互关系,而是以"非我族类,其心必异"的宰制性的绝对主体性对待他者,进行激烈的利益和权力争夺,成为民族之间、国家之间、地区之间相互冲突甚至战争的深层观念根源。人类中心主义支配下的现代性发展必然给人类带来各种风险的威胁和磨难。

现代性发展观以对人类理性的无限信任为基础,是进步主义的发展观,这种发展观低估甚至忽视了人类社会发展的高度复杂性和不确定性，把现代化进程的消极后果和负面价值合法化、抽象化，在以高科技为基础的当代全球化进程中造成了人类发展无法回避的风险境遇。现代社会的兴起及其巨大的积极变化深刻改变了人们以往的世界观和价值观，激起了对过去和未来的人类进步的乐观主义信念。人类相信凭借自身的普遍理性的力量，不仅可以完全认识、征服和利用自然为人类服务，而且可以设计出能够实现人类自由、平等、正义的理想社会制度，这样，人类社会发展中的上升趋势就是一种必然，社会必定朝着越来越进步、越来越文明的方向不断发展，其间即使出现一些困难、曲折和问题，人类理性的能力也一定能够战胜他们，从而将人类社会引向至善和完美的境地。现代性发展观的进步主义信念正是建立在启蒙以来对人类理性的无限信任的基础之上。现代社会一切意识形态化的社会历史叙事都在于相信理性万能，相信理性是一种绝对的力量；同时相信理性至善，把理性及技术当作是人的本质力量、人的自由和全面发展的确证；进而，它支持一种乐观的人本主义或历史主义，它相信，人性永远进步、历史永远向上，现存社会中的不幸和弊端只是暂时的历史现象或时代错误，随着理性和技术的进步，人类终究可以进入一种完善完满的境地。这种以理性为基础的进步主义发展观在现代性展开的历史过程中虽然历经质疑、批判和反对，但都未能撼动它在整个现代思想中的核心地位和主导作用。在进步主义的现代性发展话语体系中，发展成了进步、文明、自由、合理、繁荣等一切美好价值的代名词，发展获得了天然的价值合理性而缺乏应有的规范、限制和批判。沉迷于发展就是进步的虚妄信念的现代化进程在创造出巨大的物质财富的同时也系统地生产出了威胁人类生存的风险。在盲目乐观的进步主义信念统治之下，现代社会与日俱增的复杂性和不确定性、工业文明对自然的肆意掠夺以及发达国家的全球殖民等都不过是线性进步模型的注脚而已，被进步主义的光彩和希冀合法化、抽象化。在各种高科技日益全球化和国家竞争不断加剧的当今时代，进步可能转化为倒退、崩溃甚至自我毁灭已不再是危言耸听，而是人类发展必须直面的现实。

现代性发展观以工业化和市场化为载体，是经济主义的发展观，这种以物质财富的无限增长为中心的发展观把一切价值都还原为经济价值，忽视经济社会的协调发展和人类精神文明的提升，导致对自然界的无限度掠夺和挥霍、国家之间资源争夺的加剧、消费主义的肆虐和功利主义价值观的膨胀，形成危及人类生存和发展的各种风险。物质资料生产的工业化和市场化，经济利益取代政治依附成为社会生活的主导，是资本主义现代性兴起最重要的社会基础。现代化进程中，资本主义的发展虽然一直在经济自由主义和国家干预主义之间摇摆，但把发展看作经济增长、把市场经济作为实现经济增长的根本机制的核心理念和发展模式始终没有动摇。单纯强调经济增长、经济效率、经济指标的经济主义发展观正是资本主义现代性的经典内涵和要求。"一切东西，不论是不是商品，都可以变成货币。一切东西都可以买卖。流通成了巨大的社会蒸馏器，一切东西抛到里面去，再出来时都成为货币的结晶。连圣徒的遗骨也不能抗拒这种炼金术，更不用说那些人间交易范围之外的不那么粗俗的圣物了。正如商品的一切质的差别在货币上消灭了一样，货币作为激进的平均主义者把一切差别都消灭了。"货币内在的量的有限性和质的无限性的矛盾使市场经济具有了无限扩张、竭力追求经济增长的驱动力。这样，全部社会发展就被等同于以货币数量表示的物质财富的增长，国民生产总值的总量及其增长率就成为衡量和评价现代化水平和发展程度的根本性甚至唯一的标准。现代社会颂扬金的圣杯是自己最根本的生活原则的光辉体现，经济主义的现代性发展观的核心理念就是：一切为了 GDP 的增长！在追求无限增长的经济主义发展观的支配下，现代社会形成了过度生产、过度消费和大量废弃的生产和生活方式，人类无限度地掠夺、挥霍各种自然资源，破坏了生态系统的动态平衡，而无孔不入的市场机制则加剧了社会成员的贫富差距，消解了对人生价值和意义的追求，从而造成了全球性的生态危机、经济风险和道德沦丧。

现代性发展观以欧美现代化国家的发展模式为样板，是西方中心主义的一元化发展观，这种发展观在当今全球化时代加剧了全球化普世性与本土化特殊性的矛盾、西方化一元模式与多元化自主选择的矛盾，伴随着利益与权力的激烈争夺，全球化进程中霸权与反霸权、控制与反控制、渗透与反渗透的斗争必然使人类发展面临各种风险和危机。现代性发展观的普遍主义信仰和苛求在西方文化的演进中有其深远的思想根源，西方启蒙时代建构的普遍主义理性是现代性发展观一元化的发展理念和模式的最为深刻的哲学基础。启蒙开创的"理性的时代"所信奉的理性是普遍主义的人类理性，正如卡西勒所说，"18 世纪浸染着一种关于理性的统一性和不变性的信仰。理性在一切思维主体、一切民族、一切时代和一切文化中都是同样的"。以这种普遍主义的人类理性为历史基础、发展动力、思想指导原则和价值评判标准，现代性发展观认为现代社会的发展有一个普遍的、与各国的历史、文化、资源禀赋无关的发展道路和模式。在现代化的历史进程中，西方国家通过一系列的经济政治和文化变革率先确立了资本主义的现代化模式即西方化模式，并且在现代性的全球化扩张中一直占据优势、居于前列，主宰和支配着现代社会的发展，造成了对其他民族国家现代化的操纵、控制和殖民。现代世界兴起以来西方国家发展的领先和优势地位的历史事实强化了启蒙理性的普遍主义信念，形成了西方中心主义的一元化发展观，把西方的发展理念和模式普遍化、绝对化，看作人类实现社会发展、追求自由和解放的唯一合理的、普世性的发展理念和模式。现代性发展观先天地带有为西方资本主义制度及其思想文化的合理性进行辩护并强行推广的意识形态性质。第二次世界大战后勃兴的经典现代化理论采用的"传统与现代"这一主导性分析范式正是西方中心主义的一元化发展观的理论表现，它把西方发达工业社会的特征标榜为"现代性"，把现代化解释成西方化或美国化，把不发达国家落后的原因完全归结为其自身的文化传统，从而为殖民统治开脱罪责、为继续操控落后国家发展造势。当代全球化一方面加深了世界各国的相互依赖，另一方面也加剧了各国之间利益与权力的激烈争夺，西方中心主义的一元化霸权逻辑与民族国家多元化发展的自主诉求之间的矛盾在全球化的冲击中必然释放出更多的人类整体必须面对的风险。

三 追寻和谐：科学发展观价值诉求的彰显

当今全球化时代的发展困境在现代性发展观的本性中有其深刻的根源。虽然在现代性发展观形成和确立的过程中遭遇到来自不同立场的理论批判，也经历了世界性的经济危机、战争、环境灾难、社会主义运动等的现实挑战，但仍然未能从根本上撼动其在现代社会发展中的主流地位和主导作用。在当今的全球化时代，以经济增长为核心内容的现代性发展观仍然是绝大多数国家实际上践行的发展理念。正如沃勒斯坦所说："目前，人们几乎一致接受的社会目标就是经济发展，其他目标恐怕难以比拟。依我看,过去 30 年来,世界上没有任何一个国家的政府不坚称自己起码是为了本国利益,正迈向此目标。……环顾当今世界,不论左派右派如何界定,它们的区分不在于发展经济与否,而在于谁的方针能给此目标带来更大的希望。总之,认为发展是可能的,只要我们方向正确。"以资本主义现代性为基础的现代性发展观之所以主宰着全球发展的政治经济政策,根本原因在于当代的发展仍是在资本运行逻辑支配下的发展,不从根本上超越和摒弃资本逻辑,经典现代性的发展理念和模式就不可能真正被扭转或颠覆。但是,20 世纪中后期以来人类发展观的嬗变也不断创造着变革现代性发展观的积极因素,经典现代性发展观的普世性和合理性遭到质疑和颠覆,呈现出了从西方化向多样化、从以物为中心向以人为中心、从片面的经济发展向社会全面发展、从征服自然向保护生态、从线性进步向风险发展转变的趋势,反映了当代人类对现代性发展的深度反省和对未来发展的期望。

当代发展观的重建本质上是对现代性及其全球化的反思。马克思立足于资本批判的现代社会发展观在这里凸显了它不可或缺的独特价值。当代社会发展中风险问题的严峻现实要求我们在全球化时代的发展实践中,以马克思主义现代社会发展观为指导,借鉴和吸收当代西方发展观演变中的积极成果,探索新的更加合理性的发展理念和发展模式,以新的发展实践超越现代性发展的悖论与危机。当代中国科学发展观的提出和实践及其世界性影响为寻求应对风险的和谐发展观提供了有益的启示。科学发展观是在继承马克思主义现代社会发展观、弘扬中国优秀传统文化的基础上,借鉴当代西方发展观演变的积极成果,总结全球化背景下中国特色社会主义实践的历史经验而提出来的,它与当代中国构建社会主义和谐社会的发展实践和倡议构建和谐世界的战略构想在精神实质上是一致的,可以而且应该被阐释为一种寻求新现代性的和谐发展观。和谐发展观辩证地融入了现代性历史逻辑的合理内容,为当代发展观的重建提供了新的视界。

首先,和谐发展观从当代人类全球化发展的实践状况出发,摒弃经典现代性主客二元对立的思维方式,主张并倡导运用现代和谐思维方式来对待当代社会发展,在人与自然、人与社会等方面确立和谐发展理念,从而克服由人类中心主义和自我中心主义造成的风险。和谐思维是当代人类实践主题转换到和平与发展的历史条件下对马克思主义实践辩证法的和谐维度的阐扬，是对中国传统哲学"和"思维在全球现代化进程中积极作用的创造性阐发。"所谓和谐思维方式，是指从和谐的视域出发，以和谐为基本原则和价值取向，揭示和谐性、平衡性、协调性、有序性、互补性在事物发展中的作用，并以追求事物和谐发展为目的的一种思维方式。"马克思主义辩证法是实践基础上唯物的、历史的辩证法，在马克思看来，辩证法不仅生成于人类实践之中，而且其形态与内容也随着人类实践活动的发展而更新。当今全球化时代的人类实践呈现出了新的特点，和平与发展成为时代主题，科学技术的高度发展和人类相互依存度的空前提高使对话、协商与合作成为国际交往的主流，生态意识的觉醒改变着以往对待自然的蛮横态度，这些新的时代特征为现代和谐思维的生成提供了实践基础。马克思主义辩证法是最完整深刻而无片面性弊病的关于发展的学说，它本身并不乏和谐内涵，追求现代社会发展中人与自然以及人与人之间的和解正是全部马克思主义的最高旨趣。以和谐思维对待人与自然的关系，超越工业文明的生产方式和生活方式，建设绿色的生态文明，实现可持续发展，就能不断化解生态风险，开创人与自然和谐发展的新时代。以和谐思维处理人与人之间的关系，破除自我与他者二元对立的思维模式，超越自我中心主义和民族国家思维，从全人类的整体长远利益出发，尊重其他人、其他国家、其他文化的发展诉求和独特价值，以平等对话、协商合作、共生共荣的理念引导和推动和谐世界的建设，使各国、各民族文化的发展与全球多元一体文明的发展相互促进，在互利共赢的基础上建立信任关系并承担各自责任，就能消弭文化冲突和政治军事上的风险。

其次，和谐发展观体现了现代社会发展的价值性与科学性的统一，在马克思主义的基础上吸收并整合了当代发展观嬗变中的人本发展取向和可持续发展取向，立足于现代整体论强调全面发展和协调发展，从而可以化解单纯的经济增长给人类生存和发展造成的各种威胁和风险。马克思指出，社会经济形态的发展是一种自然历史过程。社会发展既有客观规律性和必然性即科学性，又是人们通过发挥主体能动性追求自身目的实现的过程，从而具有价值性的维度，是合规律性与目的性的统一。马克思主义不仅揭示了社会基本矛盾的辩证运动推动社会发展的一般规律，而且把实现人的自由全面发展作为现代社会发展的终极价值取向。现代社会是具有极其复杂的内在结构的有机体，是包含政治、经济、文化等子系统的复杂巨系统,片面的经济发展观忽视社会系统的整体性和复杂性,违背社会发展的客观规律,以物的价值的无限增长贬抑并代替对人的价值的发掘与弘扬,是造成当代发展风险问题的直接原因。从这个意义上来说,当代发展风险问题从根本上说是一个多元发展主体之间的利益纷争与冲突问题,由于群体之间、集团之间、国家之间的利益冲突加剧了,风险才成为社会发展的结构性品格。以人为本,全面、协调、可持续的科学发展观,摒弃了片面突出经济增长、单纯追求物质财富的发展理念和发展方式,体现了现代社会发展的价值性与科学性的统一,体现了发展目的和发展过程的双重合理性要求。科学发展观树立了以人为本的发展价值论,把对以人为本的理解建立在唯物史观的基础之上,既反对单纯经济增长模式的缺陷与弊端,又不否认经济发展对于现代社会进步的重要作用,而是强调在经济发展的基础上推进社会的整体进步和人的全面发展。科学发展观中的以人为本是对经济主义的现代性发展观的反拨,蕴含在全面协调可持续发展的过程之中。科学发展观强调协调发展,协调不仅是对社会发展各方面实现动态平衡的要求,而且是实现和谐发展的根本方法。只有秉持和谐理念,综合运用技术、经济、政治、文化等手段,在民族国家和人类整体两个层面,协调生产力和生产关系、经济基础和上层建筑之间的关系,推进物质文明、政治文明、精神文明与生态文明的和谐发展,通过对话和协商促进多元发展主体各方面利益的互利共赢,有效地调节和控制人类整体的利益分化和冲突,才能实现以人为本的可持续发展,从而防范和规避各种发展风险。

最后,和谐发展观坚守现代发展的正当性和历史合理性,坚持现代性发展的社会主义方向,尊重各国发展模式的多样性,主张各国依靠自身的力量以改革、开放、创新的精神实现和平发展,消解西方中心主义的发展模式和各种霸权,从而为当代社会发展从根本上超越各种风险的威胁、实现人类整体的和谐发展指明了前进的道路。马克思主义发展观是发展论与和谐论的统一,发展是实现和谐的基础与条件,和谐是发展所要追求的目的和结果。唯物史观认为,在社会基本矛盾的历史性辩证运动中,生产力是根本性的最终决定力量,随着民族国家的历史向世界历史的转变,生产力的巨大增长和高度发展既越来越可能也越来越必要。不能因为发展风险的加剧而放弃对发展的追求,发展是现代社会进步与和谐绝对必需的实际前提，因为如果没有这种发展，那就只会导致贫穷、极端贫困的普遍化；而在极端贫困的情况下，必须重新开始争取必需品的斗争，全部陈腐污浊的东西又要死灰复燃。没有发展的和谐只能停留于浪漫主义的空想，导致社会的停滞与倒退。科学发展观强调发展是第一要义，坚持现代性社会发展所蕴含的工业化、市场化、民主化、城市化、科学化等基本要求，主张人与自然、经济与社会、各国与世界的全面协调发展。科学发展观以当代中国社会主义现代化建设的成功经验为基础，昭示了沿着社会主义方向推动现代社会发展的可能性和可行性，破除了发展中国家只能靠重演西方资本主义国家发展过程才能实现现代化的霸权逻辑和线性思维，向当今世界提供了一条不同于资本主导的全球化的另一种全球化发展道路。科学发展观尊重世界文化的多元性和各国发展模式的多样性，主张各国依靠自身的力量以改革、开放、创新的精神推动发展，不走西方资本主义通过殖民战争、殖民掠夺和不平等贸易来实现自身发展的征服与对抗之路，努力实现和平的发展、合作的发展，以和谐的发展共同建设一个和谐世界。实践唯物主义内在地蕴含着超越资本主义现代性、建设社会主义现代性的实践要求。现今的全球化在本质上是资本主义追求经济利益的全球扩张过程，正是资本逻辑及其全球化制造出了当今这个充满风险的世界，资本主义的发展虽然为人类自由和谐创造着历史条件，但不把资本从一种谋求利润最大化的自发力量转变成受人自身的发展逻辑支配的自觉力量，不以社会主义方向推动现代社会发展，就不能铲除风险滋生的根源、走出人类发展的困境。

参考文献

[1] ［德］乌尔里希·贝克、约翰内斯·威尔姆斯：《自由与资本主义》，路国林译，浙江人民出版社2001年版。

[2] ［德］海德格尔：《海德格尔选集》（下卷），孙周兴选编，上海三联书店1996年版。

[3] ［德］卡尔·马克思：《资本论》（第1卷），人民出版社1975年版。

[4] ［德］E.卡西勒：《启蒙哲学》，顾伟铭等译，山东人民出版社1988年版。

［5］［美］沃勒斯坦:《发展是指路明灯还是幻象?》,载许宝强、汪晖选编《发展的幻象》,中央编译出版社2001年版。
［6］左亚文:《论和谐思维、矛盾思维与辩证思维的关系》,《哲学研究》2009年第5期。

全球化背景下发展中国家传统文化所面临的困境

阎孟伟

（南开大学哲学院教授，天津，300071）

摘 要 20世纪70年代末兴起的"后殖民主义"思潮揭示了存在于东西方文化关系中的一个重要问题，即长期以来，在有关东西方文化关系的研究中，欧洲传统的"唯历史主义"历史哲学观念始终占据着主导地位，这种历史哲学观念用西方文化的概念体系、理论模式和逻辑方法来理解发展中国家的传统文化，进而把发展中国家的文化传统纳入西方文化的发展逻辑中。后殖民主义理论深刻地揭露和批判了这种西方文化对非西方文化的话语霸权，谋求在不同的民族文化之间建立起平等的对话关系。后殖民文化批判以其独特的文化视角考察全球文化的深层矛盾并影响着世界各国的文化实践，这使它在当今国际学术领域备受关注并日益兴盛。然而，后殖民文化批判难以遮蔽传统文化可能面对的理论困境。经济全球化必然会伴随着一个要求与市场经济机制相符合的文化构造过程。这个文化构造包括科学技术文化、市场体系的规则文化、商业文化和人文文化。后发国家的传统文化所面临的困境或隐蔽或明显地存在于全球化的这一文化构造中。

关键词 后殖民主义；全球化；传统文化

美国学者亨廷顿在《文明的冲突与世界秩序的重建》一书中认为："在后冷战的世界中，人民之间最重要的区别不是意识形态的、政治的或经济的，而是文化的区别。……在这个新的世界里，最普遍的、重要的和危险的冲突不是社会阶级之间、富人和穷人之间，或其他以经济来划分的集团之间的冲突，而是属于不同文化实体的人民之间的冲突。"① 不管亨廷顿是否有用文化冲突或文明冲突掩盖经济、政治利益冲突之嫌，文化冲突取代意识形态冲突而占据主导地位已成为基本事实。兴起于 20 世纪 70 年代末的"后殖民主义"思潮就揭示了存在于东西方文化关系中的一个重要问题，即长期以来，在有关东西方文化关系的研究中，欧洲传统的"唯历史主义"历史哲学观念始终占据着主导地位，这种历史哲学观念导致了明显的"欧洲中心主义"倾向，其主要表现是用西方（欧洲）文化的概念体系、理论模式和逻辑方法来理解发展中国家的传统文化，进而把发展中国家（包括中国）的文化传统纳入西方文化的发展逻辑中。如黑格尔的历史哲学就是把世界历史归结为普遍精神的自我发展，并把各个民族的发展纳入普遍精神自我发展的统一性中，由此判定民族精神和民族文化的历史地位，认为"世界历史从东方到西方，因为欧洲绝对是历史的终点，亚洲是起点"，"历史是有一个决定的'东方'，就是亚细亚。那个外在的物质的太阳便在这里升起，而在西方沉没，那个自觉的太阳也是在这里升起，散播一种更高贵的光明"。② 从这种历史哲学观念中所能引申出来的唯一结论是只有西方文化才是最先进的、才是世界文明的最高阶段，发展中国家的文化传统则是十分落后的，是历史的遗迹，是古老文明的"活化石"。正如赛义德所说："历史主义意味着，与人类结合的人的历史，要么以欧洲或西方的制高点而告终，要么从欧洲或西方的优越位置加以考察。"③ 这种对传统文化的理解方式，实际上造成了西方文化对非西方文化的话语权力，甚至话语霸权，而不是有助于在不同的民族文化之间建立起平等的对话关系。甚至有可能形成一种观念：发展中国家的现代化就是要西方化，而这正是文化帝国主义和文化殖民主义的要害。

后殖民文化批判以其独特的文化视角考察全球文化的深层矛盾并影响着世界各国的文化实践，这使它在当今国际学术领域备受关注并日益兴盛。④ 然而，依笔者之见，后殖民文化批判难以遮蔽传统文化可能面

---

① ［美］塞缪尔·亨廷顿：《文明的冲突与世界秩序的重建》，周琪等译，新华出版社 2002 年版，第 6—7 页。
② ［德］黑格尔：《历史哲学》，王造时译，生活·读书·新知三联书店 1956 年版，第 57 页。
③ ［美］赛义德：《东方主义再思考》，转引自罗刚、刘象愚主编《后殖民主义文化理论》，中国社会科学出版社 1999 年版，第 15 页。
④ 罗刚、刘象愚主编：《后殖民主义文化理论》，中国社会科学出版社 1999 年版。

对的理论困境。经济全球化的实质是市场经济机制超越民族国家的界限向全球的拓展。这个拓展过程并不是孤立的，与之相应地必然会存在一个要求与市场经济机制相符合的文化构造过程。我们大致可以把全球化的文化构造划分为彼此相关的四个层面：科学技术文化、市场体系的规则文化、商业文化和人文文化。后发国家的传统文化所面临的困境或隐蔽或明显地存在于全球化的这一文化构造中。

一 科技文化的挑战

从科技文化的层面上看，尽管"唯历史主义"哲学观念或"欧洲中心主义"观念对第三世界民族国家传统文化的贬损是如何的不合理，但在科学技术发展水平上的"先进"与"落后"的区分却是无可辩驳的事实。当然，科学技术文化并不就是西方文化，而是可以被理解为人类的共同文化。但是，西方发达国家在当代世界体系中的优势地位以及它对第三世界国家的话语权力，在很大程度上就是依靠他们在科技文化水平上的领先地位来保证的。特别是第二次世界大战以来，科学技术已成为推动经济进步的主要动力。科学技术的每一次重大科学发现和发明都使社会经济跃升到一个新的高度，以致资源开发、制造工艺、生产和经营管理、产品销售等经济的各个环节都普遍地依赖于现代科学技术的进步。这就使世界体系中，各国经济实力的对比转变为科技水平的较量。发达国家在科技上的领先地位，必然造成经济上的优势。凭着这个优势，发达国家就可以利用各国间经济、技术上的巨大差距，把自己的经济手足乃至政治手足伸向世界各地。同时，经济、技术落后的国家，也必然由于对现代科技的依赖，而在经济方面受发达国家的制约。在这种情况下，科技水平相对落后的民族国家要想摆脱对发达国家的依附性，就必须跻身于世界科技发展的先进行列中。这就必然要求落后国家不仅能够学习、掌握现代科学技术，而且要求剔除民族文化中阻碍科技发展的种种因素，为科技文化的发展创造良好的、自由的社会条件。空谈民族文化的优越或辉煌是没有意义的。是否有利于科学技术的发展，应当成为衡量民族文化是否优秀的基本尺度。

二 市场规则文化的冲击

市场经济机制在全球的拓展自然也是建立和推行市场经济规范文化的过程。市场体系的抽象规则作为市场经济的"游戏规则",是确保市场机制正常发挥作用的文化条件。如果说市场经济是实现经济现代化的不可逾越的经济形态,那么遵从全球市场体系的游戏规则几乎是无可选择的事情。在这方面,后殖民文化批判所面对的困难是,遵从市场体系的游戏规则就意味着改变民族国家传统的经济制度、政治制度、生产方式、生活方式,而这必然会使作为传统制度和生活方式的文化所根据的传统文化本身受到无情的冲击。特别是由于相对完备的市场体系目前只存在于西方发达国家中,因而全球市场体系的规则文化主要也是在西方文化的话语体系中得到诠释的,这使市场规范文化对民族文化的冲击就很容易被理解为是西方文化对非西方文化的侵犯。然而,不管这个事实怎样被理解,在各个民族自然的、自发的发展道路已经被全球化进程所阻断的今天,一个不想拒绝现代化的民族恐怕就必须以足够的勇气接受市场体系的规范文化对民族文化的冲击,接受这种冲击所带来的变化。这并不是说市场的全球化注定要把民族文化化为乌有,因为在不同的文化体系中市场体系就会有不同的文化样态,但必须明确的是,一个民族独具特色的文化传统只有在至少不与市场体系的抽象规则相矛盾的情况下才有可能被完整地保留下来。因此,一个力图参与全球市场体系的民族国家,在其发展策略上必须优先考虑的问题是,尽可能地使本国的市场体系完善起来,并不断增强在全球市场体系中的竞争力。只有不断地增强参与全球市场体系的能力,才能真正为民族文化的发展开拓更为广阔的空间。

三 商业文化的浸入

说到商业文化,这可能是后殖民文化批判理论或"文化帝国主义"理论最为关注的对象。的确,随着世界市场的发展,来自西方发达国家各种带有西方文化符号的生活消费品和大众化的传媒手段，如可口可乐、麦当劳的快餐、好莱坞的大片、广告、刊物、电视剧以及互联网等如洪水般地涌入第三世界，潜移默化地传播着西方的价值观念、生活方式和生活趣味，并悄然无声地改变着本土居民的文化消费心理和生活情趣，甚至滋生着本土居民对西方文化的认同和对本民族文化的怀疑。这种情况往往使关注民族文化命运的人们感到忧心忡忡，甚至愤愤不平。后殖民文化批判理论或"文化帝国主义"理论的意义也正是在于不断以批判的眼光考察这种文化产品全球化的潜在影响，揭露隐藏在这些现象背后的话语权力关系。然而，困难的问题是，商业文化的传播是通过对市场的占有进而实现对人的心灵的占有。也许我们有足够的正当理由维护民族文化的优良传统，但是如果民族工业不能提供有足够竞争力的物质消费品和文化消费品，那就很难抵御西方商业文化的泛滥，因为商业文化的传播载体就是最有竞争力的商品，这种商品的市场份额决定了附着在这种商品身上的文化符号占有消费者心灵的能力。单纯的理论批判，无论其内容多么深刻，面对市场规律总是显得十分虚弱。

四　人文文化的价值追求

人文文化主要是指揭示人的生存价值和意义的文化。人们通常会认为，人文文化不同于科学文化。人文文化在很大程度上是表达人们对自身生存价值或生存命运的理解和体验，体现或表达人们的道德追求、政治理想、精神信仰和生活情趣。因此，我们很难像科学文化那样找到一个统一的客观标准作为衡量人文文化优劣高下的终极判据。此外，人文文化总是存在于一个民族的深厚的历史与文化传统中，并且不断地从自身的文化传统中汲取精神资源，因而在不同的民族、不同的宗教系统乃至不同的地域中，人文文化的基本精神和表现形态都是不同的，这就是人文文化在全球范围内表现出明显的多样性，而且这种多样性绝不会因为经济全球化而消失。对于人文文化的这个理解当然是很有道理的。但是，本人认为，人文文化追寻人的生存的基本价值和意义，并不意味着在这个领域中不存在衡量人文文化进步程度的基本价值尺度。人文文化的发展基于人及其社会生活的实践本质。而人类实践活动作为"自由自觉"的活动就决定了人的生存和发展的基本价值是人的自主性和自由性。人类文明的不断进步，从根本上说，就是人的自主性和自由性不断扩展和深化的过程。当然，在以往人类历史发展的漫长过程中，人类生存的这种最基本的价值在很大程度上是自在地存在于人类的历史活动中，并不具有完备的、自觉的文化形态。对文化差异性的过分强调，使后殖民文化批判理论家们很难注意到衡量人文文化进步状态的价值尺度，从而在强化民族文化的独特性、优越性的同时多少淡化了提升民族文化这一更为重要的任务。在经济全球化的过程中，不经提升的民族文化是不会产生强大的竞争力，也不可能真正抵挡住西方话语霸权的侵犯。

五 文化批判的力量不在于固守而在于改造

后殖民文化批判理论可能面临的理论困境表明，全球化背景下的文化冲突、后殖民时代西方文化对非西方文化的支配关系以及全球文化构造中西方话语霸权等一系列问题，尽管与殖民主义时代的文化构成有着深刻的历史联系，但绝不仅仅是以往殖民主义留给当今时代的历史阴影，而是与经济全球化过程中正在形成的文化构造密切相关。如果对于市场经济机制在全球的拓展所能产生的文化效应缺乏足够清醒的认识，我们就不能为彻底解决上述问题提供可靠的文化策略。

后殖民文化批判理论可能面临的理论困境也显露出该理论在历史哲学观念上的片面性。批判"唯历史主义"或解构"欧洲中心主义"，的确是十分重要的文化实践。但问题的另一个方面是，在论证和倡导民族文化的多样性和差异性的同时，不能忽视不同民族文化之间可能具有的共性特征，不能忽视经济全球化本身对体现人的自主性和自由性的文化精神的推进，尤其不能忽视用科技尺度和人文价值尺度衡量民族文化进步程度的可能性和必要性。对于彻底地解除西方文化对非西方文化的支配关系来说，最根本的策略就是在完善市场经济体系、不断提高民族在世界体系中的竞争力的过程中，提升民族文化，使之真正成为有助于人的自主性和自由性不断深化和扩展的先进文化。

参考文献

［1］［美］塞缪尔·亨廷顿：《文明的冲突与世界秩序的重建》，周琪等译，新华出版社 2002 年版。

［2］［德］黑格尔：《历史哲学》，王造时译，生活·读书·新知三联书店 1956 年版。

［3］［美］赛义德：《东方主义再思考》，转引自罗刚、刘象愚主编《后殖民主义文化理论》，中国社会科学出版社 1999 年版。

［4］罗刚、刘象愚主编：《后殖民主义文化理论》，中国社会科学出版社 1999 年版。

经济全球化时代的价值共识

李永胜

（西安交通大学人文社会科学学院教授，西安，710049）

摘　要　价值共识既是一个重大实践问题，也是一个重要的理论问题。研究价值共识是深化价值哲学研究的客观需要，也是生活实践的现实需求，具有重大的理论意义与实践意义。价值共识具有深厚的现实根据及其生成、发展的特有机制。价值共识具有信念意义与规范作用，可助推不同文明之间的交流与沟通，有助于人类在尊重差异的前提下实现文明的多样化发展，构建和谐世界，有助于社会认同与社会整合，维系社会团结。在利益冲突、价值多元的当代中国社会如何凝聚价值共识，重构价值认同，是中国特色社会主义的重大难题。

关键词　全球化；价值共识；意义

价值问题是当今时代人类所面临的最重要、最紧迫的问题之一，信息社会是一个充满着不确定性、变化性和多样性的个性化社会，在这种社会中，价值思维、价值判断、价值逻辑、价值冲突、价值共识、价值评价、价值选择等无时无刻不在影响并塑造着我们的生产方式、生活方式、行为方式和思维方式。价值哲学是具有重要的实践品格的当代哲学形态，它以反思批判的态度与方式积极介入生活实践，为人们的生存和发展提供理论智慧与价值支撑。以理性的态度面对生活实践，积极回应并促进现实问题的解决，正是价值哲学获得生命力的源泉。价值共识是经济全球化和文明多样化时代背景下凸显出来的一个重大实践问题，同时也是一个重要的价值哲学理论问题，值得我们予以关注和研究。

一 研究价值共识的必要性和意义

所谓共识，指共同的认识。共识在人类生活实践中普遍存在，两个以上的人一起做事或彼此交往就必须达成共识，否则办不成事或无法进行持续有效的交往，共识通常表现为一种集体意识或集体规则。社会共识广泛存在于人类生活的各个方面，政治、经济、文化及思想、道德领域都可能达成共识。由于文化的核心在于价值，所以文化共识的灵魂在于价值共识。价值共识指一定群体或组织中的人们在价值层面所形成的共同认识，价值共识通常表现为：第一，共同的价值观。第二，共同的价值规范准则。第三，共同的价值理想与信念。价值共识具有一定的共享性和普遍性，一般说来，其共享的人群范围越广，共享程度越高，其普遍性程度越强，价值就越大，例如，自由、幸福、公正的价值共识，因其共享性和普遍性程度较高，所以对社会和人类的价值就较大。

关注并研究价值共识问题，是深化价值哲学研究的客观需要，具有重要的理论意义。在以往的价值哲学研究中，我们对主体价值认识的差异性、多样性、相对性、对立性关注并强调得多，而对价值认识的同一性、统一性、绝对性、共通性关注并研究得少，这种倾向忽视或掩盖了不同国家、不同文化、不同群体达成共识以及价值认识求同存异的可能性，无法保证对价值认识的全面性、客观性、辩证性。事实上，从辩证法的角度来看，价值认识恰恰是差异性与同一性、多样性与共通性、对立性与统一性、绝对性与相对性两个方面的辩证统一，缺一不可，两者是互补的，离开其中任一方面，都是片面的、机械的、不完整的认识。只有深刻地把握价值认识两个方面的内容，才能形成辩证、全面和科学的价值认识。从"存在论"的立场看，在经济全球化、文明多样化的时代，无论人们的价值分歧如何明显，价值冲突如何复杂化、尖锐化、多样化发展，但透过纷繁复杂的价值世界之现象，我们仍然会看到，价值共识的客观存在——无论在群体或组织层面、民族国家层面，还是在人类社会（国际社会）整体层面，都存在着一定程度的价值共识，其客观存在的深刻根据在于价值主体（不同层面上的主体）具有共通的情感与共同的生活实践。因此，正视价值共识、重视价值共识，积极探索并寻求达到价值共识的途径、方法与手段，就成为价值哲学无法回避的重大问题。运用价值论的理论、方法与研究范式研究价值共识问题，揭示其存在的根据、现实条件、生成机理、功能、作用与意义，对于我们全面、深刻、辩证地把握价值认识，更加理性地对待价值认识，进一步深化并拓展价值哲学研究，无疑具有重要的理论意义。

关注并加强对价值共识的研究，是生活实践的现实要求。经济全球化时代，是一个文化多元化、文明多样化、政治多极化的时代，各民族国家、各区域间的价值分歧、价值冲突更加明显并长期化、复杂化、尖锐化。但另一方面，随着世界经济全球化进程的不断拓展和深化，全球价值链的形成，各国在资源、能源、技术、信息和资本等方面的依存度不断加深，"你中有我，我中有你"，彼此利益相互交织，难解难分，在竞争中谋优势、在合作中求发展成为一种发展格局与趋势，各国在多领域的交流、协商与合作互动中逐步搭建起"利益汇合点"和"利益共同体"。根据马克思主义唯物史观关于利益的根本思想，人们奋斗所争取的一切，都同他们的利益有关，追求利益是人类一切社会活动的动因，利益是人们思想认识和价值观形成的基础。价值分歧是人们利益分歧和信仰分歧的认识表达，相同的利益关系必然构成价值认识的深厚物质基础。因而，"利益汇合点"的形成和"利益共同体"的搭建必然有助于各国在多元化、差异化的基础上寻求并协商达成一定的价值共识。

当今时代是一个和平与发展的新时代，共生共存、竞争合作、共赢发展成为人类的基本生存样态和实践方式，不同国家、不同文化、不同文明之间在个性化、多样化、差异化背景下谋求平等而富于建设性的思想对话，在尊重差异与搁置争端中寻求社会共识成为一种实践智慧，而这种实践智慧的理论支撑，就是去发现并找到一定的价值共识。例如，不同文明之间之所以能够平等对话、协商沟通就在于他们在一定程度上对和平共处有共同的价值认识（即彼此认可和平共处的价值观）。所以说，在多元化时代，我们既要有对立性思维、差异化思维、求异性思维，又要有统一性思维、同一性思维、求同性思维。研究价值共识问题，无疑是多元化时代实现"求同存异""和而不同""共存共赢"生存模式的最佳切入点，它在宏观战略层面上将为我们理性智慧地破解各种时代难题提供一种新思路、新思维，它是一种问题导向的、务实的、理性的、辩证的价值思维方式，以"求同"为价值致思方向（异中求同），试图在包容中实现存异，在共识中实现求同，从而凝聚和提炼出彼此价值认识与诉求方面的"共同点"，为和平发展、共存共赢提供价值支撑。

　　从国内情况来看，价值共识的研究更为重要和迫切，建设中国特色社会主义需要凝聚价值共识。从社会整合理论角度看，当代中国社会由于社会转型和社会变迁所引发的矛盾与冲突日益凸显，市场经济发展带来的经济社会的深刻变化给人们的心灵世界带来了多元诉求的精神焦虑，中国社会呈现出的基本态势是多样化与多元性。这一态势一方面极大地激发了社会主体的自主性、能动性和创造性，使中国特色社会主义焕发出巨大的生命活力。另一方面也造成了人们道德的失落、心灵的失序和价值世界的混乱无序。社会多样性与多元化并不排斥统一性、同一性和价值共识的必要性，越是多样化越是需要凝聚一定的价值共识来实现统一、统摄与主导。当前，中国社会所面临的种种问题、矛盾与困境亟待发挥精神因素、文化共识（核心是价值共识）在社会整合中的重要作用，亟待通过国家精神的社会化，将规范、价值和信仰与文化因素内化成为个体的价值自觉，从而发挥消除隔阂、弥合分歧、化解冲突、增强认同的社会整合功能。价值整合是社会整合中最为根本、最深层面也是最为持久有效的整合方式，而价值整合的核心与灵魂是凝聚价值共识，实现价值认同。只有凝聚和塑造一定的价值共识，形成占据社会价值制高点的能够被民众普遍认同的价值观念体系（如社会主义核心价值观），才能增强人们的价值认同，实现有效的价值整合，促进社会团结，实现社会和谐有序发展。研究价值共识，可以为加快社会转型、深化改革开放提供具有远见卓识的处理价值问题的精神智慧与理论支撑。

二　价值共识的可能性与生成机制

　　价值共识何以可能呢，其生成机制如何呢？
　　（1）人类共存共赢的生存样态，反映在价值认识层面，必然形成一定的价值共识。社会生活的本质是实践，人的一切认识（包括价值认识）深深地植根于生活实践之中，归根结底是物质生活过程及其现实条件在观念上的反映。正如马克思恩格斯所说："思想、观念、意识的生产最初是直接与人们的物质活动，与人们的物质交换，与现实生活的语言交织在一起。……意识在任何时候都只能是被意识到了的存在，而人们的存在就是他们的现实生活过程。"当今社会，全球化问题（诸如气候问题、生态问题、能源问题、资源问题、恐怖主义问题、粮食问题、国际金融危机等）日益凸显，世界各国的相互联系、相互依赖性更加突出，作为"地球村"中的村民，任何一个人都不可能脱离他人而独立生存，各民族、国家之间有矛盾、有冲突、有对立，也有妥协、有沟通、有互利，共生、共存、共赢成为人们的基本生存样态和客观要求。共同的生存环境、统一的实践方式及其耦合互动的社会行动体系，使各民族国家彼此间的利益联系更加紧密，必然形成一定的价值共识（如对"共生"的价值认识）。再进一步讲，人类的生产、生活、精神与生命是相通的，存在一定意义上的共通性（这就是解释学家所谓的精神同质论）。所以，价值认识既具有特殊性（个性），又具有普遍性（共性），是特殊性与普遍性的辩证统一。可见，价值共识具有共享性（兼容性）与普遍性。在人类的实践中，社会行动的过程就是一个共识逐步凝聚和重叠的价值认识过程。例如，人类在保护环境维护生态系统平衡、建设美丽地球家园的共同实践中，必然会逐渐形成对自然、生态的共同价值认识（如承认并尊重自然的价值等）。又如，在当今国际社会舞台上，国与国之间在交流与合作、竞争与博弈的反复交往实践中，认识到国与国之间要健康发展，就必须超越冲突，建立一种共存互惠关系，逐渐凝聚和形成了合作共赢的价值共识，从而使国际交往更加理性化。

（2）全球化实践、世界性普遍交往有助于达成价值共识。价值主体共同的实践活动与频繁而普遍的交往关系是价值共识形成的现实根据。全球化实践、世界性普遍交往使人们打破了传统的民族性、地域性、本土化思维，确立了现代的跨民族、超地域、超时空、全球化思维，这种思维方式的转变，有助于人们从更高更广的层面（世界整体层面）上重新认识、理解和看待诸如资本、技术、人才、市场、信息、资源、环境、创新等问题，并在网络化实践行动中不断强化对这类事物的价值体验与价值情感，形成一定意义上的价值共识。各民族国家在全球化实践中，由于普遍性交往的作用，加强了人们之间的对话、沟通、协商与谈判的良性互动，消除了人们之间的隔阂与误解，使人们在某些共同面临的问题（如生态问题、国际金融危机、核威慑等）上更易形成价值认识的交集，达成价值共识。此外，全球化实践、普遍性交往以及网络化社会生存背景下，不仅要求我们拓展视野，着力于全球化视野的高度关注和研究重大现实问题，而且由于当代社会问题的复杂性、整体性、相关性与综合性越来越强，迫使我们在研究方法上采取"跨学科方法"甚至于"学科一体化"的研究方法与综合集成方法，在研究方式上采取跨区域、跨国间的国际合作与世界团队联盟方式，这种研究视野、方式、方法，有助于视域融合以及多种认识方式方法的有效整合，有助于构筑价值思维的融通性，使人们从宏观和整体高度形成共同的价值认识，达成一定的价值共识。

（3）日益频繁而紧密的文化交流、碰撞与互动，推动了价值共识的形成。每一时代人们的价值认识都来自于他们所生活的社会，是一定社会的物质生活方式、政治法律制度、观念文化系统诸因素共同作用、熏染、熏陶和塑造的结果。在当今世界舞台上，各种文化激荡、交融、交流与竞争互动的文化生态园，构成了价值共识形成的社会生态条件。全球化背景下，各民族国家的文化交流与融合日益频繁而深入，伴随着资本、技术、人才、贸易等要素的全球化流动与市场化配置，世界舞台上搭建起了一个多元化、立体化、全方位文化交流与对话、碰撞与融合、竞争与发展的大平台，使各民族文化在平等交流、理性对话和深度碰撞中实现了文化的沟通、价值信息的传递、情感的共鸣、偏见的消除，心理鸿沟的弥合，各民族之间的精神交往越来越深入，为不同文化间发掘、发现并欣赏彼此相融相通的文化共同点以及深层的价值共同点提供了极好的土壤与环境。人类文化交流的历史实践表明，文化的多样性、交融性是文化进步发展的动力。在世界性文化交流与对话中，人类的某些价值认识与价值观是可以融合的，是可以找到价值交集的。事实上，随着各民族国家之间经济社会交往的日益密切，文化交流与碰撞的日益加深，各民族国家在文化与价值层面主动地、不断地相互吸收、借鉴、融会与贯通，进而形成一定的价值共识。所以，只要我们以人类现代文明为立足点，以人类共同的福祉为参照系，不断发现、挖掘并提炼那些超越本土文明、引起其他文明价值共鸣的、适应全球化趋势的优良文化因素与价值基因，就能够找到人类的价值共识。例如，人们对科学价值与人文价值的共同认识，就是近代以来各民族国家在文化交流、碰撞与融合中逐渐形成的一种价值共识。在当今的全球化实践中，各民族国家又在更加深入的文化交流与互动中形成了"平等、合作、共赢"等价值共识。可以说，价值共识是人类在文化交流、碰撞、交融、互动的社会文化场域中，不同文化在"包容存异"的多元认知中，不断筛选、提炼和凝聚价值契合点的价值认识过程，是人类价值认识的智慧沉淀。

（4）中国特色社会主义实践以及人民主体论的改革观有利于我们达成中国社会的价值共识。当代中国社会，是以人民为主体、人民利益至上的社会主义社会。坚持人民主体论立场，以人为本，着眼于维护和实现中国最广大人民群众的根本利益，把实现人民幸福作为价值旨归，是中国特色社会主义的根本特征和价值理念。新中国成立以来，特别是改革开放以来，我们党领导人民对中国特色社会主义的探索、开创与发展，给中国社会带来了巨大的变化，使亿万人民群众在生活条件得到极大改善的切身感受中，深刻领略了中国特色社会主义的鲜活生命力、巨大创造力与现实感染力。所以，中国特色社会主义实践成为中国社会获得广泛而深厚的价值共识的社会基础与现实根据。以习近平为总书记的新一届中央领导提出的"中国梦"思想更是以平实、生动、直观而又浪漫的百姓话语形式，全面展示了中国特色社会主义事业的价值框架，提炼、凝聚出中国特色社会主义的价值共识：国家富强、民族振兴、人民幸福。中国特色社会主义事业以国家富强、民族振兴、人民幸福为价值目标与理想，既具有统一性，又具有多样性；既具有同一性，又具有差异性，它在利益多样化、价值多元化的复杂社会场域中找到了民族、国家、个人的"利益汇合点"和价值共振点，找到了各民族、各阶层、各群体多元认识基础上价值认识的最大公约数，使社会价值、民族（群体）价值与个人价值高度统一起来，构建起了最大限度地凝聚社会共识的一个重要管道（精神价值管道）。价值共识是社会共识的精神支撑与价值指导，人们通常是以价值共识为指导铸造社会共识的。党的十八届三中全会指出，全面深化改革"以促进社会公平正义，增进人民福祉为出发点和落脚点"，这就明确确立了以实现人民幸福为改革开放价值取向的人民主体论改革观原则。这一重要原则的确立，为我们在全社会范围内形成普遍的价值共识奠定了正确的价值论基础（价值观立场和方法论原则）。我们相信，立足于中国特色社会主义实践的沃土，坚持人民主体论的价值立场，各民族、各阶层、各群体通过平等研讨、理性沟通、心灵对话和深度碰撞，就一定能够凝聚并形成全面深化改革发展的价值共识。

三　价值共识的作用与意义

人是一种精神性动物，在一定的文化中生活，受制于特定文化，文化的功能是"化人"。一定的价值共识的凝聚与确立，具有重大的实践作用与意义。由于价值和价值观具有凝聚、导向、激励、规范、评价和调控等作用，所以，相同的价值认识（价值共识）的形成，在实践中往往具有指南针、黏合剂、凝聚剂、推动器、规范器、调节器等作用，它为人们处理现代社会各种纷繁复杂的价值关系、价值困惑与价值冲突提供价值智慧与行动指南。

（一）价值共识具有信念意义与规范作用

价值认识不同于事实认识，它是对某种价值现象、价值关系的认识与反映，因而与主体性（情感、体验、信念、意志、需要等）深度相关，往往凝结和体现着主体的强烈体验、情感和信念，具有信念意义，例如，马克思主义对于社会主义的价值认识（价值共识）就饱含着无产阶级的价值情感，凝结和体现着共产主义信念（实现人的自由而全面发展），因而具有信念意义。价值共识又是一定的价值规范的基础和灵魂，一定的社会群体一旦达成了某种价值共识，就会强化一定的价值认同，在处理问题时就会采取更加一致的做法，逐渐形成相应的价值规范，并转化为人们如何行动的规则，具体指导人们的实践活动。例如，我国人民在长期的历史实践中凝结出集体主义、爱国主义的价值共识，不仅强化了我们对社会主义集体和中国特色社会主义的价值认同，而且这种价值自觉规范和引导着人们的思想和行为，进而形成了关于集体主义、爱国主义的价值规范与道德准则。可见，价值共识促使人们实现价值自觉，为人们的社会活动提供一种规则、标准与模式，直接规范人们之间的权利义务关系，为人们的社会交往和社会生活提供一套可操作的价值框架与秩序结构。

（二）价值共识可助推不同文明之间的交流与沟通

谋求价值共识的价值思维与方法是一种积极面向未来的、建设性的、高度务实的辩证思维方式。当今社会，文化多元化、文明多样化、世界多极化成为时代趋势与发展潮流。面对社会高度分化、异质化与多样化的发展格局，我们无法也不能消除文化差异与社会矛盾，但我们可以面向未来，立足于共同发展，尊重差异并包容个性，从多元、多样化的客观实际出发，发展一种"求同存异"的同一思维（共识文化），即在尊重各民族文化差异性、文明多样性的基础上，适当关注各种文化、不同文明背后的全球统一性和同一成分（价值认识共同点），以凝聚、发掘和发现"多元"背后蕴含的人类文明与进步的共同精神智慧与价值认识成果。这种致力于寻求价值共识的思维与实践，有助于从世界文明交往的世界历史时代高度找到各国彼此交往与互动的最大公约数与价值联结纽带，为各民族国家的平等对话、合作竞争、互惠共赢搭建一个价值支撑平台。

（三）价值共识有助于人类在尊重差异化前提下推动文明的多样化发展，构建和谐世界

寻求价值共识的思维与实践要求人们尊重个性，包容差异，平等交往，在发掘和发现价值共识的现实实践过程中，最大限度地凝聚和整合世界和平、稳定、繁荣与共同发展的各种现实力量，在共存共赢中促使不同文明各自得到充分发展，形成文明多样化的发展格局。大力研究、探索不同民族、国家、不同主体、不同立场、不同文化高度差异化场景中的价值共识，就是要淡化差异、尊重并包容不同文明的价值诉求，以融通性价值思维找到全球化时代不同文明得以交融、对话、沟通、合作与共同发展的价值平衡点与契合点，构建起和谐世界的价值通量（类似于经济世界中起货币功能作用的价值元素），架起不同文明之间实现价值沟通与融合的桥梁，促进人类的共同进步与发展。在不同文明的交往过程中，善于捕捉、发现、发掘、提炼和总结其价值认识中所蕴含的共通的元素（价值共识），可以形成可持续交往的共同价值和规范（如共生的价值与规范、和平共处的价值规范等），避免对抗与冲突，和谐共生。可见，价值共识更易于成为世界多极化、文明多样化、经济全球化和社会信息化时代人们的共享价值规范，推动和谐世界的构建。此外，从价值共识出发，还有助于我们从新的角度思考全球治理的方案问

题。例如，在国际贸易领域，发达国家总是从自身利益出发倡导与贸易有关的知识产权问题（TRIPs），而对大多数发展中国家来说，恰恰需要的是从共生价值这一价值共识出发倡导与贸易有关的发展问题，可见，肯定并弘扬共生价值这一价值共识，无疑为我们在公平合理的基础上解决国际经济与贸易难题、寻求全球治理的合理方案提供了很好的思路。

（四）价值共识有助于社会认同与社会整合，维系社会团结

价值共识是执政党获得广泛和坚定的社会支持、取得政治合法性与正当性的价值（认识）基础，也是强化政治认同、维护社会团结、凝聚社会力量、激发社会活力、促进社会良性发展的必要前提。价值共识（价值认同）是社会认同的核心内容，是社会群体或组织等社会共同体的黏合剂。社会共同体的创立、维系和作用，依赖于共同体成员在共同实践中彼此达成的某种价值共识（表现为共同的价值观等）。正是某种价值共识的凝聚与确立，强化了人们的价值认同，构成一种弥漫于共同体内外的强大社会心理氛围，把共同体成员紧紧联系在一起，产生一种彼此共享的成员间的团结感，形成一种亲和力、感召力和凝聚力。人们总是生活于特定的思想文化环境中，在人们的思想文化中本身就包含着特定的世界观和价值观内容。这种世界观和价值观往往成为人们观察、理解、认识和解读一切问题的先验图式，对人们的认识、行为产生这样或那样的影响。所以，一定的价值共识（表现为人们共同拥有并集体认同的价值观和价值规范准则等）会影响和左右我们的社会认同与行为模式、生活态度等。历史实践告诉我们，在顺利的情况下，社会发展需要实现价值共识基础上的齐心合力，在逆境、挫折与面临困难、风险挑战时奋斗更需要凝聚价值共识，以产生积极向上的团结力量。在今天中国这样一个空前开放化、市场化、多样化、多元化、信息化的社会语境中，面对全面深化改革的攻坚战，我们更需要凝聚和塑造统一的价值认识（价值共识），以强化对中国特色社会主义的社会认同，以实现社会结构高度分化、利益诉求多样化格局下的社会整合与团结。价值认识是理性、情感和意志的高度统一体。一定的价值共识不仅具有凝聚、黏合、规范、引导作用，而且具有激励、鼓舞的精神动力作用，它可以实现人们在一定的价值框架内的高度社会认同，使社会更加团结，并产生巨大的社会凝聚力、向心力、感召力，激发主体的各种潜在能力，驱动

主体发起实践活动，形成凝心聚力、团结奋进的正能量，促进社会的和谐发展。

参考文献

［1］齐卫平：《政治共识与政治发展》，《中国社会科学报》2013年10月25日。

［2］马克思、恩格斯：《马克思恩格斯选集》（第一卷），人民出版社1995年版。

［3］《中共十八届三中全会在京举行》，《中国社会科学报》2013年11月13日。

［4］苏长河：《共生是和平发展与和谐世界的内在价值之一》，《中国社会科学报》2013年12月11日。

第二编
社会发展与文化价值

从人生到人

——关于价值和意义的哲学内涵之辨析

王晓勇

（西安交通大学人文学院哲学博士，西安，710000）

摘 要 价值和意义是两个容易混淆的概念。价值概念遮蔽意义概念，其实掩盖了深层的社会矛盾。混淆在经济、社会、历史、心理、文化方面的表现形式不同。人的存在包括人生价值和人的意义两个维度。价值是现实性概念，意义是超越性概念。存在价值追问和存在意义追问，是古典哲学和现代哲学的区别。人生与存在者相关，人与存在本身相关。从人生到人，不是一个历史过程或逻辑过程，而是从价值问题向意义问题的转换过程。现代社会的深刻矛盾来自于价值取向与意义取向之间的冲突。各种学术的专业化、精细化和各种理论的高度抽象化，造成哲学的合法性危机。区分价值和意义的哲学内涵，为哲学解决自身危机提供了新的思考空间。

关键词 价值；意义；现实；超越

一 价值概念和意义概念的一般性混淆

从 20 世纪 70 年代末开始，人性问题逐渐进入中国学术界和文艺界的理论视野。1979 年，中国正式启动现代化改革，朱光潜先生率先发表《关于人性论、人道主义、人情味和共同美的问题》一文，可视为与中国现代化步调相适应的人的主体性自觉的标志。随后在 1983 年纪念马克思逝世 100 周年学术报告会上，理论工作者展开"人道主义和异化问题"大讨论，提出"现实的人"，肯定了具体的人的价值。关于人性的探讨之所以成为 80 年代的热门主题，既是改革开放的迫切需要，又是反思"文化大革命"的迫切需要。因此，人性问题在中国转折时期的突然出现，尽管染着浓重的意识形态色彩，却不能否认，它也是现代社会和现代文明的必然产物。在这场改革中，市场经济提出解放思想、放开手脚的现实要求，对人的价值和意义的追问，已无可回避。然而，30多年前的大讨论毕竟囿于政治因素，主要是立场之争或者是非之争，还不完全是哲学之辩或者真理之辩。当思想观念沉浸在一个大刀阔斧、意气风发的改革年代，往往比较粗犷发散，不够细致集中，其结果就是导致了价值概念和意义概念的混淆。

那么，厘清并区分价值概念和意义概念又有什么意义呢？或者说，厘清并区分价值概念和意义概念又有什么价值呢？通过这两个问句可以看出，意义和价值，在大多数情况下可以相互替换，简直就是同义词。这些理解属于两个概念的日常用法，表现为一般性混淆。一般性混淆的特点是停留在语言形式上，容易遮蔽人们对现实问题的深层思考，从而导致80年代的大讨论将人的价值和人的意义混为一谈。进一步说，价值和意义的混淆影响了中国现代化进程中的意识、观念、思路、态度和行为，掩盖了社会结构的深层矛盾。只有对两者进行实质性区分，才能揭示被人的价值遮蔽了的人的意义；而人性问题揭示得越深，就越能发现人的需求和人的目的，最终才能确定符合人性解放要求的社会发展路径。因此，对价值概念和意义概念的厘清，无论在中国的理论领域还是现实领域，都起着奠基性的作用。

二 价值概念与意义概念的实质性混淆

如果继续追问，厘清并区分价值概念和意义概念到底有什么意义？或者问，厘清并区分价值概念和意义概念到底有什么价值？要回答这两个问题，就不能仅仅从语义学或语用学等语言学维度去考虑，因为语言学维度只属于形式层面；还需要从经济维度、社会维度、历史维度、心理维度、文化维度等实质层面去把握。混淆价值概念和意义概念的原因不是单一的，而是由多元维度共同决定的。

从经济维度看，30多年前的人性问题大讨论是市场经济在意识形态领域的表现。首先进入人们视野的新概念就是与商品概念相关联的价值概念。在马克思主义政治经济学中，商品二重性就是指价值和使用价值。一个东西能够成为商品，主要在于有用，并且可以交换。因此，商品的社会性质决定了人必须是能够自由生产、自由交换和自由消费的人。或者说，必须将人从僵化的体制中解放出来，让人成为市场经济和商品流通中的主体。所谓人的价值，就是人对自己主体地位的确认。但是，人的意义无法直接用经济学原理加以解释，或者只能牵强地用人的主体性价值来解释人的意义。其结果就是造成价值概念和意义概念在经济实质上的混淆。

从历史维度看，计划经济时期忽视了人的个性，商品经济时期同样忽视了人的独特性。人作为存在是一个历史过程，首先是生物性存在，然后才是社会性存在。社会的发展必须兼顾每个人的独特性和个性化需求，而不是以牺牲人的独特性和人性为代价换来历史的进步。一个国家和民族承担的历史任务和责任，首先是由管理者负责指挥、协调和完成的，每个人的生存价值也是由管理者维护和保障的。但是，历史使命与个人价值并不一定有着必然联系，因为历史使命体现的是社会发展的规律性和整体性，个人价值体现的是生命意志的独特性和个别性。而中国儒家传统总是提倡将历史使命和个人价值联系在一起，比如《大学》中的八目：格物、致知、诚意、正心、修身、齐家、治国、平天下。这种排列表明了一个递进的次序，说明由个人价值过渡到历史使命的全过程。尽管八目的过程设计非常宏大，却让个人生存的意义湮没在历史使命的宏大叙事和政治话语中。政治话语是一种权力话语，它敉平了个体的意义，个体只有完全服从总体，才有价值。其结果就是造成价值概念和意义概念在历史实质上的混淆。

从心理维度看，东方人在心理上追求卓越超群的个性，西方人在心理上追求独立不群的个性。卓越就是优越感，超群就是中国人强调的出人头地，印度人强调的唯我独尊。所以卓越超群的心理容易在政治上产生专制思想和官本位观念；独立就是创造性，不群就是不依附于任何权威。所以独立不群的心理容易在政治上产生自由思想和科学创新观念。《资治通鉴》中的一段描述可以表明中国人追求卓越的心理个性，其中这样写道："夫以四海之广，兆民之众，受制于一人。虽有绝伦之力，高世之智，莫不奔走而服役者，岂非以礼为之纪纲哉！"在这种心理的支配下，个人的才智水平和能力水平无论有多高，都必须服从一个权力结构和等级秩序。因为只有通过由权力结构和等级秩序构成的游戏规则，个人才有可能出人头地，才能够得到其他人的承认和认可。离开了游戏规则，个人的卓越超群就会失去价值评判的依据。西方人则注重个性心理的培养，提倡充分发挥人的创造性和独立性。西方人并不依靠权力系统对个人价值进行评判和认可，个人价值只接受心灵和信仰的裁判。所以西方人没有官本位观念，只崇尚真理，只信仰上帝，他们的人文成果和科学发明是个性自由的彰显，是独立思考的产物。由此可知，中国人的传统心理中有价值判断，但缺少意义追求，其结果就是造成价值概念和意义概念在心理实质上的混淆。

从文化维度看，中国传统的文化观念虽然重农抑商，但并不排斥现实性和实用性。《尚书·益稷》中就曾提出"懋迁有无"的观念，意思是人们只有通过贸易才能互通有无。然而，为什么中国古代几千年的文化发展中没有锤炼出商业社会？费孝通先生在《乡土中国》中这样解释："前者（指中国）是礼俗社会，后者（指西方）是法理社会……在这里我想说明的是生活上被土地所囿住的乡民，他们平素所接触的是生而与俱的人物，正像我们的父母兄弟一般，并不是由于我们选择得来的关系，而是无须选择，甚至先我而在的一个生活环境。"中国传统文化是和乡土生活联系在一起的，人们的生活空间和交往空间非常狭小。土地不仅限制了人的发展，也限制了人的生活方式和人的文化观念。一个人生在哪个地方，就注定了他的文化水平和社会关系。人与人的交往是通过乡土礼俗来维系的，亲族血缘和宗法制度是这种文化的根基。费孝通先生称为熟人社会，这是一种地缘决定论。西方文化是从航海业和贸易业发展起来的，充满着冒险精神和传奇趣味，人与人的关系不能靠血缘和礼俗来维系，必须靠法律和契约来约束。费孝通先生称为陌生人社会，这是法理社会的特色。可见，中国文化具有先天的价值确定性，地缘、血缘和礼俗制度是形成确定性的根本原因；而西方文化具有后天的意义不确定性。法理、契约和法律制度是补偿不确定性的最佳方式。所以，价值是黄色的土地文化的产物，意义是蓝色的海洋文化的产物。价值的确定性对意义的不确定性的遮蔽，其结果就是造成价值概念和意义概念在心理实质上的混淆。

综上所述，价值概念和意义概念在语义学和语用学等语言维度上的混淆，属于形式层面的混淆；价值概念和意义概念在经济维度、历史维度、心理维度、文化维度等方面的混淆，属于实质层面的混淆。但前面的分析只是做了一些澄清工作，真正要区分价值概念和意义概念，就必须依靠哲学维度的分析。只有挖掘出价值概念和意义概念的哲学内涵，才能阐明两者的本质性区分。

三 价值概念与意义概念的本质性区分

30多年前的人性问题大讨论虽然主要涉及价值追问，但是在哲学界、文艺界和读书界，却暗暗掀起了西方现代社会思潮热，延续至今，先后出现了尼采热、叔本华热、弗洛伊德热、现代艺术热、美学热、生命哲学热、萨特热、存在主义热、现象学热、后现代主义热，等等。笔者小时候在西安街道的书摊上，随处都能看到《悲剧的诞生》《作为意志和表象的世界》《梦的解析》《艺术哲学》《存在与虚无》《时间与自由意志》《存在与时间》等热门书籍，现代哲学成为当时许多青年人谈论的时尚话题。这些文化现象说明，一方面，西方现代思潮根本无法撼动马克思主义哲学的主流地位，所以只能以流行文化的形式进入中国人的视野；另一方面，西方现代思潮满足了中国改革开放大潮的思想需要，所以开启了中国学者对现代性和工业社会等未来即将遭遇的潜在问题的反思。边缘化和先知先觉，是西方现代社会思潮在中国流行的重要特征；而中国的哲学理论界也开始将兴趣点从古希腊哲学、德国古典哲学转向了现代西方哲学。也就是在这个时候，意义概念逐渐凸显出来，成为与价值概念并驾齐驱的崭新观念对象。

当然，问题的转向和概念的变化，都与社会发展和经济转型有着密切关联。改革开放之初，人们受计划经济时期思想观念的影响，很容易用市场经济时期的思想观念与之做对比，这属于承前对比；改革开放之后，人们开始发现商品社会的弊端，急需对自己的心理心态进行调整，这属于启后调整。在承前对比阶段，价值概念显得非常重要，它是对人性对自我的肯定；在启后调整阶段，意义概念显得非常重要，它是对人性对自我的反思。所以，价值概念具有直接性和积极性，意义概念具有反思性和批判性。对意义的追问不同于对价值的追问，后者求是，前者问非，后者对人性问题的理解现实直接，前者对人性问题的理解深入透彻。

从哲学维度看，价值是现实性概念，意义是超越性概念。因此，价值概念和意义概念的本质性区分，就是现实性和超越性的区分。当然，这种讨论只是概括性的，要进一步澄清价值概念和本质概念的本质区别，还得说明两者的哲学渊源。

四　价值概念与意义概念的古典哲学渊源

价值概念和意义概念在西方哲学史上的出现顺序与它们在中国大陆的出现顺序正好相反，先是出现对意义的追问，后来才产生对价值的追问。

远在古希腊早期，智者学派的代表普罗泰戈拉就提出"人是万物的尺度"的哲学命题，将自然哲学家对本原问题的求索，转向为人文学者对人的意义问题的回归。但是，智者学派同时也破坏了哲学家追求真理的传统，他们否认意义的确定性，结果沦为相对主义的诡辩家。苏格拉底在批判智者学派的基础上，一方面重新肯定了人的意义，提出"认识你自己"和"未经思考的人生是不值得活的"；另一方面首次确定了人的价值，提出"知识即美德"。可见，苏格拉底将意义追问视为价值追问的基础。随后，柏拉图的理念论将世界二元化，确定了精神世界的存在，从而将人性也分裂为感性和理性，确定了理性在人性中的绝对意义。亚里士多德从事物的运动变化出发，提出四因说，从而将人看成是有目的的存在。人的目的性决定了他的生存方向和生存方式，这种学说同样将人的意义看作人生价值的基础。亚里士多德最重要的实体说将事物分为实体和属性两部分，无论意义还是价值，都不能脱离作为实体的人而独存。这种观念其实为后来黑格尔"主体即实体"的命题奠定了理论基础。换言之，尽管亚里士多德尚未提出主体概念，在他的哲学里，意义与价值实际上是统一的。古希腊哲学晚期则推崇伦理哲学和生活哲学，伊壁鸠鲁学派追求快乐，斯多亚学派追求幸福，他们明显回避人的意义问题，提倡人的价值实现。以皮浪为代表的怀疑派则对人的意义和价值表示质疑，通过不下判断的方式实现不动心，表现出极端的批判精神。古罗马的爱比克泰德虽曾为卑微的奴隶，奥勒留虽身为高贵的皇帝，他们都肯定人性中具有不可侵凌的尊严，简直有中国孟子所言

"贫贱不能移，富贵不能淫，威武不能屈"的气概。这些属于对人的价值的肯定。

中世纪哲学时期，人性始终从属于神性。基督教认为，人性是有缺陷的和不完善的，尤其是原罪说否认了人性之善。奥古斯丁用忏悔的方式净化人性，又通过人间之城与上帝之城的区别，构建出理想的彼岸世界，从而表明人的价值就是自我净化，人的意义要在天国彰显。经院哲学以虔诚谦卑的态度，试图证明上帝的存在，掀起唯实论与唯名论之辩。细究其理，唯实论承认形而上学的实存，认为人的意义具有确定性；唯实论否认形而上学的实存，认为人的意义不过是名称而已，却为人的价值建构留下了可能性。其中的经院哲学家阿伯拉尔是一个另类，他虽遭阉刑残害，终其浪漫而传奇的一生，用人性之光写成了《我的苦难史》，为人的价值而呐喊。托马斯·阿奎那的神学是亚里士多德式的，融信仰和理性于一体，强调精密逻辑和宏大体系的统一，他填满了人生的想象空间，造就了西方精神在超越领域的最高境界。中世纪的神秘主义哲学家狄奥尼修斯、波纳多图拉、艾克哈特等，声称心灵能与上帝感应，实则肯定了人性的不朽价值。英国经院哲学独辟蹊径，罗吉尔·培根以实验方法拒斥形而上学，司各脱厘清哲学与神学的关系，奥卡姆则以一把逻辑剃刀斩破了形而上学的种种幻象。这些做法无疑是在用人性驱逐神性，都属于人对自身价值的肯定。

文艺复兴时期的哲学，实为人性复兴的哲学。意大利学者皮科将自由精神作为人的尊严，法国思想家蒙田则说："世界上最好、最合理的事就是很好地、公正地对待人。"马基雅维利与之相反，他在人性本恶的基础上，建立了一套驭民之术《君主论》。康伯内拉的《太阳城》和莫尔的《乌托邦》，又在人性本善的基础上，空想出两个理想之邦。这些从人性善恶出发的哲学，实质上都是关于人的价值的理论。库萨的尼古拉、布鲁诺等哲学家，以科学原则证明了自然的独立性，否认了神学创世论，最终证明了人的价值的独立性。

英国经验论哲学做着清道夫的工作，全面扫除了人性解放之路上的神学迷障。弗兰西斯·培根对四假象的批判，揭示了人性中的种种缺失。霍布斯用自然法结束了"一切人对一切人的战争状态"，从而开启了人性的文明时代。洛克从研究人类理智入手，广泛批判了各种形式的天赋观念论，最终形成了社会契约论和分权学说，通过制度的建立来维护人的权力，彰显了人的社会价值。贝克莱以"存在就是被感知"的哲学命题，肯定了人的当下价值。休谟则直接研究人性问题，写成《人性论》一书，证明了道德领域的原则不是"真"与"假"，而是"应该"和"不应该"；确立道德判断是一种价值判断，而不是事实判断。

笛卡儿拉开了近代主体哲学的序幕。他以"我思故我在"的哲学命题，证明了主体自我是人类一切活动的先天前提，也为知识的真实可靠奠定了主体性基础。维柯从"真理即创造"的命题出发，肯定人类是自己历史的创造者，形成了主体性历史哲学。斯宾诺莎则将实体直接定义为："在自身内并通过自身而被认识的东西。"其实已经将实体与主体联系在一起，暗示了人的实体性，这显然是对人的意义的揭示。莱布尼茨则用单子论解释事物的能动性，从而肯定了人的价值，即能动性。

18世纪的法国启蒙哲学是人的价值的全面觉醒，确定了自由、民主、平等等现代社会的核心概念。伏尔泰提出"试着做你的意志绝对必然要求的事情的那种权力"。将人性中意志的需求与人权紧密联系在一起。孟德斯鸠则进一步探讨《论法的精神》以保障人权，阐明法的天然合理性。他说："法是由事物的性质产生出来的必然关系。"百科全书派的拉美特利、爱尔维修、狄德罗、霍尔巴赫等哲学家，从唯物主义和无神论出发，申明了人性的自然属性。卢梭溯本清源，在《论人类不平等的起源和基础》一书中探讨了人类不平等的社会根源和历史根源，又在《社会契约论》一书中强调"公意"，即全体公民的共同意志，申明了人性的社会属性。而关于人性的自然属性与社会属性的对立与和解，则是《爱弥尔》一书的主旨。

18世纪的德国古典哲学将认识论、主体性和本体论结合在一起。康德率先以先验哲学统合了唯理论和经验论，提出先验统觉，让人为自然立法；提出善良意志，让人为自我立法。这无疑是启蒙运动中法的精神在意识领域和道德领域的表现，充分肯定了人在理论和实践中的主体性地位。费希特更进一步，将全部知识学的基础都归为人的自我设定。谢林的绝对同一思想将自然和精神贯通起来，精神是自然发展的高级阶段，是物质的精神化。而自然通过精神实现了自我意识的自觉。其最大贡献就是将自然和精神看成一个连续过程，并且通过艺术回到绝对本身。人在这一过程中的价值就在于他代表着绝对同一本身的自觉。近代主体哲学的集大成者黑格尔，终于完成了"主体即实体"的哲学命题，申明了人之所以是主体，因为他可以建构价值；人之所以是实体，因为他的个体行动符合历史整体运动的规律和目的，从而显示出偶然性价值背后的必然性意义。价值是主体的彰显，意义是实体的呈现，黑格尔最后将价值概念和意义概念统一既作为主体又作为实体的绝对概念或绝对精神。

经过2000多年的发展，人性问题在西方各派哲学家的淬炼下，越来越深入，越来越透彻。正是凭借古典哲学的渊源，价值概念和意义概念在现代哲学中终于形成了比较清晰的哲学内涵。

五　价值概念与意义概念的现代哲学内涵

黑格尔宏大哲学体系中的绝对精神，就是人的价值和意义吗？这个问题既是古典哲学的终结，也是现代哲学的开启。叔本华否定了黑格尔的概念思维，他认为世界不是概念，而是对人而言的表象，是人的意志的彰显。而意志无非是人的欲望，在不足中痛苦，在满足中空虚，它启示了这样的新问题：人生有意义吗？因此，从叔本华开始，西方现代哲学由价值追问转向意义追问。

19世纪是一个危机四伏的时代。尼采提出"上帝死了"的著名论断，指出现代社会处在价值真空的困境，所以他声称要"重估一切价值"。尼采认为，估价就是人类自己创造自己的价值。这种思想的前提就是人的存在既然是痛苦的和空虚的，就应该依靠自己的强力意志，从空虚中超拔而出。正如鲁迅先生所言"真的猛士，敢于直面惨淡的人生"，人的意义就在于，面对存在的虚无，他是自己的拯救者。因此，在现代哲学中，意义是一个具有超越性的概念。现代人的无名无姓的身份和无家可归的处境，说明了人的归属感的丧失。马克思从经济学分析入手，构建唯物史观和剩余价值学说，揭示现代社会在资本逻辑的控制下，人类逐渐被异化的过程。弗洛伊德从癔症和性本能的关系入手，构建精神分析法探索人性中隐秘的无意识世界，揭示了非理性冲动与理性伪装之间的微妙关系，解释了文明背后的无意识内涵。事实上，马克思、尼采和弗洛伊德的理论从不同角度指出了现代性危机，马克思发现资本控制着人的社会生活，其中潜伏着经济危机；弗洛伊德发现性本能控制着人的精神生活，其中潜伏着精神危机；而尼采发现价值虚无控制着现代人的灵魂，其中潜伏着信仰危机。因此，只有危机感出现时，人们才会反思存在的意义；当危机未来临时，人们更多考虑的是存在的价值。换言之，由马克思、尼采和弗洛伊德揭示的现代性三大危机，彰显了人的存在意义。人的价值和人的意义具有不同的哲学内涵，前者是对人性现实的、直接的肯定，后者是对人性超越的、间接的反思。意义概念之所以比价值概念深刻，就在于它的批判性。

20世纪更是一个充满现代性危机的时代，迫使哲学家们放弃对形而上学问题的追问，他们首先考虑的是人自身的处境、需要和命运。新康德主义哲学家、符号哲学大师卡西尔在《人论》中说："人不再直接地面对实在，人的符号活动能力进展多少，物理实在似乎也就相反地退却多少。在某种意义上说，人是在不断地与自身打交道而不是在对付事物本身。"这个理解非常进步，20世纪人类的困扰，不仅是外部危机，更多的是自身存在的意义危机。柏格森的生命哲学和怀特海的过程哲学都在强调，生命的绵延只是一个永恒变化的有机过程，而不是与时间无涉的绝对实在。实用主义哲学皮尔士提出："要弄清楚一个思想的意义，我们只须断定这思想会引起什么行动，对我们来说，那行动是这思想唯一意义。"这里所谓的意义，其实只是效果价值。皮尔士同样否认了意义的实在性，而将其看成人的当下的切身的需要。欧美语言分析哲学特别是维也纳学派，提出拒斥形而上学，卡尔纳普说："形而上学的虚构句子，价值哲学和伦理学的虚构句子，都是一些假的句子，它们并没有逻辑的内容，仅仅能够引起听到这些句子的人们在感情和意志力方面的激动。"分析哲学大师蒯因继承了杜威的实用主义思想，认为意义不是一种心理存在，而是行为的特征。他构建出行为主义的意义理论，其实与皮尔士的观点如出一辙。后期维特根斯坦也指出，语言的意义并不是指称事物，意义没有实质，只是一种语言游戏。后分析主义哲学家罗蒂认为，传统哲学将心灵视为自然的一面镜子，这样真理就是心灵与自然的符号。罗蒂批评说，这面镜子其实根本不存在，它只是哲学家的虚构。总之，以实用主义和语言分析哲学为代表的理论，大多数采用符号学、语言用法分析、语言意义分析、数理逻辑分析等新方法，否认了意义的形而上学性或实在性的存在方式。他们认为，意义其实是通过人的生存活动来构建和彰显的。

与语言分析哲学运动相抗衡的现象学运动，以及随之衍生的存在主义和解释学等哲学思潮。首先形成胡塞尔和海德格尔两大研究风格。胡塞尔注重研究人的存在的意识结构，主张回到事物本身，创建出还原和悬置等现象学方法；海德格尔注重研究人的存在的意义本身，主张对存在本身的追询，提出澄明和揭蔽等新的现象学方法。两位现象学大师的共同点就是对"本身"的关注，后来知觉现象学的创建者梅洛·庞蒂便是在这个理论基础上，完成了本身性到切身性的意义转换，进一步贴近人自身的存在意义。存在主义哲学也是现代性危机的产物，这场影响深重的危机就是两次世界大战。面对随时发生的生死存亡，人们开始对生存的价值和意义产生怀疑。海德格尔将现代人面对危机产生的情绪，称为"烦、畏、死"。这是人作为在世的此在，无可逃避的存在方式。生存焦虑和生命困境将人的意义问题凸显出来。因此，意义追问取代了价值追问，其实反映出人类的生存危机。面对如此困境，海德格尔提出一种解决方案，即诗意地栖居。这种思考与其师胡塞尔非常接近。晚年的胡塞尔，深感科学和技术控制的世界对人的意义的破坏，所以在《欧洲科学的危机与先验现象学》一书中提出了生活世界概念。同样，海德格尔所谓的诗意地栖居，也是一种可以摆脱技术世界控制生活的艺术人生。这些思想便是人的意义的超越性。萨特认为，人的意义的不确定性，体现为意义的超越性。所以他提出"存在先于本质"的哲学命题，即存在的意义超越了存在的本质。雅斯贝尔斯在《时代的精神状况》中对存在主义的特征描述道："它并不认识客体，而是阐明并实现思想者本人的存在。它由于超越了规定一切存在的世界观而飘忽不定，诉诸自身的自由来阐明生存，并通过对超越者的召唤而创造绝对活动的领域。"这段话表明的正是人的存在意义的超越性。

六　从价值追问转向意义追问的哲学根源思考

人生如果总是为理想而活，为文化而活，为历史而活，为国家而活，为民族而活，为他人而活，甚至只是为自己而活，这些都只能算作是人生的价值，并不是人之所以为人的意义。为什么到了 20 世纪，哲学越来越关注人的存在意义？为什么以前的哲学，总是用存在价值来遮蔽存在意义？造成存在意义的遗忘，是哲学自身的原因，还是现实危机的原因？要回答这些问题，不仅需要了解近 200 年来的各种现代性危机，如经济危机、精神危机、信仰危机、技术危机、生态危机等，还得在现代人的心理境况中追寻到哲学根源。

尼采认为，真正的孤独不是一个人的孤独，而是身处人群，那种直透心底的孤独感。这说明现代人是一群被遗弃、被遗忘的孤独者。海德格尔称为"被抛状态"。作为相应的对策，胡塞尔提出交互主体性或主体间性，海德格尔提出与他者共在，梅洛·庞蒂提出可逆性，法兰克福学派集大成者哈贝马斯提出交往理性，这些方案都志在对现代人无名无姓、孤独境况的克服。说到底，这种彻底的孤独感是存在意义的缺失所致。而存在意义的有和无，正是古典哲学与现代哲学的分水岭。

关于古典哲学与现代哲学的区别，一直流传着这样两个比喻：①有一个图像，如果撕成碎片，它一定可以还原成原来的图像。因为还原者有一个坚定的信念——那个图肯定是存在的。这便是古典哲学。②有一堆碎片，交给一个人，让他将这堆碎片还原为一个图。可是，无论还原者用尽各种办法，都无法将碎片还原成一个图。因为碎片只是碎片，它们没有图像作为前身，天然的只是一堆碎片。这便是现代哲学。凡相信图像存在的人，就是指在哲学上不停地追寻本质的人，可称为本质主义；凡不相信图像存在的人，就是现代哲学中的解构主义或后现代主义；凡不相信图像存在，但又不得不寻找意义的人，就是现代哲学中的存在主义。所以，古典哲学与现代哲学的区别，以及现代哲学不同流派之间的区别，都在于对于那张图是否存在的态度。古典哲学偏重于价值追问，而价值总是与人生联系在一起的；现代哲学偏重于意义追问，而意义总是与人的自身存在联系在一起的。古典哲学向现代哲学的过渡，就是从人生价值追问到人的存在追问的转向过程。

为什么人类不能安于碎片，而非得寻求图像？德里达曾说过，文本之外，别无世界。这世界无非是一堆由各种符号构成的碎片，可是人类偏要在这一堆碎片中寻找存在的意义和存在的价值。或许，人类的存在危机就来源于这种哲学幻象。

七　总结

　　价值追问通过追求本质而建构，意义追问通过反思存在而揭蔽，两者运用迥然相异的哲学思路。人生与存在者相关，人与存在本身相关。从人生到人，不是一个历史过程或逻辑过程，而是从价值追问到意义追问的问题转换过程，也是从存在者在场到存在澄明的过程。人生存在价值与人的存在意义又是悖逆的，价值取向导致意义的虚无，意义取向导致价值的终结。现代社会的深刻矛盾来自于价值取向与意义取向之间的冲突，解决之道则在于必须厘清两者之间的吊诡关系。今天，各种学术的专业化、精细化和各种理论的高度抽象化，给哲学带来了前所未有的冲击，造成哲学的合法性危机。区分价值和意义的哲学内涵，为哲学解决自身危机提供了新的思考空间。

参考文献

[1]（北宋）司马光：《资治通鉴》，中华书局 1982 年版。
[2] 费孝通：《乡土中国》，中华书局 2013 年版。
[3]［英］博克：《蒙田》，工人出版社 1985 年版。
[4]［荷］斯宾诺莎：《伦理学》，商务印书馆 1983 年版。
[5] 葛力：《十八世纪法国哲学》，商务印书馆 1991 年版。
[6]［法］孟德斯鸠：《论法的精神》，商务印书馆 1961 年版。
[7]［德］卡西尔：《人论》，上海译文出版社 1985 年版。
[8]［美］詹姆斯：《实用主义》，商务印书馆 1979 年版。
[9] 洪谦主编：《现代西方哲学论著选辑》，商务印书馆 1993 年版。
[10]［德］雅斯贝尔斯：《时代的精神状况》，上海译文出版社 1997 年版。

可持续发展与后现代生态世界观

张学广

(西安邮电大学人文社科学院院长、教授，西安，710121)

摘　要　可持续发展的理论基础是19世纪中期开始的西方思想界对人类与自然环境关系、对科学技术的价值目标、对现代工业文明和以往西方文化等方面不断深入的理论反思，而它的现实基础来自20世纪中期以来从环境方向和发展方向出发所进行的深刻反思。后现代生态世界观渗透于可持续发展观念的长期准备过程，也构成后者的核心。所以，可持续发展目标的实现，既需要对近代占主导地位的机械世界观进行深入批判，也需要迄今为止所有人类精神资源的充分融合。

关键词　可持续发展；机械世界观；后现代生态世界观

在1992年巴西里约热内卢的联合国环境与发展大会上，人类达成了可持续发展的全球共识。这是人类对自己长久以来对待自然界的态度和行为后果进行深刻反思的结果。可持续发展目标的广泛认同，意味着人类开始了一种新的文明、新的文化、新的发展观、新的世界观的积极建造。而可持续发展只有在超越现代工业社会主流思想的后现代生态世界观基础上才能得到实施。

一

从广义上看，可持续发展的理论基础，是由19世纪中期开始的西方思想界对人类与自然环境关系、对科学技术的价值目标、对现代工业文明和以往西方文化等方面不断深入的理论反思奠定的。这些理论反思是大约一个半世纪以前当西方从近代向现代转折时开始的社会文化反思的继续。这些反思汇聚成关于生态环境哲学、环境伦理学、生态自然观和生态文化的一般讨论。它们集中批判工业文明和科学技术中的工具理性观,以往文化中的浅表人类中心主义和狭隘个人主义,西方几千年来尤其是近代以来形成的机械世界观等,强调自然物种的内在价值,人类对生态环境的责任和关怀,人类价值的多样性,人类的合作和树立全球意识的紧迫性,建立有机的生态世界观的必要性,在最广泛的联系中理解人类活动的后果,等等。

这些理论反思反映着最广泛的人文关怀。在传统的机械世界观和主导的思想精神中,当自然界被人类仅仅看作是物化的世界、完全的客体世界,而进行永无止境的攫取利用时,人类在这种眼光和活动中,虽自认为是纯粹的主体,实际上已经变成了物化的人类。人类失去或至少淡漠了内在的合作精神和自身的人文气质,以及人类与自然界之间的人文纽带,人类与自然之间的和谐。人类在片面的物化世界中活动,目光短浅,满心欲望。

与现代机械世界观相比,后现代生态世界观至少包括如下一些基本观念。第一是有机整体观念。不管针对地球上的生物物体,还是针对个别生物与其环境的关系,整体都占优先地位。尽管该观念植根于一些古代文明的思想,但主要来自现代生态学。正如唐纳德·沃斯特所说:"生态学所描绘的是一个相互依存的以及有着错综复杂联系的世界。它提供了一种新的道德观:人类是其周围世界的一部分,既不优越于其他物种,也不得不受大自然的制约。"[①] 第二是关于过程和事物中内在关系的观念。这一观念某种程度上隐含在古代思想中,但在现代哲学家如柏格森和怀特海的思想中尤其受到强调,他们的思想对于构建后现代生态世界观极为重要。第三是应将人类与自然界关系当作人类文明最终底线的观念。

毫无疑问,新的生态世界观的产生有助于可持续发展逐渐进入人类的视界。但是,可持续发展的形成还受到有关现实的反思的直接影响。对最终形成可持续发展目标产生最直接影响的反思则是环境方向和发展

[①] [美]唐纳德·沃斯特:《自然的经济体系:生态思想史》,侯文蕙译,商务印书馆1999年版,第10页。

方向的反思。① 在环境方面，20世纪五六十年代的经济增长导致的资源环境问题，引致西方国家的环境经济思想变革。1966年，美国经济学家克奈特·布尔丁（Kenneth Boulding）在一篇题为"即将来临的地球飞船经济学"的文章中对西方世界的物质增长提出质疑，指出地球飞船在资源环境和经济增长上的局限性。1971年，另一位美国经济学家N. G. 罗根（N. G. Roegen）在名为《熵律和经济过程》的著作中，指出经济增长必然加速环境的熵化过程，使环境从低熵变为高熵，并引发有限世界的伦理问题。1972年，英国《生态学家》杂志发表美国麻省理工学院一个研究小组的报告《生存的蓝图》，认为盲目的经济增长会导致地球生命支持系统和社会的崩溃，而增长的趋势由于社会内的一系列刺激而难以抑制。从1972年出版《可增长的极限》开始，罗马俱乐部的系列报告引起了社会的强烈关注，这不仅因为其报告全面而系统，还由于报告在指出问题的同时提供了一些解决办法。1972年，英国经济学家B. 沃德和美国微生物学家R. 杜博斯在《只有一个地球——对一个小小行星的关怀和维护》一书中从多种角度探讨经济发展引起的环境问题，呼吁人类明智地管理地球。"只有一个地球"成为1972年在斯德哥尔摩召开的全球第一次环境会议的座右铭。从此，环境经济问题进入全球规模的反省和实践过程。

在发展方面，直到1962年联合国出版的《发展十年：行动议定书》，尽管力图保持经济发展与社会的平衡，但实际上将重心仍完全放在经济发展上。1970年，联合国社会发展研究所在出版的《国际发展战略》及同期的其他出版物中则开始强调全球资源、技术、经济和社会等因素的协调作用。到70年代中期，在经济与社会发展的整合取得较大进步后，开始重点强调人的发展。1974年，联合国在墨西哥的论坛《资源利用模式、环境与发展》及通过的宣言，强调发展着重在于人的发展。同年，在阿尔及利亚召开的不结盟国家组织会议，呼吁建立新的国际经济秩序。1980年开始，布兰特委员会（Brandt Commission）的系列报告更是系统地指出：发展需要关切增长的质量，建立自由公正的信念，尊重不同的文化和传统；需要满足人的需要，鼓励自我独立，

---

① 参见 David Reid, *Sustainable Development – An Introductory Guide*, Earthscan, 1996, Rep, pp. 3–65。

扩大参与机会。经过这些努力，发展方向的反思和行动也进入前所未有的国际规模。

于是，人类全面发展的探索全面启动。其中包括各种专业的环境问题和发展问题会议，联合国教科文组织等专业组织的项目活动，各种专门国际公约的签订。这一系列的活动促使"可持续发展"概念在1980年的《世界保护战略》中被第一次提出，这一概念将发展与环境两个方向的探索联系了起来。1987年，在布伦特兰报告《我们共同的未来》中系统阐述了可持续发展思想，1989年联合国环境署通过的《关于可持续发展的声明》高度概括了可持续发展观。80年代的这些探索为90年代的可持续发展的更广泛认同和实施奠定了基础，以1992年联合国环发大会通过的《21世纪议程》等文献为标志，开始了"可持续发展"的全球规模的深入理解和实施阶段。"可持续发展"概念进入各种组织的计划中，成为人类共同的奋斗目标。"可持续发展"概念和人类选择，正如大卫·雷德所说："吸引了政府和非政府组织，公务员和环境积极分子，发展机构和基层组织，计划人员和商业开发者，实业家和环境媒体，设立的官僚机构和未来的网络，以及从大气科学到政治经济和生育研究的大量学术界人士。"[①]

二

不仅可持续发展观念的形成过程依赖于后现代生态世界观的出现，正如我们上面所指出的，这一新世界观也是可持续发展的核心。布伦特兰报告中将可持续发展简要地界定为"既满足当代的需要，又不对后代人满足其需要的能力构成威胁的发展"。这一界定尽管由于其简要、模糊而在一段时间内引起不少异议，但经过后来的补充，特别是由于国际和各国的组织和个人的广泛接受，基本上满足了人类渴求新的发展的需要。总的来说，可持续发展包括这样几个基本点：①环境资源保护与经济社会发展的协调；②人类基本需要的满足；③满足人类其他非物质

---

① 参见 David Reid, *Sustainable Development – An Introductory Guide*, Earthscan, 1996, Rep, pp. xiii。

需要的机会和可能性；④人类进步趋向于平等与社会公正；⑤尊重和支持文化多样性；⑥准备社会自决和培育自我独立；⑦维持生态整体性。①

第一，克服单纯追求经济增长，满足人的全面需要。单纯追求经济增长正是传统的人类中心主义的一个结果。强调控制自然，强调与自然界对立的人类中心主义，必然将经济这一人类与自然之间进行物质能量交换的过程看作是人类最主要的甚至是唯一重要的活动。结果是，长久以来尤其是工业化以来，人类盲目追求经济数量的增长，而忽视了增长的质量，忽视了人的全面发展。可持续发展是对这一片面发展观反省批判的结果，强调的是人的全面发展。早在1973年，舒马赫在《小的就是美的》一书中就指出：贫穷主要的不是物质问题，"发展不是开始于物品；它开始于人及其教育、组织和规则。没有这后三者，所有的资源都将潜伏着而得不到开发"。②③ 1975年，名为《现在何处？另一种发展》的国际报告进一步系统化了一种整体主义的发展观，强调发展是一个整体的社会文化过程。这些对发展的全面性和整体性的思考最终进入了《我们共同的未来》和《21世纪议程》。

第二，消除贫困，满足基本需要，使进步与平等和社会公正相结合。盲目追求对自然界的统治，导致了人类社会内部的不平等和不公正。据统计，占世界人口1/5的最贫困人口只拥有世界总收入的1.4%，而占世界人口1/5的最富裕人口却拥有世界总收入的82.7%。贫困与富裕的这种两极分化，南北矛盾的如此尖锐冲突，给人类的整体进步打上了很大折扣，也使许多全球问题的解决举步维艰。而没有人类社会内部的平等和公正，没有至少所有人基本需要的满足，就不可能有人类总体的进步，也不可能实现可持续发展。所以，可持续发展目标首先强调"满足当代人的需要"，强调"代内平衡"。基于这种实际情况，联合国文件和决议要求发达国家加大对发展中国家的经济技术援助，加强国际合作，给所有国家以发展和贡献于解决环境等问题的机会。

第三，对发展中国家来说，可持续发展首先要唤起自决和自我独

---

① 参见 David Reid, *Sustainable Development – An Introductory Guide*, Earthscan, 1996, Rep, p. xiii。
② Ibid., p. 321.
③ Ibid., pp. 69 – 70.

立，要按照不同的文化和历史寻求不同的发展模式。1975 年的国际报告《现在何处？另一种发展》认为，发展必须是内源的和自我依赖的，必须根据文化历史条件采取不同的发展模式。不久，奥斯陆大学研究和平的教授约翰·甘尔腾（Johan Galtung）开始系统地阐发"自我依赖"（self‑reliance）概念。在他看来，自我依赖包括 5 个基本原则：满足基本需要不能仅仅依赖于经济市场；充分挖掘自己的资源并考虑其代价；必要的国际贸易必须保持合理平衡；任何团体在交易中在纯经济标准之外考虑道德标准；自我依赖不仅适用于国家，也适用于各种地方组织。内源的发展意味着离开长期以来经济数量占主导地位的发展方向，恢复人类自身的中心地位。① 研究者呼吁，各民族国家必须在自决和自我独立的基础上，寻求适合自己文化历史的可持续发展模式。要形成自我依赖，必须转变观念，必须接受教育，所以，后来的发展研究者便把学习和教育以及人的综合提高放在首要地位，强调对人力资源的开发。联合国的可持续发展文献给环境教育和一般教育以极大支持，给人力资源的开发以充分重视。

第四，在生态整体性基础上维持资源环境与经济社会发展的平衡。地球生态圈是我们思考问题和进行决策的宏观尺度，在生态圈内保持各种因素——对人来说，首先是利用资源与保证经济社会发展之间——的平衡。这意味着不仅透视尺度要改变，要将众多复杂因素联结起来，将环境质量纳入人的生活质量中，而且要保持代际平衡。地球系统科学的论证和地球生态的严重危机，使我们当前对地球生态资源环境的可持续利用和管理变得异常紧迫。从后现代生态世界观角度看，地球生态圈的健康是人类考虑其生产和其他活动的宏大视角。毕竟，所有人类社会都曾经并依然依赖于复杂的相互联系的物理的、化学的和生物的过程。地球上的各种生命形式都是生态系统的一部分，而各种生态系统又是更大的整体——地球本身的一部分。从各种实际目的看，地球是一个封闭的系统，这意味着所有的资源都是有限的，没有什么包括所有的废弃物能逃脱。但是，与其他物种迥异的是，人类是唯一能够危及甚至毁灭其赖以生存的生态系统的物种，也是唯一扩展到所有陆地表面并通过技术统

---

① UNESCO 编：《内源发展战略》，社会科学文献出版社 1988 年版，第 1 页。

治这些地面的物种。① 所以，如果不能有效地利用和管理地球的生态资源环境，不考虑我们活动的长远生态后果，我们将剥夺子孙后代的生存权。可见，代际平衡，当代人的需要"不对后代人满足其需要的能力构成危害"，在"可持续性"中显得特别重要。为此，一系列旨在可持续利用和管理生态资源环境的联合国文献和国际公约相继出台。

如上所说，后现代生态世界观处于新的发展路径的核心。从生态学角度看，地球上所有物体共同构成一个整体，没有什么东西在从整体上分离后其本来面目不受影响。因而，我们的知识应以事物存在的同样方式存在着。正如大卫·雷·格里芬（John B. Cobb）在《后现代科学：科学的返魅》中指出的，"只有一种从生态上与其他所有知识相关联的知识才最适用于我们这个在生态上相互关联的现实"。②

三

正如可持续发展是对传统的尤其是近代工业的发展模式的初步反应，后现代生态世界观虽然也出现了其雏形，尽管这一世界观深深植根于几乎所有的古代文化传统中。因为后现代生态世界观为可持续发展奠定基础，也处在可持续发展的核心，所以人类是否能够持续在地球上生存，可持续发展是否能够在人类社会中实现，很大程度上依赖于人类能否走出近代机械世界观，迅速选择后现代生态世界观作为自己的行动指南。因此，在选择人类命运的这一决定性时刻，人类如何能够按照后现代生态世界观审慎选择自己的发展路径，应成为国际学术界认真思考的重大问题。

对国际学术界来说，首先要做的是深入批判现代机械论世界观。在这一世界观中，一些古代西方思想仍在起作用，而其他思想也在古代思

---

① 参见 Clive Ponting, *A Green History of the World: The Environment and Collapse of Great Civilization*, New York: Penguin Books, 1991, pp. 8–17.

② ［美］大卫·雷·格里芬编：《后现代科学：科学的返魅》，马季方译，中央编译出版社 1998 年版，第 155 页。

想的影响下成长起来，成为现代工业社会的主导力量。[1] 第一种观点是有关人类与自然界关系的观点。欧洲思想有关人类与自然关系的起源，正如在其他领域一样，可以追溯到古希腊古罗马的哲学家和起源于犹太传统的基督教观点的影响。对大多数古希腊思想家来说，下列论证是理所当然的，即有关人类的每一事物都有目的，神也有意识地将每一事物创造出来以有益于人。在《政治学》中，亚里士多德指出："如果自然使一切事物都完美存在，没有什么是徒劳的，那么由此必定可以推理说，她为了人类的缘故而制造所有的动物。"基督教也在《圣经》中强化创造神话，有关上帝、人类和自然界的关系给出本质上与古希腊思想家同样的观点，甚至有过之而无不及。从16世纪起欧洲的世俗思想在有关人类和自然界关系上几乎没有对所继承的古典和中世纪思想中的假设和信念有所改变。古典的、中世纪的和近代的所有这些关于人类和自然界关系的观念，一旦技术和工业在人类生活中发挥更大的作用，都有助于形成近代的机械论世界观。第二种观点是近代思想中出现的进步观念。17世纪末开始，科学知识的持续增长和技术的不断提高使某些思想家确信历史是进步的历程。依照进步观念，包括工业在内的所有人类活动都将有益于自然界，都是不可避免地持续到未来的不间断进步过程的一部分。促进近现代机械论世界观的第三种观点随着经济学学科的出现而形成。作为有关人类利用自然的古代信念的实现，经济思维现在处于人类看待和分析自然方式的中心，也处在人类社会对待环境方式的中心。现代经济学假定，依照物质材料和能源，资源是不会枯竭的，经济总体水平的增长可以永远持续下去，一种物质材料或能源形式代替另一种物质材料或能源形式可以持续进行，尽管实际上总的供给是有限的。经济学家最终用国民生产总值作为衡量一种经济甚至一个社会成功的标尺。所有这三种观点都是近代机械论世界观的背景和结果，也是起着重要作用的构成因素。

正如大卫·雷·格里芬所指出的，实质上说，后现代生态世界观虽然不是西方传统的产物，但可以追溯到某些最古老的传统。[2] 所以，后

---

[1] 参见 Clive Ponting, *A Green History of the World: The Environment and Collapse of Great Civilization*, New York: Penguin Books, 1991, pp. 141-160。

[2] [美]大卫·雷·格里芬编：《后现代科学：科学的返魅》，马季方译，中央编译出版社1998年版，第149页。

现代生态世界观的展开必须依赖于真正具有包容性的世界共同体文化，必须调动人类历史上的一切精神资源。这些人类精神资源可以概括为四种。第一种是离我们最近的以启蒙运动为核心的文化心态。启蒙运动信仰理性、自由、平等、人权和正义。尽管启蒙心态在西方发展中已经结出许多恶果，但在东方的广大世界仍是继续推进的基本发展理论。第二种是包括现代西方的伦理宗教传统，突出的是希腊哲学、犹太教和基督教。这些传统有许多优越的思想，但所包含的引起现代二元分裂的思想则必须超越。第三种来自非西方的轴心时代的文明，包括印度教、耆那教、东南亚佛教、东亚儒教和道教，以及伊斯兰教，重视这些非西方古典文化资源，有利于我们走出西方中心主义，吸收不同历史的人们创造的独特智慧，从更广的视角看待人类发展的可能路径。第四种则更为远古和广泛，包括一些原初传统：美国印第安人的、夏威夷人的、毛利人的，以及大量的部落本土宗教。一种更为地方性和具体的传统和知识，无疑有利于了解人类和自然之间的沟通方式。只有所有这些人类精神传统的充分融合才能最终实现人类与自然界之间的和谐关系。

　　后现代生态世界观的实现和人类可持续发展的构建，正如格里芬（David Le Griffin）所说，需要我们生活的新的重大突破，以稳态经济作为所有后现代建设的中心。① 在我看来，这需要一个全方位的突破。首先，需要建立有关政策、法律、技术和教育的完整对策系统，以便处理国际的、国内的和区域的环境保护与社会发展的关系。其次，对每一层次的共同体来说，必须建立全方位的调节机制，将政府调节、市场调节和道德调节充分结合起来。最后，对任一层面的每一发展项目来说，必须建立多层次目标体系，根据人类与自然和谐的最终要求，将生态环境保护与人类福利提高结合起来。没有这些社会经济的突破，贯彻后现代生态世界观就将是一句空话。

　　请允许我以盖劳德·内尔森（Gaylord Nelson）的话作为这篇短文的结尾："现在，在历史走向新世纪和未来若干世纪的这一时刻，对于人类的生活质量来说，没有什么问题比我们的环境条件和我们的自然资源——空气、水、土壤、矿物、优美风景、荒野、野生栖息地、森林、

---

① ［美］大卫·雷·格里芬编：《后现代精神》，王成兵译，中央编译出版社1998年版，第27、31页。

河流、湖泊和海洋——更为重要的。这些资源决定我们生活的实际条件,并决定性地影响人类的生存条件。"[1]

参考文献

[1] [美] 唐纳德·沃斯特:《自然的经济体系:生态思想史》,侯文蕙译,商务印书馆1999年版。

[2] David Reid, *Sustainable Development-An Introductory Guide*, Earthscan, 1996.

[3] Clive Ponting, *A Green History of the World: The Environment and Collapse of Great Civilization*, New York: Penguin Books, 1991.

[4] [美] 大卫·雷·格里芬编:《后现代科学:科学的返魅》,马季方译,中央编译出版社1998年版。

---

① 转引自 Donald G. Kaufman and Cecilia M. Franz, *Biosphere* 2000: *Protection Our Global Environment*, Harper Collins College Publishers, 1993, p. 6。

"生存安全性"的文化价值逻辑

——现代性社会发展的公共性本质

袁祖社 王 轩

(陕西师范大学政治经济学院院长;西北政法大学文化与价值哲学研究讲师,哲学博士,西安,710062)

摘 要 人的安全性存在方式依附的不可永恒性在于其本身的运作逻辑,就是要在"生存安全性"观念导引下对人之安全性世界不断寻求和创制。人的安全性存在的现实状况给人的确定感使人迷失于理性的确定性之中,现代性社会风险化解及其超越的公共性本质,在于马克思哲学思想融入时代,体现时代的"生存安全性"人学立场。人的"生存安全性"的文化价值澄明就成为马克思哲学介入人化世界的最佳视点。

关键词 人的安全性;生存安全性;安全问题;安全感

现代性社会"发展与安全"逻辑的深刻展演,使"发展与安全"的多重矛盾的文化价值以"生存安全性"危机方式存在,生态安全问题、社会风险、精神安全、心灵生活安全等安全问题时常发生。今天威胁人类生存的问题再清楚不过,全球经济衰退、流行病毒蔓延、恐怖主义频发、地球资源枯竭、核扩散等以公共性的存在样态呈现在现代社会的生活世界中,已经和人的生活产生了密切的关联。从根本意义上说,这些公共性安全危机问题是一个生存安全性的文化公共性事件。其中呈现的"生存安全性"认知结构和价值观念的存在样态直接地体现、澄明着现代性社会发展的公共性本质。

一 现代性社会"生存安全性"的出场逻辑及文化价值基础

现代性社会安全的植入,使之成为一种工具,可以提高工人的劳动力,保证生产可以顺利进行。这种宣扬性、鼓动性的价值导向使得国民经济的运行以安全的工具价值为驱动。经济和权力的控制把人安全性存在依附变成永恒性、不可变动性的工具价值,工业化生产的社会最大的缺乏就是安全本体。人的安全、发展偏离了人的生存安全性信念和存在方式,权力控制模式以安全的工具价值寻找运行的历史真空面目。工业化时代人的安全本体信念和希望运行被排斥在了经济发展模式之外,人对自然的征服、物质财富社会的丰裕、产品的丰富给人带来了多样的选择自由和心理的满足感。"人通过自身的积极活动来统治自然界从而也开始了人类文明,但是,工业时代到来以前,这种统治一直是有限的。人用机械和核能取代了人力和兽力,又用计算机代替了人脑,工业上的进步使我们更为坚信,生产的发展是无止境的,消费是无止境的,技术可以使我们无所不能,科学可以使我们无所不知。于是,我们都成了神,成了能够创造第二个世界的人"[1],人的文化工业化操控,把人的认识牢牢地束缚在工业意识形态之中,人以工业意识形态的思想方式逐渐地创造培育了工业社会的文化式样。

工业化社会的文化式样能使人体验到一边是物质和精神上的非凡成就,另一边是工业机械操控下人的思想、人的安全、人的感悟变得机械性、工具性,思想、安全、感情的机械性、工具性更加表明人之幻想的破碎和伟大承诺的失败。人的灵魂的空虚、幸福生存的不安全使人把安全依附在了外界物性上,安全被迫固定在了人的永恒性、不可变的历史性具体的事物和意识形态中。在这一价值意义上,技术化的工业社会面临着多重的不安全危险,一是生产、经济运行中的重大安全事故对人生命的毁灭,这一毁灭是人的物质资料的生产方式不安全导致,运行技术

---

[1] [美]埃里希弗·洛姆:《占有还是生存》,关山译,生活·读书·新知三联书店1988年版,第3页。

创造延长自己的外在力量时却被生态恶化,被机器所限制和否定。二是权力的配置同安全目标设定的结合,安全机制运行在了工具价值之上,并且权力模式以经济发展幸福目的论符码打压掉了人的人文价值安全信念诉求,使安全配置以权力为中心,无懈可击地出现在社会中,驱逐危害安全机制和安全配置价值信念就成为一种人生存安全域之最佳安全视点。当为了保证这种安全机制和配置稳定运行时,清除掉一些安全问题诉求就成为人的安全依托的恒定不变的东西和规则。这样安全的理性化的整体性规训,看似是为了人民的利益的权力系统构架,实质在于真正的反人的安全性的安全配置的机制。用安全来干预整个权力系统的运行只是建筑了一种新的安全域,但是安全配置背后的意识形态和文化模式,发展规训路径根本没有变,只是暂时性地把安全引向了安全原因的规约,不正常人的危险当作正常人的危险问题治疗,自由与命运中人的自我安全寻求始终是永恒的一种文化模式。三是人的自然性安全本能需要化和历史性安全本位相互混淆,导致安全性存在方式被架空,安全发展的科学性、可持续性成为一个固定的理论模型,其实安全发展是科学、可持续性成为自己的根本,也是一个发展理论的人学价值点。"无限机制地去满足所有的愿望并不会带来欢乐和极大的享乐而且也不会使人生活得幸福"。[①] 人的自然性安全本能是编织幸福的动力,自然性安全本能的需要化给人安全化的陷阱,看起来使人性更加张扬丰满,其实本身就有一种目的性,目的性对于安全而言则是人的安全的命运,人把人自己的安全目的化的直接结果就是安全依靠之物的找寻。历史性安全本位,是人安全性存在方式中培育确立起来的人的安全本位,这是可变性生成的。当自然的安全本能需要被人们放大误置为历史性应承担的任务时,占有金钱、权力、贵重物品就成为人的生存安全的合理方式之一。

现代社会人的安全性存在方式依附物的破裂与丧失,使人与世界的镜像变得充满裂痕,裂痕让人感到不安全真的存在于我们的生存境遇中。"有了裂痕的镜子把我照得更难看了,而且,一块块碎镜片映出多重物体,我以为镜子背后还有另一个世界。这种景象让我止住了泪水,

---

① [美]埃里希弗·洛姆:《占有还是生存》,关山译,生活·读书·新知三联书店1988年版,第4页。

我第一次感觉到惊讶、赞叹,第一次看到自己的影子"。① 镜像中人感到了人的整体安全形象,自己心中原本描绘的安全,更加确立起人与世界的安全性裂痕的镜子,展现出了一个千变万化的世界镜像。人感到了碎片化的生存特有的不安,映像成为世界真实的工具,把世界真实以映像的方式介入人自己的自我认知,当映像破碎时,世界真实就是碎片化的存在。人把永恒不变之物性作为安全的依附,就是给人确立了一个安全镜像,安全镜像给人一种映像中的安全感,它的确是人不安全性的源头,安全镜像激发起自我意识中的确定感和安全感,远远小于其带来的破碎化的侵略性依附物对于历史性存在来说的安全感。此种破碎化的侵略性依附物是主体的梦幻之镜介入真的生存域境的窗口,人对世界的认识和改造是通过物性依附物达到的。人的安全性在于对梦幻之镜的冲破,人拒绝任何幻想的投射都会引起梦中物性事物的联系断裂,从而造成安全镜像整体性出现破碎或消失。此时连接人内在性世界与物性世界的安全性依附之物的宏大建筑瞬间将会崩塌。因为物性依附物构建的安全镜像是一个人之世界映像,多层架设、多层安全防范恰恰把人推向狂乱不安的根源。

  人的安全镜像是人机械性地物性依附之物的投射映像。确立了人的安全镜像时却失掉鲜活的人之安全本体,妖魔鬼怪、上帝、神等相继进入人的镜像。人性和妖术相互连接,让人难以面向这对客观现实的安全拍摄,此刻我们要追问,人对人自己的安全镜像中的自我形象模塑尺度有多大?人安全性依附之物的变化性与人的关系上是怎样的?人的安全性与人的自性是什么关系?实际上,人对安全性的认识只能是基于人的安全性存在方式的连续性、公共性,因为安全镜像中的人和"映像,既有助于构建理想自我又可以使之毁灭,当它无法完成使命时会遭人遗弃或破碎"。② 揽镜自照,心绪不宁,使一个人的心灵更加不安。理想王国梦幻的破灭,荣华富贵和短暂的人间幸福,忘掉真情逐利的幽灵和功利化的感情抚慰;世界的虚华和阴郁的心境相互映衬,一个真实空白的人之世界,不断破裂的镜子,"标志着人与世界的不协调,只有镜子

---

  ① [法]梅尔基奥尔-博奈:《镜像中的历史》,周行译,广西师范大学出版社2005年版,第210页。
  ② 同上书,第214页。

的碎片才能照出一个破碎的、被废黜的自我"。① 直面真实的自我才能使人真正地在场,当安全成为一个问题时,人才清楚地知道安全是人在场的本体。"世界送进了我们的家门,事件为我们而安装上了轮子……人和世界的关系变成单向度关系,无论是人在场还是不在场,世界都变成了幻象。"② 坦率地讲,世界的幻象使人的安全镜像更加逼真。真实地让人感到安全问题就在我们身边,同时人又模板式地认为,我的安全依附是稳定的并且我在不断积累着财富、谋取着地位、建筑着豪华的房所和购置多个别墅、找寻专业的保安、安装先进的安全防盗系统、运作着自己的关系,等等,这样一种模板式人之存在的安全性方式导致了人原子化安全性生存与公共性安全生存的紧张。世界被动地分为不同人的世界,"安全"也是不同人"平庸化"认识到的东西。

人的原子化安全性生存和公共安全性生存的紧张,本质性地导致了一个破碎化的世界生存场景,转接出一个人的安全镜像的破碎映像。

现实社会中多重不安全力量的挤压和破碎化的世界生存场就是一个进入地狱之门的镜像。

> 在镜像映像上我看到了些"模糊的字句,我着眼专心读起来:
> 从我这进入悲惨之城的道路;
> 从我这进入永恒痛苦的深渊;
> 从我这走进永劫的幽灵队中;
> 我是由三位一体的神权(圣父)、神智(圣子)、神爱(圣灵)所建造;感到上帝造我的是'正义',
> 除永恒的事物之外,在我之前无造物,
> 我与天地永存;
> 凡走进此门者,将捐弃一切希望。
> 我读了读,实在不懂是什么意思。我伸手指着那些文字问我的老师它们到底何意?我的老师笑了笑对我说:'我们已经到了我对你说的地方了,你将会在这里看到悲惨的幽魂,你可要抛开那恐惧

---

① [法]梅尔基奥尔-博奈:《镜像中的历史》,周行译,广西师范大学出版社2005年版,第214、215页。

② [德]京特·安德斯:《过时的人》(第1卷),范捷平译,上海译文出版社2010年版,第107页。

和畏怯"。①

进入地狱充满了不安全,在不安全的地狱国度,人要获得灵魂上升与转化就必须依附于一个安全的永恒之物,那就是信仰在上帝的镜像中成就自己。上帝安全性只是人的安全性的一个信仰中的安全性镜像,上帝作为全知、全能、全善的永恒、不可变之存在,其安全性在于引导人在信仰中成就自身安全的镜像。在安全镜像中死亡只是人的一种映像的断裂,经历不安全是灵魂上升的动力。在上帝的安全镜像中"谦虚而崇高超越一切,人性因你而变得高贵,使造物主不再藐视它的造物……在这里,你是我们正受的强光,在地上,你是人类希望的泉源"。② 上帝镜像带给人的安全性只是在映像层面上是永恒的。但是当人的安全性存在方式运行在信仰的边界处时,将是可以看到信仰安全性的限度,因为超越信仰意识形态的世界意味着人建筑的这一安全镜像的裂痕的出现。

人的安全镜像只是人对历史生存所呈现的私人安全性生存和公共安全性生存冲突的社会历史性相互平衡与化解。人的安全性是一种公共性优先的安全生存逻辑。人的安全性存在方式是在现实正确认识安全镜像导致的主体分裂,进而穿越安全镜像,生成、证成马克思思想的安全性价值观。马克思认为,"费尔巴哈哲学是从宗教上的自我异化,从世界被二重化为宗教的想象的使劲儿和现实的世界这一事实出发的"。"因为,世俗的基础使自己和自己本身分离,并使自己转入云霄,成为一个独立王国,这一事实,只能用这个世俗的自我分裂和矛盾来说明。因此,对于世俗基础本身首先应从它的矛盾中去理解,然后用排除这种矛盾的方法在实践中使之革命化。"③ 在一个充斥着假象的世界里,在真理被扭曲的时代中,致力于维护思想的尊严根本就是人安全性存在方式的确立与生成。人的精神肖像是由人的安全性本体彰显的,人成为人的意义才能最终被确证。

---

① [意]但丁:《神曲》,岳麓书社2004年版,第1页。
② 同上书,第368页。
③ 《马克思恩格斯选集》(第1卷),人民出版社1972年版,第17页。

二 环境、关系对公共性的生存安全性存在方式的前提性模塑与构型

世界有一种复杂的精神地理、思想地理给了人一种并场思想讲解的途径。人的思想地理模塑构型了人原初的安全性。环境、关系、机遇作为人的思想地理中重要的风貌,前提性地制约着人,"只有在背井离乡中,人们才能意识到在多大的程度上'世界始终是背井离乡者'的世界"。[①] 思想地理的状况面向人呈现的空间,前提性地约束着人类社会的突飞猛进以及为所欲为的价值观、世界观。人类的工业文明造成人的意识陷入不安全的工业意识形态之中,"在这中间所显现出来的缺陷事实上是我们今天人的存在形态中的关键缺陷,这是我们自己制造的技术世界中显现出来的缺陷"。[②] 环境已经不能很清楚地界分自然环境和人文环境,因为要以自然的方式审视自然环境人已经失去了可视力,在这些境况中人落得木讷无语。人文环境已经在物性工业的横流中失去了科学安全的模式,世界环境越来越作为一种文本叙事向人们呈现自己,"蓝蓝的天,青青的草,真诚的情感"这本有的自然变成了人间谋划的自然。人的环境成为人造环境,人之工业化配置的全面安全实施使人丧失了感悟四季的能力,不安全生活方式的竞相出场,导致了人的自然语气的疏远与领悟力在一种看似完整的语言中表达,人的无助和不安全更加鲜明地证明了此种完整语言的语词破碎,破碎的语词构成了当今人之生存的真实环境,尘世之人已经不可能和环境对话了。

人的生命的环境状况构型的人之思的结构不安全地走上了"进步、发展"的神话之路。物与机器成为人之思结构中的不可变量。"在当今的日常生活中,人与人打交道的首先是物和机器世界,尽管在这个机器世界中也有人的存在;与此相反,人与人打交道的不再是人的世界,尽

[①] [美] 桑塔格:《在土星的标志下》,姚君伟译,上海译文出版社2006年版,第179页。

[②] [德] 京特·安德斯:《过时的人》(第2卷),范捷平译,上海译文出版社2010年版,第20页。

管在人的世界里也有无核机器的存在。"① 但人的安全性就是要对人与物的关系环境进行探索，人对物的占有和物对人的占有不是对等的，物对人的占有不仅使人的心理出现了物的观念结构，更为根本的是人从物中获得的安全性主导了人本身的安全性。进而使人按照物中获得的安全性模式改造世界，从而确立起了人类的安全存在方式。这是人对安全感追寻的物欲产生的安全性，正是这种安全性毁灭掉了人的安全本体的安全性。人对物的心理创伤运动要大于人对人的心理创伤，一个很显然的人的环境心理状况就是"只要我为了我内在的心理上的安全利用你或其他人，我就必然是排外的；我是重要的；我是最重要的，我具有最为重要的重大意义"，② 人的安全回归人本身，是人真正安全性存在方式，人的安全本体是获得安全感的源泉。"对于人，没有什么比他自己的状态更为重要的了，没有什么比永恒更能使他惊心动魄的了；因而如若有人对丧失自己的生存、对于沦于永恒悲惨的危险竟漠不关心，那就根本不是自然的了。"③ 人的安全本体是最大的自然。本真意义生存的摧毁和破坏使人合宜化生存有了多重的忌讳，多种忌讳是人拒绝社会安全"铁幕"的预设，因为人已经无法确认什么是真正的绿色蔬菜、绿色食品。绿色的、生态的已经不能看作是自然的绿和自然的生态。"空美的忌讳不只是在于对思想的'鄙视'而且在于对思想采取尽可极端激烈的'拒绝和否认'。也就是说，从感官上拒绝接受某种事实。"④

　　人是世界的结果，世界事实以环境关系、机遇的式样给人的结果，使人懂得人的本体就是安全，马克思主义代表着某种持续与安全，在于马克思哲学的人的安全性存在方式的培育与生成。人的生存安全性思想是不能在纯粹思想领域中探求的，因为思想不可能永远是神圣的，"思想本身是知识的产物，而知识一向无法完整地描述任何事物，因此思想

---

① ［德］京特·安德斯：《过时的人》（第 2 卷），范捷平译，上海译文出版社 2010 年版，第 45 页。

② ［印度］克里希那穆提：《浩渺无垠——生命的注释Ⅱ》，李立东、史芳梅译，华东师范大学出版社 2005 年版，第 149 页。

③ ［法］帕斯卡尔：《帕斯卡尔思想录》，何兆武译，陕西师范大学出版社 2002 年版，第 106 页。

④ ［德］京特·安德斯：《过时的人》（第 2 卷），范捷平译，上海译文出版社 2010 年版，第 48 页。

永远都是有限的，分化的。只要分化的活动存在，就一定会制造冲突"。① 环境、关系、机遇成为人的条件，是人的安全性存在方式生成的。"环境的改变和人的活动的一致，只能被看作是合理地理解为革命的实践"，② 在人的前提性模塑条件面前的爱和规约性，在于人认可了一种前提性条件带来的安全感，并不断地强化了人这种安全感依赖程度，确定的依赖感的澄明使人进入了错觉的幻影之中，人的心灵无休止地为安全性思想所充斥，以致它丧失了自己原初那不受限制的自由状态。

社会是关系性的，现代人集体性地陷入追寻关系的价值实现之中，关系成为人的安全本质，丧失关系意味着丧失利益，进而失掉了安全。人一旦诞生就被放置在一定的关系之中，随着年龄的增长逐步扩大着自己的关系，人与人的关系确立实际上是在追求着一种安全感。"夫妻之间的关系，父母和子女之间的关系，也就是家庭。这个家庭起初是唯一的社会关系"，③ 有关系构建的家庭，不在于这种关系本身是安全性，而在于家庭关系培育生成了人最初的安全性，同时家庭也在不断地重新培育起人的不同阶段的一种安全性。"动物不对什么东西发生'关系'，而且根本没有'关系'，对于动物来说，它对他物的关系不是作为关系存在。因而意识一开始就是社会的产物"。④ 人意识到关系存在时，人的社会性就表现出来，在人对环境的意识表达中，关系造就人，关系也毁灭人。

关系作为人的一面镜子，给人带来了一种映像中的安全感，关系本身只是安全感的影子。在关系中，人是什么才能展现出来，因为人的关系图式是人的一种镜像。"费尔巴哈把宗教的本质归结于人的本质。但是，人的本质并不是单个人所固有的抽象物。在其现实性上，它是一切社会关系的总和"。⑤ 在关系中，认识人只是人的安全性前提设定，社会关系的总和只是人在现实性上的一种可以观照的视点。马克思本意在

---

① [印度] 克里希那穆提：《点亮自性之光》，胡因梦译，深圳报业集团出版社2007年版，第27页。
② 《马克思恩格斯选集》（第1卷），人民出版社1972年版，第17页。
③ 同上书，第33页。
④ 同上书，第35页。
⑤ 同上书，第18页。

表明关系只是认识人的本质的一个支撑点，人的关系是人的镜像本身，关系之镜中所察觉到的安全只是人的一种可选性的方向。

人在关系中的行为和人本身行为是有差别的，差别产生的根本原因就在于人把关系看作人的一种安全镜像。人对着镜子笑，镜子中的映像也笑，当人举右手时镜子中的映像是举左手，当人看镜子中的映像时，镜子中的映像也在看着人。这一机制的发生，从哲学、人的安全镜像的视野来分析，关键问题在于人的观察视点在人本身，人认识自己的观察，增加了自我意识的同时，思想发生了我应该怎样安全性模式设定和配置的思考，人一旦获得了这种应该怎样安全的安全性模式，此时人就是对自己的安全没有根本性理解，因为根本性理解不可能在人本身之外，人本身的安全性和人通过关系、镜像所认识到的安全性之间有一段很大的距离。

人有一个成为什么样安全模式的图像，或者应该怎样、不应该怎样安全模式的图像，那么人将会生成培育一个安全的总体性准则和机制。这样，在这个地方世俗的人肯定就牢牢地抓住关系，并认为就是人的安全。搞关系、拉关系、运作关系就成为一种关系化时尚，政治关系、经济关系、文化关系构成了人类社会的基本关系。人在关系中的歧途之处就是由人实际是什么样的所决定的，这成为人在其自身完善之后自己和真实存在分化的内驱力，一个公共性的生存安全性的培育才是人自己安全的真实存在。

人的关系状况的安全功能就是要揭示一个人整全性存在的状态，关系的安全性是一个自我揭示和自知的过程，自我揭示是人的痛苦的必然。在每天的存在中，"关系显示出不可避免的痛苦；如果关系中没有紧张，就不再是关系，而只是一种舒服的睡眠状态"，[1] 幻想和现实之间本身是人的一种冲突的关系，冲突存在于舒适的渴望和事实之间，人要在关系中寻求安全就会变成一种对舒适的幻想的投入，把关系的舒适功能变成工具，关系的安全性本质在于本身非常不安全。工具化的关系是不安全进入相互存在的关系之中的特殊的关系，此时关系的自性揭示功能就自动消除，人在寻找最终的安全时新的关系就会产生。"但在关

---

[1] ［印度］克里希那穆提：《生命之书——365天克里希那穆提禅修》，陶稀译，华东师范大学出版社2005年版，第82页。

系中不存在安全，依赖只会导致恐惧。不去了解安全和恐惧的过程，关系就会变成一种约束的障碍和一种无知的方式。"① 人的关系虽然把人带入自我揭示的舒适依存中，但是关系中本身没有安全，关系只是人安全性存在方式的一种提示条件，澄明了人整全性存在状态的自知过程。

三　现代性社会的发展性批判及生存安全性的公共性超越的本质

人的自在在于人自性的确立，自性的确立就是人安全性的持续性的存有，人类的恐惧，在一个充斥着骚乱、战争、争辩和冲突的世界里安全性的生存就是获得真正幸福。人的自在是一种安全性生成中的状态，人不因外界物性的在场和不在场而自为地存在。科学最能给人带来安全感，也使人陷入了科技化的陷阱，核能对人来说是一种对人有巨大贡献的能源，但是核泄漏对人类社会造成的危险确实是巨大毁灭性的，物质资料生产方式的提升，把人带到了新危险之中，人始终不能结束自己的恐惧和不安。

"工业的历史和工业的已经产生的对象性的存在，是一本打开了的关于人的本质力量的书，是感性地摆在我们面前的人的心理学"，② 工业化的进程体现了人的印记，同时人的心灵也被控制在了工业心灵之中，周围世界正在发生的许多事情让人陷入了混乱、困惑及悲惨境遇，人类活动是给人带来安全提供保证，还是为地球的毁灭在做一些事情？停止恐惧和不安全是现今的人应深入思考的问题。恐惧和不安全在何种意义上进入了人的思考范围之中？恐惧、不安全和发展处怎样的关系中，等等。这些问题的思考使人难以面对人本身的进步。实际上，现实中的人之所思所想都在一定意义上是世界状况的反映，人感知到的制约是在人认识世界、改造世界中生成的。这是人用安全性的方式在构造人的世界图景。

---

① [印度]克里希那穆提：《生命之书——365天克里希那穆提禅修》，陶稀译，华东师范大学出版社2005年版，第82—83页。
② 马克思：《1844年经济学哲学手稿》，人民出版社2000年版，第88页。

可见的安全和不可见的安全在根本处制约着人的感知视野和思想方式。可见安全以显性化的方式呈现了人，人在物质资料的生产过程实践中逐步地培育生成了防御此种安全的安全机制。但是在工业化的今天，资本逻辑流布社会各行各业，甚至人们生活的每个角落，使可见安全呈现出时代独有的特征：一是可见安全直接的呈现，往往是提供人的现代生存条件和制约人的活动相关性出现。例如，人不能离开电，一旦停电或离开电，这将极大地破坏人类的众多生产生活，使生活不能正常进行。二是人类活动的私性化生存把显性的可见安全对社会的影响逐步地分解承担了，看似使社会压力减少，个体生存压力增大，本质上是在减弱一种社会的公共安全性。社会认识不能正确地了解安全性危机的整合性风貌，从而丧失社会集体性的重大安全防卫能力，个体原子化生存安全性压力的增大一个重大的趋势就是人越来越多地不断为自己的私性安全性生存积累原子化的物性凭借和依附。因为对历史性个体而言，物性凭借和依附始终是相对稳定的重要的安全保障，这样个体与社会看起来是个体拥有了安全的生存空间，社会安全相对稳定，但是一个很明显的质性不安全就是社会公共性安全优先性的缺位，公共性安全优先于个体生存安全，公共性安全客观前提性制约着个体的安全性实现。社会公共性安全优先性不是说这种前提性权利安全机制的配置高于人民的生存安全性，而是要让人民真正参与、融入社会公共安全性生成之中，并在其中获得自我发展与安全实现的权利。三是可见安全的隐性化导致人的安全条件丧失问题的指向，人类的一系列不合格的实践活动破坏了世界的正常运作机制。自然环境的破坏、生物多样的破坏与生物多样性的丧失，生物的灭绝使人类逐步成为世界孤单的存在者；社会权利机制失衡，政府权力安全性正面临着非常态的安全性危机。人民群众的公共性诉求和个体的发展，安全实现自我价值路径受阻导致不断地建立制度，不断地超越制度，制度中理性之不及与人治的介入使制度缺失人性，进而显示出制度不安全，制度之不及与人治的介入使制度缺失生存安全性共识，怎样使制度安全性成为制度的正义结构是确立新制度的根本，制度不安全性引发的问题直接影响到制度功能本身的发挥和制度合法性的问题。

  不可见的安全也在人的世界中存在，不可见的安全性同自由、发展、市场的相融合构成了不可见的安全景观。发展的市场化生存路径，在各个领域的运用和扩展，使市场机制的配置已经成为人特有的市场情感，人的市场情感以人的物性方式占有着人的安全性生存本身。其实"人类的产品和物质宇宙相比在美感和真性方面总是有所欠缺的，因为后者不受制于任何外来的、人类的或神的干预与辅助，是永恒不变的，这一事实证实了沉思比活动是有更为首要的地位"，[①] 当今的人在市场经济的资本逻辑面前已经丧失了言说沉思的资格与权利，因为人的心灵中充斥着人的市场情感。现实的状况是人处于市场情感中，人认为才是安全的。

由人的市场情感谋划的人的世界，是一个充满市场化、商品化、原子化、冷漠化的人的世界。游离于市场经济的今天，人的市场情感已经构建了一个"市场情感"社会，"市场情感"社会的诱惑是人最大的不可见的安全，人因陷入"市场情感"社会的表面性深渊而缺失自性，进而不能自在地安全性生存。资本逻辑、权力逻辑、消费逻辑建筑了"市场情感"社会的基本安全性范式。进入此社会中都将受到诸种无形力量特有界定的景观的统治，人的生命表现成为欲望需要的现实发生，安全的需要化在"市场情感"社会中成为一种劳动逻辑，没有劳动逻辑，人的生命将没有真正的本质。欲望的关系化使关系成为人自我实现的本位，人的能力和人格要遵循此种社会场域的力量之舞的曲调，因为这是社会的需要，人的欲望的需要化生存把人自己实现的路径牢牢地束缚在了需要范式思维的场态之中。对人的爱、情感要以需要的物象化构图在"市场情感"社会中安全性地实现出来，在浩渺的人之海中，人欢呼，人高歌，人悲伤，人喜悦，人死亡，留下的却是一段幻觉中的情感化市场构境。

被迫痛苦是人在"市场情感"社会中不安全的重要特征，人要以被迫痛苦的姿态向社会呈现时，此种痛苦才是真诚的痛苦，不成熟才是成熟，真诚是虚假，虚假的才是真诚的。这样的社会已经不是单向度的租用劳动力或科技提高劳动生产率和管理水平，进而提升利润空间，而是进入了"节约成本、便利入围、成就超额利润"的时代。情感关系，注意力就是鲜明的生产力，一边是市场机制的密网，一边是关系的通道。人看到安全的发展就是怎样节约成本，获得超额利润，就成为发展

[①] ［美］阿伦特：《人的条件》，竺乾威等译，上海人民出版社 1999 年版，第 7 页。

本身和目的,"市场情感"社会中人没有单纯的品质,因为单纯就意味着人安全性生存的丧失。

空壳化、表面性存在模态走进"市场情感"社会,使"市场情感"社会有了一个人与人照面的镜子,人人都打扮得特有风度,以其表面性构置的特有风度来展示自己的人格,通过这样的构置人获得了生存的表面性工程的理论虚构,空壳化的表面工程的实施带来的是注意力的引领的发展,因为一个鲜明、特色的表面性"名称"将给一个物性存在带来的效益远远大于其本身踏踏实实的发展积累,一步一个脚印成为发展的被痛苦,原因就是发展模式引领起来的注意力让你痛苦,"注意力不安全"成为一个时代的新问题,也是马克思主义在当下现场要[①]批判的东西,虚构起来的注意力成为注意力不安全的根源,注意力本身能推动人的发展,在于人在安全性存在方式中踏踏实实地生成与培育。缺失地基、虚构的注意力引领起来的发展就是不安全的发展,正是"情感市场社会"人表面性生存的基本反映。

大学的文化精神之根就是在注意力不安全的意义上毁坏的。"大学之道与大学之用的矛盾是任何一所大学必然面对的一对矛盾。"注意力的介入是市场的表面,意在把自己的物性东西显性地呈现出来,这是没有错的,问题就在于虚设的注意力通过市场的表面性邀请,使人的作业方式也成为表面性的运动了。"市场情感"社会的价值观念向大学的扩散直接成就着大学中人的灵魂。丧失灵魂并非是你真正地没有了灵魂,而是你本真安全性的灵魂被遮蔽起来,新的灵魂被你正在确证着,所以失魂落魄就在这个意义上成立了。

生存在梦一样的"市场情感"社会中,造梦就成为人的价值实现的必要方式。梦境中的安全诱惑使人多少次都认为梦中的你是真实的你,但现实却是梦中的你永远感受不到你在做梦,因为梦中的你是梦安全性的一个价值结构特征。一旦梦中的你感觉到你在做梦,此时梦的价值结构将会倒塌,梦是一个非常安全的价值存在,结果功能的特定成就了其高度安全性,当梦中的你认识到你在做梦时,你的这个功能指向就不能发挥了,所以梦就结束了。梦的觉醒跟人的造梦价值构建有关,梦的价值构建的安全性决定了梦的真实性,推动梦醒的原因有两个:一是

---

① [美]阿伦特:《人的条件》,竺乾威等译,上海人民出版社1999年版,第7页。

外界的事物，二是梦的情节。实际上梦的安全性本质在于人本身，不管是外界的事物和梦的情节都和人的价值意念有关。"市场情感"化社会高离婚率，情感问题多发，不安全事件不断发生，根本原因是人在多姿多彩的生活中忘却了人的安全本体，破坏了安全性存在方式的连续性、公共性，使人的自在安全追求成为一种发展成果目的化的设定。

参考文献

[1] [美] 埃里希弗·洛姆：《占有还是生存》，关山译，生活·读书·新知三联书店1988年版。

[2] [法] 梅尔基奥尔－博奈：《镜像中的历史》，周行译，广西师范大学出版社2005年版。

[3] [德] 京特·安德斯：《过时的人》（第1、2卷），范捷平译，上海译文出版社2010年版。

[4] [意] 坦丁：《神曲》，岳麓书社2004年版。

[5] [美] 桑塔格：《在土星的标志下》，姚君伟译，上海译文出版社2006年版。

[6] [美] 阿伦特：《人的条件》，竺乾威等译，上海人民出版社1999年版。

以知识型社会战略增强创新

张永缜

(陕西学前师范学院政治经济学院教授，西安，710100)

摘　要　面对劳动力成本上升，依靠廉价劳动力资源的外向型经济优势已经丧失，推动出口唯一的出路在于增强创新驱动，转变经济结构，破解这个难题的根本出路在于适应第三次工业革命的浪潮，加大对劳动者知识型人格的塑造，变人力资源大国为智力资源大国，培育具有创造精神和能力的劳动者，实现人口的科学技术素质和人文理性素质的飞跃，以理性公民文化代替人情农耕文化，塑造一个人人都是知识型创造者的高素质人口大国，构建知识型社会，加速推进创新型国家建设，实现经济社会结构的转型升级。

关键词　知识型；创新型；社会

面对当前我国经济结构转型的严峻挑战，必须增强创新驱动，破解创新驱动难题的关键，需要尖端人才来开拓创新，但要认识到尖端人才和大师就像冰山露出水面的部分，创新的根基在于人口整体知识层次和创新素质的提高。人口资源仅仅成为人力资源是无法适应21世纪人类社会的发展的，要将人口资源跃升为智力资源和创新资源，在形成人人都是知识人格和创新型劳动者之后，社会整体的创新机制将形成，尖端人才和大师就在这众多的创新型劳动者中涌现而出，实现中华民族腾飞的伟大中国梦实现的那一天将不远了，这需要对社会做整体的知识型设计，所以当前我国必须实施知识型社会战略。

一

当前我国要实现经济结构转型面临严峻挑战。经过35年的持续高速增长，我国超过当代中等收入国家平均线，达到了上中等收入国家的水平，但这也使我们面临跨越"中等收入陷阱"的问题。在面对美国金融危机、欧洲债务危机之后世界经济低迷的情况下，还依靠宽松的货币政策，增加投资以及拉动内需，刺激经济是一个办法，但要注意适度，要认识到现今这种措施已不是根本办法。随着劳动力成本的提高，中国原有的劳动密集型产业优势将减退，大量投入市场货币会暂时拉动就业、刺激消费，但这种暂时的繁荣会带来物价上涨、通货膨胀甚至泡沫经济，要防止西方国家出现的滞胀现象、金融危机和债务危机。劳动密集型经济优势丧失之后，对外出口萎缩，外汇收入下降，就会陷入西方经济学家所说的"中等收入陷阱"中去。中国要想居于世界经济的"牛市"地位，最根本的办法是推进创新，增强政治、经济、文化的创新能力，增强民族创造力和国家创新力，创新是作为后起现代化国家追赶和超越发达国家的根本途径，在创新的基础上才能有力推动经济结构的转型，才能克服资源限制走新型经济发展之路，而创新离不开知识的产生激增机制和信息的流通开发平台。"十二五"规划已经对经济结构转型做出了安排，增强创新驱动，加快建设创新型国家，并且提出科教兴国战略和人才强国战略，但仅此是不够的，我们应当深刻认识到知识和技术对当代世界的深刻变革作用，还需实施知识型社会战略和创新型干部战略，需要对社会做一种知识型整体设计，从知识型社会对科教兴国和人才强国战略加以统摄并提出更高的要求。科学研究表明："随着科学技术向生产力的转化，体能、技能、智能对社会财富的贡献分别为1∶10∶100。""面对当前我国农业劳动生产率不到当代标准工业化国家水平的15%，第二产业劳动生产率不到50%的现状"，必须建设知识型社会，要实现人口素质整体跃升和劳动力智能化，正如钱学森所倡导的形成信息转化为知识、知识转化为智慧的链条，推动社会快速发展，突破当前经济发展面临的困境。

第三次工业革命对我国的现代化带来巨大挑战。"第三次工业革命是大工业革命的最后篇章，它意味着化石能源时代的结束，将标志着18世纪工业革命以来以大量使用劳动力为特征的生产方式的结束，同时，它标志着以合作、社会网络和行业专家、技术劳动力为特征的新时代的开始。未来世界越来越多的商业行为将由智能代理人管理。"如果说知识经济是21世纪初开启的时代浪潮，那么现在第三次工业革命将快速地将人类推到知识社会形态，面对彻底知识化的生产，单纯的体力劳动将日益减少。未来的制造业岗位将要求员工掌握更多的技术，那些枯燥的、重复性的工作将一去不复返。未来的资本将是知识资本，知识和智慧将成为占有社会财富的决定性资源，知识将走向产业化、商业化，在人类文明即将由工业文明进入到"知识文明"，"知识的资本化"或"知识资本"正在取代工业资本而成为全球化过程的主导要素，我们要认识知识经济是一种新的生产方式和新的实践形态，知识的价值和知识生产的逻辑将成为新的社会价值和逻辑，知识经济将彻底改变传统劳动价值论、阶级结构和社会结构划分标准。未来的知识文明的社会，体力型的行业将可能完全被智能化的机器所取代，作为劳动者将完全属于脑力劳动者，要从事富于创新性的工作，所以未来社会对人提出的要求越来越高，未来社会的文盲将是不会运用知识进行创新的人。目前美国的创新能力在各个领域都是具有核心竞争力的，欧盟和日本的创新竞争力比我们强。但这些国家目前都没有实施知识型社会发展战略，在现代社会，谁抢先一步认识到并实施知识型社会发展战略，谁将站在世界经济和社会发展的潮头和领军位置。中国外汇出口下降并非仅仅是劳动力成本的上升、进入"中等收入陷阱"的问题，而是新的生产方式将使廉价劳动力的价值大大降低。随着劳动力成本变得越来越不重要，一些跨国公司正将海外生产线逐步迁回发达国家，这样它们可以更快地对需求的改变做出反应。"据波士顿咨询公司估算，在运输、电脑、金属制品及机械领域等，从中国进口商品中的10%—30%均可在2020年之前实现本土化生产，此举将为美国经济每年贡献200亿美元到550亿美元。"再加上国际金融危机促使各国重视制造业，增加就业机会。所以，我国制造业远期目标不能建立在劳动力价格优势之上，其他发展中国家也在打这张牌，其劳动力更廉价，而中国的生产成本已经并且还在上升，新兴的数字化制造业不需要大量劳动力在车间进行密集型生产，廉价劳动力资源将不再成为一个国家的优势，因此，对我国来说，当务之急是转移到产业链的上游去。所以，要发展知识型社会，积极主动迎接知识文明浪潮的挑战。我们国家应当认识到这一点，实施知识型社会发展战略，在价值导向、社会机制、体制引导、用人导向、利益驱动等方面实施知识型社会发展战略，将外汇储备用于知识技术创新型经济实体和生态能源、信息产业、知识产业的发展中去，将大大提高我国产业转型的速度，形成世界上最富核心竞争力的国家。

发展知识型社会有利于中国将人口大国改变为智力资源大国。可以说，打造中国经济的升级版与其说是技术"瓶颈"和制度创新难题不如说是人的知识文化素质问题。中国人口多，但中国人的基本素质特别是农业人口的素质没有经过西方启蒙运动、理性精神和现代文化的洗礼，与西方发达国家的人口素质相差很大，这是中国现代化、后现代化的绊脚石和沉重的包袱，但是也要看到这也是一个巨大的资源，西方的科技再高明，可以造出高超的机器人，但造不出真人，机器人再发达，它唯一比不过人的地方是人具有创造潜力，机器不具备，中国的人口包袱，包括未来20—30年将进入老龄化的人口包袱，如果不转化为智力资源将成为真正的包袱而且是可怕的不稳定因素，如果将这些人口因素转化为智力因素，将每个中国人塑造成为能进行创造的智慧因子，那么中国将是世界上知识资源和财富最富裕的国家，中国如果进入到人人都是现代社会的创造因子的社会状态，那么中国不用说会跨越"中等收入陷阱"，快速实现经济结构转型，实现创新型国家，真正用自主创新产品占领世界市场，并可能成为引领世界进入新型生产方式和生活生存形态的国家。

从城镇化进程来看，现阶段我国在农业现代化和工业化推动下城镇化进入到加速期，一定要做到人口素质的提升速度大于城镇化速度。"到2020年我国农业劳动者就业比重将由2011年的36%降至18%左右，而最终发展趋势是达到70个高收入国10%的平均水平，也就是说还有26%的农业劳动者要转化为第二、第三产业，到2020年我国城镇化率从目前的51.3%达到70%（高收入国平均水平）"，这意味着巨大规模的人口劳动力涌向城市和市场，急速快速大规模涌进城市的农村剩余人口，要尽快地适应城市生活，尽快学会各种新的技术，掌握专业技能，还要尽快培养公民社会的公民素质，这些都必须对其进行培训再教育，大幅度提升其人文素质和知识技能水平。从我国人口的人文素质看，"三农"问题更准确地说是"四农"问题，农业、农村、农民之外还有农耕文化，后两者是问题的实质，农民不从事农业进入城市打工并不代表他就是市民，他的思维、观念、行为习惯等还是农耕文化的内容，进入到城市就会出现中国人在莫斯科进行买假文凭、行贿、拉帮结派、搞小圈子等不适应现代公民社会的不良行为；就会出现中国人在卢浮宫洗脚等国外旅游时损害国家形象的现象；就会出现在国内旅游景点乱扔垃圾、乱刻乱画的诸多不文明现象。我们都从农耕文化而来，我们并不全盘否定农耕文化，而是几千年来积攒在中国农耕文化中的许多与现代社会不相适应的残渣在我们每个人身上或多或少存在有，所以必须大力提升人口的人文理性素质。从我国人口的科学知识和技能素质看，在经济发展信息化水平不断提升的情况下，尤其是信息化与农业现代化、新型工业化、城镇化的加速发展相互融合的过程中，以信息技术为支撑的现代服务业将取得长足发展，信息化必须要求劳动者大力提升知识化，涌入城市的农业剩余劳动力要尽快转化为知识技能型劳动者，从事脑力和技能型劳动，从事创造性劳动，切实推进以人为核心的新型城镇化。

二

知识型社会对我国的科教兴国战略提出更高要求。从战略上来说，未来世界的发展趋势是，谁先拥有支配权、决定权和发言权，谁就会占领知识社会的发展先机。"就教育发展而言，英美发达国家自19世纪初至今，国民平均受教育年限的增长速度长期快于GDP增长率，日韩等后赶超国家平均受教育年限的增长率也快于同期GDP增长，俄罗斯、巴西等追赶型经济体除个别时期有波动外，平均受教育年限增长速度也基本上领先于经济增长率。相反，那些未能实现由中等收入向高收入跨越的国家，受教育平均年限增长率大都落后于经济增长率。"目前，"全球机器人市场发展十分迅速，日本的工业机器人应用比例已高达33%。机器人的大量采用，不仅将抑制体力劳动者的收入提高，而且将导致大量体力劳动者的失业，很有可能阻断发展中国家突破中等收入陷阱"。自20世纪80年代中期以来，我国平均受教育年限的增长速度始终低于同期 GDP 增长率，这需要引起我们高度重视。拖累中国经济结构转型的不是经济本身，而是人口的知识化程度低，是庞大的农业人口，是落后的农耕文化，血缘关系亲情利益代替了理性，缺乏现代公民理性和行为规范的大量农业人口严重阻碍着中国的现代化。

当前要继续加大国民教育的程度、范围和水平。充分利用高校扩招后所创造的高校规模扩大的条件，实现高等教育普及化，所有青少年均有接受高等教育的机会。让新一代中国公民全部接受高等教育，不是高等教育资源的浪费，而是从战略上超越西方发达国家的一种适应知识型社会需要的战略投资，面对后工业社会创造型劳动者的发展趋势和我国人口素质与发达国家的巨大差距，要弥补历史发展的鸿沟，我们赶超西方发达国家最根本的办法，不是引进多少技术，也不是引进多少资本，也不是制造多少先进的机器，而是培养了多少能真正符合现代社会需要的公民和适应后现代知识型社会的创造型劳动者，这样可以跨越式地提升我国的国民素质，实现人口资源向知识和智力资源的转化，奠定我国率先进入知识型社会的战略基础。要树立知识型人格的价值取向，搭建个人知识交流互动实现知识增长的平台，促进科学知识和人文知识丰富发展，加大知识转化为生产力的力度。全体青少年接受高等教育后，可以通过建立高等教育学习激励机制来提高教育质量，实行高等教育分层次进行，开展普通高等教育、重点高等教育和精英高等教育，三个层次的高等教育实行浮动学制动态管理，允许低层次学生通过努力进入高层次，同时将不合格的高层次学生淘汰到低层次，将真正勤奋和智慧的学生沙里淘金选拔上来。在人才的选拔上注重从逻辑思维、形象思维和创造思维层面进行测试选拔，对不同领域需要的优秀人才进行不同层面的高等教育培养，特别是将创造性人才培养造就出来。

既建立普通高等教育体系，也建立面向农村和城市的成人高等教育体系，建立夜大、电大、网大、函授、短期培训等各种形式的成人接受高等教育的全开放式高等教育体系，进行兴趣开发式、自我实现式、职业技能式等继续教育，针对不同层面学历层次的人进行相应层次的补偿教育，在入学上没有资格限制，实行好进难出的学分制，结合个人兴趣爱好和需求开展教育，给广大农民、工人提供专业进修和人文教育的机会和条件，这样还可以满足许多成年人未上大学的梦想，也可以促进农民工接受高等教育，将农业富余人口变成创造型的劳动者。成人继续教育实行国家义务教育，目的在于大力提高全民族的科学文化素质和人文民主理性素质，形成真正的学习型社会。

针对人口老龄化问题，可以建立老年大学式的老年人高等教育体系，开发老人智慧，汇集老人经验和人生精粹，服务创新型国家和知识型社会发展。在未来几十年中国步入老龄化之后，大量老龄人口富余出来，这既是人口负担，也要认识到老年人当中蕴含的巨大财富，他们在传承文化、社会管理咨询、哺育下一代、维护社会治安等方面具有巨大的作用。通过现有老年大学的相关调研，老年人通过兴趣开发式的学习成才很快，他们成为文化的传承和弘扬者，他们开展的活动丰富了社会主义精神文明建设，他们学到的知识推进了文化型家庭的形成，他们人文理性素质的提升对于下一代的公民素养的形成、社会文明整体水平的改观具有后盾作用。而一些高知识层次的老年人的智慧在服务社会发展方面的作用更大。所以，对于在未来30年我国人口老龄化到来之际，实施知识型社会发展战略，将人口老龄化包袱转化为智力资源、知识资源、文化资源，那么我们可以避免欧洲因人口老龄化而带来的经济衰退，可以快速地将我国推进到创新型国家行列，对我国赶超西方发达国家以及摆脱人口老龄化带来的经济社会风险都具有巨大的意义。

在整个教育体系中，要大力提升全体公民的科学文化素质和人文道德法律素质，有助于创新型国家和政治文明、法制化国家建设。学前教育要开发幼儿智力潜能和形成幼儿强健的体能基础，基础教育要培养青少年基本的生活知识和技能以及个性职业的知识基础，高等教育要形成青年独立进行创造性思维和个性化创造性实践的知识和技能基础。在教育的内容上从小学到大学始终贯穿的人文民主理性教育必修课。从科学工具性知识、道德实践性知识、审美性知识三种知识规划高等教育人才培养模式，既要防止只注重工具理性而忽视价值理性，还要防止忽视审美理性的发展，这对于我们实现科技发展、道德伦理发展、人的艺术审美素质的发展，培养创造性人才，全面提升教育质量和人口素质具有巨大的意义。要加强法制教育，大量事实表明许多违纪违法犯罪的不良现象，是因为公民不懂法、法律意识淡薄、法制观念不强导致的，公民缺乏法律知识体系的全面深刻系统掌握。将法律知识体系贯穿于基础教育和高等教育的始终，让每个青年人成为具备法律专业知识体系的理性公民，形成中华民族依法治国的基本法律素质基础。将人文理性课程和法律课程作为必修课程，提高人口的人文理性知识和系统的法律知识水平，推进现代公民教育，融现代公民教育于职业技能和兴趣爱好教育之中，整个社会形成法律思维、法律理性、法律生活、法律语言、法律行为、法律政治、法律经济、法律文化。让每一个中国老百姓知道依靠法律维护自己的权益，遵守法律不践踏他人权益，理性而富有德性地生活生存，共同捍卫一个人人权利义务相统一的法治家园。建设知识型社会有利于推进中国现代化的政治文明建设进程。可以加快解决我国因为缺乏民主传统、国民公民意识淡漠、政治民主行为习惯欠缺而难以推进民主法制化快速发展的瓶颈制约因素。知识型社会将带来人口素质、经济效益、文化发展、社会文明程度的全面提升，全面推进社会的现代化建设。

参考文献

[1] 春雨：《跨入生态文明新时代》，《光明日报》2008年7月17日第15版。

[2] 刘伟：《着力打造中国经济的升级版》，《求是》2013年第9期。

[3] 王龙云、侯云龙：《保罗·麦基里：制造业数字化引领第三次工业革命》，http://jjckb.xinhuanet.com/2012-06/21/content_382856.htm，2013年8月9日。

[4] 贾根良：《第三次工业革命带来了什么?》，《求是》2013年第6期。

社会发展视野下的哲学批判

李建群　雷云飞

（西安交通大学人文社会科学学院教授，西安，710049；
西安理工大学思政部博士，西安，710048）

摘　要　纵观哲学发展的历史，哲学一直是时代精神的精华。近代以来，笛卡儿首开崇尚理性的哲学风气，这就使哲学以强势的理性话语继续引领时代的思潮，并通过康德和黑格尔这样的哲学大师将其推向发展的巅峰。现代社会中，在几次科技革命的持续推动下，科技和经济日益成为时代关注的话题。与此同时，哲学在过去一统天下的荣耀场面已经被彻底打破了，并且面临着将被时代所抛弃的窘境。那么，时至今日，哲学还有什么资格成为时代精神的精华？尤其是，当代哲学以什么样的姿态回应时代问题并引领时代潮流？在市场经济的时代背景下，由于市场经济本身的利与弊直接导致了哲学的支离破碎，但是这也为新哲学的形成提供了具有时代价值的平台。新哲学的形成，要通过对社会剧变中的人进行深刻认知和反思，通过对市场经济和资本逻辑的透视，还要从马克思的理论视野关注当今难下定论的疑惑，这样也许会发现新哲学应运而生的蛛丝马迹。

关键词　哲学；批判；社会发展；市场经济

时至今日，人类的现代文明业已创造了一个彻底颠覆以往历史的现代化图景。在经济和科技的支撑下，为了实现生活的高品质和工作模式的便捷，由资本和市场推动下的现代文明已经掏空了人类祖祖辈辈生产和生活之家园的根基，所形成的就是只为当下人们生存和发展的社会模式。过往的历史文化遗存虽然挺立依旧，但是它已失去了往日的风采，因为它那原本坚实的土基和文化内涵已经被现代文明的科技构架所取代，与其说它是历史文化的见证和现代化都市的一道亮丽风景线，倒不如说是资本和市场附庸风雅的优伶,但它绝不是发自人灵魂深处对哲学与现代之间的对话和考问。

现代的通信设施、现代的交通工具和现代人的生活模式与工作手段已经使人面对形态万千的压力和诱惑而浮躁不定,那还有谁会反思其中的玄机?即便有些许真知灼见,那又有几人能够从哲学的层面对现代社会巨大变革的状况做出具有时代强音的沉思和解答?几乎没有。哲学是时代精神的精华固然值得哲学工作者津津乐道,然而当今时代精神的精华又在哪里?当今时代精神的精华绝不在从事"经院"哲学研究者借古讽今的字里行间,也绝不在茶余饭后的坐而论道之中,它必须在哲学本身的审视和反思中酝酿,也必须在对现实的反复考量和斟酌中形成,最终也必须在哲学与现实之间的困惑与解答中得以凝结。

一 对哲学自身的反思是哲学回归现实的逻辑起点

哲学是在人们认知自然和社会的过程中逐步形成的,客观自然世界和社会是哲学矛头所指的第一标靶,反观人本身则也是哲学表达关于人类前途命运的终极关怀。那么,哲学的诞生势必包含着自然科学和人文科学的原始萌芽,她不仅是人类文明的智慧摇篮,还是传统时代精神的精华,也是引领传统社会文明的主题话语。像苏格拉底、柏拉图和亚里士多德这样的智者,他们的思想不仅深刻影响了古代并流传至今,而且还奠定了西方哲学的精神内核和思想基调,为哲学的发展开辟了方向,同时也为自然科学的形成和发展创立了原点。可以说,哲学是引领那个遥远时代前进的女神。中世纪,哲学虽然沦为神学的女婢,这个黑暗时代绵延千余年,但是与其说这是哲学的黑暗时代,倒不如说是哲学厚积薄发的时期。宗教神学并不是一成不变的宗教信仰,它随着时代的渐渐进步也必须或多或少地发生变革,在马丁·路德、加尔文等倡导下的宗教改革与其说是宗教神学的进步,倒不如说是哲学引领下由自然科学蹒跚前行推动整个人类社会进步的积极成果。像布鲁诺这样的伟大科学家就是哲学通过中世纪的磨难而脱胎换骨的历史见证。在文艺复兴和启蒙运动推动下的近代文明依旧是哲学的嫡系子孙。笛卡儿的"我思故我在"开启了主体理性的哲学之门,康德的"哥白尼革命"在继承笛卡儿哲学的基础上更加关注主体理性的内省和反思,黑格尔的庞大哲学体系继续阐释了自然、社会历史以及主体精神的辩证规律,而尤为值得注意的是,像斯宾诺莎和莱布尼茨这样的自然科学家并不是哲学的背叛者,而是将其毕生所学总结起来反哺哲学的恩泽,从而支持了哲学的稳步前行。人是理性与欲望的结合体。随着自然科学的蓬勃发展,人为了满足自身的基本需求,纷繁复杂的工具在理性与技术的共同作用下横空出世,并且越来越复杂,其创造财富的能力日益提高。人的基本需求虽然暂时得以满足,但是他在"伊甸园中的蛇"的诱惑下迅速演变成欲望,并在资本和市场的催化下将其触角伸向世间的四面八方。随之而来的就是工业革命浪潮的风起云涌,其运转的周期也是越来越短,与其说现代文明创造了一个黄金遍地的人间天堂,倒不如说是资本和市场勾结起来精心打造了一个失去哲学反思和批判的物欲横流的世界。此诚如马克思所指出:"一切固定的僵化的关系以及与之相适应的素被尊崇的观念和见解都被消除了,一切新形成的关系等不到固定下来就陈旧了。"当今之世,稍有人文关怀的有识之士都有一句发自肺腑的质问:"哲学在哪里?"

流经现代的中国哲学之河也即将干涸。中国哲学源远流长,它从民族独特的农耕文明中汲取原始的营养,经历了一个"萌芽—长成—繁荣"的逻辑过程。如果说《山海经》只是描述了一个风和日丽、山川秀美和族群繁盛的原始生态,倒不如说它为中华哲学打造了一个资源丰富的文化土壤,也正是这些简单的文化元素为群经之始的《周易》提供了最原始的文化基因。《周易》历经数百年的沧桑,却为定鼎中华文明掀开了最波澜壮阔和耀眼夺目的一页。先秦诸子百家争鸣就是对这一文化繁荣景象的最好印证。如果说中世纪的西方哲学是神学的婢女,那么自汉以后的中国哲学就是维护封建皇权的忠顺奴仆,但是哲学仍然具有一层脉脉温情的面纱,发挥着引领时代思潮走向进步的角色。尽管其中也有红极一时的哲学流派,但都因没有受到统治者的重视和启用而最终消亡,可它们仍然丰富着中国哲学的基本内容,成为民族思想和精神的重要组成部分。自唐以后,占据思想统治地位的儒者,欲总结并传承儒家的"道统"之学,并且糅合了外来的宗教文化和哲学思想,为中国哲学的发展注入了一股新兴的思想活力,将哲学的发展推向繁荣。直至宋明理学的兴起，虽然把儒家的思想文化推向极致，用他们的理气之说补充先贤的"格物致知"，在思想文化上重整儒家的道统，从而实现平治天下的宏愿。虽然中国哲学一直是维护封建统治的主导思想，但就哲学本身而言，它引领时代文明的角色从未改变过。时至近代，外敌的蜂拥而至以及战火的纷至沓来完全打破了中国哲学传承的传统模式，外来思想通过战争的手段强行注入，在"师夷长技以制夷"的号召下，不管是洋务运动还是君主立宪，与其说是一种积极进步以求富国强兵，倒不如说是一种被逼无奈的被动选择。在这种情况下，任何学说、主张和哲学都不得不让位于危如累卵的亡国灭顶之灾。从此之后的中华民族经过百年艰苦卓绝的抗争以求自保，在这个过程中，作为舶来品的外来思想和哲学在中国的传播越来越多，最后在神州大地上生根发芽并茁壮成长，马克思主义就是其中最耀眼的一颗明珠，并成为中国革命和共和国建设和改革的指导思想。改革开放的今天，中国与国际的接轨日益融洽，经济发展和科技进步成为推动时代跨越式发展的核心力量，再加之资本主义社会中横行的思潮在相对较短的时间内涌入中国社会，这就使大批的腐朽思想在中国社会中蔓延和四散，像消费主义、拜金主义这样的论调和思潮严重背离和侵蚀着社会主义的核心价值观，甚至在这些思想支撑下的社会力量在经济领域"群雄割据"，对民生建设造成了极大的经济压力，导致了民众为了生存而疲于奔命，无暇顾及对思想意识的认知和反思，那么对哲学的关注就更无从谈起了。曾经在思想意识领域占据统治地位的哲学在当今社会已经成为极少数人的书房生活，或沦落为无人问津的杂谈了。

不管是在西方还是在中国，哲学的近况不容乐观，这到底是时代的悲哀还是哲学的无能？在新的时代背景下，哲学何以为继就成为一道摆在我们哲学工作者面前的难题。

二　对当代社会变革的哲学考察是哲学浴火重生的精神实质

哲学是时代精神的精华。回首哲学发展史，其中蕴藏着回味无穷的哲理和斑斓多姿的思想流派固然都值得我们后人去追寻和探索，但是就哲学本身而言，它并不是供我们瞻仰的佛龛，而是我们认知当下时代和解决时代思想困惑的思想指南。

时至今日，面对曾经作为时代精神之精华的哲学江河日下这样的窘境，人们不禁要问为什么会这样？

再三反省，我们不难发现，在后现代思潮所充斥的当今时代根本不会存在任何统一的话语和价值取向，更不会有系统化和理论化之哲学所铸造的铁板一块的时代精神，即便存在因为政治的需要而强势推行的主流哲学体系，然而在崇尚民主自由的时代潮流中难以抵挡物欲对人的诱惑所生发出来的破碎场景。因为在世界历史的条件下，后现代文化的内涵几乎充斥着整个人类世界，而后现代文化的本质不外乎"给人一种缺乏深度的全新感觉……一种愈趋浅薄微弱的历史感……一种全新的情感状态——我称之为情感的'强度'"。而这也势必导致哲学的碎片化，各种分门别类的哲学思潮纷至沓来，让人眼花缭乱而无所适从，然而其中并没有出现一种哲学让人感到能够体现时代精神或直面当代哲学问题的思路。尼采、叔本华哲学的风靡给哲学的发展吹来了一股清新之风，让人们开始关注人本身、人的个性、人的欲望和人的意志，甚至还引发了哲学向生活世界的转向，然而，真正的哲学转向并没有发生，因为他们的哲学同时还引发了胡塞尔所主导的现象学和海德格尔所开创的存在主义哲学，而这却恰恰是结构主义、建构主义、解构主义以及后现代主义形成的思想根基，尤其是后现代主义所主张的"全面、彻底的批判，并且是怀疑、否定、结构和颠覆意义上的批判"正是使整个哲学支离破碎的刽子手。

再三反省，我们也不难发现，在世界历史的宏观坐标下，每个国家的哲学基础、认识论以及形形色色的主义都要或多或少地发生变化以适应这个全新的时代境遇，否则就难逃被彻底洗涤的厄运。现有的各样哲学观点已经难以准确阐释世界历史条件下的全球性新现象和新问题。第二次世界大战后半个多世纪的和平与发展，后发国家通过跨越式发展已经在很大程度上缩小了其与发达国家之间的差距，甚至在很大程度上已经出现了"世界是平的"这样的世界格局，随之而来的是遍布全球的人与自然之间、人与社会之间以及人本身所出现的新问题，尤其是自然环境的持续恶化、人的生存方式、生活方式的急剧转型这样的问题是整个人类共同面临的问题，甚至使风险社会和世界风险社会理论成为一个全球性的理论话题，而且也使"全球治理"成为人们共同关注的致思向路。如果说这正是一个全新哲学诞生的契机，但是后现代主义的话语条件则让哲学重整山河的美梦难以成真。与此同时，各个民族国家的传统哲学也到了其抉择命运的十字路口，面对世界历史的客观条件，再加之人类共同面临生存发展之难题，各民族国家的传统哲学何去何从就成了摆在其面前的冰冷现实。"是要生存还是毁灭，这是个值得考虑的问题。"

再三反省，我们不难发现，无论是后现代主义对整体性的颠覆，还是世界历史下民族传统哲学的生与死，都是资本和市场沆瀣一气的必然结果。资本和市场的出现造就了空前繁盛的利益主体，而且各利益主体为了维护自身的生存发展不得不在学说林立的世界舞台上发表自己的主张和思想，这与其说是新时代的"百家争鸣"，倒不如说是利益瓜分和纷争驱使下的邪恶幽灵，因为他根本不会为了他人的利益而致使自身受到半分的伤害，也不会为了大家的一团和气而盲目顺从，而只会在利己的盘算中进行永无休止的互相倾轧和不择手段的你争我抢，后现代主义思潮就是这种倾轧和争抢中绽放出来的"花朵"。在利益的驱使下，资本和市场紧相勾结，进而涤荡了所有不同文明之间的原始壁垒。四大文明中原本没有市场化的文化要素，它们都是自给自足自我满足的东西而不是开放的自我否定，它倾向于保守、完善和封闭，而市场对这些文明的延续形成了致命的挑战。资本和市场为了在全球实现通行无阻，苦心孤诣地炮制出了"普世文化"这一法宝，从而不惜践踏任何民族的传统文化体系和哲学取向，然而各个民族的哲学为了自身的薪火相传而与这个由丰厚资本垫底的"普世文化"分庭抗礼，在这里，人们世代相守的辩证法也被滑稽地颠覆了，如果说普世文化与民族文化之间是一般与个别的辩证关系，然而两者之间这种你死我活的殊死相搏则绝不是辩证法的对立统一，这绝不是辩证法在当代的失灵，而是资本和市场企图瓦解哲学而故意向传统发起的刁难和诡吊。

综上所述，一系列的质疑直奔哲学而来。哲学还是不是时代精神的精华？哲学以什么方式、什么资格成为时代学术和思想上的领军者和引领者？哲学是不是还要成为思想学术和文化的核心？思虑再三，笔者认为，答案是肯定的。那么，我们到底该怎么办？

三 新哲学的诞生何以可能？

哲学产生于思维方式的变化，一般产生于大胆反应、小心求证、独辟蹊径，这样才能使哲学的思想解放，这样才能为新哲学的诞生从主体方面开启思维之门，而且满怀人文精神才能够为新哲学的酝酿和诞生创造相对本源的思想冲动。面对哲学与现实之间的巨大鸿沟和其日益被边缘化的窘境，我们所要做的不是怀揣着祖宗的皇皇巨著而发呆，更不是远观哲学的听天由命和坐等奇迹的发生，而是要从哲学所面对的现实状况去发现和探索。

后现代主义思潮的兴起和风靡彻底打破了哲学的统一话语，随之而来的就是哲学的支离破碎和黯然失色。面对如此残酷的现实，传统哲学就不得不丧失它的历史使命和体现时代精神的基本要求，而现在的哲学没有一个能够从中感到时代的精神，从而通过哲学的话语将其立体式地呈现出来，也没有一个哲学让人感到它能够回应当代问题和致思向路，也没有一个哲学具有科学回答时代问题的真正价值。而人们只看到时代的经济学家、管理学家和自然科学家在向我们招手，这些"经世致用"的专家不仅具有强势的话语霸权，他们还可以谈论任何话题并安享时人的追捧，这些理论学科都有专属于自身的"奇门遁甲"，而哲学的"救命稻草"却难以寻觅，哲学已经因为自身的莫衷一是而被解构、旁落，哲学家的声音也就越来越微弱，即便发表些许只言片语的独到见解，在社会中的影响却被湮没。实际上，这在很大程度上是因为人的变化，人的本质被时代重新塑造，人的内涵在被丰富的同时也变得更加复杂，而传统意义上的人则被颠覆。尤其是整个社会在迅猛前进的科技革命的推动下呈现出加速发展的态势，这就使哲学的发展相对缓慢，其作为思想的产物已经越来越不能满足对人从哲学层面进行重新架构的要求，这就引发了人们对文化和价值的深刻反思，再造文化和价值的呼声在相对狭小的范围内也越来越高，但是这在市场经济的强力下又谈何容易。市场的经济过程是利益优先的，它讲求个人的个性，讲求经济体的利益和效益，而哲学应该关注的是人类的共同性问题、公共性的平台、价值追求以及寻求解决问题的方案和思想路径。传统哲学与市场经济之间有着不可逾越的鸿沟,传统社会中没有市场经济生存发展的土壤。资本和市场在马克思的时代才初具规模,虽然马克思研究了资本主义中一个阶级推翻另一个阶级的革命,但是他却没有考虑到资本和市场的全球化,而这恰恰是现代人透视问题本质的主要视角和理论语境。市场经济呼唤经济、民主、法制、公平、自由的诉求,这些取向也许是新哲学诞生的摇篮,但是市场经济中也有见利忘义、唯利是图的原则,而这些原则能不能构成当代哲学的基石呢?这就说明市场经济本身充满着矛盾和悖论,它是复杂的矛盾体,它的急功近利消解了哲学构建未来的理想,它的短期行为和目光短浅使哲学碎片化,虽然有实用主义哲学和形而上的哲学与之相匹配,但这些哲学都指向了社会生活中能直接创造利益的方向。

哲学的问题虽不是永恒的,但不能碎片化;我们不能陶醉于后现代而执迷不悟,也不能让哲学丧失深刻性。新哲学的诞生也许要在后现代尘埃落定之后,也许仍然逃不出黑格尔对哲学所下的魔咒:"密涅瓦的猫头鹰要等黄昏到来,才会起飞。"但是通过对社会剧变中的人进行深刻认知和反思,通过对市场经济和资本逻辑的透视,也许会发现新哲学应运而生的蛛丝马迹。此外,我们还要从马克思的理论视野出发,去关注当今难下定论的疑惑。其一,马克思主张通过阶级斗争的革命来实现共产主义社会,但是在市场经济下的当今社会中,社会主体结构和阶级成分变得日益复杂,原本界限分明的阶级状况已经变得难以厘清,这就使人们对马克思对阶级的定义产生了困惑;其二,全球化、生产力、生产关系等要素随着市场经济的变迁而变得复杂,它的理论模型与马克思的政治经济学已经形成了鲜明的对比,并使人们对其认知和运用产生了困惑;其三,马克思从剩余价值出发打开资本主义的剥削密码,从而对资本主义展开了无情的批判并阐释了科学社会主义的合法性和必然性,但是当今市场经济中劳动者却把剥削看作一个自然的过程,并认为事情原本就是这样而不是不该如此,这使人们对马克思关于剥削的理论产生了困惑;其四,当今的世界历史是其本质和过程建构出来的,如果从资本与市场的维度来概括这个新的历史观,那么,这使人们对马克思的唯物史观产生了困惑。在这些困惑面前,我们现在所能做的只有沉浸在深深的哲思之中,以期待在未来的某日让具有时代精神之精华的哲学浴火重生,来指引人类社会发展的航向。

参考文献

［1］马克思、恩格斯：《马克思恩格斯选集》（第1卷），人民出版社1995年版。
［2］詹明信：《晚期资本主义的文化逻辑》，陈清侨等译，生活·读书·新知三联书店1997年版。
［3］赵敦华：《现代西方哲学新编》，北京大学出版社2001年版。
［4］黑格尔：《法哲学原理》，商务印书馆1961年版。

中国传统文化的"和谐"意蕴

燕连福 朱 婧

（西安交通大学人文社会科学学院哲学博士、副教授，西安，710049；
西安交通大学国际处暨港澳台项目主管，人文学院哲学
博士，西安，710049）

摘　要　一种和谐文化，不应是一种话语的独白，而应是不同话语的对话。迥异于西方传统文化"自然向人的生成"之独白思维，中国传统文化恰恰着眼于人与自然的相互文饰而包含着丰富的对话思想。具体言之，中国古代"文化"概念源于对身体的文饰，这种文饰本身意味着对话，而由身体出发的天人合一思想和儒道阴阳互补思想则是对这种对话意蕴的最佳阐释。中国传统文化的和谐意蕴，为我们构建和谐文化、促进人类的和谐发展，无疑具有重要的思想启蒙意义。

关键词　中国传统文化；和谐；天人合一；儒道互补

一种和谐文化，不管从其外部关系而言还是从其内部机理而论，都不应当是一种话语的独白，而应当是不同话语的对话。当我们把目光投向中国古代典籍时，便不难发现：迥异于西方传统文化对自然的征服与改造所表现出的"自然向人的生成"之独白思维，中国传统文化更偏爱于对身体的认识与文饰而包含着丰富的对话思想与和谐意蕴。这种和谐文化，不仅表现出一种力图使人自身适合于外部自然环境的"人向自然的生成"之致思取向，同时也表现出一种使外部自然环境有利于人的生存从而实现人与环境和谐相处的双向互动性思维旨趣。

一　文化即对话

西方的"文化"概念从其产生之日起，就是以主客二分为其逻辑基础和致思取向的。主客二分思想体现在人与自然的关系上，就是以人为主，以自然为客，因此，西方文化深深地打上了人类中心主义的烙印。主客二分思想体现在身与心的关系上，就是以心为主，以身为客，体现的是一种身心分离的文化，所以，西方文化还打着唯意识主义的印记。从字源上看，西方各民族语言系统中，多有与"文化"相对应的词汇。拉丁文 Cultura，原形为动词，指耕种、居住、练习等，包含着鲜明的改造自然的意思。与拉丁文同属印欧语系的英文、法文，也用 Cultura 来表示栽培、种植之意。其首先表达的是人类征服自然、改造自然的思想；其次才引申为对人的性情的陶冶、品德的教养。综观西方哲学大家的思想，无一不对主客二分文化进行自觉或不自觉的论证与说明。从普罗泰戈拉的"人是万物的尺度"，苏格拉底的"认识你自己"，到康德的"人为自然立法""自然向人的生成"，传递的都是人对自然的主体性支配地位；从笛卡儿的"我思故我在"，到黑格尔的"绝对理念"，一直到叔本华的"我的意志就是最高存在"等，体现的都是心对身的支配与统治思想。至此，西方文化的独白思维特征可以说已经是昭然若揭一览无余了。

与西方文化概念迥异，中国古代文化概念最初就是以中国古人特有的前主客二分思想即主客合一为出发点和终极指向的。在中国人眼中，人与自然是不能对立的，身与心是不能分离的。中国古代的文化概念，天生就包含着自然与人、身与心对话的思想。考之古籍，"文"的本义，是指各色交错的纹理。《易·系辞下》有："物相杂，故曰文。"《礼记·乐记》称："五色成文而不乱。"《说文解字》解释："文，错画也，象交文。"在此基础上，"文"又有几层引申含义。引申为文饰、装饰、修养之义，与"质""实"对称，所以《尚书·舜典》疏"经纬天地曰文"，《论语·雍也》称"质胜文则野，文胜质则史，文质彬彬，然后君子"。在这里，作为事物之纹理的"文"何以会跟人产生密不可分的关系，并进而发展出人所具有的作为人与动物之重要区别的

"文化"呢？我们的回答是，正是人的"身体"，在"文"与人之间扮演了极其重要的桥梁作用，搭建起了身心对话、人的身体与自然对话的平台。

在中国古代，"文"对物而言，是指玉的纹理，而对人而言，最早指文身之文，《谷梁传·哀公十三年》载："吴，夷狄之国也，断发文身"，注："文身，刻画其身以为文也。""文"的最初含义如实地记录了这一历史现象。《礼记·王制》："东方曰夷，被发文身，有不火食者矣。"《淮南子·原道训》："九嶷之南，陆事寡而水事众，于是民人劗发文身，以象鳞虫。"（高诱注曰："文身，刻画其体，内墨其中，为蛟龙之状。以入水，蛟龙不害也，故曰以象鳞虫也。"）《说苑·奉使篇》云："诸发曰：彼越……处海垂之防，屏外藩以为居，而蛟龙又与我争焉，是以剪发文身，灿然成章，以象龙子者，将避水神也。"《汉书·地理志》云："（粤人）文身断发，以避蛟龙之害。"

中国古人之所以对文身如此重视，不仅是因为这样做对身体有益，如古代挹娄人"冬以豕膏涂身以御风寒"，还因为这样做具有美感，他们觉得这样涂抹身体是美的，于是就为了审美的快感而涂抹其身体。此外，更多的原始人在自己的皮肤上画一些被认为是他们部落祖先的动物（图腾），一旦它作为本氏族正式成员的标志确立起来，文身也就成了一种制度。同时，文身还有另外一种意义，即原始初民得到了能过性生活的权利。文身和成年密切联系，而成年又和可以过性生活密切联系。由此可见，正是从身体出发，作为事物之纹理的文才打上了人的烙印；正是从文身开始，生产文化、审美文化、宗教文化等才得以蓬勃发展生生不息。身体，也就成为人与自然，人与人对话沟通的绝佳载体。

至于"化"，本义为改易、生成、造化，如《庄子·逍遥游》"化而为鸟，其名曰鹏"，《易·系辞下》"男女构精，万物化生"，《黄帝内经·素问》"化不可代，时不可违"，《礼记·中庸》"可以赞天地之化育"等皆表此意。"化"还引申为教行迁善之义，如《说文》解释："化，教行也"，《增韵》载："凡以道业诲人谓之教。躬行于上，风动于下，谓之化"。其实，化字本义，既指人身体的变化，亦指心性之变化。"化"字在字形上，左边为"亻"，意指人形，右边为"匕"，是指倒立的人形，指人的身体的变化。而《正韵》"告诰谕使人回心曰化"，可见，"化"还指人心性的改变。如果说，"文"只是人对自己身体的文饰，对自己弱点的遮蔽的话，那么，可以说，"化"则更进一步，是对自己身心的改变。如果说，"文"是人朝向自然的生成，那么，"化"则是自然朝向人的生成。

"文"与"化"并联使用，最早见于战国《易·贲卦·象传》："（刚柔交错），天文也。文明以止，人文也。观乎天文，以察时变；观乎人文，以化成天下"。这句话，也成为考察中国古代文化内涵的传世佳句之一。西汉以后，"文"与"化"才合成一个整词，如"圣人之治天一，先文德而后武务。凡武之兴，为不服也；文化不改，然后加诛"（《说苑·指武》），"设神理以景俗，敷文化以柔远"（《三月三日曲水诗序》），"文化内辑，武功外悠"（《文选·补之诗》）。此处"文化"一词与"武功"相对，含教化之意。这里的"文化"，或与天造地设的自然对举，或与无教化的"质朴""野蛮"对应，既包括天文，也包括人文；既要有质，也要有文，表现出和谐对话之意蕴。

由此，我们可以说，中国古代文化概念并不像西方文化那样表现为一种单向的以人为核心的"自然的人化""自然向人的生成"，而是极具前瞻性地表现为双向的人与自然互动的关系，其不仅希翼身与心的完美融合，而且也企求人与自然的和谐对话。如果要对中国古代文化概念做一总结的话，可以说，文化即对话。这种对话既是"文身化心""外文内化"之身心的对话，也是"人朝向自然的生成"，"自然朝向人生成"之自然与人的对话；既是"以天合人""以人合天"的天人对话，也是"以儒济道""以道补儒"的儒道对话。中国古代"天人合一"思想和儒道阴阳互补思想，即是对这一文化概念的最佳阐释。

二 以身体为载体的"天人对话"

既然西方文化概念产生的前提是主客二分的思想，那么其在天人关系上不可避免地倡导一种天人相分的思想。西方文化从古至今倾向于把宇宙分成两个截然不同的世界，天人相分，二者对立。无论是基督教"原罪"的解释，要求人们为赎罪而不屈不挠地征服自然，改造自我从而得到神力；还是西方哲学的万物对立观念，认为世间万物都是绝对分离泾渭分明的思想，其实都基于"天人相分"，即以一种对象化的眼光打量外物，研究外物，将其看成是客体世界，不同外物融为一体。这尽管使西方民族从希腊时期就注重形式思维、抽象思维，力求从独立与自主的自然界中抽象出某种纯粹形式的简单观念，重演绎、抽象、分析逻辑推理方式，并运用"科学理性"在自然面前取得无往不胜的骄人战绩，但是，由此带来的天人对立后果也愈演愈烈，现代性的危机也日益成为困扰西方文化的一个核心问题。

而中国传统文化思想的思维前提则是主客合一，其在天人关系上恰恰强调天人合一思想，强调天道与人道的合一，亦即自然和人为的合一，这种思想作为一种早熟的生态伦理，不仅成为中国古典文化思想中的精华，也为中国传统文化的和谐思维奠定了坚实的基础。具体而言，从身体出发的中国古代文化，关注的并不是如西方所谓主客二分天人相离思维所导致的自然向人的生成即自然的人化问题，而是在前主客二分逻辑下所蕴含的天人混沌不分和谐相生亦即"天人合一"问题。这种"天人合一"的实现，不是像西方那种通过意识的苦思冥想和抽象思辨达到的，而是通过对天的身体性还原通过至为感性的身体体验达到的；不是"我思故我在"而是"我躬故我在"成为中国古代文化之真正纲领；不是"意识切中物体"而是"身体体验世界"成为中国古代文化的真正目标。由此，被中国古人推为上古之书的《尚书》可被视为是中国古老的"天人合一"文化的真正开山。因为，《尚书》不仅对中国古人的人身躬行之道进行了最早的记录和反思，而且还通过对中国古代终极性概念"天"进行"身体性"的还原，从而使一种之于身体的宗教崇拜破天荒地被其提到了议事日程，更为天人对话思维作了最佳铺垫。

不难发现，《尚书》最早记载了古人对天的认识与崇拜。在古《尚书》中，"身厥命"的"身"字同于"亻身"，而《说文》云："亻身，神也"。也就是说，所谓"上帝"就是人的身体本身，就是人的身体经由行为从中开显出来的东西。凡此种种表明，在中国人眼中，无论是宇宙的"天道"还是伦理的"人道"都"即身而道在"（王夫之语），都根身于人的身体性，而且，统摄天人的那种更为根本性、更为终极性的"神道"亦以身体性为其根本。故在中国古代文化中，身体之身已不再局限于自然主义的血肉形身，而隐喻成为具有高度抽象意义的"化身""道身"和"佛身"。"身"就是古人所谓的"上穷碧落下黄泉，两处茫茫皆不见"的天地之极，就是老子所谓"不失其所者久，死而不亡者寿"的永久之所，就是经天纬地、贯古通今的那种一以贯之的宇宙的神圣至道本身。"天人合一"思想，不仅有着极为具体极为本原的身体根基，也有高度抽象高度超越的象征意义。"天人合一"文化，就是通过身体而进行的天与人的对话，宇宙自然与人的身体的对话。既是天对人的文而化之，也是人对天的文而化之；既是神对人的文而化之，也是人对神的文而化之。

中国古人对天的崇拜是通过对身体的崇奉实现的，"天人合一"的载体并不是汉儒董仲舒所谓的"天道人道相通于王"，而是明儒王夫之所说"即身而道在"相通于人的身体；"天人合一"的指向，不是为了达到"天不变，道亦不变"的永恒规律，而是为了达到人道、天道的互文互饰，体现在人就是修身之旨。《尚书》中"若升高，必自下；若陟遐，必自迩"，"其集大命于厥躬（身）"（《君奭》）、"天之历数在汝躬（身）"（《大禹谟》）都明确体现了"慎厥身"（《皋陶谟》）、"祗厥身"（《伊训》）、"修厥身"（《太甲》）的修身思想，这也就完成了以"宗身"为旨的中国特有的文化传统的历史性奠基。此外，尚书对"礼"的发掘，对"道"与"德"的肯定，对"诚"与"信"的提撕等使我们看到了后世中国古代文化几乎所有的源头。故此，我们可以说，一部《尚书》就是一部中国古代文化历史的开端之书，也是从身体视角对文化进行诠释的先发之鸣。

《尚书》为中国传统文化拉开了一个身体性序幕，为"天人合一"思想奠定了一个和谐思维基础，而《周易》和《周礼》的推出则宣告着中国古代身体文化的黄金时代的到来，意味着中国传统文化和谐理论的成熟：如果说《周易》从身体出发，创造了一个完整的"天道"即世界运行图式，那么《周礼》则从身体出发构建了一套严密的"人道"即社会文化运行模式。《周易》和《周礼》是对从身体出发的"天人合一"思想的进一步补充与完善。

在世界模式问题上，与西方"上帝创造万物"的思想相迥异，《周易》从"近取诸身，远取诸物"出发，把身体及其行为作为宇宙之发生的原点和起源，为我们构造出了"太极→两仪→四象→八卦"这样一种"根身显现"的动态的宇宙论模式："是故易有太极，是生两仪，两仪生四象，四象生八卦，八卦定吉凶，吉凶生大业。"在这里，"太极"的"太"字为"大"字的引申义，故《广雅·释诂》称："太，大也"。而"大"字按许慎《说文》，其为象形字，即像直立的首、手、足皆具的人的身体形状。故"太极"指人的身体，又指世界之极，"两仪"指身体两性，又指阴阳、天地，"四象"指人的四肢，又指天地四个方向，"八卦"的卦象是人身践形所有空间与万物。当《周易》把这种宇宙的发生构成与人身体生命自身的发生构成打并归一时，也就意味着，宇宙正如同人的生命一样，也有着阴阳之道。这样，易经从身体出发，经由阴阳相交相通的对话原则，经由"交通成和""化生万物"的原则，构造出了宇宙运行的和谐图式。

在社会伦理问题上，与西方"社会契约论"所表现出的绝对理想化静态化模式不同，《周礼》主要宗旨在于从身体出发推衍出社会伦理而表现为动态生成性模式。这种推出伦理规范的过程是循着《易传》"有天地然后有万物，有万物然后有男女，有男女然后有夫妇，有夫妇然后有父子，有父子然后有君臣，有君臣然后有上下，有上下然后礼义有所错，夫妇之道不可以不久也，故受之以恒，恒者久也"这一模式来展开的。而《周礼》将这种思想进一步发扬光大。《周礼》中身体文化的特征亦可展幅为以下几个方面。首先，《周礼》通过一种"反求诸其身"的方式，把社会伦理之礼返本追源地还原为每一个人亲履的身体：如《礼记》所谓的"射有似乎君子，失诸正鹄，反求诸其身"（《中庸》），《左传》所谓的"君子贵其身，而后能及人，是以有礼"（《昭公二十五年》），《礼记》中所谓的"敬身为大"（《哀公问》）以及"君子之道本诸身"（《中庸》）等。其次，在此基础上，《周礼》又从身体两性机制导引出社会伦理的夫妇之道：一方面，"君子之道造端乎夫妇"（《礼记·中庸》）是社会伦理的原型；另一方面，整个社会又经由夫妇结合而形成一套"宗族共同体"或"血亲共同体"，形成家邦合一的国家模式。这为当今世界女性主义思想的兴起，家的思想的回归提供了重要的思想资源。

三　儒家道家：从身体出发的阴阳互补

虽然西方文化的前提是主客二分思想，但是从身心角度来看，西方文化是一种以意识为核心的文化。意识的特征是不可能区分性别的，正如张祥龙先生所说,"西方传统主流哲学是无性别的哲学",其实,西方传统主流文化也是一种没有性别意识的文化。在这一点上,中国传统文化则是一种以身体为核心的文化。而身体的特征恰恰决定了中国传统文化是一种注重性别意识的文化。也就是说,这种主客合一的思想另一面,就是强调阴阳互补,男女相得益彰。中国传统文化两大流派儒家和道家,正是从身体出发,围绕男女两性阴阳关系,分别彰显了以阳文阴和以柔文刚的男性主义文化和女性主义文化。

孔子思想的重要概念无一不与身体有关。细读《论语》一书,虽其观点极为层出不穷,虽其议论极为海阔天空,然举其要者,皆可概括为"反求诸其身"这一主线。孔子一生极重修身,修身无外乎学习、为政、生活,而这三个方面,都是围绕身体展开的。学习方面,孔子强调"学而时习之",这里的"习"并非之于文本的温习,而是"身实习之"之"实习";指出"学而不思则罔",这里的"思"并非是好高骛远之"思",而是"切问近思"之"思",也即"吾日三省吾身"这一对人自身的返躬自问。政治方面,孔子讲,"政者,正也。子帅以正,孰敢不正"?这里的"政"是身体力行之正,即"其身正,不令而行;其身不正,虽令不从"。孔子指明,"食不厌精,脍不厌细"。衣着方面:"君子不以绀緅饰,红紫不以为亵服。"相貌方面:"子温而厉,威而不猛,恭而安。"住行等方面:"寝不尸,居不容","席不正,不坐。"所有这些都反映了孔子在修身方面的超人之处。他曾经说过:"君子有三戒:少之时,血气未定,戒之在色;及其壮也,血气方刚,戒之在斗;及其老也,血气既衰,戒之在得。"这是他对自己一生不同时期修身养性的经验总结。

孔子希望人们积极学习、主动从政、注意养身。但是,这并不是男权主义思想,也不是对男性霸权的摇旗呐喊,更不是对女性的全面否定。其"孝悌也者,其为德之本与",并不是说孝悌只是男人的事,女人同样有孝悌之事。而其"唯女子与小人为难养也,近之则不逊,远之则怨"也不是对女子的咒骂,也是有特定所指的,并不是指所有的女子,而是针对南宫而言的。其思想,与其说是对女性所代表的阴柔的否定和取代,不如说是用进取文饰退让,用阳刚文饰阴柔的阴阳互补思想。

在先秦之际,在古代的身体性文化之中,除了上述以孔孟为代表的儒家学说之外，也出现了以老庄为代表的道家学说。老子是一个具备鲜明身体意识的思想家。他认为拥有身体虽然也能给人带来一些意想不到的快乐，然而，归根结底身体是一个人忧患的根源，"宠辱若惊，贵大患若身"。拥有身体就是拥有忧患，"吾所以有大患者，为吾有身；及吾无身，吾有何患？"然而细绎其意，此处老子所谓的"身"乃"以我观身"的那种业已遮蔽的"肉身"，而非"以身观身"的那种作为身本身的"道身"。老子对身体的认识并不到此为止，而是把它和治理国家联系了起来："故贵以身为天下者，可以寄天下；爱以身为天下者，可以托天下。"在治国与保身之间，老子总是倾向于后者，他说："是以圣人后其身而身先，外其身而身存。"老子还进一步认为一个人在功成名就之后要善于抽身引退，只有这样才能最终保护自己，所谓"功成名遂，身退，天之道"也。由此来看，老子对身体的运用始终是以对身体的保护为前提的。因为，"名与身孰亲？身与货孰多"？在他看来，包括名货在内的所有事物都不能和身体相比，也就是说，这个世界上根本不存在比身体更尊贵的东西，因而也就没必要为了什么身外之物而伤害或葬送自己的身体。

与孔子崇尚阳刚强调进取相迥异，老子之身体哲学却强调的是崇尚阴柔："见小曰明，守柔曰强。用其光，复归其明，无遗身殃，是谓袭常。"老子在这里不但申说了他"无遗身殃"的一贯思想，还指明了如何做到这一点的具体方法，即"见小"和"守柔"。老子深明辩证法，十分清楚"物壮则老，是谓不道，不道早已"的至理，因而他最欣赏的是既"小"且"柔"的婴儿。老子在形容自身的生活状态时就自比为婴儿："我独泊兮，其未兆，如婴儿之未孩；乘乘兮，若无所归。"那么，何谓婴儿（赤子）状态呢？他说："含德之厚，比于赤子。毒虫不螫，猛兽不据，攫鸟不搏。骨弱筋柔而握固，未知牝牡之合而朘作，精之至也。终日号而不嗄，和之至也。"毒虫猛兽与攫鸟均为强大之物，但是它们都不能伤害婴儿，这正是老子所说的"柔之胜刚，弱之胜强"的道理。而其更深层的原因需要借助道的理论才能揭示出来："反者，道之动；弱者，道之用。天下之物生于有，有生于无。"在此，老子所要表达的并不是对阳对刚对进取的完全否定，也不是一种女权主义思想，其思想只不过是用退让文饰进取，用阴文饰阳，是一种女性主义的最早呼声和先发之鸣。

从身体视角来重新审视儒家和道家思想，我们会发现：如果说儒家的身体更多地代表了一种男性化的身体的话，那么道家的身体则更多地代表了一种女性化的身体。与儒家以阳文饰阴、以刚文饰柔的话语相反，道家则引领着一种以阴柔文饰阳刚、以弱静文饰强动的女性话语。这一儒道两家性别差异的水落石出，无论对于中国文化还是对于整个人类文化来说都具有非同寻常的意义。这一发现，使我们从更为本源的身体语言对中国哲学"儒道互补"这一千古之谜有了真正意义上的破解，而且我们也可以大声宣称，道家学说尤其是老子的学说作为人类最早的"女性主义"，其呼声无疑代表了人类哲学家之于男权话语、父权话语的率先的抗议和批判，并使男女两性始终在中国文化中维系着一种互为消长的动态的平衡。

和谐思维，在今天已经大行其道，中国传统文化的和谐意蕴，不仅对和谐文化的构建提供了必要的思想基础，提供了天人合一、阴阳互补的和谐模式。而且，在这个资本主义物质文化掌控权力话语并且无往而不胜的时代，一种全新的身体文化的出现不仅预示着现代人致思取向的根本改变，而且也意味着物质生活和生产对人自身的生活和生产的让位，意味着德留兹所谓的资本主义生产逻辑得以成立的"生命学基础"的飘摇欲坠，更意味着当代人类在新的时代为安身立命终于找到了一个可以历史性再建的牢固根基。

参考文献

［1］［德］康德：《纯粹理性批判》，邓晓芒译，杨祖陶校，人民出版社2004年版。

［2］张再林：《中国古代宗教观的身体性》，《人文杂志》2006年第6期。

［3］张祥龙：《性别在中西哲学中的地位及其思想后果》，《江苏社会科学》2002年第6期。

文化的公共性阐释及其当代启示

丛 蕊

(西安交通大学人文学院博士,西安,710069)

摘 要 公共性的时代需要公共性的文化,也日益彰显文化的公共性。文化公共性,即承认文化关系层面的共在性、共处性;遵守文化规则层面的公意性、共享性;追求文化价值层面的公度性、共识性。文化公共性思想对于推动中国多元文化的共同发展,促进公共文化事业的建设,培育公共性文化精神和共产主义信念,都具有重要的启示意义。

关键词 文化;公共性;启示

一 文化与公共性

通常文化有两种指向,即文化的狭义指向和广义指向。狭义视野下的文化指向人类非物质性的精神活动及其成果,广义视野下的文化指向非自然的人的活动及其成果。本文中所论及的文化都指向文化的狭义理解,即人的精神活动及其成果。这样,前面所说的人的精神世界,也即人的文化世界,精神维度上的公共性也即文化公共性。文化公共性在关系、规则、价值三个层次上的存在,规定了文化公共性的解释理路。

一是承认文化关系层面的共在性、共处性。从关系层面来说,处在特定时空内的文化,无论是整个人类文化还是地方性文化、民族性文化的存在都不是单一的、孤立的,特定时空内多元文化的共在是必然的,同样相互之间的交流、冲突、融合等也是不可避免的。承认作为"他者"的异己文化的存在与价值,尊重异己文化存在与发展的权利,以积极的姿态处理相互之间的诸种关系等正是公共性在文化思想中的首要体现。

二是遵守文化规则层面的共享性、公正性。人是文化的主体，属人性决定了文化一定与价值有涉，价值是文化的核心。但价值无法单独表现自己，其必然要通过一定的规则、模式、形式落实出来。文化规则、模式、形式是文化的重要内容。有学者曾明确指出：最好不要把文化看成是一个具体行为模式，"而要看成是一个总管行为的控制机制——计划、处方、规则、指令（计算机工程师将其称为'程序'）"，① 是"储存于大脑（或他对象）之中，并通过模仿而被传递的、执行各种行为的指令"。② 作为"控制机制""指令"，其不仅规定了人们文化交往、文化行为如何发生与运作，而且其本身是经历史筛选、过滤而沉淀下来的人类智性活动的成果。这样，规则层面的文化不仅反映着客观必然性，而且具有跨时间的共在性、共享性。文化的这一特性反映到文化公共性的解释之中就是，文化主体范围的广泛性、文化资源的共享性以及文化运行机制的公平、公正。

三是追求文化价值层面的公度性、共识性。"公度性"一词是相对于"不可公度性"而言的。"不可公度性"是指科学范式之间没有共同的评价标准，甚至在某些问题上，不同的范式之间根本无法交流。与此相反，"公度性"就是指不同范式之间具有共同的评价标准，彼此可以相互沟通、交流。按照马克思主义哲学的看法，任何事物都是共性与个性、普遍性与特殊性的统一，共性处于个性之中，普遍性寓于特殊性之内，即个性、特殊性与共性、普遍性并不是相互排斥的关系。由此，绝对的"不可公度"是不可能的，"公度性"有其内在根据。本文借用"公度性"一词，意在强调多元文化及其文化主体在交流互动过程中，在价值评判标准、价值评价尺度上可以相互理解，彼此共通。以共通性为基础，在终极理想、奋斗目标上，达成一致性的认识，即价值共识。概括来说，文化价值层面的公共性体现在：多元文化及其文化主体在相互交流、相互借鉴过程中，在"好""应该"问题上，存在较为一致的认识，在发展进步的指向性上求同存异、相谋而合。

---

① ［德］克利福德·格尔茨：《文化的解释》，译林出版社1999年版，第57页。
② ［英］苏珊·布莱克摩尔：《谜米机器》，吉林人民出版社2001年版，第74页。

二 从公共性视野出发的文化阐释

第一，公共性是阐释文化思想的内在根据。前面我们从人存在的两重维度出发已经说明了精神性的文化的公共性。但是，通常来说，"文化"不是从人的存在的两重维度上去讲的，而是相对经济、政治、军事而言的观念领域。为此，我们要进一步从这个意义上来谈文化的公共性。对此，可以从两个方面予以说明。其一，文化具有公共性品格是学界的共识。有论者从文化的累积性、历史传承性、主体间共享性出发，指出，"文化是公共存在和公共性的价值存在，公共性是文化的本质特征"。① 有论者开宗明义："作为一种历史现象，在传统社会中，文化是特定社会中最基本的公共性，是社会所形成的最大可能的自然而然的价值共识。虽然它不一定被各成员明确表达出来，或者清晰地、反思地认识到，但它深藏在世代相传的传统中，体现在成员的默契中。"② 其二，从文化与经济、政治的关系中反观文化的公共性。"一定的文化是一定社会的政治和经济在观念形态上的反映"，③ 这也就是说，文化不可避免地要始终关涉政治、经济乃至社会整体，并处于社会各要素普遍的相互作用中。文化不是孤立的存在，或者说文化已经成为社会这个公共空间的一个重要组成部分，它不是自在的，它服务于其他部分，因此，它必然是公共性的。可见，公共性已经以某种形式蕴含在文化思想之中。

第二，全球化实践是阐释文化思想公共性的外在根据。这里，首先需要了解全球化实践的特点。马克思的"世界历史"思想是全球化思想的理论先声，了解了世界历史，一定意义上也就知道了全球化。马克思指出："资产阶级，由于开拓了世界市场，使一切国家的生产和消费都成为世界性的了……物质的生产也是如此，精神的生产也是如此。各民族的精神产品成了公共的财产。民族的片面性和局限性日益成为不可

---

① 李丽：《文化公共性与社会和谐》，《马克思主义与现实》2009年第6期。
② 袁祖社：《"公共性"的价值信念及其文化理想》，《中国人民大学学报》2007年第1期。
③ 《毛泽东选集》（第2卷），人民出版社1991年版，第694页。

能，于是有许多民族的和地方的文学形成了一种世界的文学。"①"使每个文明国家以及这些国家中的每一个人的需要的满足都依赖于整个世界。"② 也就是说，在世界历史背景下，从个人层面看，每一个人都不可避免地卷入到全球化的浪潮之中，每个人都有可能摆脱种种的民族局限和地域局限而同整个世界联系起来，从而由"地域性的个人"上升为"世界历史性的、经验上普遍的个人"，日益凸显人的类特征。这种情况用海德格尔的话来说就是，我们每个人作为"此在"，正是以"在——世界——中"存在作为自身最本己性的生存样态，此时，每个人都不可避免地与他人相遇。而人，因为在世界中的存在而不仅仅是"个人的"，而在其更大的可能性上也会成为"世界的"。从世界层面上看，这个世界"并不等同于地球或自然。它更多地与人造物品以及人类双手的创造相连，与共同生活在这个世界中的人类的事务相连……"人们共同拥有世界，世界即公共的世界，"'公共'一词表明了世界本身。"③

三 文化公共性思想的当代启示

（一）推进多元文化的共同发展

在文化公共性思想原则中，内含着这样一种文化交往原则，即立足于"我"，在确保文化领导权的基础上，多元文化间相互尊重、平等交流、相互共通。依据这一原则，在当代中国文化建设中，必然要尊重多元文化中"他者"的异己性存在，正确对待文化霸权主义和文化相对主义。全球化过程中，一股"文化霸权主义"之风盛行，极大地阻碍了多元文化的共同发展。与此相对，致力于维护文化多元化的"文化相对主义"的思潮也逐渐兴起，然而，后者由于其自身的局限性，并不能有效地实现其目标。因此，势在必行的是在文化多元化的公共空间中，保持文化自觉，保持"自我"的主体性，承认其他文化样态的价

---

① 《马克思恩格斯选集》（第1卷），人民出版社1995年版，第276—277页。
② 同上书，第114页。
③ ［美］汉娜·阿伦特：《人的条件》，竺乾威等译，上海人民出版社1999年版，第40页。

值和合理性,即多元文化"共在"于世。

(二) 推进公共文化服务

公共文化服务,是指由公共部门供给的旨在保障公民的基本文化权利、满足公民公共文化需要的公共文化产品与服务。我国国民经济和社会发展"十二五"规划纲要提出了大力发展文化事业,增强公共文化产品和服务供给的目标。如何实现这一目标,将公益性公共文化服务推上新台阶呢?

首先,维护公民基本文化权利是公共文化服务事业的出发点。"大众的"文化强调文化权利、文化利益为广大群众共有、共享。依据这一思想,发展公共文化服务事业,就要切实保障广大人民群众享受文化成果的权利、参与文化活动的权利、进行文化创造的权利和其文化成果受到保护的权利。一句话,维护公共基本权利是发展公共文化服务的基石和出发点。为此,针对我国文化事业发展的不均衡性,应该有步骤地、有计划地建立起最广泛的公共文化覆盖面,促进公共文化资源的协调分配以及公共文化产品生产的有效供给。同时,强化服务宗旨。公共文化服务的核心是服务,而不是当"老爷"。为此,无论是政府部门还是各级各类公共组织,始终都要把如何为群众服务放在首要地位。

其次,建立提供公共文化服务主体的"统一战线"。为了实现一定的公共理想,我们可以借鉴毛泽东提出的文化统一战线的方针,科学地处理"一元与多元"与"差异与共识"的矛盾。与此相适应,为了更好地维护、保障公民的基本文化权利,我们在公共文化服务体系的主体上,也应该建立"统一战线",即提供公共文化服务的主体,除了政府外,还应该包括文化事业单位、非政府组织、企业、社区。大家齐抓共管,献计出力,从而实现公共文化服务事业的社会化共建。

最后,参与公共文化服务主体的关系模型的建构。参与到公共文化服务中的主体,多元、多样。文化主体的多元性、多样性决定了其价值诉求的多样性,比如企业参与公共文化服务与非政府组织提供公共文化服务,不仅内容各异,而且目的也相去甚远。这就提出了多元公共文化服务主体的关系模式如何建构的问题。这里,文化民主化给了我们有益的启示:差异基础上的共识。具体来说,任何主体无论差异多大,都为文化所塑造,都是公共空间中的存在,由此,都有义务承担公共责任,提供公共文化服务。立足这一基本共识,再根据各自的情况,分解责任，如政府可以利用其权威最大限度地提供公共资源，是公共文化服务的建设者；文化事业单位主要提供公共产品、公共服务，是公共文化服务的生产者；企业和非政府组织是公共文化服务的补充者，而社区则是公共文化服务的基本主体。在这一关系模式下，多元公共文化服务主体，就可以展开多渠道、多形式的合作，进而促进公共文化服务事业的整体发展。

（三）培育公共性文化精神和共产主义理想信念

公共性是文化的本质特征，价值是文化的核心，公共性必然表现于文化的价值层面。有学者直言："公共性本身首先是一种文化合理性理想，同时更是一种主体性、合目的性价值生存信念。"① 直面我国社会，不难看出，与价值多元化共在的是公共精神领地的散失、理想信念的庸俗化。由此，培育公共性文化精神、增强文化认同感、民族认同感，增强社会主义文化的凝聚力，就成为当代中国文化建设的重要内容之一。培育公共性文化精神、增强社会文化的凝聚力的具体举措无疑是多种多样的，但是坚定共产主义理想信念却是其不可或缺的必要要件。前文已述，共产主义理想是"公有社会"，是人生意义的最高境界，是人类文化的共同价值追求。只有它，才能为公共性文化精神的培育指明方向，才能给公共性文化精神的提升、发展以不竭的动力。

针对当前共产主义理想危机的情况，政府以及相关文化部门应该广泛地宣扬马克思主义理论的科学性，积极地培养广大人民对于中国特色社会主义理论的认同感，并同一切封建迷信、奢侈腐化等个人主义思想做斗争，这样才能使共产主义理想信念在广大人民群众中成为主旋律。

参考文献

[1] ［德］克利福德·格尔茨：《文化的解释》，译林出版社1999年版。

[2] ［英］苏珊·布莱克摩尔：《谜米机器》，吉林人民出版社2001年版。

[3] 李丽：《文化公共性与社会和谐》，《马克思主义与现实》2009年第6期。

---

① 袁祖社：《文化"公共性"理想的复权及其历史性创生》，《学术界》2005年第5期。

[4] 袁祖社：《"公共性"的价值信念及其文化理想》，《中国人民大学学报》2007年第1期。

[5] 《毛泽东选集》（第2卷），人民出版社1991年版。

[6] 《马克思恩格斯选集》（第1卷），人民出版社1995年版。

[7] [美] 汉娜·阿伦特：《人的条件》，竺乾威等译，上海人民出版社1999年版。

[8] 袁祖社：《文化"公共性"理想的复权及其历史性创生》，《学术界》2005年第5期。

文化公共性的实践与现代个体优良心灵秩序的养成

袁祖社 董 辉

（陕西师范大学政治经济学院教授，西安，710062；
陕西师范大学马克思主义学院副教授，法学博士，西安，710019）

摘 要 一切优良的理论，其原初旨趣一定是为生产和创制一种体面、尊严而后舒适、优雅的生活样态，文化主体对于文化的价值理性吁求亦本应如此。如果一种文化及其实践方式使这种文化主体之心智愈来愈紊乱，最终成为一种"物役性存在"，失去自我本真，变得无名的紧张、空虚、满怀心机等，那么这种文化就一定是一种"成问题的文化"。"成问题的文化"之显著特征，就是丧失了其高尚使命和公共责任，表面上看似"愈来愈独立"，实际的情形则是一味地只关注处于"离析化"状态的本己的"狭隘性利益"。如此，现代个体在过分"价值化"了的现实中，逐渐失了审慎选择和明断的能力，不堪异质化、多样态共时性并存着的非优良文化的侵袭所造成的精神生活的深重病症和负累。文化的当下性和未来性突围的理念性策略选择在于：为养成民众优良心性秩序，为民众在艰难的"现代性文化旅途"中尽快找到"幸福性生存"与"诗意化栖居"的有效性方略而不懈努力。

关键词 文化；公共性；心性秩序

我们所生存和生活于其中的时代，是一个"一切都变得与文化有关的时代"，是一个真正需要凸显文化建设的实践品格与伦理性追求的时代。慑于坚固依然的现代性理念与资本逻辑的强大淫威，借由势头强劲的全球化和消费主义意识形态的推波助澜，那个曾经给予我们理想和高远人生信念的"文化"，逐渐放弃在引领社会公共精神气质方面应有的角色，逐渐丧失其在文明社会的历史进程中所养成的公共性特质和生存信念，不愿意再有坚定的"匡扶时弊，救治人心"的使命和担当。

此一事实是我们时代文化研究者不容回避的。本文有关"文化公共性"实践背景下现代个体优良心性秩序生成问题之思，关涉着对文化、人生、人格境界与心性修为复杂关系理论澄明的吁求，伴随着对"我们为什么有文化""文化是如何可能的"以及"文化以何种方式可以助益我们'按照人的方式'成为我们自己"的问题的三重追问。其目的，则是尝试着回答以下三个问题：其一，做一个现代"文化人"究竟意味着什么？其二，我们学会了"以文化的方式"优雅、体面、得体、尊贵式地生存了吗？其三，我们是否对一直以来融入我们血脉，在某种意义上直接或间接地影响、左右、支配我们所思所想的诸多"文化"（价值观念是灵魂）进行过某种形式、某种程度的反思和观照？

一　文化建设中的"公共性价值自觉"关涉民众的精神生活品质和价值理性信仰

我们之于文化以及文化之于我们，事实上以及本质上都已经严重不堪负累。文化为我们所累，我们同样为文化所累。文化自身在演进的过程中，自我滋生或被人为地赋予了很多原本不是、原本不属于文化本身应有的东西。相应地，我们也不得不被动地、不情愿地接受文化强加给我们的东西。

（一）我们为什么有文化自觉

"我们为什么有文化"作为本文的第一重追问，同时关联着的，是这样一个更为基本的问题：我们实际拥有的，究竟是什么性质、什么类型的文化？关于"文化"，我们究竟何所知？所知若何？《我们为什么有文化？》是当代英国著名文化学者麦克尔·卡里瑟斯所撰写的一本小书。作者在该书一开始就做了如此这般的发问："古希腊哲学家苏格拉底提过一个至今引起反响的问题：一个人应该怎样生活？这一问题引起人们对于我们自己作为个人深刻而又具有变革性的思考。人类学家们提出一个与其相关的问题：我们如何生活在一起？这似乎引发出一连串的问题：不是'我是谁？'而是'我们是谁？'不是'我该怎么办？'而是'我们该怎么交往？'不是'应该做些什么？'而是'已经做了什么?'"

这些提问是发人深省的。通过文化,我们的确生活并感受了一些文明的氛围,文化成了连接我们的最重要的纽带;但也正是因为不同的文化,我们之间产生了隔阂和严重的冲突,并因文化而变为异乡人。如果我们从一种文化对生存和生活与此种文化传统背景中的个体的精神生活与人性品质的塑造角度而言,那么就不难发现,在历史上和现实中,通常会有两种情形发生:一种情形是这种文化距离人性的优良品质的形成越来越近;而另一种情形则完全相反,那就是,这种文化不断地违背人性的品质,距离优良的精神生活境界的形成渐行渐远。

当代享有国际声誉的著名的西方马克思主义文学理论家和具有独特风格的文化批评家伊格尔顿指出:"当今为什么所有的人都在谈论文化? 因为就此有重要的论题可谈。一切都变得与文化有关……它也像经济主义、生物主义、实在主义或任何别的什么'主义'那样,本身就有还原性,于是针对这些主义,便出现了一种颇为令人惊慌失措的过度反应。""文化在本质上是实践,是生产,文化研究的根本目的不是为了解释文化,而是为了实践地改造和建设文化。""文化不是高高在上的,不着边际的能指,而是具体的、实在的、与我们的日常感觉紧紧联系的政治现实问题。"20 世纪 80 年代以来,美国著名文化学者詹明信有关晚期资本主义的文化现象的研究,揭示了文化之当代实践中一个更为深层的严峻课题。他在发表于 1984 年的《后现代主义,晚期资本主义的文化逻辑》一文中曾明确地指出:在所谓"后现代社会里","由于作为全自律空间或范围的文化黯然失色,文化本身落入了尘世。不过,其结果倒并不是文化的全然消失,恰恰相反的是其惊人扩散"。在此种情形下,无论是作为"知识的文化",抑或是作为"行为方式的"文化其无边无际泛滥扩散的程度,导致"文化与总的社会生活享有共同边界"。"如今,各个社会层面成了'文化移入',在这个充满奇观、形象或海市蜃楼的社会里,一切都终于成了文化的——上至上层建筑的各个平面,下至经济基础的各种机制。……'文化'本体的制品已成了日常生活随意偶然的经验本身。"

(二) 为什么要有文化自觉

(1) 文化建设中的"价值自觉"关涉民众的精神生活品质和价值理性信仰。在归根结底的意义上,体现在民众的信仰和健全的心性秩序的养成上。这是文化的建设必须秉持的一以贯之的明确目标。

在某种意义上可以说，民众有无价值自觉，价值自觉的程度如何，可以看作是文化建设的重要目标之所在。

有鉴于此，我们认为，判断一种文化和价值观好坏与否的标准，就在于看这种价值体系能否从根本上改变一个民族的心性秩序，纯良化一个时代的人心和心性。从而在此基础上，逐渐优化这个民族的精神生活质量，提升该民族的整体性的人格修为与境界。

因此，价值自觉关涉文化建设的成效，而文化建设其成效如何，关键就要看对于塑造一个公序良俗社会的精神生活风貌和风范大国民之高雅、尊贵的精神气质等方面的作用。本文所谓"心性秩序"也称"心灵秩序"，其本质的含义是指民众的一种优良的内在精神生活秩序。具体来说，现代社会中生活的公民个体，必须具有对既定社会秩序的批判性的反思认同意识，科学的合理的人生信仰，明确的道德责任担当，以及现代公民所具有的家国天下情怀等。

（2）文化自觉，自觉什么？自觉的是文化的主体，须以家国天下兴亡情怀，秉持"助人成人""成人成己"之信念，努力挽回渐行渐远的文化之心、文化之魂。在市场化社会之浅薄无常的"感性欲望的解放"和作为其显著表征的浅薄异常的"视觉刺激"的俗文化盛宴中，当下的文化已萎靡不振，不知自己是谁，在滚滚红尘中自甘平庸，终至落入丧魂落魄的不堪境地。

文化自觉就是要认识到文化的存在本身以及文化在塑造我们当下社会的存在秩序时，出现了问题。文化需要寻找一种新的叙事方式，以证明自己存在的正当性，从而圆融自己的本质。

文化建设的价值自觉在于认识到，文化建设的核心、主题以及时代责任和历史使命，是社会真价值的确认，是一种优良价值秩序的重构。而这同时意味着，文化建设必须担负起为我们这个时代寻求、甄别一种社会"真价值"，舍此，则优良价值秩序的重构就是一句空话。

当然，文化自觉不是也绝对不只是学者以及知识分子的责任，而在于通过知识层面的呼吁，造成一种全社会范围内有关文化危机的集体性的全民性的反思批判与建构意识和行动。

（3）文化自觉是通过学者们的努力，实际地造成学者们有关文化的研究所本应发挥和具有的政治和意识形态层面的影响。长期以来，学者一直本分而天真地认为，文化和政治、文化与意识形态之间由于不同的领域限制和逻辑，存在较大的鸿沟，难以沟通。于是甘愿放弃了文化影响政治的努力，于是作为一种不作为的结果，客观使政治变得轻狂和任性，完全不顾也根本不理会或者听不进文化的自以为高明的救世或者治世方略。政治放逐了文化，文化疏离了政治。社会如果足够健康，制度如果足够理性，这种状态的存在也未尝不可。但问题是，学者们所梦寐以求的这种状态，实在是太难以遭遇到了。

任何一种文化都希望生存在一种开明、清明的政治环境之中，任何一种优良的政治也都希望一种优秀文化的理念支撑和价值引领。文化和政治之间的这种理想状态的关系的达成，一定是政治和文化双方共同努力的结果。其中哪一个方面对对方的轻忽，其后果都必将是非常严重的。

（三）一种"文化公共性价值自觉"为什么是必需的

文化自觉就是要认识到，文化不仅可以成为国家、民族与社会共同体的软实力，更是一种能力、独特魅力的体现，一种文化的凝聚力和吸引力正是由此生发。何为"文化公共性的价值自觉"？文化公共性价值信念的确立，是基于一种具有超越性的普遍意义上的"人性与价值公设"。照此理解，一方面，一切文化形态生存和发展的唯一合理的动机和理由，就在于创设一种"公共性"的话语情景，进入一种文化，就意味着要以此种文化之公共性规范，对该文化个体的行为做一种反思批判和观照；另一方面，面对"世俗""功利"，面对"相对"和"虚无"，面对技术所造成的现代个体的"符号化""拟像化"之新异化现实，被正确理解了的"公共性"，直接构成普遍的文化迷茫时代，理性个体走进并体验"高尚"的前提。如此，所谓"公共价值自觉"完全可以理解为公共性文化语境中的价值新理解，或者称为"价值的公共性自觉"。

因此，我们可以由此而知，文化价值的最高本质在于公共性。深言之，一切文化价值在归根结底的意义上，都是发现、体现、承载并旨在促使社会"公共价值"的生成与实现。人类对文化价值的追求、创造、积累、使用和拥有，实际上是基于一种更为深刻的"公共性"（共有性）生存本质、公共性人格境界的追求。

二　文化建设中价值自觉的目标必须首先是民众优良的心性秩序的达成

学者徐贲指出，文明人类的演进真正需要深化、推动的，是文化对国民的心灵教育。事实上，早在2000多年前，希腊人的教育目标就已经是培养"有文化"的，也就是完整的人了。"希腊文化注重人的心灵和公民精神。例如，希腊人的'文法教育'不是今天语文课上教的语法、句法，而是诗、音乐和体操。这三项都是心灵教育，不是单纯的技能或知识——这种教育的目的不是积累可以用来换取金钱的知识，而是帮助形成一种高尚的生活方式和人格品德。"希腊人认为，诗人是伟大的老师。希腊历史学家、地理学家、哲学家斯特拉伯（Strabo）说："古代人相信，诗是一种初级哲学，能从小打动我们，带领我们走进生活，培育我们的品格、感情、行为，并从中得到快乐。……这就是为什么希腊用诗来开始年轻人的教育，不只是打动他们，而且是训练他们。"

（一）为什么是"文化"和"心性秩序"

在文明人类进化的意义上，作为一种非自然选择的结果，我们被锻造为一种"文化的存在"。那么，所谓文化性存在对于我们每个个体来讲，究竟意味着什么？文化性存在意蕴究竟是什么？我们如何才能成为一种文化性存在？优良文化体系建设必须遵守社会公共价值的逻辑。判断一种共同体的文化、制度和价值实践优劣的标志，就看其是否提供了一种成就自我的方式，是否能够促进健康、健全而优雅的自我的产生。在这个意义中，核心价值体系只有落实到民众的精神信仰，才可以期望一个有科学信仰、有理想信念、有社会公共责任担当，有家国、天下情怀境界的现代公民社会所需要的理性公民的诞生。

令现代人经常困惑不已的是这样一个问题：文化究竟如何才是可能的？在滚滚红尘面前，在世俗的无限的物欲面前，在永无止境的利益追逐面前，文化何以才能葆有自己的一份纯粹？文化是否一定要无奈地不断放下自己高贵的身段，在向被世俗功利绑架的现实情景中将自己降格，在财富面前放下高尚和自尊，为的只是使自己脑满肠肥、雍容华贵？文化难道非得要如此这般，才能证明自己的存在能耐和堪比甚或超越"经济行为"的本事？假使这种场面一旦真的出现，所有自视清高（我们时代，即使有这种意识的人也已经难能可贵了）的文化人一定不愿意承认这是自己所希望的结果。

"文化"与"心"日益严重疏离，当今中国的文化出现了诸多"负心""背心""伤心"等痛心的行为。历史上，一种文化理念、一种文化主张、一种文化的实践等，一定是指向某种确定优良心性秩序，为着与某种"心性秩序承诺"，致力于以某种该文化所认可的理念和相应的实践典范整殇自己的文化形态，从而明确并承担其文化自身的使命与责任的。

在我们所处的时代，由于文化所具有的养心、护心、润心已经丧失清魂、安魂的功能，我们已经羞于做一个"文化人"。因为民众不知道成为一个优秀的甚或起码的文化人的标准究竟是什么。如此，我们首先必须警惕的是与社会过程"合理化"相伴而生的文化的合理化，因为这意味着文化对社会的反思与独立判断能力的丧失。就文化所代表和体现的理论品质和价值理想而言，它要获得人们的尊敬和向往，必须有自己的明确的边界和担当。江泽民在担任国家主席时就明确提出："以科学的理论武装人，以正确的舆论引导人，以高尚的精神塑造人，以优秀的作品鼓舞人"；2007年10月，胡锦涛在党的十七大上的报告《推动社会主义文化大发展大繁荣》中更是明确指出，"当今时代，文化越来越成为民族凝聚力和创造力的重要源泉、越来越成为综合国力竞争的重要因素，丰富精神文化生活越来越成为我国人民的热切愿望。要坚持社会主义先进文化前进方向，兴起社会主义文化建设新高潮，激发全民族文化创造活力，提高国家文化软实力，使人民基本文化权益得到更好保障，使社会文化生活更加丰富多彩，使人民精神风貌更加昂扬向上。在时代的高起点上推动文化内容形式、体制机制、传播手段创新，解放和发展文化生产力，是繁荣文化的必由之路。深化文化体制改革，完善扶持公益性文化事业、发展文化产业、鼓励文化创新的政策，营造有利于出精品、出人才、出效益的环境"。而习近平担任总书记以来，关于文化建设的思路更是明晰：中国将坚持以人为本，全面推进经济建设、政治建设、文化建设、社会建设、生态文明建设，促进现代化建设各个方面、各个环节相协调，建设美丽中国。所有这些文化建设的理念，强调了文化建设的核心,以及文化建设本应坚持和必须实现的公共性、公益性效能和价值目标。

(二) 塑造心魂的文化是如何可能的

1958年元旦,以唐君毅、牟宗三、张君劢、徐复观四人名义联名发表了《为中国文化敬告世界人士宣言——我们对中国学术研究及中国文化与世界文化前途之共同认识》。其中第六部分——中国心性之学的意义,从根本上指明了中国文化建设所必须努力的方向,以及一代中国人价值自觉的实质。

论及"心性之学","五八宣言"如此论述:"我们从中国人对于道之宗教性信仰,便可转到论中国之心性之学。此心性之学,是中国古所谓义理之学之又一方面,即论人之当然的义理之本源所在者。此心性之学,是为世之研究中国之学术文化者所忽略所误解的。而实则此心性之学,正为中国学术思想之核心,亦是中国思想中之所以有天人合德之说之真正理由所在。""中国心性之学,乃至宋明而后大盛。宋明思想,亦实系先秦以后,中国思想第二最高阶段之发展。但在先秦之儒家道家思想中,实已早以其对心性之认识为其思想之核心。""古文尚书所谓尧舜禹十六字相传之心法,固是晚出的,但后人之所以要伪造此说,宋明儒之所以深信此为中国道统之传之来源所在,这正因为他们相信中国之学术文化,当以心性之学为其本源。然而,现今之中国与世界之学者,皆不能了解此心性之学为中国之学术文化之核心所在。"中国儒家文化关注的是个人内在的生命与心性,并在此基础上努力建构形而上学的概念体系。当代新儒学,可以概括地称为生命儒学或心性儒学,这是因为当代新儒学所关注的对象主要是身与心性,用哲学上的术语来说,就是个人的存在、形上的本体和以生命心性为归依的抽象的历史文化。这从唐君毅先生的代表作《生命存在与心灵境界》、牟宗三先生的代表作《心体与性体》《政道与治道》等新儒学的经典著作中都可以看到。

任何一个时代的文化都必然有其"心",有其"魂"。一种文化之所以能够经久不衰地发挥其重要影响,正是由于有了这样的心魂的存在。问题是,文化的这种心魂,一定是某种文化在其长期的实践中不断修炼的结果。因为在历史上和现实中,文化的失魂落魄情形,其实并不鲜见。如此,以下的追问或许正成为问题的焦点性,那就是:立足市场化社会之强大的功利导向与资本崇拜逻辑,以一种我们所期待的"文化的方式"去生存是何以可能的？

我们这个社会，文化没有按照自己应该有的方式，教会文化个体明其本分和职分，"安分守己"地过自己的生活。一个社会不能没有"感性欲望的叙事"，除非这个社会是"宗教禁欲"的社会。问题是谁能保证这种感性化能量的扩张不会超过或者取代社会正常积存下来的理性化能量。谁都无法预知，一旦真的出现了这种文化动能和势能的全面逆转，社会生活会变成什么样的存在态势。"快乐女声""非诚勿扰""中国好声音""舞林争霸"……面对满目的感性文化样态，面对多样的"文化"之令人眼花缭乱的赤裸裸的肆无忌惮的表演，我们感受到了那个长久被压抑了的憋屈的身体"被解放"后的快感。或许我们得承认，我们可能根本就没有掌握文化成为自己的方式。所有有关文化的努力，因不断地有"非文化""伪文化"因素的介入、干扰，根本无法保持自己的纯粹，以至于变得那么无助。

如果文化人都热衷于名利，如果文化人都忘掉了自己的本分而不愿意安贫乐道（其实现代文化人已不愿意花费多少心思去经历和体会这种使文化人真正成为文化人的必经的心路历程了），这个社会还要文化做什么？这个社会还有什么理由可以称为文化社会？文化人之于社会的存在还有什么意义？如果我们每日所能看到的，是被装扮得珠光宝气、艳丽无比的文化，这样的文化还能有什么立场去教化世人？世人又凭什么对这样的文化保持尊敬？"文化大革命"时曾经主张人们要在"灵魂深处闹革命"。什么是"灵魂深处"？历史上，中华民族的文化什么时候，为着何种目的，真正地进入了个体的"灵魂深处"，产生了"动人心魄""摄人魂魄"的力量？我们的确有过这样的时代。在文化已经变得不知道是谁的文化，为谁的文化了。主流文化之声音，表面上看似强大，但实际上是缺乏足够的底气的。所谓引领，只能是流于表面，根本无法触及民众的灵魂深处。

文化必须秉持自己应有的立场，是文化的一定首先不是经济的，是文化的、属文化的同样一定不是政治的，甚至不是日常生活的。最近，笔者忙里偷闲看央视"世界名画"栏目，感到非常震惊。从梵高、米勒到高更……画风变幻之诡异，艺术思想之高深，艺术真理精神追求之坚定、自信和执着，尤其是艺术家那种将艺术与生命融为一体，为艺术痴狂、献身的境界，令人扼腕！其实古往今来，不仅仅是艺术，人类精神生活领域尤其是人文艺术各个行业的从业者中，不乏这样的典范和先例。

三 通过文化建设实现民众优良心性秩序的当务之急：基本价值观基因质素的甄别和优选

当下中国有关"价值"和心灵秩序的理论叙事和话语方式为什么一定要是"文化"的？文化在何种意义上可以或者说具备了对诸多异质性"价值"和心灵秩序现实进行反思和评判的资质和能力？这样的文化生成了吗？

文化以何种方式可以助益我们"按照人的方式"成为我们自己？在这样一个论题下，我们理应关心的是这样两个问题：一是文化在何种意义上关乎世道人心，关乎优良人性；二是文化在何种意义上关乎我们每个现实的个体心性（灵）秩序的养成？在文明人类进化的意义上，作为一种非自然选择的结果，我们被锻造为一种"文化的存在"。那么，所谓文化性存在对于我们每个个体来讲，究竟意味着什么？文化性存在的真蕴究竟是什么？我们如何才能成为一种或者表现得是一种文化的存在？所有这些问题，我们其实并没有真正搞清楚。不仅如此，我们能否说，有一种表明上看似自觉的、自为的文化现象和有目的（为着某种目的）文化实践行为，我们就必然是一种或者会成为"文化性存在"吗？

严肃的、真正意义上的文化存在，其最为正当性的关切，一定是伦理性的。对于文化本质和文化实践的伦理性关切意味着，这种关切一定是一种基于现代公共生活中现实个体之生存本位意义上的舒适、体面、优雅而后尊严的"伦理性"生活品格、人格修为和境界的努力。优良的文化的最重要的标志之一，一定是关涉此一个体的心性秩序。现代社会对个体的关切有多种方式：利益最大化的关切，身体解放的关切，感性欲望解放的关切，身份、地位的关切，所有这些关切，其实都指向一种外在性的关切。这是无选择、无未来，并不断膨胀的关切。俗语有云："心病还得心药医。"我们面对民众业已严重且深度迷误的心灵，一定要审慎地选择和不遗余力、花大气力，精心培育先进文化。先进文化一定是优秀的文化，与文明人类的制度价值逻辑和人性的诉求相一致的。①先进文化可以明心、养心；②先进文化可以润心、护心；③先进文化可以洗心、清心。

文化在更深刻、更根本的意义上关涉人性，其最高成果，是现代公民个体之"人文素养"。文化要走出卑琐和平庸，有助于世道人心的提升。一个民族的生机来自精神价值——慈爱、善心、良知、诚信、正义、人道、崇高、廉耻；以及在此基础上所养成的以优雅、尊严、体面、高贵、舒适、从容为基本内容的属于中国人的生存状态、生存心态。当然，现代社会的精神危机，也意味着这不完全是个人的事情，不完全依靠个人的自我调整，而是需要做出社会组织和制度上的种种安排。文化质性的过去态、当下现实态以及未来可能态的确立，意味着对一种"伪现代性"辩证法意义之社会文化功能的价值自觉反思和检视。文化曾经是一种依托优良制度的伦理规范，对特定历史时代和共同体中应然的"助人成人"的理念、方式等所做的最恰当、最合理方式的追问、理解和探究，是一种人性自我证成、自我澄明、自我成就和自我实现的方式；这种努力最终获得的是一种有别于自然秩序、社会秩序的独特的精神生活秩序——人文秩序的求证与获得方式，这是人成为人、制度成为制度的方式，属人的以及人属的根本性价值，就生成在这一过程之中。

但是，人类在文明进程之中，文化的这种以"正能量态"存在和发展的形式逐渐改变了。经济利益的追逐、政治生活中人们对变质了的"权力"的盲目崇拜，思想文化生活中个人失去制约的恣意妄为的放任化了的自由意志本能，成了新的"文化"功能，取代了甚或渗透到文化之中。当然，我们不能说社会生活场域中完全没有代表正能量场域的文化，但这种文化的影响力正在减弱，根本不足以抵抗与它处于对抗和抗衡状态中的其他也以"文化"面目和"文化"名目而出现和存在的所谓"文化"。文化还是那个令我们肃然起敬的高尚事物吗？文化如不高尚，还能凭借什么成为"独特性"存在的理由？还凭什么成为人们敬重的对象？文化商品化、文化世俗化乃至文化大众化以后，导致的将是文化自身的质变！文化成为谋取个人功名利禄的工具。

真正的文化主体并没有形成，现有的文化主体所严重缺少的，是对一种坚定的道德价值主见的坚持意识。其主要的表现就是，文化、道德、价值理论一直向现实让步，总是反思理论自身的逻辑非圆融问题，而没有意识到，现实有自己的当然的逻辑和稳定秩序，现实已然变得非常"疯狂"，根本不屑于理睬文化与价值理论。或问：那个与个体优良心性秩序相关的文化，绝对不是孤立存在的，它一定是依托于制度共同体之诸多要素，合力作为的结果。这种性质的文化，首先一定吁求一种风清气正的制度性实践氛围，是优良制度"良治"的产物。

我们对文化的期望在于这样一种表达语式：希望"我"能帮助"你"，就像帮助"我们自己"。我们又是谁？我们自己的文化自觉究竟达到了何种程度，以至于我们似乎有充分的理由向那个我们很不满意的文化提出自己的"过分"要求，希望在不改变自己的情况下，寄希望于贤者和圣者向我们贡献一种新的文化主张，然后我们去现成地接受就万事大吉了。这样一种幻想和天真之见其实并非始自今日，也并非今人才有的一种不切文化实践现实的想法。文化必须具有神圣的宗教情怀。在一个人们普遍认为是浊世的氛围中，文化首先要做的是净身。文化要形成自己的心灵和心魂，并从宗教中汲取无限的资源以改良和纯净化自身。一种缺少宗教关怀的文化，绝对不是一种世俗意义上的"良善的文化"。文化在成就自己、成为自己的过程中，只有具备一种宗教般的大爱之心、大善之心，才可堪称找到了人性完美化的稳固起点。

着眼于"天下一家""人类一体"的世界公民情怀与胸襟，面向未来，为着一种"幸福性生存"与"诗意化栖居"，我们真的需要一种高标超拔的精神文化生态的期许。文化建设与价值自觉的最后的落脚点，一定是基于并为了某种美好的伦理文化生态，以及由此规约所彰显出的生存与生活样态。其实质上是一种圆融和完满形态的类精神生态的达成，表现的是人类对待自然所呈现出来的道德态度和价值理念。如著名生态文化学者罗尔斯所言："无论从微观还是宏观角度看，生态系统的美丽、完整和稳定都是判断人的行为是否正确的重要因素。"不仅如此，现代人文化与价值高度觉醒标志，就是德国诗人荷尔德林的一句诗："人，诗意地栖居在大地上。"所谓"诗意地栖居"，用中国哲学的语言讲，就是在先进文化的引导下，进入一种"心性澄明之境"。文化大儒梁启超有言："文化是人类所开创的有价值的共业。"如此，未来中国社会文化建设的高远目标在于深刻地认识到："人类的文化有助于人类在地球上的诗意的栖居,这种文化是智人这种智慧物种的文化。存在许多各有千秋的起居方式。诗意地栖居是精神的产物,它要体现在每一个具体的环境中,它将把人类带向希望之乡。"在这个意义上,生态幸福意识和观念的获得,是人之为人之真正的文化与价值主体意识觉醒的标志(这种存在状态就是现代人的"生态公民"意识)。只有当人以生态文化的方式理解自然万物的存在本性的时候,属人的文化以及依托于此所获得和享有的心性本位的幸福才是完整的、真实可欲的境界。

参考文献

[1] [英]麦克尔·卡里瑟斯:《我们为什么有文化》,陈丰译,辽宁教育出版社1998年版。

[2] [英]特里·伊格尔顿:《后现代主义的矛盾性》,《国外文学》1995年第2期。

[3] 詹明信:《晚期资本主义的文化逻辑》,陈清侨译,生活·读书·新知三联书店1997年版。

[4] 费孝通:《反思·对话·文化自觉》,《北京大学学报》1997年第3期。

[5] 袁祖社:《"公共性"的价值信念及其文化理想》,《中国人民大学学报》2007年第1期。

[6] 徐贲:《文化是一种怎样的教育力量》,《思想理论教育》2012年第18期。

[7] 唐君毅、牟宗三、张君劢、徐复观:《为中国文化敬告世界人士宣言:我们对中国学术研究及中国文化与世界文化前途之共同认识》,《哲学与文化》1958年第1期。

[8] [美]霍尔姆斯·斯顿:《环境伦理学》,杨通进译,中国社会科学出版社2000年版。

中国传统文化核心价值理念
当代认同度的实证研究

雷巧玲

(西安交通大学人文社会科学学院教授,西安,710049)

摘 要 中国传统文化核心价值理念主要包括仁、义、礼、智、信等。文章根据相关机构的抽样调查,分析仁、义、礼等在国内外的认同度,进而分析传统文化对提升中国文化软实力的价值。

关键词 中国传统文化;核心价值理念;认同度

中国是一个有着深厚道德传统的国家,然而在社会急剧转型的今天,中国人却陷入信仰危机、价值迷失的道德困境;中国是一个快速崛起的国家,但在国际上却常常遭遇被妖魔化的尴尬。如何增强国内凝聚力、提升国际影响力已成为当今中国文化研究领域迫切需要解决的重大课题,而中国传统文化核心价值理念可为破解这些难题提供有价值的方案,因为"现代道德仍需传统滋养","我们的生活无法真正逃离传统的掌心"。那么,中国传统文化核心价值理念到底有哪些?传统文化核心价值理念在国内外的认同度如何?这些对提高中国文化软实力有怎样的价值?本文拟运用定性与定量的研究方法进行分析。

一 中国传统文化核心价值理念

中国传统文化的核心价值理念主要来自儒家,其中最重要的是五常,即仁、义、礼、智、信。孟子提出"仁义礼智",他曾指出:"恻隐之心,人皆有之;羞恶之心,人皆有之;恭敬之心,人皆有之;是非之心,人皆有之。恻隐之心,仁也;羞恶之心,义也;恭敬之心,礼也；是非之心，智也。仁义礼智，非由外铄我也，我固有之也，弗思耳矣。"孟子认为："无恻隐之心，非人也；无羞恶之心，非人也；无辞让之心，非人也；无是非之心，非人也。恻隐之心，仁之端也；羞恶之心，义之端也；辞让之心，礼之端也；是非之心，智之端也。"西汉董仲舒在"仁义礼智"之后加了一个"信"字，以与五行相配，正式提出"五常"。

"仁"在传统文化核心价值理念中最为重要，它的内涵有二：一是"爱人"。"樊迟问仁。子曰：'爱人'。"孟子认为"仁"就是"恻隐之心"，即富有同情心，乐于助人，善于推己及人，正如孔子所强调的，"夫仁者，己欲立而立人，己欲达而达人。""己所不欲，勿施于人。"二是"克己复礼为仁"，即达到人生最高境界的修养方法，强调道德的主体性与自律性，"非礼勿视，非礼勿听，非礼勿言，非礼勿动"。

"义"是对社会或他人负责，是应当的、合理的、公正的、正义的。"义"是人在社会中要遵守的最高道德准则，孔子云"君子义以为上"。孟子曰："义，人之正路也。""生亦我所欲也，义亦我所欲也；二者不可得兼，舍生而取义者也。"

"礼"原指祭祀仪式，后来演变为人际交往的一套规则。儒家的"礼"强调恭敬、辞让。孟子认为"恭敬之心，礼也。""辞让之心，礼之端也。"儒家的礼强调等级差别，但一定要符合礼规，"恭而无礼则劳；慎而无礼则葸；勇而无礼则乱；直而无礼则绞"。礼的运用，以达到和谐为最可贵，有子曰："礼之用，和为贵。"

"智"即判断是非的能力，也就是道德觉悟。所以孔子云"知者不惑，仁者不忧，勇者不惧。"孟子曰："是非之心，智也。"

"信"就是诚实守约、言行一致的品德，是一个人立身处世的基石。孔子从"文、行、忠、信"四个方面教育学生，强调要"谨而信"。他认为："人而无信，不知其可也。"

曾子指出："吾日三省吾身。为人谋而不忠乎？与朋友交而不信乎？传不习乎？"子夏曰："与朋友交，言而有信。"孔子还把"信"上升到国家的治国方略，认为治理一个大国，应当"敬事而言（信）"，强调"民无信不立"。

五常是中国人立国做人的基本原则，孔子强调"为政以德"，认为"道之以政，齐之以刑，民免而无耻；道之以德，齐之以礼，有耻且格。"此外，孟子强调"孝悌忠信"，管子提出"礼义廉耻"，后人将其合称"八德"。

二 中国传统文化核心价值理念的当代认同度

如何看待中国传统文化的核心价值理念，是当代建设文化强国的一个重要课题，"传统道德作为一个整体已经过时了，但其中包含的美德还需要加以弘扬"。那么当代国内外民众对中国传统文化的核心价值理念的认同度如何？下面通过一些机构的抽样调查进行分析。

（一）国内对中国传统文化核心价值理念的认同度

2013年8月1日至9月25日，《人民论坛》从"时代价值、博大精深、通俗易懂"三个标准，通过对302位专家及10931名网友的调查，统计得出了当前最具价值的20个汉字。调查分两个阶段：第一阶段，对专家进行开放式调查。请专家列出自己认为最具价值的20个汉字，然后进行频次统计，从中选取前30个汉字。第二阶段，网络评选。以第一阶段专家调查得出的前30个汉字为选项，在人民论坛网、搜狐网、新浪网等大型门户网站进行大范围网络调查，请网友投票，从中选出得票率最高的"最具价值的20个汉字"。调查结果显示，最具价值的20个汉字（从高到低）依次为：德、信、孝、诚、善、仁、和、礼、义、道、爱、正、公、法、廉、智、理、忠、学及敬。根据投票结果及样本总量的比值，可以推算出"德"的认同度为76.5%、"信"的认同度为72.2%、"孝"的认同度为67.6%、"仁"的认同度为58.9%、"和"的认同度为52.6%、"礼"的认同度为48.1%、"义"的认同度为39.4%、"廉"的认同度为21.8%、"智"的认同度为19.5%、"忠"的认同度为15.9%，如图1所示。

值得关注的是"五常"的五个字全部入选，而"八德"中也有六个字入选。

在此次调查中，受访者对德、信、孝、仁及和的认同度都超过了50%，依据此次调查的标准，这一调查结果表明：第一，受访者对德、信、孝、仁及和等能代表中国文化精髓价值理念的较高认同。中国传统文化中无论是"五常"还是"八德"，其实都是对德的细化，所以对

"德"的认同高居榜首。第二，受访者对德、信、孝、仁及和重要性的较高认同，这些都是做人的基本原则。第三，受访者对当前社会中的缺德、失信、不孝、不仁、失和现状的忧虑。近年来，中国社会各层的人们不断感叹道德的滑坡、社会的冷漠。中国共产党的十七届六中全会报告指出，当前中国社会道德存在的问题是"一些领域道德失范、诚信缺失，一些社会成员人生观、价值观扭曲"。今天，老人跌倒该不该扶已成为引发社会热议的道德话题，这个本不是问题的问题，却因屡屡发生的搀扶跌倒老人反而遭诬陷的事件助推为热点话题，这类事件折射出的不仅是道德的焦虑，还有诚信危机。"中国建设社会主义市场经济30余年，传统的信任体系崩塌，新的信用体系尚未建立，信用缺失、信任危机成为较为普遍的社会现象。"

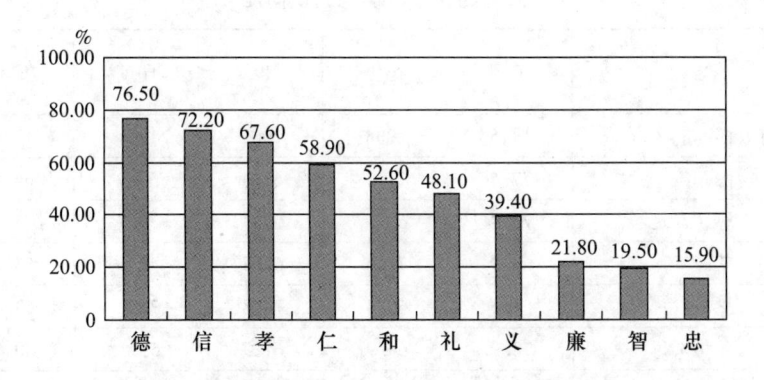

图1 国内对中国传统文化核心价值理念的认同度

在此次调查中，礼、义、廉、智、忠都入围前20，表明受访者对其价值的相对重视，尽管对它们重要程度的认识有差异，但认同度都不足50%，尤其是对廉、智、忠的认同都低于25%。近年来，由于贫富差距不断拉大，加上阶层的固化，公平正义成为人们热切关注的话题，分配公平、权利公平、机会公平及规则公平成为大家的期盼，但为什么这项调查对"义"的认同度仅为39.4%？还有一个值得深思的问题是目前反腐败是全社会关注的热点，但为什么这项调查对"廉"的认同度仅为21.8%？可能的原因是，此次调查的标准有三个，"义"与"廉"尽管"时代价值"较高，但在其他两个方面可能相对逊色。

（二）国外对中国传统文化核心价值理念的认同度

国外对中国传统文化核心价值理念认同度，是根据北京大学课题组的调查数据进行整合分析。北京大学课题组（2008 年国家社科基金重大项目"我国对外传播文化软实力"08&ZD057）设计了"中国文化印象调查"（Survey on Awareness of Chinese Culture）的问卷，通过国际专业调查公司于 2011 年年末在美国、德国、俄罗斯、印度、日本进行全国性网上样组调查（online panel investigation）获取数据。问卷对"中国传统文化的核心价值观"的测量用：仁、恕、孝、礼、义、和而不同、天人合一 7 个题项，调查结果详见表 1。

表 1　　　美、德、俄、印、日五国受访者对中国传统文化的核心价值观的认同度

项目＼国度	美国	德国	俄罗斯	印度	日本
有效样本量（份）	1175	1908	1061	1039	1038
仁（%）	77.6	71.3	62.4	64.9	64.5
恕（%）	72.4	61.5	57.3	39.7	45.5
孝（%）	64.9	71.6	62.8	42.1	53.5
礼（%）	51.6	66.4	74.8	36.2	63.0
义（%）	78.9	64.9	61.3	53.1	50.0
和而不同（%）	53.3	50.9	46.7	24.1	43.7
天人合一（%）	57.6	59.8	67.6	40.1	43.8

资料来源：关世杰：《对外传播中的共享性中华核心价值观》，《学术前沿》2012 年第 11 期下。

在这一系列调查中，涉及"五常"中的三常，"八德"中的三德。调查结果表明，对"仁"的认同度最高，这一题项在美国、德国、俄罗斯、印度、日本五国受访者中认同度超过 62%；对"义"的认同度五国受访者都超过了 50%；"礼"除印度外其余四国受访者的认同度都超过 51%；"孝"除印度外其余四国受访者的认同度都超过 53%。就国度而言，美国及德国受访者对"中国传统文化的核心价值观"的 7 个测量标准的认同度都超过 50%；俄罗斯除"和而不同"外，其余 6

项皆超过57%；日本对仁、礼、孝、义的认同度都超过50%。

为什么受访者对中国传统文化核心价值观的认同度整体较高？除了中国的崛起、中国国际形象不断提升、中国传统文化核心价值观的吸引力等原因，注意对量表语境的转换无疑也是重要因素。本次调查测量指标在语言转换时"选取了具有普适性质、容易为被调查者理解的部分，舍去了与特定时代相关的、明显过时的成分。"如"传统的'孝'含有'绝对服从父母'的含义，将'孝'译成 filial piety（It means respecting and being kind towards one's parents，尊敬和善待父母），应当说是对'孝'的新诠释；传统意义上的'礼'指一种'君君、臣臣、父父、子子'的社会秩序以及在此种秩序下人的行为规范，但它的确也包含'礼貌、尊敬他人'成分，因而译为 civility（It means the observance of rituals, rites and proprieties）"。

为什么对"仁"的认同度最高，可能的原因是"'仁'所体现的'爱'是人类共同的价值，儒家的仁爱、佛教和印度教的慈悲、基督教的博爱等，无论哪一种文明，哪一个社会，都有这一理念，区别只在形式。"

三 中国传统文化核心价值理念对提升中国文化软实力的价值

中华民族优良的道德传统值得我们大力弘扬，"继承这份宝贵的遗产，对我们今天正确调整人和人之间的关系，有着重要意义"。相关机构所做的中国传统文化核心价值理念在国内外认同度的调查结果表明，中国传统文化核心价值理念当今在中国和世界仍有重要影响，这些调查可为提升中国文化软实力提供具有针对性及可操作性的路径。

（一）可有效增强国内凝聚力

中国优秀传统文化是中华民族最根本的精神基因和独特的精神标识，是增强国内凝聚力的强大内生驱动力。当前中国社会急剧转型，思想文化呈现出多元、多样、多变的特点，但"传统文化对当代中国人影响不容小觑"。一项对"您认为对自己人生观影响较大的人"的调查结果显示，"孔子或老子"仅次于"父母和老师"，影响居第二位。在对"文化建设应优先重视哪些方面?"的调查中,"弘扬传统文化"以56.3%居诸多选择之首。

研究中国优秀传统文化核心价值理念在国内的认同度,可以有效地在多样性中凝聚共识。大力弘扬认同度较高的德、信、孝、仁、和等价值理念。强化对认同度较低的礼、义、廉、智、忠等核心价值理念的不断充实和调整,并用当代话语进行阐释。如对于"忠",一方面,要摒弃古人宣扬的愚忠的思想;另一方面要强调"忠"在今天表现为对国家的爱国主义、对组织的忠诚度、对他人的诚恳厚道。孙中山在《三民主义》中就曾强调:"讲到中国固有的道德,中国人至今不能忘记的,首是忠孝,次是仁爱,其次是信义,其次是和平。"正因为"忠"在当今社会及组织管理中的重要性,所以对组织承诺的研究成为近年来学术界研究的热点。因此弘扬优秀传统文化,是有效增强国内凝聚力的重要路径。

(二) 可有效提升国际影响力

中国传统文化中的一些核心价值理念,如"五常""不仅是儒家价值也是亚洲价值,而且是扎根在儒家,扎根在亚洲,包括韩国、日本、越南以及世界各地华人能够安身立命的最基本的价值"。这些价值观在今天仍然具有很强的生命力,因为"从人生智慧看,传统的历史性源头,总是给人带来新的价值、意义与挑战"。"儒家宽广的人文精神,经过现代人的努力发掘和创造诠释,即使面对全球性的现代困境、西方功利主义价值的泛滥,也完全可以做出相应的回应与批判。"中国传统文化中核心的价值理念有利于补充西方价值观之不足,"譬如对个人独立、自由、竞争的过度强调带来了家庭的解体和人际关系的疏离,用中国文化中的'孝'、'恕'、'和'的价值观或可缓和;以满足个人欲望为特点的消费主义造成了对自然的掠夺和严重破坏,用中国的'天人合一'价值理念或可矫正;以崇尚强力和利益为特点的现代国际秩序给人类带来了杀戮、战争、恐怖活动以及大规模杀伤武器的扩散等问题,中国的'仁'、'和而不同'思想或可起到缓解作用;等等"。

对中国传统文化的核心价值观在国外的认同度的调查,有助于增强对外文化传播的针对性及有效性,进而提升中国文化的国际影响力。"因为当一国文化的核心价值观被他国欣然认同时,该文化就获得了深刻影响他国文化和社会的基础。"在美国、德国、俄罗斯、日本及印度等国的抽样调查显示，受访者对"中国传统文化的核心价值观"中的仁、义、礼有较高的认同度。这些价值理念"不仅可以增强我国在国际文化关系中的影响，而且可以引领世界文化潮流，为构建世界新秩序提供精神支柱。""'仁、义、礼'近似于现代的'公平、正义和文明'"，"作为一个全球化时代的崛起大国，中国应借鉴中国传统政治思想的精华，在国际社会倡导'公平、正义和文明'的价值观，并以此指导建设新型国际规范"。"倡导在国际上弘扬中外共享中华文化核心价值观，这是对外文化传播的灵魂。"

总之，中国传统文化的核心价值理念对今天的中国与世界都有重要价值，对其认同度的实证研究，有助于有效增强中国文化软实力的国内凝聚力及国外影响力。

参考文献

［1］万俊人：《现代道德仍需传统滋养》，《传承》2012 年第 3 期。
［2］杨伯峻、杨逢彬注释：《孟子·告子章句上》，岳麓书社 2000 年版标点本。
［3］陈国庆、王翼成注评：《论语·颜渊篇第十二》，陕西人民出版社 2006 年版标点本。
［4］张岱年：《论五伦与五常——传统伦理的改造与更新》，《传统文化与现代化》1997 年第 4 期。
［5］人民论坛问卷调查中心：《当前最具价值的 20 个汉字》，《人民论坛》2013 年第 29 期。
［6］关世杰：《"我国对外传播文化软实力"系列文章说明》，《国外社会科学》2012 年第 5 期。
［7］尚会鹏、余忠剑：《"龙"对"象"的魅力——印度民众对中国软实力的认知》，《国外社会科学》2012 年第 5 期。
［8］罗国杰：《论中华民族传统道德的"精华"与"糟粕"》，《道德与文化》2012 年第 1 期。
［9］樊浩：《中国大众意识形态报告》，中国社会科学出版社 2012 年版。
［10］孙中山：《三民主义》，岳麓书社 2000 年版。
［11］杜维明：《中国传统文化的当代价值》，《江海学刊》2011 年第

3期。
[12] 杜维明:《全球性存在危机与儒家的仁、义、礼、智、信价值》,载张新民:《阳明学衡》(第2辑),贵州人民出版社2006年版。
[13] 关世杰:《中国文化软实力:在美国的现状与思考》,《国外社会科学》2012年第5期。
[14] 关世杰:《对外传播中的共享性中华核心价值观》,《学术前沿》2012年第11期。
[15] 阎学通:《公平正义的价值观与合作共赢的外交原则》,《国际问题研究》2013年第1期。

多元社会对少数民族语言态度影响的实证研究

——以新疆南疆三地州（喀什、和田、巴音郭楞蒙古自治州）为例

孙丽莉[①]　王　伟[②]　张小刚[③]

（西安交通大学人文学院在职博士，西安，710049[①]；
塔里木大学信息工程学院副教授，阿拉尔，843300[②③]）

摘　要　通过对新疆南疆三地州（喀什、和田、巴音郭楞蒙古自治州）317位维吾尔、蒙古、哈萨克、回、柯尔克孜、塔吉克等少数民族大学生语言态度、语言使用现状和生活环境等指标进行调查，利用模糊灰色关联实证研究方法，采用 Excel、SAS 数据分析软件，按不同地区、不同性别和不同家庭环境对取得的数据进行计量研究。结果显示，多元社会对少数民族大学生语言态度影响如下：①地区差异和性别差异是影响语言态度的主要因素；②无论男女都比较倾向于在平常生活中运用本民族语言和汉语，由于男女的性格差异及社会分工不同导致他们对语言的态度有略微差异；③家庭环境对语言态度的主要影响因素是父亲的受教育程度和宗教信仰。

关键词　多元社会；少数民族；语言态度；实证研究；SAS 软件；主成分分析；模糊灰色关联

由于特殊的地理位置和自然环境，新疆自古以来就是多民族聚居和杂居、多语言文字融合、多种宗教并存和多种古代文明互相交汇、渗透之地。这种情况使新疆地区呈现出一种特殊的社会文化生态景观。可以说，新疆是中国乃至世界的一个典型的文化多样性区域。[①] 而语言作为人类最重要的交际工具，也是社会发展的活化石，是对社会的同步反

[①]　张付新、谢贵平：《试论新疆的文化多样性》，《西北民族大学学报》2010年第1期。

映，是社会现实和历史的活的切片。① 因而，研究语言使用的发展变化，就是在研究最真实的社会发展状况。

新疆特殊的地理位置、自然环境、生产方式、历史人文等造就了新疆语言文化丰富多彩、中西文化交汇、多元文化并存的文化格局。在长期的历史发展演变过程中，新疆各族人民一方面以开放的胸怀吸收外来文化和文明，并不断地融合和创新，进而创造出绚丽多彩的、具有民族特色的地域文化，极大地丰富了中华民族的文化艺术宝库；另一方面又向外部世界传输中华文化和文明，在东西文化交流中起着重要的桥梁作用，对整个中国乃至世界的文明历史进程也产生了重大的影响。而这些特殊的文化内涵，则孕育了具有明显地缘性特征的多民族社会文化生态景观。

语言使用是观察社会变化、把握社会脉搏的一个重要的途径和方面，是从更深层次认识、把握和控制社会发展的重要途径。为了充分地发挥语言文化的社会认知功能，很有必要对其反映的社会脉象变化的方面进行研究，以促进思想文化建设，服务社会发展。

新疆是比较典型的多元文化和多种语言的社会，语言、文化的多样性是不同民族、不同文化、不同语言的人和谐相处，互相学习，共同发展，从而拥有一个可持续发展的社会文化空间的保证。本文思考的起点是语言，终点是文化，目标是社会。研究的是语言与文化、语言与社会的深层结合，是以语言为观察点的文化分析和社会思考。

一 问题的提出

语言态度属于语言的社会心理范畴，是社会语言学的一个重要组成部分，在人们的语言生活中起着十分重要的作用，并对人的语言能力和语言行为产生深刻的影响，一直以来都是社会语言学家及社会心理学家探讨的重要课题之一。研究某一言语的语言态度和双语交际社团的语言态度，是如何影响人们对言语的学习和使用，以及当地语言的演变方向

---

① 萧国政：《社会用语与社会脉象的语言文化透视》，《华中科技大学学报》（人文社会科学版）2002 年第 5 期。

等问题至关重要。另外，语言态度研究对语言规划的理论探索和语言方针、政策的制定也有十分重要的理论意义。新疆各族人民的语言态度不仅影响到本地区的教育、文化和经济的发展，还对整个国家的社会历史进程产生着重大的影响。

因此，少数民族大学生对于本民族语言及汉语的态度是一项重要的研究课题。本研究拟通过对317位少数民族大学生语言态度的调查，建立合适的数学模型，解决下列问题：

（1）拟分析不同性别的语言态度是否有显著差异。
（2）拟分析家庭环境中影响语言态度的关键因素。
（3）拟分析确定维吾尔族语言态度的主要影响因素。

二 南疆语言使用情况调查

（一）调查对象

为了对新疆各少数民族的语言使用情况有一个较为全面、客观的认识和把握，于2012年3月至11月间，进行了一次调研。发放问卷500份，回收有效试卷317份。

（二）研究方法

调研采用定性与定量相结合的方法。定性调查主要采用座谈会、个别访谈和观察法等，定量调查主要采用问卷法。本文利用表格处理、SAS软件、绘图等说明了影响语言态度的主要因素。

针对问题1，进行简单数据预处理，首先利用Excel对数据进行处理，得到不同性别被调查者分别对待汉语、双语、本民族语言的态度人数和百分比的表格，再综合分析三个表格，可以得出无论男女都比较倾向于在平常生活中运用本民族语言和汉语，由于男女的性格差异及社会分工不同导致他们对语言的态度有略微差异。

针对问题2，首先将选项ABCD转化成分值，对挑选出来的选项进行打分求出不同选项的总分。其次，对不同地区的各个选项求平均值，利用SAS软件进行主成分分析，将均值代入主成分表达式中得出主成分值。最后，计算原指标和主成分的关联系数，得出了家庭环境影响语言态度的主要因素是父亲的受教育程度和宗教信仰。

针对问题3，根据不同的三个地区、不同性别以及不同年龄段进行讨论，利用模糊灰色关联分析可以得出这几个指标对语言态度的影响程度。根据运行结果我们可以得出影响维吾尔族语言态度的主要因素是地区差异和性别差异。

1. 不同性别对语言态度的影响

为分析不同性别对语言态度的影响是否有显著差异可以利用 Excel 对数据进行预处理，删除一些具有明显错误的数据，然后将问题分为对待汉语态度、对待双语态度、对待母语态度三个方面进行研究，先分别针对男女对比三个方面的问题得出一些简单结论，然后综合分析三个方面问题得出不同性别语言态度的差异。

2. 家庭环境中影响语言态度的关键因素

问题 2 要求我们首先分析家庭环境影响语言态度的关键因素，为此将问题中的 ABCD 转化成分值，再分别对和田地区、巴州地区、喀什地区的分值求平均，所得的平均值为观测值；其次运用主成分分析法，将各个观测值代入主成分表达式中计算各个主成分的值；最后计算原指标与主成分的相关系数得出家庭环境影响语言态度的关键因素。

3. 分析确定影响少数民族语言态度的主要因素

为分析确定影响少数民族语言态度的主要因素，处理原始数据得到地区不同、性别差异、年龄段不同三组数据，然后分别讨论这三个指标和维吾尔族语言态度的关联度，最后利用 SAS 软件模拟出关联系数，得出所要的结论。

三　模型的假设

（1）假设所给调查结果真实可靠。

（2）假设调查过程中，工作人员尽职尽责，忽略调查过程中导致的误差。

（3）假设所给数据能很好地体现居民生活状况。

（4）假设所有问卷均为维吾尔族人填写。

四 符号说明

表1 符号说明

序号	符号	符号说明
1	x_1	父亲受教育程度
2	x_2	母亲受教育程度
3	x_3	父亲的信仰
4	x_4	母亲的信仰
5	x_5	自己的信仰
6	x_6	父母的鼓励
7	M	两级最大差
8	N	两级最小差

五 模型的建立与求解

（一）不同性别语言态度的差异分析

首先将数据进行处理，得出不同性别对待汉语、双语、本民族语言的态度人数和百分比，通过对表格进行定量的对比分析，得出有关结论：

表2 不同性别被调查者对待汉语的态度

1. 对汉语的印象	好听	亲切	有社会影响	有用	备注
男	43	20	51	39	21人多选
百分比	33.08%	15.38%	39.23%	30.00%	2人未选
女	54	35	83	71	48人多选
百分比	29.51%	19.13%	45.36%	38.80%	
2. 学习汉语的理由	很有用	有些用	使用方便	对汉语有感情	

续表

男	72	29	49	3	23 多选
百分比	55.38%	22.31%	37.69%	2.31%	2 未选
女	119	46	74	8	55 人多选
百分比	65.03%	25.14%	10.44%	1.37%	2 人未选
3. 汉语熟练程度	熟练	较熟练	不太熟练	不熟练	
男	96	17	12	6	3 人多选
百分比	73.85%	13.08%	9.23%	4.62%	3 人未选
女	150	23	8	5	5 人多选
百分比	81.97%	12.57%	4.37%	2.73%	2 人未选

表2中，第一题中从社会影响及用途方面来说，有69.23%的男性调查者认为汉语言有一定的社会影响和用途，而女性调查者中，有84.16%的人认为汉语言有社会影响及用途。并且其中有38.80%的女性调查者认为汉语言有用，超男性调查者近9个百分点。在其他方面，有33.08%的男性调查者和29.51%的女性调查者对汉语言的印象是好听，还有15.38%的男性调查者和19.13%的女性调查者认为汉语言比较亲切，所以，在感觉上更多的男性认为汉语言比较好听，而更多的女性则认为汉语言比较亲切。

第二题中，65.03%的女性被调查者认为对汉语很有用是自己保持和使用汉语的理由，这一比例高于55.38%的男性被调查者对此项的选择；而在使用方便和对汉语有感情两方面女性调查者均以10.44%和1.37%远远低于男性调查者的37.69%和2.31%，所以很难推断出男女对待汉语的态度。

第三题通过此项调查，13.85%的男性调查者对汉语言不太熟练或根本不熟练，而女性调查者中，则只有7.1%的人不太熟练或不熟练，通过此项判断，女性调查者对汉语言的熟练程度要好于男性。

表3中，对于第一题除本族语言外还会汉语的男性占82.31%要稍微低于女性的86.34%，而对于英语、维吾尔语和其他民族语男性都要高于女性，对此可分析得出对待双语方面更多女性倾向于汉语。

表 3　　　　　　　　　不同性别被调查者对待双语的态度

1. 会的其他语言	汉语	英语	维吾尔语	其他民族语言	备注
男	107	25	49	10	48 人多选
百分比	82.31%	19.23%	37.69%	7.19%	
女	158	32	46	8	67 人多选
百分比	86.34%	17.49%	25.14%	4.37%	
2. 家庭常用语	本民族语言	本民族语言+汉语	汉语	几种混用	
男	84	35	13	1	4 人多选 1 人未选
百分比	64.62%	26.92%	10%	0.77%	
女	142	36	6	2	3 人多选
百分比	77.60%	19.67%	3.28%	1.09%	
3. 希望广电、牌匾用语	使用英语、汉语、民族语言三种语言	使用英语、汉语两种语言	使用民族语言、汉语两种语言	使用民族语言即可	
男	50	14	63	7	4 人多选 1 人未选
百分比	38.46%	10.77%	48.46%	5.38%	
女	73	14	95	6	6 人多选 1 人未选
百分比	39.89%	7.65%	51.91%	3.28%	

表 3 中第一题，除本族语言外还会汉语的男性占 82.31%，要稍微低于女性的 86.34%，而对于英语、维吾尔语和其他民族语言，男性都要高于女性。

第二题家庭常用语中，男女使用本民族语言都占有较高比例。男性占 64.62%，女性占 77.60%，而使用汉语的比例却很低。经过对比还是能得出，男性使用汉语的比例要高于女性。

第三题从社会角度分析，更多的男女都认为，在平常信息交流中运用民族语言和汉语比较好，其中男性占 48.46%，女性占 51.91%。而赞成使用民汉英三种语言的比例也较大，由此可以看出，大多数男女大学生在与外界信息交流中，都比较支持使用双语或者三语。

表 4 中，第一题中从社会影响及用途方面来说，有 47.69% 的男性调查者认为本民族语言有一定的社会影响和用途，而女性调查者中，有

52.46% 的人认为民族语言有社会影响及用途。

并且其中有 33.33% 的女性调查者认为民族语言有用,超过男性调查者近 13 个百分点。在其他方面,有 33.85% 的男性调查者和 47.54% 的女性调查者对民族语言的印象是好听,还有 48.46% 的男性调查者和 42.08% 的女性调查者认为本民族语言比较亲切,所以,在感觉上更多的女性认为民族语言比较好听,而更多的男性则认为本民族的语言比较亲切。

表 4　　　　　　不同性别被调查者对待民族语言的态度

1. 您对本民族语言印象	好听	亲切	有社会影响	有用	备注
男	44	63	35	27	39 人多选
百分比	33.85%	48.46%	26.92%	20.77%	
女	87	77	35	61	77 人多选
百分比	47.54%	42.08%	19.13%	33.33%	
2. 您保持和使用母语的理由是	使用方便	从小习得	有很深感情		
男	29	49	83		31 人多选
百分比	22.31%	37.69%	63.85%		7 人未选
女	62	101	128		108 人多选
百分比	33.88%	55.19%	69.94%		1 人未选
3. 本民族语言熟练程度	熟练	较熟练	不太熟练	不熟练	
男	78	26	24	4	2 人多选
百分比	60.00%	20.00%	18.46%	3.08%	
女	141	29	11	6	4 人多选
百分比	77.05%	15.85%	6.01%	3.28%	

第二题中,69.94% 的女性被调查者认为对母语有很深的感情是自己保持和使用母语的理由,这一比例高于 63.85% 的男性被调查者对此项的选择;而且在使用方便和从小习得两方面女性调查者均以 33.88% 和 55.19% 远远超过男性调查者的 22.31% 和 37.69%,所以推断女性

更喜欢使用本族的母语。

第三题通过此项调查，21.54%的男性调查者对本民族语言不太熟练或根本不熟练，而女性调查者中，则只有9.29%的人不太熟练或不熟练，通过此项判断，女性调查者对本民族语言的熟练程度要好于男性。

对于上述三个表格进行综合分析，我们通过有关数据对比可以得出维吾尔族对母语的态度出现男女评价上的差异性，分析如下：

性别的不同会导致语言使用上的某种差异。男性和女性说话的风格上出现了互不相同的"阳刚"与"阴柔"。男性说话多直截了当，女性多含蓄委婉。男性对一些生活、学习在外地多年的本民族人不再愿意说本民族语的态度用语言表达得很直接，要么是理解，要么是反对；而女性在表达上多委婉含蓄，选项中多出现"不习惯""顺其自然"的表达。男性多注重说明事理，女性多偏于表达情绪、感受。从调查中可以看出，女性较男性更多地从情感的角度认为对母语有很深的感情是自己保持和使用母语的理由这样的回答。虽然大部分的男性也将此选项作为自己保持和使用母语的理由，但男性较女性更多地从实用的角度考虑到由于自己从小习得母语，使自己能够很熟练地运用母语，因此将使用方便作为自己保持和使用母语的理由，这是从一个更为客观的角度来评价保持使用母语的理由。因此在对待语言态度上他们大多坚持在平常生活中使用母语，对于这方面感性的女性要比理性的男性态度更加强烈。

（二）分析家庭环境影响语言态度的关键因素

1. 问题分析

家庭环境分析指的是对家庭软、硬环境的分析。家庭软环境，是指笼罩着特定场合的特殊气氛或氛围，它诉诸人的内在情绪和感受，对人起着潜移默化的作用，是家庭生活中人与人之间相互联系时所形成的一种气氛；家庭硬环境，指的是家庭的住址、地理位置。为了得出合理的家庭环境影响语言态度的关键因素，可以采用主成分分析，通过降维技术将多个变量化为少数几个主成分的统计方法。

2. 数据处理

对于附件中的数据，利用Excel首先将选项ABCD转化成分值，对挑选出来的选项进行打分求出不同选项的总分。其次对不同地方的各个选项求平均得出最后评价结果（见表5）。

表 5　　　　　　　　　不同地区的各个选项的平均得分

家庭环境	父亲教育程度	母亲教育程度	父亲信仰	母亲信仰	自己的信仰	父母鼓励
和田地区	2.287081	2.157895	3.567308	3.599034	3.514563	3.328502
巴州地区	2.650794	2.555556	3.612903	3.612903	3.370968	3.031746
喀什地区	2	1.5625	3.25	3.4375	2.6	5.5

3. 模型的建立

假设用 6 个变量来描述研究对象，分别用 X_1，X_2，…，X_6 来表示，这 6 个变量构成的 6 维随机向量为 $X = (X_1, X_2, \cdots, X_6)^t$。设随机向量 X 的均值为 μ，协方差矩阵为 Σ。对 X 进行线性变化，考虑原始变量的线性组合：

$$\begin{cases} Z_1 = \mu 11 X_1 + \mu 12 X_2 + \cdots + \mu 16 X_6 \\ Z_2 = \mu 21 X_1 + \mu 22 X_2 + \cdots + \mu 26 X_6 \\ \cdots \quad\quad\quad \cdots \quad\quad\quad \cdots \\ Z_6 = \mu 61 X_1 + \mu 62 X_2 + \cdots + \mu 66 X_6 \end{cases}$$

主成分是不相关的线性组合 Z_1，Z_2，…，Z_6，并且 Z_1 是 X_1，X_2，…，X_6 的线性组合中方差最大者，Z_2 是与 Z_1 不相关的线性组合中方差最大者，…，Z_6 是与 Z_1，Z_2，…，Z_{6-1} 都不相关的线性组合中方差最大者。

以下是相关矩阵的特征值，特征值越大，它所对应的主成分变量包含的信息就越多。第一个主成分的贡献率为 94.42%，最后一列为累计贡献率。可以看出，第一项主成分就包含了原来六个指标 94.42% 的信息。

Eigenvalues of the Correlation Matrix

Eigenvlue　Difference　Proportion　Cumulative

	Eigenvlue	Difference	Proportion	Cumulative
1	5.66511729	5.33023458	0.9442	0.9442
2	0.33488271	0.33488271	0.0558	1.0000
3	0.00000000	0.00000000	0.0000	1.0000
4	0.00000000	0.00000000	0.0000	1.0000
5	0.00000000	0.00000000	0.0000	1.0000

6	0.00000000	0.0000	1.0000

以下给出的是特征向量（Eigenvectors），据此可以写出由标准变化量所表达的各主成分的关系式，即

Prin1 = 0.386395X_1 + 0.409905X_2 + 0.419042X_3 + 0.417280X_4 + 0.396862X_5 - 0.418877X_6

Eigenvectors

	Prin1	Prin2	Prin3	Prin4	Prin5	Prin6
X_1	0.386395	0.678550	-0.085776	0.102345	0.090197	0.603574
X_2	0.409905	0.879127	-0.138827	0.172506	0.216098	-0.769838
X_3	0.419042	-0.124935	0.899330	0.000000	0.000000	0.000000
X_4	0.417280	-0.201326	-0.222399	0.285812	-0.808828	0.000000
X_5	0.396862	-0.567222	-0.263716	0.342336	0.539417	0.207483
X_6	-0.418877	0.133985	0.213788	0.872287	0.000000	0.000000

由第一主成分可以看出，它的所有因子负荷之间相差不大。因此，第一主成分 Prin1 可用于度量语言态度与父亲教育程度、母亲教育程度、父亲信仰、母亲信仰、自己的信仰之间的关系，得出语言态度和父母的教育程度、父母的宗教信仰以及自己的教育程度有密切关系。

表6　　　　　　　　　父母教育程度对语言态度的重要性

教育	父亲教育程度	母亲教育程度
权重	9	1

（三）分析确定维吾尔族语言态度的主要影响因素

1. 问题的分析

新疆是个少数民族聚集的地方，主要以维吾尔族居多，对维吾尔族内部不同特点的社会成员对待母语、汉语的态度进行分析。其中从三个不同地区和性别以及不同的年龄段进行讨论，利用模糊灰色关联分析可以得出这几个指标对语言态度的影响程度。

2. 数据处理

表7　　　　　　　　　　表报处理结果

	地区			性别		年龄段		
	和田	库尔勒	喀什	男	女	10—15岁	16—20岁	20岁以上
保持母语的理由	2.90	2.40	2.69	2.66	2.87	2.87	2.65	2.45
学习汉语理由	3.45	3.13	3.00	3.28	3.38	3.40	3.32	2.90
本民族语言熟练程度	3.39	3.83	4.00	3.36	3.66	3.42	3.77	3.87
语言功能丧失持何态度	3.05	2.74	3.13	2.84	3.04	2.97	2.92	2.87
汉语熟练程度	3.56	3.85	4.00	3.89	3.73	3.60	3.98	3.63

3. 模型建立

假设第 $j(j=1,2,\cdots,27)$ 选项的第 $i(i=1,2,\cdots,63)$ 种指标为 m_{ij}，第 j 个选项的第 $q(q=1,2,\cdots,15)$ 种理化指标为 n_{qj}。首先进行选项的第一项指标与地区指标进行比较，n_1 为参考序列，m_i 为比较序列。由于对于不同的指标量纲不同，所以在计算相关系数之前需要对数据进行初始化即将该序列所有数据除以第一列数据的均值，消除量纲的影响。

$$X = (x_1, x_2, \cdots, x_n)$$
$$\hat{X} = X/x_1 = (x'_1, x'_2, \cdots, x'_n)$$

数据初始化后，求出参考序列和比较序列之间的序列差 $\Delta_i(k)$：

$$\Delta_i(k) = |n'_1(k) - m'_i(k)|$$

$\Delta_i(k)$ 表示的是 $n'_1(k)$ 与 $m'_i(k)$ 之间的绝对误差。再求出序列差中的最大值和最小值，分别称为两级最大差 M 和两级最小差 N：

$$M = \max\max \Delta_i(k)$$
$$N = \min\min \Delta_i(k)$$

关联系数 $\eta(k)$ 可以定义为下式：

$$\eta(k) = \frac{\min\min|\hat{X}^{(0)}(k) - X^{(0)}(k)| + \rho\max\max|\hat{X}^{(0)}(k) - X^{(0)}(k)|}{|\hat{X}^{(0)}(k) - X^{(0)}(k)| + \rho\max\max|\hat{X}^{(0)}(k) - X^{(0)}(k)|}$$

求出关联系数后就可以得到各组序列的关联度：

$$r_{1i} = \frac{1}{27}\sum_{k=1}^{27}\eta(k)$$

（1）由表8可以得出地区差异、性别、年龄的每个指标对语言态度的影响程度大小，以保持母语的理由为例，其主要因素和地区及性别指标的关联性较强，因此我们可以得出南疆少数民族语言态度的主要影响因素和地区、性别有关。

表8　　　　　　　　语言态度与各个指标之间的相关系数

	y_1	y_2	y_3	y_4	y_5
X_1	1.0000	0.5811	0.4523	0.7517	0.4144
X_2	0.4865	1.0000	0.6231	0.6361	0.5204
X_3	0.4508	0.6894	1.0000	0.5230	0.8263
X_4	0.7012	0.6612	0.4603	1.0000	0.4139
X_5	0.4144	0.6063	0.8271	0.4787	1.0000

（2）根据其各项指标之间的关联度大小可以提取最重要的一种或多种相关指标，进行函数拟合，建立一元或多元回归模型，这样可以量化关系，以便具体。

六　模型的优缺点

优点：首先，它利用降维技术用少数几个综合变量来代替原始多个变量，这些综合变量集中了原始变量的大部分信息；其次，它通过计算综合主成分函数得分，对客观社会现象进行科学评价；最后，它在应用上侧重于信息贡献影响力综合评价。

缺点：当主成分的因子负荷的符号有正有负时，综合评价函数意义就不明确，命名清晰性低，只能涉及一组变量的相关关系。

参考文献

[1] Bloomfield, L. *Language*. Beijin：Foreign Language Teaching and Research Press, 2002.

[2] Hallliday, M. A. K. *Language as Social Semiotic：The Social Interpretation of Language and Meaning*. Beijin：Foreign Language Teaching and

Research Press and Edward Arnold (Publishers) Limited, 2001, 9.

[3] Florian Coulmas, *The Handbook of Sociolinguistics*. Beijin: Foreign Language Teaching and Research Press and Blackwell Publishers Ltd., 2001, 11.

[4] Joan Kelly Hall, *Teaching and Researching Language and Culture*. Beijin: Foreign Language Teaching and Research Press, 2005.11.

[5] Sandrs Lee Mckay, Nancy H. Hornberger. *Sociolinguistics And Language Teaching*. Shanghai: Foreign Language Teaching Press and the Press of the University of Cambridge, 2001.

[6] 朱星宇、陈勇强:《SPSS 多元统计分析方法及应用》,清华大学出版社 2011 年版。

[7] 邬美丽:《在京少数民族大学生语言使用及语言态度调查》,硕士学位论文,中央民族大学,2007。

[8] 王洋:《新疆维吾尔族语言态度探析》,硕士学位论文,新疆师范大学,2004。

[9] John Hutchinson, Anthony D. Smith. *Ethnicity*. Oxford University Press 1996.

[10] Carla J., Reginald J., *Racial identity African Self-consciousness and Career in Decision Making in African American College Women*. Journal of Multicultural Counseling and Development, 1998, 26 (1).

[11] Phinney J. *Stage of Ethnic Identity Development in Minority Group Adolescents*. Journal of Erly Adolescence, 1989, 9 (1-2).

第三编
哲学基础理论

哲学应当是什么

胡也萍　申　楠

（美国价值与哲学研究会执行理事，Washington, D. C., 20064；
西安交通大学新闻与传媒学院讲师，西安，710049）

摘　要　本文对比探讨了古希腊哲学与中国哲学的作用与目标，指出哲学是作为一种生活方式和生存艺术的存在，并不断从文化和生活中汲取营养。而应对所谓当代的"哲学危机"的冲击，最好需要重新审视哲学最根本的出发点——追问最基本的问题并寻求答案；让哲学回归普通生活与文化，重新审视与自我定位，从中汲取影响并反之更好地为人与社会服务。并且，可以通过不同的哲学流派进行丰富的交流相互对话、相互倾听，为寻求"在全球化时代如何更好地生活"这一问题的更好答案共同努力。

关键词　全球化；文化；哲学危机；古希腊哲学；中国传统哲学

作为一种社会现象，"全球化"已经在全世界范围成型，并在诸多领域中表现出来，比如社会经济学、地缘政治学、文化学、科学与技术、迁移与移民等。很多理论、批判与实践也基于"全球化"这一基础展开。如果说"现代化"和"现代性"是18—20世纪（在西方社会或许会更早一些）的关键词，那么21世纪的主要特征则可以被认为是"全球化"。从这个意义上看，"全球化"对我们来说仍然是一个新事物，值得我们去发掘与研究，以便抓住新机遇，面对人类史上"新世纪"的全球化挑战。

乔治·F. 麦克林将人类历史3000年分为三个部分，大体说来，第一阶段是"神的时代"，第二阶段是"人的时代"，第三阶段则是"全球化时代"。也有人基于社会集群，将世界划分为"城市""乡村"以及网络空间。卡尔·哈斯佩尔将世界历史依照文明发展进程分为前轴期和后轴期。卡尔·马克思将人类历史分为奴隶社会、封建时代、资本主义时期、社会主义时期和共产主义。

事实上，每个时代的人们都在寻找自己的方式去理解、解释和描述其所处时代的特点、属性以及其所赖以生存的世界。并且用适当的方式去回应现实、积累资源。在此基础上，为了达成社会目标，为保证在公共和私人领域中管理与行为有序，以及为了建设一个所有人生活于其中能够感到幸福和满足的美好社会，每个时代都有其特有的原则、规则、法律以及导向。因此，渐渐地，每个时代都为整个人类社会发展与进步做出了巨大的贡献。同样，在全球化时代，我们应当负起责任去寻找回应新事物、新社会关系以及新挑战的适当路径。

就此来说，哲学就显得尤为重要，应当在社会发展与全球化的不断推进中发挥自己的作用。为什么我们认为哲学重要呢？在现今社会，哲学怎样发挥作用？到底什么是哲学？尽管这些问题看似简单，笔者却认为它们是非常难以回答的，因为这些问题隐藏在全球60亿人的生活中，而绝非限于一人、一国、一片大陆的范围内。

人们会说，当今世界是被经济力量、银行体系、大型社团、商业市场、看得见的或者看不见的网络交往等诸多因素支配、控制和决定的；那么哲学又能做些什么呢？基于一些相关研究，我将对"在当今社会哲学是什么"这一问题呈现个人理解；尤其侧重于对一些已有的东西方的学者、思想家关于"哲学应当是怎样的"问题进行阐述。

一　作为生活方式的哲学

2013年8月在西方哲学的诞生地——希腊雅典，举办了第23届世界哲学大会，主题是"作为探索与生活方式的哲学"。哲学到底是研究什么的？什么样的生活方式可以称为哲学？曾经的哲学和现代的哲学分别是什么？有何不同？

对于哲学源自于"疑问"的理解可以追溯到古希腊的柏拉图和亚里士多德。苏格拉底在《泰阿泰德篇》中指出"疑问"的哲学的标志。并且除了"疑问"，哲学没有其他的渊源。亚里士多德也认可这一对哲学的理解。在他的著作《形而上学》中指出，正是基于"疑问"，人们才开始进行哲学思考。

那么哲学家"疑问"的基本问题是什么呢？亚里士多德认为，他们最开始追问最基本的问题，进而一点一点提高难度，最后，开始追问困难事物。比如说，关于日月星辰的自然现象，以及宇宙的起源。很明显，亚里士多德这里所说即为自然事物。或者说，人们体会到的自然现象。正如 Omoregbe 所指出，希腊哲学来自自然的观察，因为他们思考两个基本问题：整体与多元及持续与变化。还有一些哲学家关注于主观世界。比如，佛教哲学源自对于人类经验与痛苦的观察。

综上所述，所有的哲学家都思考和追问一些最基本的问题，并试图寻找答案。这个过程就可以称为哲学思考，并且开始了哲学的生活方式。这种"追问"或者哲学思考，无法与社会和文化相分离，无法与人类现有条件分离，更无法与我们所在、与我们是谁、我们应当是谁相分离。作为生活方式的哲学是一种"现实存在的模型"，其目的在于整体上改变个人生活。

因此，哲学并非知识的简单加和或者展示人们的聪明才智，而是为了使人们能够重新审视并理解自身、理解自己所处世界与现实；能够对自己的生活目标和行为有一个更好的方向与准则，最终让生活更有意义和充满快乐。基于哲学的自身属性、目的以及哲学模型，可以说，哲学是"一种生活方式，一种生活和生存的艺术"。

但这并不意味着哲学只关注于现实、应用和实践，哲学同时是关于人类、社会、世界及宇宙的意识反应。正如皮埃尔·哈多所指出，一个很重要的问题，就是要区分哲学本身与哲学论著。哲学本身不仅是伦理学、逻辑学、物理学和认识论等必要的、用于教学目的的哲学论著的理论分类，而是作为一种生活方式，哲学"不再是一种理论划分，而是一个包含了生存逻辑、物理学以及伦理学的统一整体"。事实上，古老的哲学是一种源于生活经验的体会，它让人们"关注于生活中的每一个体验，关注于每一刻的无限价值"。这是智慧的训练和无限的维度。

哲学论著和哲学理论并非同一事物，就像哲学或哲学生活而非先前的服务于后期的。哲学不能被简化为哲学论著、系列哲学理论或者哲学知识，而是作为一种生活样板以及内心生存世界而存在。哲学可以帮助人们寻找很多基本问题的答案：比如"生活是什么""什么是有意义有价值的生活""我们是谁""我们为什么在这里""我们往哪里去""什么是死亡"以及"什么是快乐"等。

这是因为哲学的本质和目标是"爱智慧"或者说是"智慧的朋友"。因此，哲学就是不断地追求智慧。真正的智慧不仅让人们能够了解事物，更是要求一种生活和为人上的"巨大的改变"。"哲学的表现形式是一种思想、想法和个人存在的全部。"哲学的目标是获得"事实上人类难以企及"的智慧。

中国学者冯友兰指出，按照中国传统，哲学被认为不仅仅是知识的加和，更是一种重要的生活体验。这不是头脑游戏，而是一个非常重要的事物。中国哲学家将伦理学、印象、知识等诸多因素作为一个整体对待，同时认为知识与道德是一体的。人们遵循这种生活哲学，因为这种哲学的目的是让人更具有人性，而非某种特别的存在。冯友兰认为，柏拉图和中国哲学家在哲学观点中有一些共性，因为他们认为哲学的使命都是让人能够更为完美地发展，比如苏格拉底、柏拉图等，通过行为与生死观来检验哲学是什么。

中国哲学家不以"知识是有价值的事物"作为出发点、追求知识本身；并且也没有对个人与宇宙进行某些清晰的划分。他们选择从追求快乐的现实中获得知识，并更强调如何让人们成为完美的人。因此，哲学是"学习的分支"，它能让人们获得知识、自我完善。"因此，哲学讨论的是中国哲学家所称的'内圣外王'的道。"

冯友兰区分了两种哲学：世俗的哲学强调在日常生活与行为中人们的关系，形而上的哲学则关注于除去日常行为外的庄严领域。这两种哲学是唯心主义与现实主义的对立。但是，正如冯友兰所指出，中国哲学既不是完全的世俗的哲学，也不完全是形而上的哲学，而是超越世界的，因为它将差别、两分与对立综合为一个整体。"中国哲学是怎样做到的呢？这也是中国哲学家一直以来试图探索的问题，了解了中国哲学的精神，就是对哲学研究做出了巨大贡献。"

冯友兰和哈多论述的关于"作为生活方式的哲学"正是古希腊哲学和古典中国哲学的真意。但是当代的哲学又是怎样的呢？当代哲学依然扮演着如同古代东西方哲学所扮演的角色吗？换句话说，还能让人们彻底地改变他们的人生吗？当代哲学是否还能为一些基本问题提供答案？是否还能为人们生活中的迷惑寻求答案？为什么人们觉得哲学是一个非常难以学习的课程？为什么一些大学甚至撤销了哲学系？为什么

2013年世界哲学大会会把"作为生活方式的哲学"作为会议主题？

正如哈多所说，与古代哲学的生活方式相反，自从中世纪有了以专业训练为目的的大学出现之后，哲学渐渐地变为一种"纯粹的理论和抽象的活动"。在当代社会，大学哲学更简化为"为特定人群服务的技术话语建设""镜子前的小小围挡"。因此，哲学只与大学教育有关，并简化为教室里、图书馆中以及哲学教授书桌上的哲学论著的研究演进。哲学仅仅被定义为"阅读、写作或者口头表达中的文本实践"。哲学不再被认为是一种人们的生活方式，而仅仅是哲学教授的日常而已。这种所谓的"专业的哲学"完全将自己从"使得人们获得自我审视和自我改变视野的、具有充分的存在理由中"分离出来。

对于现代哲学专业的批判并不意味着哲学并不需要通过阅读、写作进行的文本实践，正如理查德·舒斯特曼所指出；相反，为了服务于哲学"传递与保存"见解、想法、知识等目的需要，文字是必需的。但是，很有必要"区分哲学本身与其传递与保存的形式"。哲学绝不仅仅是文本实践、文献样式以及文字，因为哲学的目的在于教会人们怎样活着而非如何辩论；教会人们怎样磨砺品德而非怎样著书。

事实上，哲学包括若干论著模式，这些论述就是哲学家生活的中心；但是，哲学不是论述，并且也不能被简单地简化为论述。在古代的东西方，一个人若是被认为是哲学家，恰恰是因为他们哲学的生活，而不是有重要的哲学论著；"哲学永远的敌人"就是哲学家仅仅满足于学术论著，并且深陷于对于概念、辩论以及著作的整理、分类与再确认的工作，他们不敢超越文字论著，不敢承担起彻底自我改变的责任。

哈诺德·I. 戴维森在对哈多的思想进行分析研究之后认为，哲学渐渐被简化为理论活动或者论著的原因有三个：哲学的原因、历史的原因和社会的原因。

从哲学自身的原因看，哈多认为"哲学家固有"的"哲学的自然倾向"使他们满足于论著或者脑力工作，而无法超越生活中的舒适地带。

从历史的角度看，中世纪关于神学与哲学的辩论将厚重推向了理论建构与理论抽象，在某种程度上抛弃了之前的精神训练。"哲学现在的角色是为宗教体系提供其所需要的'概念、逻辑、物理和形而上的材料'"，而不再与和宗教有关的精神生活相关联。

从社会的因素看，中世纪时期大学的作用是培养精于专业者。换句话说，教授教学生怎样积累知识、怎样学习技术和技能、怎样发展辩论能力等，使学生们能够在某些领域获得资格并且能够自学。"这给了自然倾向一个社会基础与发展动力，鼓励专业的技术语言，好像哲学深度被使用概念的抽象以及展示诸多真假命题所累。"

二 作为精神训练的哲学

如果说哲学是一种生活方式，那我们应当怎样哲学地生活？哈多认为，哲学是可以帮助人们精神成长与进步的一种精神训练。冯友兰认为，哲学能够让人们自我完善，或者发展圣人特征，最终使人们寻找天地人的联系的事物。冯友兰认为，哲学的生活是一个医生的思想、内心、身体与灵魂训练；在任何时候都不应当停下，以免人们丢掉了内心的宁静、和谐与平静。哲学家长期浸淫于研究、实践活动，因为哲学的生活是将"智慧"与"爱"融于哲学家一身。

冯友兰将人生分为四个境界：①自然属性，人们天真地依照其本身的自然属性进行行为和活动；②功利主义，人们自私地想为自己谋取利益最大化；③道德境界，人们将社会作为一个整体进行考量，因此不仅仅追求个人利益，同时也追求社会利益；④天地境界，当人们意识到自己并不仅仅生活在社会中，天地宇宙作为一个超越社会的整体，这个整体被称为"天堂知识"，其使命即为服务于天，享有这个整体就是享有天堂，这个整体就是"认同天堂"，人类最高成就就是人们生活在天地境界中，能够达到这一境界的人就是圣人。这就是中国哲学家试图达成的人生目标，也是人们终其一生的精神追求。

在中国文化中，圣人是指无法和绝对分割开来的具有神性的人，是无法与道德要素分开的"精神上的"人，是一个无法与真实割裂的"完整"的人。圣人让天堂绝对，他们在变化的世界中，从精神上追求道、追求本源以及达成追求的法门；他们能够生活在生命最高的天地境界，也能够在日常最普通的世界中生活。正如冯友兰所说，圣人可以将源与流、大与小、好与坏融为一体。圣人追求精神上能够与天地互通，并且能够从天地万物中获得滋养，能够与社会与人和谐共存。

中国哲学的最终目标是能够实现天地人合一,"内圣外王"的境界。它既关注现实世界又关注精神世界;既关注知识又关注实践;既关注人的本身、人与社会的关系,又关注人和宇宙的关系;既关注道德原则又关注精神修养。乔恩·M.库珀认为,真正的哲学的生活是指"生活在一切哲学理由之中",只有这样,人们才能获得最好的生活体验。从这个意义来看;传统中国哲学所认为的最好的人的生活是指寻求天地人的统一并且成圣,因为哲学不仅仅关于伦理学、知识和思辨,更关系到人们作为一个整体的存在。

同样的,正如哈多所指出,在古代西方,圣人们也已经认识到哲学的生活要求人们生活于宇宙与和谐之中。哲学的本意是爱智慧,它不仅仅意味着"思考训练""智力训练"或"伦理训练",而是超越了这些层次的"精神训练";因为"精神"揭示了这些训练的真意。通过这些训练,人们能够以整体的观点改变自身、完善自我。所谓智慧,不是指"人的某种状态",而是指"完美的状态以及能够提供预测的知识"。同时,智慧也关乎理解事物本质、关乎理性光辉中宇宙、关乎哲学的生活。作为"卓越的规范",智慧引领行为、提供生命的方向,并且能够全面地改造人。

亚里士多德提出有两种智慧:实践的与理论的。他认为,只有哲学思考才能让人们参与到神圣的生活中,达到卓越完善的状态,在人类社会实现卓越的智慧,并且获得最终的快乐。这个要求人们的内在转变及个人修行。正如哈多所说,个人修行不是现代意义上的禁欲或者苦修,而是在古代哲学中所说的"特定的、专一的精神训练……内在的精神与意识活动"。在亚里士多德看来,纯粹的理论论著或者科学研究都不止于其本身,而是一种理论生活。或者说,是思考的生活、智力的活动;是达到至高快乐、获得至高智慧的生命体验。

正如哈多所指出的那样,苏格拉底之所以无法划分到某个类别,正是由于他是一个真正爱智慧的哲学家。柏拉图自我定位为爱神,是虽然没有智慧但是却知道怎样获得智慧的 Poros 和 Penia 的儿子。哲学的本源使获得智慧、达成天地人合一、成圣以及发展神圣的人格成为其根本目标。哲学的过程就是直观、持续、不受限制的精神的活动。这样看来,智慧是一种能够使人们心灵的平静、内心的自由以及宇宙的感受的路径。

这种精神活动或者说获得智慧的活动，以及追求天地人统一的活动，被世界各国的哲学家实践着，他们既活在现实世界中又追求精神境界、认为现实生活和精神追求不可分割；他们为努力触摸"岩洞顶"做出了巨大贡献，并且在面临嘲笑、摧毁和消灭时回归精神世界。他们明白，"岩洞"不仅仅是指现实社会，也是指我们最开始存在的社群。没有一个人和一部法律能够强迫他们回到"岩洞"中去，而是他们的责任、诺言、怜悯以及对智慧的爱，促使他们将真理的光辉和快乐带给还在"岩洞"中的人。因此，哲学源于生活、文化、人性与现实，而不是仅仅存在于某些人的思想、意识、见解和文献中，虽然哲学文献也是哲学活动的重要组成部分。

哈多认为，柏拉图的话语是一种在公共领域中的公共意识活动。每个人都通过考问自己的良心和注意、回答"认识你自己"的德尔菲神谕，乃至审视他人和整个城邦，参与到精神训练中去。"对话是思想的旅行"，通过对话，人们可以认识自己，自己并非智者，而是一个"在通往智慧之路上"的哲学家。

精神训练并不是将哲学从现实生活中分离出去；相反，哲学致力于改变人类的灵魂、改变他们对自己、对他人和对世界的认识。所以，一方面，"宇宙是宏观的人类社会、人类社会是微观的宇宙"；人们能够通过整合协调内心世界而变得更为完善。另一方面，因为人类受限于各种各样的现实存在，我们依照爱和公正承认并满足社会责任和义务，自觉、主动地思考我们是谁、我们在哪里以及如何提升精神世界。

伽达默尔·高达美指出哲学家应当"注意他所宣称想要达到的目标与其所处现实之间的差异"。因此，作为一种精神训练，哲学与超越了现实存在的"精神世界"相关联。就此来说，哲学是生活的艺术，是学习怎样阅读、怎样对话、怎样生活和怎样死亡以达成与智慧共行、至少更靠近智慧的一种实践。

三 结 论

在本篇文章的最开头，我们提到了全球化，提到了我们现在生活在一个更为复杂的全球化年代。怎样理解我们所处的这个新时代？哲学如何在当代社会中帮助我们处理一些新问题？怎样理解当代的哲学？哲学怎样为我们所处的社会做出贡献，才能使我们每个人都能更为充实地活着？哲学依旧能够帮助我们寻找关于生命、自然、过去、现在和未来的基本问题的答案吗？

高达美认为，在科技时代，哲学已经变为某种"空想和不切实际""乌托邦和式微的"事物，解释学意识也许能够帮助哲学摆脱现在所处的困境。他建议我们应当开始正确地理解和审视文化。一方面，这不仅仅意味着"形成""培养"或者"教育"人们的智力与道德、情感与性格、能力与天赋；另一方面，这也意味着引发"人类基因中的神秘主义传统"预测意向。绝对与天道，之后就是人们磨砺自我、塑造自我、表达自我与发展自我。

因此，文化不是在科学建设中理解与获得的，而是通过"内心培养和形成的，因此，也是不断建立与完善的"。我们在时空中依靠文化而生存；我们寻求某种精神与道德标准来规范行为与改变现实；我们在生活中体会"更充足、更富裕、更深刻、更值得、更令人钦佩、更高等级的事物"。这是我们能够获得平静与完整、正直与慷慨、快乐与满足的激励的力量与深层动机。

麦克林认为，文化是一种带着欣喜的起源的复活，能够引领我们"超越自我和他人、身份与差异，最终达到互相理解"。文化作为一个复杂的整体，需要人们一代代地完成价值整合与优点发掘。作为一种累积的智慧，文化反映着最深刻的生活智慧并且代代传承，超越时空、超越历史。这样的传递过程，调整和应用文化的传统价值，不仅仅是继承过去的遗产，更是属于当代的创造性体验。这促使我们不断发掘恒定的、普遍的真理，还应该能够预测和感知在未来的价值意义。从这个意义上看，正是因为文化是特定人群在特定时空中的生活体验，所以文化既具有稳定性，又具有变化性；既是横向的，又是纵深的。正如冯友兰所说，文化根植于伟大的精神。或者说，伟大的整体。文化的基础促使文化多元，人们参与到探索无限完美的追求中去，好与美通过人们追求智慧的精神延伸，显示在人们的现实生活之中。

因此，作为一种生活方式和生存艺术的哲学，不断从文化和生活中汲取营养。作为智慧的好朋友，哲学必须从"象牙塔"里走出来并回归生活、回归普通人和文化，重新汲取营养以便更好地服务于人民和社会。哈多和冯友兰都曾指出古希腊和中国传统哲学都关注于"怎样生活"和"怎样更好地生活"。如果说当代哲学存在危机的话，也许是因为哲学放弃了它最根本的出发点——追问最基本的问题并寻求答案。哲学正站在一个岔路口上，不同的哲学流派可以通过丰富的交流相互对话、相互倾听，为寻求"在全球化时代如何更好地生活"这一问题的更好答案共同努力。这就要求人们去了解天地人的观念，以及如何成为智慧的真朋友，由此，我们才能获得关于"我是谁"这一历史性问题的更深刻的理解。

参考文献

[1] [意] 黑格尔：《哲学史讲演录》第四卷，贺麟、王太庆译，商务印书馆1981年版。

[2] 马克思、恩格斯：《关于费尔巴哈的提纲》，人民出版社2002年版。

[3] [美] 弗雷德里克·詹姆逊：《现代性、后现代性和全球化》，王亚丽译，中国人民大学出版社2004年版。

[4] [英] 安东尼·吉登斯：《现代性的后果》，译林出版社2007年版。

[5] 周穗明：《现代化历史、理论与反思》，中国广播电视出版社2002年版。

当代哲学面临的挑战与科学合理性问题

张周志
（西北政法大学哲学系教授，西安，710063）

摘　要　在我们生活的世界中，哲学至少面临五大挑战：自然科学与社会科学的冲突、跨学科的问题、自身反思的终极性问题、伦理学及实践领域困惑，以及跨文化理解或全球化问题。

特别是面对当代科学技术的迅猛发展，在推动着整个社会生活日新月异的同时，由于工业对于科学技术的滥用，不断加剧的时代性、全球性问题的凸显，从而使科技理性与人文精神的矛盾日益突出。由此决定了对于科学合理性问题的重新审视，尤其是对于科学研究、科学发展以及科技开发和应用的合理性的深入研究，不仅在学理上显得越来越重要，而且在现实中也变得越来越迫切。

事实上，科学作为人类现代文明的伟大事业，无论从其出发点的价值目的还是从其价值实现的评价标准上看，都应当是科学理性与人文理性、工具理性与价值理性的统一。而只有中西哲学思维在各自现代化的过程中实现优势补充，才能真正实现上述统一。唯其如此，必须以中西会通的全球思维研究和解读科学合理性问题。在尊重西方哲学分析理性精神的学理传统，忠实于现代西方科学哲学的主要流派的主要代表人物的原著、思想的基础上，突出科学理性与人文理性相统一、合理性与合目的性相统一、真理与价值相统一的基本立场。坚持以全球化的视域、人类性的情怀、整合创新的态度，揭示科学研究、科学事业、科学理论、科学发展以及科学应用的合理性。

关键词　哲学；挑战；合理性；自身反思；科学合理性；中西哲学会通

一　当代哲学面临的五大挑战

（一）第一个挑战来自自然科学与社会科学的领域

让我们以神经科学方面的新发展为例。神经科学已经成为一个繁荣的产业。然而，笔者认为这存在一种危险：经过神经科学训练的人可能会倾向于将所有的意识过程，包括对有效性的主张，都归结于神经—心理的因果链的产物或效果。关于神经心理学的发现与哲学之间关系的热烈讨论仍继续着，一位对大卫·查尔莫斯的声望做出评价的哲学评论家声称，与神经过程相比，意识体验似乎有一种异质特征，因而不能轻易地还原为这些过程。笔者认为，尽管在神经过程与有效性主张之间建立相互关系，如果将有效性仅仅还原为任意性的神经激发过程的因果产物，将会破坏人们对神经过程的因果性力量做出的有效性主张。什么使一个任意的神经激发过程有效，另一个无效呢？有效性主张在一个独立于神经条件的领域中发挥作用——没有这些条件状况，人无法提出有效性主张，或追求达成这些有效性主张的理性过程。类似地，在社会科学方面也有关于适当方法论的争论：定量的还是定性的，统计方法论，理想型的建构，还是其他的方法论。在笔者看来，哲学在这个讨论中扮演一个角色：就目前在选择哪种方法论的决定上，因为某种方法论与所有的经验科学都一致，从而决定运用它，这存在一种风险——忽略了社会科学所研究的社会世界的显著特征，尤其是这一事实：人类和社会科学的研究解释着社会，而自然科学研究的电子和分子并不解释世界。因此，除了定量的社会科学，还需要定性的社会科学。此外，如果一个人认为，可以以研究物质客体（它们并不解释世界）的同样方式来研究进行解释的人类，那么就会增加误解他人的机会，后者忽略某个行动相对于行动者的意义——理解他人毫无疑问是哲学社会科学的重要任务。

（二）第二个是跨学科的研究和学科交叉对于传统哲学及其教育方式的挑战

与自然科学和社会科学的挑战相联系，指向当今哲学所面临的一个更大挑战，即跨学科的问题，也就是哲学与更多学科结合的问题。人们可以想出许多可能的哲学与其他学科结合的领域，在我们设想所有可能的"关于"某某"的哲学"时,例如,文学哲学、数学哲学、科学哲学、语言哲学、宗教哲学、艺术哲学等,这些结合就很明显。当今世界的哲学不可避免地与其他学科的结合,这种结合可能有益于哲学,起码使哲学从中受益。

(三) 第三个挑战是哲学自身反思的终极性是否仍然有意义的问题

尽管后现代主义哲学提醒我们反对"宏大叙事",但笔者认为,如果不对我们从事的哲学思考的终极假定提问,就会存在一种危险。这个危险就在于我们将影响我们的因素视为理所当然,在哲学上没有负起足够的责任来问那些需要问的问题。西方传统中的伟大哲学家,如柏拉图或康德,都对他们的哲学观点所依赖的终极框架进行提问。马克思提出了有关所有哲学思考的最终假设的问题,例如,对于人权的哲学讨论是否可以为根本的生产关系服务。胡塞尔反思到先验自我——它体现在每一个思考或生活着的人那里,但是隐匿的。而维特根斯坦在《哲学研究》一书中解释了在许多领域发挥作用的一个语言游戏的意义,包括哲学本身,他自己对语言游戏的整体解释,对任何语言使用的可能性条件的说明。笔者认为,这种询问终极问题的动力至今仍是哲学的挑战,否则就会陷入未经反思的假定,并屈服于某种教条主义。

(四) 第四个挑战来自伦理学及实践领域

到目前为止,笔者的讨论都集中于基本的认识论问题,或许还包括了形而上学问题,但是,在这些领域提出哲学问题时,我们是冒着险情、未曾审视一些关于我们该如何指导自己的生活的重要问题,即伦理学问题,或为伦理信念证明的问题。正如哈贝马斯指出的,这些关于应当的问题依赖于一种不同于理论理性或认知—工具理性的理性。阿佩尔与哈贝马斯的法兰克福学派认为,不研究伦理学就是把理性领域让渡给认知—工具理性,放弃了对不道德或压制他人的理性批判的可能,并且危及了不同民族和文化达成全球规则的机会——这些规则应当规制我们互相交流的方式。在笔者看来,在伦理理性层面之下,存在刻画我们与他人的关系的伦理特性的东西,在这里,他人召唤着我们每一个人对彼此的伦理责任。正如柏拉图所说,任何理论主张都是在一个对话情境中被表达出来的,其中包括了他人召唤我们做出理论说明。对于哲学家莱维纳斯而言,伦理学是第一哲学,推理本身的情境是十分重要的。他人引发的伦理责任抵消了理性控制他人的趋势,并对此提出疑问。犹如尼采所发现的，理性通过声称这仅仅是个纯粹理性的问题，一直以来掩盖了它的控制。当今哲学面临的挑战之一就是认清伦理学的重要性以及哲学本身的伦理维度和责任。

（五）第五个挑战是跨文化理解及全球化的问题

如果伦理责任存在于交谈的最底层，正如笔者相信的，它也需要我考虑到他人或别的文化与我和我的文化之不同，并且需要我意识到我对他人理解之限度。在民族交流与文化交流中经常存在一种危险：依赖一种自我封闭的理性，一个民族、文化或个体会将他者划归在自己的范围内，并对他者强加一种错误的解释——正如尼采所见，一直确信自己解释的充分性，并能够为此解释提供合法性证明。那种无视他人及其干预与反对的对他人的解释本身就是一种暴力行为，笔者担心它会导致更大的暴力，比如种族灭绝或战争。笔者认为，以对他人的伦理责任及与他人的团结为基础的跨文化理解，为进一步讨论哲学面临的全球化问题提供了基础和必要条件。持续的全球化要求哲学考虑人权、经济平等、民族主权、国际法、民主化和其他一些问题。全球化还要求大学结构的转变，以及哲学系课程的修改。尽管笔者所在的学院要求两种不同的课程——一种是全球水平的，但是笔者在前面描述的哲学要求中却没有一门有关亚洲哲学的课程，笔者认为这是一个缺陷。

二 现当代西方哲学关于科学合理性问题的反思

科学合理性问题是现代西方科学哲学讨论的中心问题，也可以说是西方哲学思维一脉相承的传统。西方哲学史上，理性的原则被诉诸逻辑，起码认为理性的主要规则是逻辑，特别是把科学合理性诉诸科学逻辑。所以，关于科学合理性的研究，就集中表现为对于科学发现的逻辑、科学证明的逻辑（辩护的逻辑）的研究。对于科学合理性（rationality）（主要是对于科学逻辑）的不懈探索，构成了科学哲学内在的一条主线。

在科学合理性这一科学哲学讨论的中心问题上，现当代西方哲学由于其思维传统的特点，各种流派和思潮对此的解决方案都存在一定的问题。逻辑经验主义者不仅秉承实证主义的传统，而且借鉴了现代分析哲学的语言分析方法，把哲学归结为科学哲学，进而把科学哲学归结为科学逻辑。他们着重从科学理论的静态结构中探讨科学的合理性，把科学的合理性诉诸科学命题、科学理论的实证方法和意义标准问题。因而通过概率逻辑的手段，维护科学发现合理性的归纳主义基础，试图建立一套关于科学理论的选择和评价的形式演算体系，通过概率逻辑的演算，把高概率作为接受一个科学假说和确认一种科学理论的意义标准。他们用哥德尔不完全定理回击反归纳主义者的求全责备；根据爱因斯坦的相对论论证经典力学与相对论力学的对应性；结合量子论和量子力学说明经典物理与现代物理的互补性；在坚持分析—综合命题区别法的前提下，通过使用语言分析哲学的手段对于科学理论进行语言结构分析，试图建立一套科学理论的物理主义的人工语言体系，从而守住科学合理性的归纳主义阵地。尽管波普尔表面上激烈批判关于科学理论评价的归纳主义方法，他独辟蹊径，力图建立一套关于科学假说（科学理论）的演绎规则体系，但在实质上，他的这种批判理性主义的证伪方法论，也是科学合理性的归纳主义基础的另一种辩护方式。尽管逻辑经验主义通过种种方式对于科学理论的静态逻辑分析是卓有成效的，但仍然不能掩盖其缺乏对于科学理论动态发展合理性研究的缺陷。

历史主义流派则着重从科学理论的动态发展中揭示科学的合理性。当他们发现科学史上许多重大科学发现的事实与逻辑经验主义的科学合理性标准相悖时，不是简单地否认科学的合理性，而是选择将科学合理性与逻辑分离开，从主体、社会和历史的诸方面建构新的合理性理论。库恩的以"范式"的变革为核心的科学发展的合理性理论，既承认常规科学阶段科学理论的相对稳定性，又没有把"范式"绝对化。他不仅承认任何"范式"都有不完善的地方，而且"范式"也是一个历史范畴。在反常事件越来越多时，常规科学以及它赖以存在的"范式"就进入科学危机时期，危机终将导致"科学革命"。"科学革命"中建立起来的新范式与革命前的旧范式是"不可比"的，它们分属截然不同的理论框架，它们之间是不可通约的。对于"范式"变革有无合理性，新旧"范式"规范下形成的两种科学理论之间的合理联系等科学进步的问题，库恩往往以"解决问题"代替"接近真理"的方式来应对。历史主义者，在充分认识到科学合理性的社会性、历史性等复杂性的同时，忽视了对于科学理论及其结构的合理性的形式分析。这又走向与逻辑经验主义相反的另一个极端。

由此可见，逻辑经验主义和历史主义在科学合理性的探索上，走向两种极端的思维路径，前者（逻辑经验主义）由于把科学方法、推理规则和元科学概念等视作不随科学发展而变化的东西，因而陷入预设主义。后者（历史主义）由于把科学理论的取舍与否以及科学理论的正确与否等诉诸科学家共同体的心理和社会因素所决定的"范式"等，而缺乏客观标准，因而陷入相对主义。

鉴于上述缺陷，夏皮尔根据20世纪五六十年代科学史研究中的新发现，对科学发展做出了与库恩、费耶阿本德不同的结论。夏皮尔一方面承认科学变化是深刻而普遍的，科学中没有任何不可更改的预设，因而坚决反对逻辑经验主义的预设主义；另一方面他又认为60年代革命派走得太远了，竟然怀疑现代科学优于以往的科学、怀疑科学的进步，这种相对主义观点必须予以驳斥。夏皮尔认为，一方面各个时期的科学合理性标准是不同的，另一方面这些不同标准并不是"不可通约的"，它们之间往往存在相互联系的推理链条，通过这一推理链条，便可以说明它们之间的合理发展。因而科学的合理性标准是同发展着的科学内容一道"合理地演化"的。夏皮尔把如何能够主张科学的合理性标准自身也经历着合理的变化这个问题当作科学哲学的"根本问题"。他根据科学中的理由所具有的三个特性或"理由内在化"的原则，说明科学自身含有合理发展的前提，不假外求。科学的合理性标准的改变是否合理的问题，无须上诉高一级的不可改变的标准来判决，而可以根据我们能够得到的最好理由——同一个研究领域有关的背景知识来作出判断。科学合理性标准是同发展着的科学内容一道"合理地演化"的。

拉里·劳丹的代表著作《进步及其问题》掀起了反实在论的高潮。他以区分科学中"经验问题"和"概念问题"为切入点，主张"经验问题"并不是来自纯"中性的"观察，而是有一定的主观色彩的，因为观察中往往渗透着理论。劳丹提出"研究传统"的进化的合理性理论。劳丹认为，"研究传统"的自然进化是在科学家发现有更好的解决问题的新理论时，放弃旧理论，从而达到修改研究传统中一些特定的具体理论实现的。而当一个不被重视或不为人所知的研究传统发展到这样的一个阶段，以至于信奉其他研究传统的科学家们不得不把它当成竞争对手时，科学革命就发生了，即"研究传统"发生革命性进化。科学革命表现了科学进步的间断性和连续性之间的矛盾，但是"解决问题"就可以解决这一矛盾。劳丹的"研究传统"进化的科学合理性理论，明确否认科学进步的目的是揭示真理或接近真理，他用提高理论解决问题的效力作为科学追求的目的。

纵观现代西方科学哲学诸流派在解决科学合理性问题上的角度、方法及思路，一方面可谓各具特色，另一方面也贯穿着西方近代以来理性至上原则的共同话语倾向。无论是逻辑经验主义通过实证原则和意义理论对于科学概念、科学命题、科学理论体系的合理性的静态分析，还是历史主义流派通过"范式""科学研究纲领""研究传统"等的变革对于科学进步的动态过程的合理性的揭示，以及新实在论通过构成一个科学问题的条件的分析来探索科学的合理性标准如何经历着合理性的演变，等等。他们共同的出发点和共同的目标追求都是要捍卫科学的理性原则，但其结果都多少有些不尽如人意。究其原因，不能简单地归结为科学越来越具有非理性色彩，还应当看到我们用纯粹理性去规范科学这一实践领域的经验世界的东西，必然在思维前提和方法论上埋下矛盾的种子。因为理性和经验本身就有矛盾。科学所揭示的自然律究竟是否符合理性原则，理性自身也不好枉作要求了。这就不可避免地造成现代西方科学哲学的悲剧：越是想揭示科学的合理性，科学就越与理性离心离德。

当现代西方哲学的科学合理性理论面临困难重重时（逻辑经验主义面临"归纳问题"及"乌鸦悖论"等困惑；波普的批判理性主义也必须面对奎因-杜桓的抨击；从方法论上维护科学合理性的传统理性主义的努力也无济于事；即使牛顿-斯密斯从科学实在论的立场提出温和的理性主义辩护观点，也难以应用于人文科学，如果不能应用，就必须证明人文科学与自然科学有不同的合理性，或人文科学没有合理性），西方思想界开始了对于科学技术进行人文主义的反思。哈贝马斯和丹尼尔·贝尔的科学技术决定论，海德格尔从关注人的生存状态出发的《关于技术的追问》，新实用主义者罗蒂对现代性的科学理性及合理性思想进行的批判，利奥塔的《后现代状况——关于知识的报告》，试图对全部现代知识传统提出根本性的挑战和全面改写，福柯对作为西方现代性的核心的"理性和主体性"的消解等后现代思潮层出不穷。不管他们对现代科学技术表现出乐观还是悲观的态度,甚至由于其对于科学技术异化的悲愤之情和对于现代性的理性至上原则的叛逆之心,都容易使人们对其产生消解科学合理性问题的错觉,然而他们希冀科技理性与人文精神的相得益彰的良苦用心,都是同样善良和一致的。这一点不仅与中国哲学思维重视人文精神的传统不谋而合。而且为我们以中西思维会通的方式研究和解决科学合理性的思路提供了支持。

三　中西哲学会通视域的科学合理性

我们主张,以中西哲学思维方式整合创新的全球思维,解决科学合理性问题。在基本思路上集中表现为下述几个方面:

首先,坚持科学的功利价值与道德价值相统一。

中国传统的儒、道、佛互补,以儒为主的文化及其思维方式,在思维目标上都偏向于关心人事,它所揭示的是做人的道理,即人生的哲理以及情理和事理,其思维目标是"论道""践仁"。而西方文化及其哲学思维,在历史和逻辑的起点上所关心的重点,则是人以外的对象世界,特别是自然界的客观真理。

尽管近代以来伽利略和培根开创的研究自然之"虚理"的科学精神,在秉承着古希腊探索自然的精神。但笛卡儿"我思故我在"的主体性原则的呼唤,使西方哲学回到自我精神的家园。这种"求自识"的主体性原则,与中国哲学向内反求诸己的主体悟性原则走向一致。由此奠定了以中西会通的方式,重新解读科学合理性问题的思想基础。在科技理性的全球化时代,解决科学合理性问题,必须使其建立在既关心人又关心物和事、人事并重,心物共显,主客统一的基础上,从而使科学的合规律性与合目的性上相统一。超越传统中西方哲学思维分离所造成的要么见事不见人,要么重人不重物的两难偏颇的历史怪题。走出事实与价值二分法的思维误区,从而克服当下科技理性造成的人类中心主义(Anthropocertrism)与自然主义的矛盾,使科学的真与道德的善以及艺术的美相得益彰。

其次,在科学的思维方法上,融会整合中西方哲学思维的智慧,使科学的合理性发现、发展和应用,与人类健全的心智能力相协调。

中国传统思维所崇尚的直觉悟性方法，与西方传统思维所偏向的经验归纳和精分细缕的分析方法，在近现代经验自然科学的发展中的确发挥了大相径庭的作用，前者与经验自然科学格格不入，后者则直接引领了经验自然科学的繁荣昌盛。但是，在经验自然科学向理论自然科学深入，科学的视域从宏观深入微观和宇观领域时，中国传统思维所崇尚的"致虚极，守静笃。万物并作，吾以观复"直觉顿悟方法，对于西方哲学思维所推崇的经验归纳和理性分析的补充作用就显得十分重要。庄子主张"无思无虑则知道"，黄宗羲则鼓吹"湛然之知"等方法，与胡塞尔的本质直观方法具有类似性。现代科学的合理的思维方法，应该是人类健全的心智能力的全面呈现，经验归纳、理性分析和悟性的直觉缺一不可。

最后，积极整合中国传统哲学的整体性思维与西方传统的分析性思维的合理因素，并以此解读高度分化同时又高度综合双重趋势下的现代科学的合理性。

中国传统哲学强调天人合一的整体性思维，其知合而不重分的模糊性，与近代以来西方科学的高度分化的趋势相悖，犹如西方传统哲学的分析思维与日益综合化的当代科学发展趋势相悖一样。当代科学在高度分化的同时呈现出的高度综合的双重趋势，要求我们必须在现代和后现代的视域，积极整合这两种思维的优点，使科学的合理性思维既不失之偏颇，又不大化流行，形成精确而全面、深入而系统的全方位思维。

参考文献

[1] 张周志：《全球化视域的中西哲学思维方式会通》，陕西人民出版社 2008 年版。

[2] 张周志：《论西方科学合理性的理论进路》，《学术研究》2009 年第 2 期。

[3] 张周志：《论中西哲学思维方式会通视域的科学合理性》，《理论导刊》2005 年第 5 期。

[4] 《论德性对于规范的滋润》，《上海大学学报》2014 年第 2 期。

对庄子哲学几个争议焦点的辨析

谢阳举

（西北大学中国思想文化研究所教授、副所长，西安，710069）

摘　要　庄子平生以道为宗师，以德自处，是中国古代极有高行的哲人。他继承和发扬老子哲学精神，发明哲学怀疑的方法，保守独立自得的准则，寻觅走出乱世的端点，开启了全新的哲学探索，创制出许多中国哲学观念。他以气论和"道观"的方法论发展了老子道论。道观方法是道家思维完成普遍化、客观化的重要环节，在根本性质上"定义"了中国哲学。逍遥游捍卫存在与价值、人与自然、工具价值和内在价值的统一。"齐物论"依靠两行逻辑建构起捍卫多元认识论的方法论，推动人们通过超越而臻于道的胸怀和视野。非如此，就不能平等、开放、公允地看待事物和言论；非如此，就不能包容小道、息辩止争而归于大道。庄子对儒家仁爱机制的反思有利于真正道德主体的确立。庄子从逻辑和形而上学的道论上寻求原则，对百家争鸣的终结和回归道的统领做出了积极贡献。

关键词　庄子；怀疑；逍遥；齐物；道观；价值

庄子是老子之后道家思想史上最为中坚的人物，也是中国古代一位极有高行的哲人，他谨守大道和无为的精神，表面上消极，其实合乎社会生机恢复的需要，从长远看反而最积极有效。战国差不多是无政府主义时代，战乱频繁，价值观颠倒，人性异化，百家风起。社会大乱需要根治。庄子认为，扭转当世需要文化和理念的突破，所以他痛批黄帝尧舜以来弊端深纳的历史和"中国之君子"，[①] 意思不外是要跳出当时三

[①] 《庄子·在宥》篇说："昔者黄帝始以仁义撄人之心，尧、舜于是乎股无胈，胫无毛，以养天下之形。愁其五藏以为仁义，矜其血气以规法度。然犹有不胜也。"《庄子·田子方》篇温伯雪子说："吾闻中国之君子，明乎礼义而陋于知人心。"案：庄文充满寓言，它们涉及的人物固然不可轻与真实历史对号入座，但是反映庄派思想当然不存在问题。

代以来文化传统的积淀，引导人们超越俗学俗思，① 以大道为宗师。庄文有《大宗师》一篇，说的就是这个意思。在老庄那里，欲扶正和调适社会认知和价值的紊乱，必须要有终极的依据，九九归一，这个依据就是"道"。这就像柏拉图当年要使雅典拨乱反正而抬出终极的理念一样，是合乎人类思维原理的。踏上大道的坚实道路，引导人们齐物而大通，让人民返璞归真、还本复性，使丧己失性的人重新回归独立本真的人，社会才有希望。应该说，他的思想比大多数同时代人要深刻一等，他是要通过哲学的破解而根治文化异化、恢复健康社会。正因如此，他批评当时诸子各种修补式的救治不亚于"是以火救火，以水救水，名之曰益多"（《庄子·人间世》），即扬汤止沸，火上浇油，所以他不屑于当时某些贩卖道术、游说诸侯、奔走投机的行为。数千年来，庄子学对中国哲学、科学、语言学、文学、艺术、宗教、政法等都产生了巨大深刻的影响；中国人的心灵、精神底蕴、终极价值观都离不开庄学。

一 怀疑方法和庄子哲学的关系

庄子是不幸的，他生活在天下大乱、登峰造极的中国战国时代；庄子又是"幸运的"，他生活在一个哲学家有用武之地的时代。中华文明上下纵观5000多年，战国位居中游，堪称新旧交替的巨大转折点。这个时期，非正义的战争和强权政治大行其道，自炎黄草创，经夏、商、周形成的基本社会结构和价值观地动山摇，社会秩序与规范系统分崩离析，生灵涂炭，人生祸福难测。中国历史记忆中第一次刻录下什么叫社会政治大灾难。《庄子》书中有大量描述：

> 方今之时，仅免刑焉！福轻乎羽，莫之知载；祸重乎地，莫之知避。（《庄子·人间世》）

在这个悲剧时代，躲过刑罚就算幸运了！福比羽毛还轻，不值得在

---

① 《庄子·缮性》篇说："缮性于俗学，以求复其初；滑欲于俗思，以求致其明：谓之蔽蒙之民。"

意；祸比大地沉重，人们在劫难逃。

> 今世殊死者相枕也，桁杨者相推也，刑戮者相望也，而儒墨乃始离跂攘臂乎桎梏之间。（《庄子·在宥》）

放眼望去，遭横祸而亡者死尸成堆，带上刑具银铛入狱者人满为患，成批的被集体镇压，而儒墨还夹在中间推搡鼓噪。所以，庄子鄙薄儒、墨、纵横等学派，因为他们的围观、谋划不啻于给战乱推波助澜。

当时的思想学术界状况如何？后人都称道是百家争鸣、学术繁荣，然而身处那个时代的智者道家却不是这么看的，比如庄子，在他眼中，那是百家混战，泛滥无归，没有公是公非。他"以天下为沈浊，不可与庄语。"（《庄子·天下篇》）他谴责和厌烦百家的迷乱、学术的分裂。《庄子·天下篇》笔下当时的思想状况是：

> 天下大乱，贤圣不明，道德不一。天下多得一察焉以自好。譬如耳目鼻口，皆有所明，不能相通。犹百家众技也，皆有所长，时有所用。虽然，不该不遍，一曲之士也。判天地之美，析万物之理，察古人之全。寡能备于天地之美，称神明之容。是故内圣外王之道，暗而不明，郁而不发，天下之人各为其所欲焉以自为方。悲夫！百家往而不反，必不合矣！后世之学者，不幸不见天地之纯，古人之大体。道术将为天下裂。

时代无政府趋势达到了顶点，人民痛苦绝望，百家应声而起，各执一偏，背离大道，竞相逞能，正如一个人中枢神经错乱，其他器官功能不能协调一样，是十分危险的。这样的百家，不啻如给政治野心家们燃起的欲望火上浇油，只能使天下更加疯狂迷乱。庄子是战国百家当中冷静而理智的一位。

如何早日迈出这个历史丛林期？如何安身立命？正如朱熹所言，大疑大悟，小疑小悟，不疑不悟。一方面庄子转向内心，转向主体自身，寻求自我独立，清理认识理路和限度。另一方面，他转向对外部世界、文化和道术传统的追问与批判。这迫使他走上独立怀疑之路，并最终在中国哲学史上首次发明出怀疑的方法。

庄子哲学最大的贡献首先就在于奠立了一种深刻怀疑的方法，这是打破教条、转向重建的基础。《庄子·齐物论》有两段话：

> 啮缺问乎王倪曰："子知物之所同是乎？"曰："吾恶乎知之！""子知子之所不知邪？"曰："吾恶乎知之！""然则物无知邪？"曰："吾恶乎知之！虽然，尝试言之：庸讵知吾所谓知之非不知邪？庸讵知吾所谓不知之非知邪？"
>
> 昔者庄周梦为胡蝶，栩栩然胡蝶也。自喻适志与！不知周也。俄然觉，则蘧蘧然周也。不知周之梦为胡蝶与？胡蝶之梦为周与？周与胡蝶则必有分矣。此之谓"物化"。

怀疑外界事物，怀疑确定的知识之可能，怀疑有是非标准，怀疑认知能力本身，该怀疑的在这里都摆上了哲学的试验台。在哲学史上大哲学家那里，梦常常被用作怀疑的素材。庄子的蝴蝶梦对主客关系及其认识进行了颠覆式的设想，没有这种主客的质疑是不可能推出"道"这个超越而具体的终极存在的。这些怀疑是开启新思想必要的起步，不把某些前提悬置起来而重新寻找坚实的地基，就等于置身混乱，模式目的，画地为牢，永远在现象世界兜圈子。可以说，怀疑方法是庄子哲学的根本方法。老子曾经说"道可道非常道，名可名非常名"（《老子·第一章》），实际上已经树立了一种审慎的怀疑态度。老子又说："为学日益，为道日损。损之又损，以至于无为。无为而无不为。"（《老子·第四十八章》）"损"字表示反思的方法，相当于今人讲的"批判思维"。庄子大大发展了这一点。《庄子·大宗师》中有这样一段话：

> 南伯子葵问乎女偊曰："子之年长矣，而色若孺子，何也"？曰："吾闻道矣"。南伯子葵曰："道可得学邪？"曰："恶！恶可！子非其人也……参日而后能外天下；已外天下矣，吾又守之，七日而后能外物；已外物矣，吾又守之，九日而后能外生；已外生矣，而后能朝彻；朝彻而后能见独；见独而后能无古今；无古今而后能入于不死不生。杀生者不死，生生者不生。其为物无不将也，无不迎也，无不毁也，无不成也。其名为撄宁。撄宁也者，撄而后成者也。"南伯子葵曰："子独恶乎闻之？"曰："闻诸副墨之子，副墨

之子闻诸洛诵之孙,洛诵之孙闻之瞻明,瞻明闻之聂许,聂许闻之需役,需役闻之于讴,于讴闻之玄冥,玄冥闻之参寥,参寥闻之疑始。"

南伯子葵问女偊为什么容颜不老?女偊说自己学到"道"了。这段话有三层重要意思:①悬置和摆脱外物。"外天下""外物""外生"三个"外"字,是庄子重要方法。其意思是搁置外部事物,中止外界影响。这个方法就是老子、庄子反复申明的"虚"的方法。这样才能树立内在独立的自我,回到客观认识的原点。②达到内在独立。通过悬置外物的制约,一旦大彻大悟,就能"见独",即见人所不能见,悟到真实的自我,筛选出真实的知识。古今、生死都是人为妄自分别的概念,属于世俗见解。从道的层次看,现象不同然而都是一个道,如杀灭生命的、化育生命的都属于道,理不同而同归于一个道。从道的本源和归趋而论,生死没有本质区分,这种超越现象和具体的理的独立是内在精神的独立,也像道一样是无条件的。它能做到物来顺应、不迷恋成毁;它能够使认识者抵抗外部干扰,保持宁静。③怎么能得到这种道?最终要靠怀疑方法。"副墨之子",比喻断烂的文献载录,意指手记或书写的那些言论陈迹;"洛诵之孙",比喻口传记诵的残渣余秽,意指口头交流的言论,这比隐藏在书写文字的字里行间背后的意义要丰富鲜活;"瞻明",即明鉴,明察现象,意指源于有形的眼官和视觉的亲知;"聂许",默示,心领神会,喻出乎言论感知的心心相印,意指高于文字、手书、口授、感官经验等阶段;"需役",待天而动的意思,即大道践行自然的阶段;"于讴",如所谓"有炎氏之颂"之类,①亦如"縠音",歌咏而无心,无为而自化,意指接近古始、天真的声音,是赞颂"道";"玄冥",所谓"玄之又玄"的阶段,意指道无终始,是进入无形无象的道的沉思;"参寥",所谓"入于廖天一"(《庄子·大宗师》),意指"致虚,极也;守静,笃也"(《老子·第十六章》,参见帛书老子甲乙本),意为:静观宇宙大化流行,上与造物者游,进入"天而不人"(《庄子·列御寇》)、"道通为一"(《庄子·齐物论》)即

---

① 《庄子·天运篇》说:"故有焱氏为之颂曰:听之不闻其声,视之不见其形,充满天地,包裹六极。"

客观而公正地认识境界；"疑始"是该章关键的关键，包含双关意义：①对宇宙本源的怀疑，这同时包含对终极原因的追问。②回到怀疑的起点，始终运用怀疑的方法。这是认知重建的需要。这段话表明：庄子确立了怀疑方法，应该视为庄子哲学方法论的导言之一。

许多人知道怀疑是庄子哲学方法之一，但是他们误把怀疑的起点当成庄子哲学的终点。近代以来，很多人认为庄子是怀疑主义者、相对主义者、诡辩论者、不可知论者，绝大多数中国哲学史编著至多只承认庄子思想对瓦解独断论有一定的积极意义。其实，庄子不是相对主义者，他既不贸然肯定也不贸然否定，而是始终不断探索。他是伟大的批判者，同时又是伟大的建构者。他肯定的东西不比他否定的东西少，比如：见独、道、德、自然、真人、真知、至人、大觉等。整个《庄子》书是以怀疑为逻辑起点和思想方法的，可以说庄子思想是怀疑的产物。庄子实际上是借助怀疑达到不疑，《齐物论》有"两行"的说法，两行就是穷尽将对立判断的所有可能和限度，最终达到不可怀疑的"大道"。这种大道的哲学是开放而非封闭、绝对的哲学。这一点已被许多人辨认出来了。爱莲心（R. Allinson）认为，"庄子不是怀疑主义者"；[①]艾文贺（P. J. Ivanhoe）认为，"庄子不仅不是相对主义者，而且至少在某些意义上，不是怀疑论者"。[②] 怀疑是庄子活的精神，是庄子哲学的伟大发明。通过怀疑，庄子找到了走出乱世、独立探索的端点，这就是一切认知、价值和学术的底座——道。没有道这个底座，甚至整个中国哲学都难以成立。

庄子不仅打破了独断论，而且走向了一种特殊的自然化认识论的道路。这体现在"道枢"和"莫若以明"的标准的确立上：

> 物无非彼，物无非是……因是因非，因非因是。是以圣人不由而照之于天，亦因是也……是亦一无穷，非亦一无穷也。故曰：莫

[①] Lisa Raphals, Skeptical Strategies in the Zhuangzi and Theaetetus, In *Essays on Skepticism, Relativism, and Ethics in the Zhuangzi*, ed., by Paul Kjellberg and Philip J. Ivanhoe, State University of New York Press, 1996.

[②] Mark Berkson, Language: The Guest of Reality—Zhuangzi and Derrida on Language, Reality, and Skillfulness, In *Essays on Skepticism, Relativism, and Ethics in the Zhuangzi*, ed., by Paul Kjellberg and Philip J. Ivanhoe, State University of New York Press, 1996.

若以明。(《庄子·齐物论》)

这种自然化的认识论把外在的光明视为自明性来源与标准，要求我们无预设而澄明地去"看"世界，这是哲学观察和思考必要的起点。在庄子客观而开放的眼睛中，是非彼此是相对的、开放的、无限可能的，特定见解和理论都有其限定范围；任何理论和意见既有局限性，也有适用性，我们不能绝对化、极端化，否则就会落入片面化。采取适当的观点，才能得到适当的结论。依靠开放的态度，才有客观的认识。庄子实质上是要求走出思想的门派之争，开始从事基本逻辑和超理论的学术即哲学的探讨，从而建构科学的认识体系及标准。

二　道与道观的意义

庄子继承了老子的道论，但是又有很大推进。他一方面捍卫道的存在和最高地位，主张以道为宗师，他说：

夫道有情有信，无为无形；可传而不可受，可得而不可见；自本自根，未有天地，自古以固存；神鬼神帝，生天生地；在太极之先而不为高，在六极之下而不为深，先天地生而不为久，长于上古而不为老。(《庄子·齐物论》)

按照这个说法，道是存在的、无形的、超时空的、自足的，它高于创世的神，更高于天地万物。它是最高实体，是世界本体，也是创生世界的源头。

另一方面，他将道内在化、具体化了，《庄子·知北游》载：

东郭子问于庄子曰："所谓道，恶乎在？"庄子曰："无所不在。"东郭子曰："期而后可。"庄子曰："在蝼蚁。"曰："何其下邪？"曰："在稊稗。"曰："何其愈下邪？"曰："在瓦甓。"曰："何其愈甚邪？"曰："在屎溺。"东郭子不应。庄子曰："夫子之问也，固不及质。正、获之问于监市履狶也，'每下愈况'。汝唯莫必,无乎逃物。至道若是,大言亦然。周遍咸三者,异名同实,其指一也。"

东郭先生停留在日常感觉论者的层次。他问庄子道在哪里,庄子说在一切之中。东郭子更为糊涂。庄子说在蝼蛄蚂蚁体内。接下去说在砖头瓦片中,在屎尿中。最后指出东郭子提出问题的方式就错了。东郭子以为事物之外别有一个道,庄子告诉他:上面举证的东西名称不同,都属于万物,道与万物是不可分的。物得道而产生,道物一体,道在物中,而又不等于物。这个说法将老子的部分说法明确化了。其意义在于开始从形上贯通形下,这里的"道"的用法以后与"理"结合,即规律相当。

庄子论道还有一个特点,就是与"气"的学说融合在一起,这是对老子思想的发展,老子对此论述比较简单。正是因为通过"气"的中介,才能理解道的具体化,道气物才能一体化。庄子说:

> 人之生,气之聚也。聚则为生,散则为死。若死生为徒,吾又何患!故万物一也。是其所美者为神奇,其所恶者为臭腐。臭腐复化为神奇,神奇复化为臭腐。故曰:"通天下一气耳。"圣人故贵一。(《庄子·知北游》)

人的生死就是气的聚散,广而言之,万事万物、整个宇宙未尝不是这样。气论是中国哲学独有的哲学。气并不神秘,它相当于今人话语中所言的一种元物质、元能量,是微观弥漫的存在物。我们虽然不知道它的究竟形式,但是古代哲学家的猜想是伟大的。

庄子另一个高明之处在于,将道转化为认识方法。我们说道家在很大程度上历史性地"定义"了中国哲学,其根本理由就是道家不仅建构了"道"的座基,而且将"道"转化为道观的哲学方法。他说:

> 以道观之,物无贵贱;以物观之,自贵而相贱;以俗观之,贵贱不在己。以差观之,因其所大而大之,则万物莫不大;因其所小而小之,则万物莫不小。知天地之为稊米也,知毫末之为丘山也,则差数睹矣。以功观之,因其所有而有之,则万物莫不有;因其所

无而无之，则万物莫不无。知东西之相反而不可以相无，则功分定矣。以趣观之，因其所然而然之，则万物莫不然；因其所非而非之，则万物莫不非。(《庄子·秋水》)

拿大道的眼光看，万物平等，各有其价值。从物的视角看，贵己贱他。用世俗的眼光看，贵贱都是别人加给你的。用差异看，从大的方面考虑它就大；反之就小。认识到比较的比例的差异，那么天地相当于小米粒，毛发梢头相当于丘山。从功效看，万物各有不同功能，有长有短。明白东西南北相反然而不能以一个取代另一个。以取舍衡量，万物有可有不可，有然有不然。"道观"的方法论化是道家思维完成普遍化、客观化的重要环节。正是通过道观，道家哲学才有了客观性、公正性的基础。道观使"有为"和"无为"可以从认识论上加以区别。这个方法和《庄子·齐物论》论证的"道通为一"和《庄子·大宗师》中说的"同于大通"的方法是完全相通的。从更广泛的视野看，"吾丧我"(《庄子·齐物论》)、"坐忘"(《庄子·大宗师》)等特殊功夫和"无为"的一般说法，实际上都是要克服主观主义、意志主义、情感主义及种种形式的独断、偏见。

道观和怀疑的方法是相互支撑的。怀疑方法能够产生两种截然相反的结果。有时候它可以摧毁独断者的酣梦，鞭笞懒惰的相对主义者，从而引导哲学摆脱独断和胡说，坚持不懈地探究下去；有时候它又可能砍断哲学的头颅，使人滑入无聊的游戏，遁入麻木不仁的自我否定或粗鄙的相对主义、虚无主义泥潭。就道家而言，没有怀疑就走不出各种传统、言论、歧见和习俗等的束缚，因而就不可能确证道的至上性，当然就不可能有一般的道观方法。经过怀疑、批判，道成了最后的存在，进而演变出道观的方法，才有可能使道家衍生出超越、客观、平等、公正等一系列思维和价值理念。

道观方法与庄子"齐物论"的方法也是相通的，进一步说，从《庄子》中的《大宗师》《齐物论》《秋水》《知北游》等认识论名篇看，庄子绝不是相对主义者，而是一个具有超越视野的"比较思维者"。庄子的认识论不是要直接取消事物的差别，而是欲通过消融语言、命名、认识的分际回到混沌的整体意识，塑造哲学的原初意识，让"自我"恢复与自然化状态及其规则的亲密联系，并通过"道"复现人们应有的、恰当的认知能力。在《庄子》整个文本中，他创造性地运用各种"比较"——诸如大小、长短、远近、成毁、得失、是非、古今、天人。这些比较，过去人们认为属于辩证思维或者相对主义的一种形式，而笔者认为，这些纯粹属于比较。庄子通过对普遍比较方法的娴熟运用，从而否定了绝对认识，捍卫了相对的、比较意义上的认识。这种比较方法已经为哲学史上的哲学家们有意或无意地广泛运用，各种认识理论其实一刻都离不开比较方法的运用，然而没有得到独立的研究和总结。笔者认为，在庄子认识论中已经自觉地运用系统的比较方法，这是哲学史上又一大发明。参照庄子认识论，比较方法、比较思维、比较认识应该在哲学上占有独立地位。

三 《逍遥游》和《齐物论》两者及其积极价值的澄清

（一）《逍遥游》

《庄子·逍遥游》倡导的"逍遥"和"游"的观念——合起来叫"逍遥游"——是庄子思想的核心理念之一，也是他为未来人类树立的最高人文价值所在。《庄子·天下篇》说庄子："上与造物者游，而下与外死生、无终始者为友。"这个评价实际上在颂扬逍遥精神，表明庄子已经达到一种无条件的独立，而又超越事物而达到道的层次；道的本质是"自然"，因而达到"道"的层次，又是拥抱"自然"的回归。从《庄子》全书看，"逍遥游"的理念包含多方面含义，在不同的语境中有不同的表现，但根本意义是顺应自然、无为无事，进一步解析，含有诸多意思，诸如摆脱自我中心和人类中心主义，回归万物与世界的初始状态，捍卫事物存在和价值的统一，"天而不人"，顺应"自然"（本文讲的"自然"，都是指道家意义上的"自然"，它不等于自然事物，但可以包括自然界和自然事物），恢复本性，宽容世俗而超越世俗，崇尚个体独立等重要含义。

《逍遥游》的深意在于：它以道为最高的宗师，不囿于世俗和社会功利价值观的束缚，追求垂直超越，维护独立和存在。它的引申意思甚至包括：超越了社会边界，排除妨碍存在物本性的一切干扰，是对未异化的、自然的、野性的、荒野的、原始本初的存在和状态的亲和。逍遥地生活的本质，在于最大限度地认同自然、回归人类与自然界未分化的条件下的生存方式。按照逍遥的哲学，我们人类根本的精神不在于社会，而是存在于自然之中，存在于无限整体的宇宙之中！一旦消除人类的自然性质和条件，使之变成单纯的人的个体和社会，就等于抽调了人的内在本质、斩断了人的存在源泉，人类垂直上升和横向包容的精神超越就会荡然无存。逍遥反对的就是社会和自然的脱离与二元对立。所以说，逍遥、自然和齐物是道的理论的不同部分、不同说法，三者是不可分离的关系。

值得注意的是，逍遥的理念与西方近代主导的自由观之间的差别是十分明显的，不能将两者等同。自由在霍布斯那里的本意就是意志和行为不受阻碍，逍遥虽然不等于自由，然而两者有交叉，逍遥也具有内涵极充实的不受外界约束、捍卫独立尊严的意思。独立在庄子那里叫"见独"，他说"其名为撄宁。撄宁也者，撄而后成者也"（《庄子·大宗师》），即能够抵抗外界干扰才可以称为获得独立本质。《庄子》一书中围绕争取独立的话题比比皆是。有了独立思想道家才建立起自己存在的前提。没有独立的伸张，人就没有尊严，就不可能尽义务，不可能担当责任。不能说独立了就有道德，但是不独立是绝对没有道德价值可言的。这些方面自由和逍遥有交叉。然而，逍遥更有超越自由而不绝于"自然"——延伸而有拥抱天地万物的意义，而近代西方自由观是以逃避自然、克服自然甚至征服自然为实现阶梯的。

（二）《齐物论》

从《庄子·天下篇》提到的战国思想与学术背景看，"物论"与"道论"相对，在学术观上背离了统一性原则；在认识论上背离了客观主义原则；从道家看，背离了逻辑上为根本的、没分裂的大道。

从大道的逻辑上说，百家逐于偏好、臆想、言语、概念、理论、辩论等，日相攻讦，是己非人，而不知返实归本，同于大道，且都没有对是非本身进行研究。庄子认为：是非乃是由彼此、主客、名实二分造成的；各种是非是互为依存的；论辩如果没有更高层次的整体性的达成，就永远会限于无解的处境。① 关于事物我们可以有是非，即有正反见解或肯否判断。判断都是关于事物的判断，由于事物的多样性、动态性、复杂性和主观的差异性以及自然语言表达的歧义性、有限性，任何判断不可能穷尽可能、绝对确定、一劳永逸。真理是个动态体系，依赖于大道，是靠不同认识的整体化得以生成的。如果仅在个别判断、理论方面争是非胜负而不知道总体上反思，我们就有可能顺着自己设定的判断条件而陷入自我封闭的困境。结果固守自己见解，挂一漏万，顾此失彼，只知其一不知其二，成为"一曲之士"。

可以说争辩本身就证明是非是吊诡的，因为如果是非、对错不可疑、不可变，那又为什么会有争论？哲学是心智认识、有逻辑性，但是认识论有历史性、过程性。任何认识是曲折的、有过程的，都是从片面到完整，从个体智慧到集体认同、客观认识，在这个过程中，甚至错误认识也有其积极功用。认识论可以说是关于认识的认识，因此积极地利用错误认识是必要环节。做到这一点，就不能僵滞于一劳永逸的认识标准。庄子是如何看待是非本身的标准呢？他使用了一种宽容的标准。他说圣人只是"照之于天"（《庄子·齐物论》）。也就是说，让"自然"判定是非。所以他说"是以圣人和之以是非，而休乎天钧，是之谓两行"（《庄子·齐物论》）。这里"和"指和同、并存；"天钧"，即"天倪"，指自然之道。《庄子·齐物论》对是非的反思有其内在逻辑结构，这就是"两行"。它是理解"齐物论"的黄金钥匙。庄子提出的逻辑理由合乎开放的、动态的、多元的认识论，也是合乎世界存在和价值特性的。庄学史上发现并重视用"两行"解释庄子思想意趣的首位学者是明清之际的王夫之，尽管他只有三言两语，而且是从批判庄子角度指出其关键性的。庄子总是尽可能揭示相反的判断和见解的关联性、多样性与可能性。他希望通过两行来治疗二元论的单极偏向思维以及各种极端思维病症，以求逐渐达到在道指导下的完整性、客观性、公正性。"两

---

① 《庄子·齐物论》说："既使我与若辩矣，若胜我，我不若胜，若果是也？我果非也邪？我胜若，若不吾胜，我果是也？而果非也邪？其或是也？其或非也邪？其俱是也？其俱非也邪？我与若不能相知也。则人固受其黮闇，吾谁使正之？使同乎若者正之，既与若同矣，恶能正之？使同乎我者正之，既同乎我矣，恶能正之？使异乎我与若者正之，既异乎我与若矣，恶能正之？使同乎我与若者正之，既同乎我与若矣，恶能正之？然则我与若与人俱不能相知也，而待彼也邪？"

行"也即"因是因非，因非因是"，即并行对照、不断衍推，这是掌握"道枢"，即道的枢纽。所谓"齐物论"，正是把物论交由道来评断。这个大道标准说明，是非的裁定既是多元的，又是开放性和适应性的，不可能笼而统之，一概而论，举一废百。

庄子以他的新精神和新的哲学方法无情地批判了百家的所谓"治道"即治理理念，并且勇敢地全盘否定战国前的"中国之民"、传统文化，兼及传统文化的核心——道德价值上是非对错等的系统。他的许多论点实在是惊世骇俗、石破天惊的！例如，以为战国乃是黄帝、尧、舜等开始偏离自然无为而必然产生的结果，并且说如果再照这个趋势下去，千年之后必有"人相食"的残忍剥削制度（《庄子·庚桑楚》）。而这个结局都是因为最基本的所谓道—德的是非认识出了问题。这个5000年中华文明前半段所遭遇的、前所未有的大困局、大危机、大转变，使庄子走上了全新探索中国文化出路的旅程。

《庄子·天下》说道家思想发生的思想背景是：

天下大乱，贤圣不明，道德不一。天下多得一察焉以自好……判天地之美，析万物之理，察古人之全。寡能备于天地之美，称神明之容……悲夫！百家往而不反，必不合矣！后世之学者，不幸不见天地之纯，古人之大体。道术将为天下裂。

平复这些混乱纷争的学派是迟早的事情，因为学术繁荣的前提是科学性和逻辑性的奠基。否定百家纷争的意义必须站到高于百家的层次上。《庄子·齐物论》不是滞留于"物论"而是更上一层楼，是从认识论和逻辑哲学反驳百家，引导他们归于各自合适的位置，揭露他们各自局限性的原因。庄子的"两行"，是怀疑和瓦解非此即彼的两极判断之争的逻辑原理，也是庄子维护大道和自然的至上性，保存世界的丰富性、动态性的根本认识论机制。《庄子·齐物论》本质上也是要百家走出门派之争，踏上逻辑化和认识论化的道路。

一般对百家争鸣消退原因的探讨局限于社会政治原因，这对庄子是有欠公正的。实际上百家争鸣的终结有其逻辑和思维方法的原因，从这个方面看，无论得失怎样评价，庄子发挥了巨大的作用。庄子的出现使针锋相对的百家自惭形秽，也使他们进而认识到分裂思想的局限性。换句话说，大道作为道术统一的原理必然得以维护，非如此，就不会有学术的深入持久。道的学术相当于哲学，庄子的方法事实上也维护了中国哲学自身的逻辑原则。

《庄子·逍遥游》和《庄子·齐物论》绝不是抽象的精神名词而已，它们也具有社会实践意义。二者其实是庄子认为重新建立合理社会的基本点，《庄子·逍遥游》争一个独立自主和内在价值；至于《庄子·齐物论》，章太炎先生曾说"经国莫如齐物论"，[①] 因为树立一种道的胸怀和眼光，平等、开放、客观公允地看待言论正是该篇的本意。这么说，齐物论实际上含有民主的道德色彩。庄子以为，政治，如果"不得已"存在，有必要的话，仅仅是去除天下独立、自由、自然地存在和发展的阻力而已！站在统治阶级立场的有为不如无为好、积极不如消极好。因为这样的消极之中有积极，即人民会变被动为主动，会自正、自化、自然，逐渐返归素朴本性与自我负责精神。

四　庄子关于价值的反思的合理性

儒家讲"仁者爱人"的仁爱，抽象地看，当然是一个好的命题，但它是由历史性内涵规定的。这里的"仁者""爱""人"与内在心性意义上的、平等的人不同，而是有施与和被施与的关系，爱也是有亲疏、远近差等的，特别是，即使抽象推广，这个命题仍然隐含有对等的、互惠的心理路向或推理机制。在此，人极容易被关系化，被打上交易的、酬报的性质。如果没有自觉的超越，稍有不慎就会落入两种局面：或者是尼采极力批判的、将人与人的道德建立在相互效劳之上的庸俗化道德；或者是孟子说的"尔为尔，我为我"的相互冷漠的结局。正因如此，庄子认为儒学的仁爱缺乏普遍性、超越性、目的性。[②] 他的批判非但没有取消人，反而是将仁爱拓展为更加广泛和普遍的大仁。儒家认为，仁爱与人的血亲和情感本性有关。这是儒家坚持的历史事实，

[①] 章太炎：《原道》（下），参见庞俊、郭诚永疏证《国故论衡疏证》，中华书局2011年版。

[②] 当然，庄子无由知道后世儒学的发展。庄子的批评固然有学术意义，可是不能因此全盘否定儒学仁爱精神的历史性积极作用。

据称早期的圣王就是这样。《庄子·盗跖》则借盗跖之口反驳孔子说:

> 尧不慈,舜不孝,禹偏枯,汤放其主,武王伐纣,文王拘羑里。此六子者,世之所高也,孰论之,皆以利惑其真而强反其情性,其行乃甚可羞也。

《庄子·胠箧篇》甚至以反讽的口气揭露仁爱被利用为集团道德的可怕:

> 跖曰:何适而无有道邪?夫妄意室中之藏,圣也;入先,勇也;出后,义也;知可否,知也;分均仁也。五者不备而能成大盗者,天下未之有也。所以故事作者感叹说:由是观之,善人不得圣人之道不立,跖不得圣人之道不行。

一种道德规范最终异化成纯粹工具,多少有点荒唐。原因在哪里?因为,"人"的目的性没有树立,仁爱的伦理缺乏纯粹人性和绝对义务的限定。庄文的质疑,指向的是中国历史上"英雄亦流氓、流氓亦英雄"的难题,实际上是认为早期儒学的仁爱道德的理论自足性是有缺陷的。《庄子·渔父》说孔子:

> (子)审仁义之间,察同异之际,观动静之变,适受与之度,理好恶之情,和喜怒之节,而几乎不免矣。谨修而身,慎守其真,还守物与人,则无所累矣。今不修之身而求之人,不亦外乎?

儒家创始人孔子也是很重视为己之学的,但是,末流儒家因为从事教化的原因,常常职业性地带有"为人之学"的特点,总是教导他人恪守道德,而自己却伪善无行。这种知行不一的严重异化向来不罕见。道家坚守"为己之学",特别反对道德上的为人之学,总是主张从自己、内在、行动做起。在道家看来,仁爱伦理没有建立在独立的性命之情的基础之上,所以必定难免异化。道家坚持为己之学的路向,这是确立道德主体所必要的环节。任何道德如果求之于他人、求之于礼、求之于外,最终会走向非伦理结局。所以,庄子要求人们不拘于俗,法天贵真，寻求道德之路真正坚实的起点。这些在《庄子·逍遥游》《庄子·德充符》《庄子·人间世》等篇中体现得非常清楚。

儒家道德律有一个表达是"己所不欲，勿施于人"。有学者将它当成道德黄金律，其实是个误会。它不仅不是黄金律，连普通的道德律都不是。康德早就说过："人们不要以为，'己所不欲，勿施于人'这句老话在这里能够充当准绳和原则。因为它尽管有不同的限制，但却是从原则导出的；它不可能是一个普遍的法则，因为它既不包含对自己的义务的根据，也不包含对他人的爱的义务的根据（因为有些人会乐于同意，只要他可以免除施惠他人，他人也无须施惠于他），最后也不包含相互之间的应有义务的根据；因为罪犯会从这一根据出发对要惩罚他的法官提出抗辩，等等。"① 鉴于如上的思考，庄子说："夫大道不称，大辩不言，大仁不仁，大廉不谦，大勇不忮。道昭而不道，言辩而不及，仁常而不成，廉清而不信，勇忮而不成。五者圆而几向方矣！"（《庄子·齐物论》）当然，需要指明的是，"己所不欲，勿施于人"虽然不是道德律，但是不是没有价值——实际上它是人类交往中超道德律的底线；是纯粹公正游戏最后的规则或共识。

庄子对仁爱的批判为公共正义的思维开辟了可能道路。到了宋明，中国古代儒家道德出现了以"仁"为本体、用"仁"统率"义""礼""智""信"的局面。处于现代社会该怎么看待仁义关系？仁爱和节制或曰超越仁爱的正义有没有逻辑上的先后？对社会实践有没有轻重主次之分？社会最迫切的需要有没有次第性？有个哲学家提出了一个思想实验：首先我们都认定仁者爱人的总原则。在这个情况下，可以设想一种境遇。比如，有一个操场，毗邻马路。设有一位仁者，是个公交车司机，他驾驶的车经过球场边上时，车闸失灵，但是方向盘还能用。这时候他看到前方站着他的儿子，如果任由公车滑行显然于心不忍。问题是他如果打方向盘，拐到的前方则是另一个陌生儿童。打不打方向盘？如果他打了，显然他不只是不义、不公平，简直是犯谋杀罪。现在将这个境遇推广到社会，有公权者在行使权利时是知道亲疏好，还是不知道亲疏为好？假使他执着亲疏动机，一个社会可否达到公正？这是个纯粹思

---

① ［德］康德：《道德形而上学的奠基》，李秋零译，中国人民大学出版社 2005 年版，第 438 页。

想中的极端例子。罗尔斯在进入正义理论的讨论前,设置了一个"无知之幕"的假说,乍读难以理解。他申明其正义是"公平的正义"(justice as fair),看起来似乎是拖泥带水,没必要。其理论布置的独具匠心之处就在这里。"无知之幕"就是要人们放弃自己的家世、身份、职位、能力,甚至命运等诸多特殊性、偶然性参数,只有这样人们才会直奔"社会",才能进入正义社会的理论构思。据传,西方历史上正义女神的形象是个瞎子,或总是蒙住自己的眼睛。照此,思考仁义关系问题,必须从逻辑出发而不是从既定差等因素出发,作为正义理解的"义"看来是优先的,尤其对现代这个以非血亲化关系为基础的复杂社会而言更是这样的。

更可贵的是,庄子确立了内在价值观。他在理论上捍卫存在和价值的统一。他说:"山木,自寇也;膏火,自煎也。桂可食,故伐之;漆可用,故割之。人皆知有用之用,而莫知无用之用也。"(《庄子·人间世》)山木能做木料柴火所以自招砍伐,油脂燃烧是自招煎熬,桂枝可入药调汤而自招采集,漆树因漆浆有用自招割裂。庄子在此不是说什么自私不自私的问题,而是换了一种不同于西方的方式谈论存在和人。"有用之用"是人类取舍的价值,是仅仅"立足于人""为了人"的价值。"无用之用",以捍卫存在为前提,本质上是以内在价值为逻辑预设的。庄子实现了主观价值与客观价值、工具价值与目的性价值、人的价值与自然的价值的互补统一。内在价值对否定工具价值论、树立目的性价值意义重大。庄子的批判很超前,他对仁爱的批判已经包含对工具性伦理价值的挞伐,实质在于捍卫人的目的性乃至自然的目的性。今天我们宣扬以人为本,本质在于维护人的目的性价值,它从存在而来,又是人的尊严的根据。

除了伦理价值的辨析之外,庄子也是自然和生存美学价值的发现者。《庄子·知北游》说:

> 天地有大美而不言,四时有明法而不议,万物有成理而不说。圣人者,原天地之美而达万物之理。是故至人无为,大圣不作,观于天地之谓也。

自然因其天然性、自发性、创造性而成为美学价值的源泉,所以庄

子反对破坏自然美,《庄子·天下篇》挖苦那些违背自然和虚构历史的学者们的做法:

> 判天地之美,析万物之理,察古人之全。寡能备于天地之美,称神明之容。

荀子说庄子"蔽于天而不知人"(《荀子·解蔽》),有点悖谬,其实,庄子崇天法真的思路今天不仍然是我们应守的基本原则之一吗?

五 结语

庄子是一个怎样的思想家,国内外学者争议极大。本文的目的是澄清对庄子哲学某些关键点的误解,发现庄子哲学的独特性和积极价值。

就中国古代而言,庄子默默地开启了一场思想革命,一方面从逻辑上对百家争鸣的终结和出路产生了巨大作用;另一方面,他主张告别他之前的传统文化;再者,他提供了一系列全新的哲学、政治和伦理理念及思考方法。庄子思想的创新包括:恢复和保存没有被异化的人和社会的状态,造就独立、超越、包容而有怀疑精神的人,政治上实现"道治",在伦理上捍卫内在价值和自然美学价值。庄子没有找出行之有效的实践环节。他平抑百家纷争的努力,无意中给法家的出场廓清了障碍。王夫之认为,老庄实际上起到了给法家张本的作用(《读通鉴论》卷十七)。这一评价是极有见地的。专制法治是经过道法家、黄老道家特别是法家和政治实体共同推进的结果,也吸收了仁义的伪装。王夫之没有注意到,庄子思想如果法制化会是什么样的一种局面。可惜庄子当时是"在僻处自说"(朱熹评语),上断了传统而下没有接上法治趋势。退一步而论,尽管古代法家内容上是专制法,但其法理部分在形式上看是进步的,引领社会走上法律道路是时代的要求。古代法制成立的方向不可逆转,但实质内容必须改变。如果法家不是仅仅利用道家的作为扫除旧势力和旧学术的同盟呢?如果法家吸收了庄子的那些价值立场呢?严复曾经努力贯通老庄思想内容与现代民主法治的实质性联系,这可能是改造中国封建法治必要的步骤。这个问题对今天还是有意义的,值得继续探讨。

就世界哲学史而言，庄子的哲学方法论和价值指向也是值得严肃对待的。

参考文献

[1] 王叔岷：《先秦道法思想讲稿》，中华书局 2007 年版。
[2] 陆德明撰：《经典释文序录疏证》，吴承仕疏证，中华书局 2006 年版。
[3] 朱熹：《朱子诸子语类》（卷一二五），上海古籍出版社 1992 年版。
[4] 马叙伦：《庄子义证·附·庄子宋人考》，商务印书馆 1930 年版。
[5] 孙以楷：《道家与中国哲学·先秦卷》，人民出版社 2004 年版。
[6] Lisa Raphals, *Skeptical Strategies in the Zhuangzi and Theaetetus*, *In Essays on Skepticism, Relativism, and Ethics in the Zhuangzi*, ed., by Paul Kjellberg and Philip J. Ivanhoe, State University of New York Press, 1996.
[7] Mark Berkson, *Language: The Guest of Reality—Zhuangzi and Derrida on Language, Reality, and Skillfulness*, In Essays on Skepticism, *Relativism, and Ethics in the Zhuangzi*, ed., by Paul Kjellberg and Philip J. Ivanhoe, State University of New York Press, 1996
[8] 章太炎：《原道》（下），《国故论衡疏证》，庞俊、郭诚永疏证，中华书局 2011 年版。
[9] ［德］康德：《道德形而上学的奠基》，载《康德著作全集》（第四卷），李秋零译，中国人民大学出版社 2005 年版。
[10] ［美］安乐哲：《和而不同：比较哲学与中西会通》，北京大学出版社 2002 年版。
[11] ［美］安乐哲等主编：《道教与生态：宇宙景观的内在之道》，陈霞译，江苏教育出版社 2008 年版。
[12] 王弼：《老子道德经注校释》，楼宇烈校释，中华书局 2008 年版。
[13] 郭庆藩：《庄子集释》，中华书局 1995 年版。

生命整体与基元个体

——中西方文化的根本差异

张 帆

(西安交通大学人文社会科学学院哲学系教授,西安,710049)

摘 要 中西方哲学和文化的根本差异应定位为生命(有机)整体的思维定式和基元(或单元)个体的思维定式。这种思维定式上的差异是一种潜意识的、根深蒂固的、习惯成自然的东西,故它才能够成为中西方精神文化和哲学方面的最根本的差异。这是一种能够通过它比较完备地引申出、生发出其他种种差异的差异,而其他的种种差异则可以看成是它的种种表现和引申。这种思维定式的差异涉及哲学的各个方面、各个部门和分支,包括本根论、宇宙论、认识论、方法论、价值论和社会人生论等。就价值论和社会人生论而言,虽然中西方差异众多,但却最突出地体现在中西方对"人欲""物欲"的看法和态度上,而其不同又直接导致了中西方社会历史走向的分化。当今中国在经济飞速发展的同时也出现了许多棘手的问题,就精神文化方面而言,根源在于上述两种思维定式的并立和冲突,特别是生命整体的思维定式的弱化和基元(或单元)个体的思维定式在我国土壤上的畸形膨胀;而可以期待的未来应是两者的各有侧重的中和和包容。

关键词 生命整体;基元个体;思维定式;价值与文化

现今,对中西方文化进行比较研究已经成为当今学界特别是中国哲学界所关注的焦点问题之一。然而,在众多的此类研究中存在一个比较明显的问题:不少学者似乎热衷于列举出两者在文化等方面的更多的差异,似乎列举出来的差异越多就越能说明学问渊博。在此许多学者显然陷入了一个误区,或至少说明,这种探讨并不是一种真正意义上的哲学的探讨。文化上的差异集中体现为哲学上的差异,而哲学的探讨并不满足于简单地罗列中西方文化和哲学方面的诸多差异,并不是列举得越多越好。哲学上的探讨要抓住其中的根本的东西、根本的差异,并从中推演出其他的种种引申的和表层的差异来。显然,也有一些学者确实试图这样做,试图对中西方哲学和文化特别是其众多的异质进行系统说明,试图把握其根本上的差异,但是却并没有真正做到对中西方文化和哲学的诸多差异给出令人满意的、合理的、系统的和完备的解释和说明。之所以如此,一个根本的原因便是,在这些解释中并没有真正找到中西方文化和哲学的根本的差异。所谓根本的差异,就是能够通过它一一推衍出、引申出其他种种差异的差异,其他的种种差异可以看成是它的种种表现和引申。

一 中西方传统文化和哲学的根本差异及其主要表现

中西方文化和哲学,特别是中西方传统文化和哲学是否存在满足上面所提到的根本的差异呢?如果有,这种能够引申出其他种种差异的差异究竟是什么呢?

通过对中西方文化和哲学进行总体考察可以看出,确实存在有一对根本的差异:这就是西方有一种基元个体(或者说单元个体)式的思维定式,而与此相对的中国则是一种生命(有机)整体的思维定式。这种定式不是刻意、有意识地体现和表现出来的,而是已经潜移默化为一种根深蒂固的习惯,往往不自觉地、潜意识地体现和表现出来。也正因为这种定式已经从有意识的层面潜移默化为一种潜意识的、习惯性的东西,习惯成自然,遇事自然而然就这样习惯性地进行处理和思考,所以它才成为中西方精神文化和哲学方面的最根本的差异。最根本的差异是与根深蒂固的习惯相一致的,是属于潜意识层面的东西,也只有这种在中西方人看来是自然而然的东西,其所体现出来的差异才是根本性的差异。

所谓基元(单元)个体式的思维定式,是这样的一种思维定式,它通常将考察对象的关注点和侧重点定位为特定的单元个体或基元个体。这种单元个体或基元个体与原子论中的原子类似但也有所不同。原子论中的原子是构成世界的最小微粒，或者说是构成世界最小的单元个体或基元个体，而单元个体或基元个体则涉及诸多的层面，对于对象的不同的层面而言，每一不同层面的对象都有与之相对应的单元个体或基元个体。比如说，对于生物体层面而言，其单元个体或基元个体是细胞；对于社会层面而言，其单元个体或基元个体是个人，等等。由此可见，这种单元个体或基元个体式的思维定式可以看成是一种广义原子论式的思维定式。与之相对的中国传统的思维定式则是一种生命整体式的思维定式，它将对象自然而然地看成是一种有机整体，看成是一种带有浓厚的生命色彩的有机整体（或者简称为"生命整体"），这种思维定式带有一种浓厚的泛生论色彩。与西方相对，其生命整体是能够保持生命繁衍的雌雄互体，其首先是家庭，并可进一步推至整个家族、宗族、民族乃至国家。

　　这种基元个体和生命整体的思维定式涉及诸多的方面，就其理论形态而言，它们不仅是一种本根论，也涉及一种存在论或宇宙论；不仅如此，它们也是一种认识论、方法论和价值论；更进一步，它们还是一种特定的社会人生论。也就是说，这种思维定式的差异涉及哲学的各个方面、各个部门和分支；也正因如此，其差异才是一种根本性的差异，是一种可以表现为和可以引申出诸多差异的差异。

　　从本根论上看，就世界的本原而言，虽然中西方早期对本原的看法都有一种将本原归结为某种具体的物质运动形态的倾向，但又有着原则上的不同。中国早期的阴阳、五行、八卦之说将世界万物归结为阴阳、金木水火土，而八卦则是由阴阳二爻生出，就其卦象而言又分别与八种自然事物和现象相关联。八卦之间互相联结，五行之间相生相克，而阴阳两方更是相辅相成。上述诸项就其根本而言首先是阴阳，"一阴一阳之谓道"《周易·系辞上》，而阴阳则明显带有生命的色彩。相比较而言，虽然古希腊哲学中也有将水火土等看成是本源的东西，但却总是倾向于将本源归结为其中之一，将其视为某种广义的"原子"或单元个体。

　　从存在论或宇宙论来看，中西方哲学的差异进一步体现在对世界的发展变化和万物的产生形成方面。就此而言，生命有机整体的思维定式将宇宙万物看成是阴阳结合的产物，而基元个体的思维定式则将宇宙万物看成是由某一类特定层次的基元个体层层构成的东西。换句话说，中西方古代哲学在此问题上的根本差异表现为生成论和构成论之间的差异。在中国古代看来，宇宙间的万事万物就像生物生下一代一样的是被生出来的："道生一，一生二，二生三，三生万物"（道德经），"《易》有太极，是生两仪，两仪生四象，四象生八卦"（《周易·系辞》），生生不息。"天地氤氲，万物化醇；男女构精，万物化生。"（《周易·系辞》）在此，"男女构精"并不是生出人子来，而是"万物化生"。也就是说，世间万事万物皆是由"男女构精"即阴阳交合而化生出来的，就像生命体生出下一代一样生出来的。而在西方，世间万事万物则通常被看成是由某种"原子"式的东西构成的。这种差别也使西方传统的思维定式通常带有一种无机的、机械论式的色彩，而中国的传统的思维方式则带有一种明显的生命有机的色彩。

从认识论和方法论上看，对基元个体的追求侧重于分析，其方法主要是逻辑的方法；而对生命有机整体的追求则侧重于综合，其方法主要是直觉和体悟的方法。然而，缺乏综合的分析往往会导致孤立的、片面的分析，而缺乏分析的综合则只能是一种笼统的综合。分析首先在于"分"，只有通过分才能找到基本的单元个体，而科学本身就是一种对特定的对象进行分门别类研究的活动及其成果。由此可见，科学在西方得到重视、充分发展与其基元、单元个体式的思维定式是直接相关的；而在中国，笼统的综合使中国的科学始终无法从传统的哲学乃至艺术等中独立出来，成为真正独立的科学。对基元、单元个体的追求与对"器"的追求有着内在的一致性。科学通常可以区分为经验科学和形式的、理性的科学两类。就经验科学而言，与基元个体的思维定式相一致，其所关注的显然是具体的事物，其侧重点明显在于对"器"的性质的把握；而生命整体的思维定式则显然关注的主要是"道"，而对有机整体的追求则更多地体现出一种对"道"的偏好。

西方传统思维方式中的这种重"分"的倾向与科学的发展是密切关联的。科学本身就是"分"的产物。只有对对象进行分门别类的专门研究才有了真正意义上的科学。"科学"就其基本的字源意义而言，首先就是指"分科"研究之学，是被分为各个不同的"科"的、属于某一"科"的学问。没有"分"就没有"科"，而没有"科"也就没有"科学"。由于中国古代传统思维具有生命整体的思维定式，这种思维定式如前所说强调的主要是"合"，是一种缺乏分析的笼统的综合，因而在中国古代并没有产生，也不可能产生像西方那样的系统化的科学理论。如果说中国古代确实取得了某些令人瞩目的科学成就的话，那么这些"科学"显然是和宗教、艺术特别是哲学分不开的。比如，中国古代的医学等确实具有很高的水平，在治病防病方面其效果是毋庸置疑的；然而，中国的中医理论的基本思想与古代的哲学思想却是分不开的，阴阳五行等理论不仅是中国古代哲学的核心思想理论，也是中医、气功、武术、养生等的理论基础。这种无法从哲学中分离出来的"科学"是不可能成为独立的科学的。

只有通过"分"，才能够真正把握"独立的"基元个体，而工欲善其事必先利其器，故在西方也非常重视"分"的方法、分析的方法。如果不能把对象清楚地分开，也就无法获得真正意义上的基元个体。正因如此，在西方很早就发展出了用于"分"、分析的有力工具和方法，这其中最主要的便是形式逻辑的方法。关于形式逻辑的系统理论早在古希腊时期就已经基本形成，并一直影响到今天。形式逻辑首先强调的便是严格的"分"，这在形式逻辑的基本规律中得到了充分的体现。"A是A""A不是非A""A或者非A两者必居其一"这三个形式逻辑的基本规律就其本质而言强调的正是严格的"分"的原则；而形式逻辑的其他内容则更多地涉及了更为具体的分的方法。这种"分"的思想为科学确立了逻辑理性的原则和方法，显而易见，近现代科学的基本思想与之是一脉相承的。形式逻辑的创始人亚里士多德也被视为西方科学之父，由此可以看出逻辑与经验科学的关联。由于中国古代哲学注重的是"合"、注重的是整体特别是生命有机整体，认为这种生命有机整体是不可分的，故对其只能整体地把握；显然，这种缺乏分析的整体把握只能是笼统的、哲学式的甚至是带有艺术色彩的把握，对其的把握主要靠的是一种体悟或直觉的方法。以这样的思维定式看待事物，显然与西方的科学思维方式相去甚远。

从方法论上看，不能说中国的思维方式只是直觉和体悟式的，中国也有自己的逻辑，虽然早在先秦时期名家和后期墨家等都有对形式逻辑的研究和讨论，但中国式的逻辑更主要的不是形式逻辑。中国传统哲学与西哲的机械论特别是形而上学相比较而言的特质，实可看成是一种辩证法；但仅认为是辩证法，还不足以将其与西方辩证法区分开来。我们发现，与赫拉克利特的朴素辩证法及黑格尔的唯心辩证法相比，中国式的辩证法似乎更接近唯物辩证法（但与之仍有不小的差异）。实际上，从方法论上看，中国源远流长的哲学文化传统的精神实质和核心，可以说是"有机辩证法"或"生命辩证法"。这种辩证法的基本特征便是带有明显的生命有机体的色彩，即与阴阳、与"生生"息息相关的"交合""中和""和合"。而这正是生命整体式的思维定式在方法论上的突出表现。

中国式辩证法从联系的角度看，称为有机辩证法无疑是恰当的，但从变化、发展的角度看，称为"生物（或生命）辩证法"更为恰当。这里的生物之"生"，不仅是形容词，而且是动词，且首先是动词；即"生物"虽也有"有生命的物"之义，但它更主要的是指万物被生出、生育出这一大化活动过程，指道生一、一生二、二生三、三生万物或太极生两仪、两仪生四象、四象生八卦的生生不息的大化过程。"生物（或生命）辩证法"注重"和合"与西方辩证法注重斗争明显有异，"和实生物"故"生物辩证法"也可称之为"和合辩证法"。无怪乎中国式辩证法在谈及大化机制时多以"神"谓之，而不像西方用"力"等解之；难道还有比生化万物更神妙莫测之事吗？

从价值论上看，生命整体的思维定式和基元个体的思维定式还突出地表现为一种基本的价值取向：前者更重视生命有机整体而后者则更重视单元或基元个体；或者说，前者认为生命有机整体更为重要、更有价值而后者则认为单元或基元个体更为重要、更有价值。这种区别还进一步表现为对真善美的追求上：就人与外界的关系而言，中国人强调道德价值，强调"善"与"美"，在更大的范围内，则强调天人合一、天人合德，将"天"看成是一个有德性的东西，一个生命有机整体，看成是一个人必须与之"合"的对象；而西方对于外界则更加强调认知与改造，强调"真"与"力"，把世界看成是一个被人改造的对象。生命整体的思维定式和基元个体的思维定式还进一步涉及价值观念、价值规范等问题，而这些问题又与社会人生论密切相关。

就社会人生论而言，西方传统的基元、单元个体式的思维定式集中表现为对个人的重视、强调个人、强调个人的独立性、自由和权利；这是因为，在西方看来，社会是由一个个独立的基元个体即个人构成的。而生命整体的思维定式则更多地强调整体、强调阴阳和合体，强调角色和责任。生命整体的思维定式所强调的整体首先是和阴阳生生直接相关的整体，即家庭、家族和宗族，并上推到国家。

从政治上看，生命整体的思维定式影响下的国家是一个扩大了的家庭和家族，具有明显的"家"的含义。君为父，而皇后则要母仪天下，各地方的官员则为"父母官"，等等，至于老百姓则要求孝顺父母、效忠君王。西方的国家则更多地被认为是人们通过订立社会契约而形成的，故强调民主和人权。西方的国家似乎并无中国的国家的"家"的内涵。在政治上，这种基元个体的思维定式在古希腊的奴隶制民主制中得到初步的体现，并直接影响到文艺复兴及近现代的西方国家的政体，而这种政体在中国历史上则从未出现过。

就行为规范和人与人的关系调节而言，西方强调的是法律调控，而中国则更多地依赖于道德；西方注重法制而中国则注重德治和人治乃至仁治。显然，在西方作为构成社会的单元或基元个体的个人也不是绝对自由的，自由就是做法律所不禁止的事。而对于中国人来说，虽然也有律法，但是对人的行为的调节更主要的是伦理道德。

中国文化是一种"中和"型的文化、"和合"型的文化，而西方文化则是一种"分裂"型的文化。两种文化各有所长也各有所短。无论"中和""和合"还是"分裂"都是一种"惯常"。"中和""和合"之"惯常"对"分裂"有一种内在的习惯性的抵触，而"分裂"之"惯常"对"中和"也有一种内在的习惯性的抵触。"惯性"本身就是对试图改变其特定的运动状态的"力"的一种抵触，而"惯性"的改变和克服又需要借助于特定的"力"。故不能说中国文化具有包容性，而西方文化就没有包容性。实际上，两者各自能够容忍、听任的首先是那些与各自的"惯常"一致或基本一致的东西。但相比较而言，"中和型""和合型"的文化的包容性要更强。

二　中西方社会人生观方面的差异的集中体现及其影响

从社会人生方面看，中西方文化和哲学之根本差异虽通过诸多的方面表现出来，但却最突出、最集中地体现在中西方对"人欲""物欲"的看法和态度上。无论是独立、自由、平等、公正、民主、法制、金钱、财富、婚姻、爱情、工作、消费和休闲等都可以看成是个人所欲求的。这其中不乏"义"的成分，但更多的是个人的欲望和追求。如何看待个人的欲望和需求，特别是个人的"私欲""物欲"乃至"利欲"，这一点不仅成为中西方社会人生观方面的一个根本性的区别，而且直接导致了中西方社会历史的不同走向，导致了中西方在科技、经济、军事乃至整个文化方面的差距的形成和演变。

如前所述，西方传统的基元个体式的思维定式如果从社会人生方面来看，则集中表现为对个人的重视，强调个人的自主性、自由和权利；这是因为，在西方看来，社会是由一个个独立的基元个体即个人构成的。作为构成社会的基元或单元个体的个人显然是最重要的，应该成为关注的焦点。而强调个人的独立性、自主性、自由和权利等，最根本的便是承认个人的欲求愿望的合理性和合法性。个人的独立性、自由和权利等归根结底是个人的欲求愿望的各种具体的体现和实现，它们都是相对于个人的欲求愿望而言的。

对于各种"私欲""物欲""利欲"是解放、满足、鼓励乃至纵容还是限制、束缚、压抑乃至禁止，这是中西方文化和哲学在社会人生论方面的差别的集中体现。西方自文艺复兴以来复兴了古希腊时期便形成的基元个体的思维定式，并在新的工业文明的背景下将其发扬光大，打出了反对中世纪的禁欲主义的大旗，反对中世纪对人的世俗的欲望的压抑，特别是对个人的私欲、物欲的压抑。

文艺复兴是以文艺为先导和号角的复兴运动，确切地说，它更主要是一种"振兴"、一种新文明的振兴运动；这种新的文明便是工业文明，而工业文明在西方首先采取了资本主义的形式。这一新文明的出现，从思想文化观念方面看，其核心的问题便是如何看待人的欲求、愿望的问题。在文艺复兴至近代乃至现代的西方看来，人特别是个人的欲求和愿望是应该得到满足的，不应该对其进行不合理的限制、束缚和压抑，我们应该千方百计地满足（而不是遏制）这些欲求和愿望，并通过可行的途径使其得到最大限度的满足；而满足这些欲求和愿望的基本途径便是改造外在的世界。具体地说，主要就是通过工业经济、生产的发展来满足这些欲求。在文艺复兴之后的西方数百年的历史发展中，通过工业生产使人的众多欲求得到了越来越多的满足或最大限度的满足。在生产力发展的基础上，西方在其他方面的能力或实力（如经济、军事等方面的能力、实力）也大大地提高和加强了。西方在竭力满足"人欲"的同时又进一步激发出更多、更甚的"人欲"（甚至有"纵欲"之嫌），使"人欲"得到了极大的"膨胀"，而这些"人欲"站在中国传统文化的角度看很难说都是"良性"的，甚至大多不是"良性"的。这种"人欲"在西方还进一步被上升到理论和规范的高度，表现为一种"人权"说。也就是说，满足人欲、人的私欲（以法律为底线）即是人的权利。这种"人欲"与"人权"一起膨胀，伴随着"力"的扩张而一起膨胀，成为西方文明的最典型的特征。

由于"欲"特别是物欲的满足需要通过改造外在世界来实现，或者说，需要借助于改造外在世界的力来实现，这种"力"就最直接的来看主要表现为生产力，而推动生产力不断发展的最大的潜力、潜能则是来自科学技术的不断发展。故西方社会越来越关注科学技术的发展，越来越自觉地、积极主动地、想方设法地发展科学技术，从而使科学技术的发展得到了社会强有力的支持，使其得以更加迅猛地发展，并进一步导致一次又一次的科学技术革命的产生。显然，这种强大的驱动力如果从人的内在的方面来看，其最大的内在的驱动力量正是来自不断膨胀的人们的各种欲望，特别是人们的私欲、物欲和利欲，来自于最大限度地满足这种私欲和物欲的内在的要求及对这种私欲和物欲的最大限度的满足的认可、支持、鼓励甚至纵容。故从思想文化方面来看，正是这种对人们的私欲和物欲的最大限度的满足的认可、支持、鼓励甚至纵容才是科学技术发展的内在驱动根据之所在；而西方的基元个体式的基本的思维定式不仅是这种思想文化的根源、根据，其在其他方面的体现，还为科学技术在西方得到顺利发展提供了现实的工具、手段、方法、途径等方面的条件和思想理论基础。

回顾中国，我们可以发现，中国在西方的文艺复兴之前也曾经出现过一次"复兴"运动。但中国的这次复兴，其"复兴"之味远胜于西方（因为它并没有多少"振兴"之处，也没有产生新的文明）。这次"复兴"始于唐末宋初，延续几百年，以宋明理学的出现为显著标志。而"人欲"与"天理"的关系问题则成为宋明理学讨论的一个焦点问题。其中"存天理，去（或灭）人欲"之说更是几乎无人不知、无人不晓的"复兴"的标志性成果。在当时的国人看来，这些"人欲"很难说是良性的，甚至大多不是"良性"的，故要去之、灭之。而"去"

"灭"的基本途径并不是通过改造外在的世界，恰恰相反，主要是通过人的内在的修行以及通过道德仁义对其进行规范。

实际上，共同撑起中国传统文化之鼎的道家、释家、儒家尽管有诸多的不同，但在关于人欲、物欲的看法上却有更多的一致之处。老子的小国寡民、无欲不争、"见素抱朴，少私寡欲"等思想，佛家的"戒定慧""四大皆空"等出世的思想皆是对"人欲"特别是人的物欲的膨胀的否定。尽管如此，早期的儒释道对"人欲""物欲""私欲"等的看法、态度也主要是"节""少"等，主张节欲、少私寡欲、清心寡欲等，到了宋明理学才恶性膨胀到"去"乃至"灭"的地步。

中西方文化对"人欲"特别是人的物欲、利欲的一"去"一"纵"、一收一放、一内一外，使两者的差异逐步扩大，直到19世纪中叶以来在中国才发生了新的变化。这种新的变化的核心问题便是"富强"问题，而从思想文化根源上看首先便是一个应如何重新看待"人欲""物欲"的问题。压抑、束缚人欲不可能富强，但"富"特别是"强"已成为必须严肃对待的问题，因为这是一个涉及国家、民族的生死存亡的问题；这一问题100多年来一直困扰着中国，特别是在20世纪70年代以来，表现得尤为突出。改革开放以后，中国突然又飞速发展起来，是什么原因导致中国的飞速发展呢？实际上就是解放思想、实事求是的结果。解放什么思想呢？最主要的就是解放人的欲望，特别是解放个人的私欲、物欲和利欲。中国压抑了几千年的个人的私欲、物欲和利欲被解放出来了，于是推动了经济社会的飞速发展。短短40多年里，中国经济持续以每年近乎两位数的速度增长，这让世界感到惊讶，国际金融危机以后，西方许多国家经济出现了"零增长"甚至负增长，中国经济也受到了很大影响。近几年，中国经济发展由于种种原因，增速有所放缓，但比起其他主要经济体，中国经济增长速度仍然遥遥领先。中国还能不能继续高速增长呢？答案是肯定的。这是为什么呢？因为虽然欲望已经被解放出来，但却还没有完全被兑现。这种欲望的膨胀看来至少还得十到二十年，才有可能逐步缓和。这也就意味着，中国经济至少还有近二十年的高速发展期。

当今中国人私欲、物欲和利欲的近乎恶性的膨胀和不断的满足，在带来经济的高速增长的同时，也带来了环境破坏、道德滑坡、价值危机、信仰迷茫等重大的负面效应，在新一代的中国人身上已经很难看到中国传统思维定式的影响，而更多地显现出西方正在深刻反思其负面效应的基元个体式的思维定式的印迹。中国人一方面正在丢掉传统的伦理道德，另一方面却没有建立起像西方那样有效的法制，也没有西方在很大程度上可以替代伦理道德的宗教。许多人为满足自己的私欲、物欲和利欲其所作所为几乎到了不择手段、"无法无天"的地步。对于上述问题，应该引起我们高度关注，由于说来话长，故只能另文讨论了。

通过上面的分析可以看出，虽然中国传统文化对中国在科技、经济等方面的发展产生了不少消极的、负面的影响，但就其根源而言，前述的中国传统文化特别是宋明理学对人欲、物欲等的看法、态度可以说是导致中国科技、经济在近几百年来落后于西方的最主要的和关键的思想文化方面的原因；而对于人欲和物欲看法上的重大差异，又可以进一步看成是基元或单元个体式的思维定式和生命有机整体的思维定式两者之间的重大差异在社会人生方面的具体的、集中的体现。

参考文献

[1]（魏）王弼、（唐）孔颖达：《周易正义》，中国致公出版社 2009 年版。
[2]（魏）王弼注：《老子道德经注》，中华书局 2011 年版。
[3]（宋）朱熹：《四书章句集注》（上下），上海古籍出版社 2006 年版。
[4] 张岱年：《中国哲学大纲》，中国社会科学出版社 1992 年版。
[5]［德］马克斯·韦伯：《新教伦理与资本主义精神》，于晓、陈维纲等译，生活·读书·新知三联书店 1987 年版。
[6]［美］塞缪尔·亨廷顿：《文明的冲突与世界秩序的重建》，周琪、刘绯等译，新华出版社 2010 年版。

从老子与苏格拉底探寻中西先贤道德哲学思想的契合

魏 华 曹 渊

（西安交通大学西部评估中心办公室主任，西安交通大学马克思主义学院在读博士，西安，710049；
西安市书法家协会行书行业专业委员会委员，
六翻书院院长，西安，710049）

摘 要 本文比较分析老子与苏格拉底这两位中西先贤道德哲学思想的主要共识与契合之处，发现两位道德哲学的巨擘在道德的本源、使命、核心与实践提升四个方面都存在契合之处，具体表现在：为道与神的契合，不言之教与神谕的牛虻的契合，德与善的契合，以及清心寡欲与自制理性的契合。这两位中西先贤的思想契合之处为探讨中西道德文化的共性提供了重要的参考，对于社会道德精神的树立与个人道德修养的加强有重要的启示意义。

关键词 道德哲学；老子；苏格拉底

一 序言

老子，姓李名耳，字聃，约生活于前571年至公元前471年之间，是我国春秋末期伟大的哲学家和思想家、道家学派创始人。存世有《道德经》（又称《老子》），其作品的精华是朴素的辩证法，主张无为而治，其学说对中国哲学发展具有深刻影响。老子与后世的庄子并称老庄。他的学说不仅是中国传统道德文化重要组成部分，也对中国以外的许多亚洲国家产生了深远影响。苏格拉底出生于公元前469年，是古希腊著名的思想家与教育家，西方道德哲学开创者。他的道德哲学思想突破了古希腊早期自然哲学的藩篱，经柏拉图、亚里士多德等哲学家发扬光大，为基督教神学、西方哲学以及西方伦理思想与道德文化的发展奠定了重要的基础。苏格拉底也因此被后世誉为"古希腊哲学三贤"之首。虽然两位古圣先贤所处的历史年代与社会文化背景大相径庭，所推行的思想理念也各有不同，然而他们生逢乱世却始终坚守的原则与奋斗的目标是相同的。那就是指引世人认识人类永恒的真理，挽救世道人心、通过追求道德的完善、使社会大众实现真正幸福的人生。张载关于知识分子使命的名言"为天地立心、为生民立命、为往圣继绝学、为万世开太平。"用在两位先贤身上是再恰当不过了。

二 老子与苏格拉底道德哲学思想的契合之处

（一）关于道德终极本源的契合："道"与"神"

远古时期的中国就已经开始了对人性、社会道德与自然之间关系进行研究。老子将这种研究纳入他称为"道"的学术体系中。在老子之前，中华民族对"道"的认知与理解就已产生，但初期的文献记载中并未出现"道"的完备的学术系统。如张立文认为："由于受到社会实践的广度、深度和人类思维水平的限制"，老子之前"道基本上仍然处在概念阶段，还没有正式形成哲学范畴"。葛荣晋："'道'字虽然在《尚书》等古文献中已屡次使用，但是作为哲学范畴，则始于老子。"虽然大的文化背景不同，老子与苏格拉底都不约而同地在各自的哲学思想体系中，设立了超越性完备的事物产生的本源。在老子创立的先秦道家思想（即原始道家思想）中，这个事物产生的本源则被引向称作"道"的概念上去。老子发扬了"道"这一超越性的终极理念："道冲，而用之或不盈。渊兮，似万物之宗；湛兮，似或存。吾不知谁之子，象帝之先。"（《老子》第四章）"有物混成，先天地生。寂兮寥兮，独立而不改，周行而不殆，可以为天地母。吾不知其名，强字之曰道，强为之名曰大。"（《老子》第二十五章）冯友兰认为，老聃所表达的意思应为："道作为万物本源，无从命名，所以无法用语言表达它。但我们又想要表达他，便不得不用语言来加以形容，称它为道。"这些说明老子认为道是一切事物的本源，并且影响着一切事物的发展方向与最终结果。这与苏格拉底对"神"的认知有着不约而同的相似之处。"人法地，地法天，天法道，道法自然。"（《老子》第二十五章）人只有遵循"道"的指引，才能获得超常的智慧，也才会使自己的人生臻于完美。

　　与中国上古时期相同，在欧洲文明与西方哲学发源地的古希腊，上古先民热爱生命、敬畏宇宙自然，积极思索和探寻世界与人类本源以及人生的价值和意义。早期神的传说在公元前12世纪产生后由历代先民口口相传不断丰富完善，《神谱》主要讲述了诸神的起源、神对宇宙和人类的创造和管理，《荷马史诗》侧重描绘诸神的生活、古希腊先祖的英雄事迹以及神与人的交流。这两部巅峰之作艺术地体现了古希腊系统的诸神信仰。古希腊先民对神的信仰和崇拜孕育了古希腊早期的朴素唯物主义哲学，后者是古希腊哲人用理性对自然世界本源进行的伟大思考。雅典哲人苏格拉底集希腊上古神学与自然哲学思想之大成，提出了超越性的"神"这一终极道德本源，开创了以他为代表的道德哲学先河。通过他的弟子柏拉图和色诺芬的记述，我们可以探寻到他对神的认识："住在你身体里面的智力，既能随意指挥你的身体；那么，你也就应当相信，充满宇宙的理智，也可以随意指挥宇宙间的一切，而不应当认为，你的眼睛能够看到许多斯达第昂远，而神明的眼睛却不能立刻看到一切；或者你的灵魂能够想到在这里的事情，或者埃及或西西里的事情，而神明却不能同时想到一切……神明具有这样的能力和这样的性情，能够同时看到一切的事情，同时听到一切的事情，同时存在于各处，而且关怀万有。""能够一无所求才是像神一样，所需求的愈少也就会愈接近于神。神性就是完善，愈接近于神性也就是愈接近于完善。"苏格拉底的"神"与古希腊神话中的诸神不是同一所指，而是一种无所不在、无私无求、全知全善、成就万有的超越性终极道德。"神"是苏格拉底一生哲学追求的引导，也是他的哲学思想得以确立的基础。

　　（二）关于道德教化使命的契合："不言之教"与"神谕的牛虻"

　　老聃所处的时代，正值中国历史上的春秋时代晚期，此时的周王朝日益没落，王权旁移，各诸侯之间由于无尽的欲望催使，带来的纷争渐趋激烈，社会中下层人民生活日趋艰难。钱穆在他的《国史大纲》中提到："周室东迁，引起的第一个现象，是共主衰微，王命不行。王命不行下引起的第一个现象，则为列国内乱。"作为周守藏室的史官，老聃对现实状况有着非常明确的认识。但同时他也深深了解到在这样的历史大背景下，直接单纯地去教化大众，弘扬自己属于绝对哲学范畴的学术思想，是多么的不现实，因此他说："是以圣人处无为之事，行不言之教；万物作而弗始，生而弗有，为而弗恃，功成而不居。夫唯弗居，是以不去。"（《老子》第二章）提出了从不同角度去认知自然本源，以看似颓废实而积极的独特方式对人们进行深入的教化："道常无为而无不为。"（《老子》第三十七章）以及"反者道之动；弱者道之用"（《老子》第四十章）。冯友兰认为："道家主张无为，并不是叫人完全不动，或不做任何事情。"顾德荣、朱顺龙的《春秋史》中也提道："老子哲学思想就政治大动荡引起的经济、道德、心理、行为的失衡而言，他对于重建政治制度、伦理道德观念是采取了积极的态度，而非消极遁世。"这些都充分反映出他的不屈不挠的教育思想与教育精神。这种教育精神和教育思想都旨在把人们引向老聃所认为的人类道德的终极目标。"居善地，心善渊，与善仁，言善信，政善治，事善能，动善时。"（《老子》第八章）只有一个人的一切行为，都符合于"道"的范畴之时，才能游刃有余地存在于自然界与人类社会之中。这与苏格拉底所处的古代希腊，社会主体思想认知都相对原始愚昧的境况下，提出"神"的哲学概念，以看似愚昧实则隐藏着大的智慧的方法，用来引导民众走向明确的超越性终极道德，而表现出的形式，又是何其相似。

  与老子的天赋使命相比，苏格拉底的"神谕"则多了一丝神秘主义的色彩。面对雅典人指控他亵渎神灵与毒害青年思想的时候，他勇敢地为自己申辩，开诚布公地讲述他的思想与进行教化的原因和目的。他提到自己其实一无所知，但是德尔菲的阿波罗神庙给出的神谕却说他是雅典最有智慧的人。为了验证这个神谕，他遍访各行各业的专家智者，结果发现这些人其实并无智慧。当时苏格拉底所处的那个时代的雅典，在输掉了伯罗奔尼撒战争、经历了三十僭主的暴政后，政治经济与社会道德受到了严重的打击，面临着与老子所处时代较为相似的社会问题。因此，苏格拉底明白了，他是"一支由神来赐予城邦的牛虻……一天到晚我都烦在你们大家身边，鼓励你们，说服你们，责怪你们"，使世人警醒并发现自己的无知，在他的道德启发下，发现真知，以坚定的信念实现自我道德的完善与超越，建立幸福的道德社会。苏格拉底记得还是年幼的时候，"就经常有这种奇怪的感觉，那是一个声音，他总是在我要做一些事的时候告诉我不要去做……但是这个奇怪的声音不会告诉我应该去做什么"。色诺芬的《会饮篇》提到了这种声音是人和神之间的沟通者，它把人的祷告和献祭传送给神，也将神意传达给人。苏格拉底要是遇见了问题一时找不到答案，就会进入一种深深的、神秘的理性思考状态，长久地站立浑然忘我，任谁也不能干扰，直到他获得内心的启示为止。苏格拉底在为自己进行申辩时最后的一段话语，很好地诠释了神谕和他的毕生追求的内在联系，即"但我宁愿遵循神意而不是你们的意见，只要我还有生命和力量，我永远不会停止哲学思考和哲学教育，我会用我的方式劝诫任何一个我见到的人，让他得到信仰"。①

（三）关于道德思想核心的契合："德"与"善"

老聃认为，道是"无"，必须通过"有"的表现形式，才能被人感知到，而这个"有"的形式就是"德"。冯友兰提出："在万物之中的'道'就是'德'，'德'的含义是'能力'或'品德'，它可以解释为万物本有的品质，也可以解释为人伦关系中的德行。因此，'德'就是事物的本性。"这就是《道德经》第五十一章所说的："万物莫不尊道而贵德，'道'是万物的由来，'德'则是万物本性的依据。"② 而要想了解'德'的概念首先就必须具备纯真质朴的性格，《老子》第五十五章说："含「德」之厚，比于赤子。"《老子》第十章说："专气致柔，能如婴儿乎？"其次，是要有谦虚谨慎的态度，《老子》第二十八章说："知其雄，守其雌，为天下溪。为天下溪，常德不离，复归于婴儿。"《老子》第六十六章又谈道："江海之所以能为百谷王者，以其善下之，故能为百谷王。"《老子》第九章还谈道："富贵而骄，自遗其咎。"冯友兰在他的《中国哲学简史》中解释老聃这一学说时提道："骄傲就是一个人的进步已经到达极限的标志，它是任何人首先要力戒的事情。"③ 除此之外，要想了解"德"的概念，还应具备超脱常知的智慧，《老子》第十五章提道："古之善为道者，微妙玄通，深不可识。"老子认为"德"依照"道"的合理有序与完美至善，来养育万物。"道生之，德畜之"（《老子》第五十一章）。首先"德"使万物得以繁衍，他就

---

① 柏拉图：《斐多篇》，杨绛译，辽宁人民出版社2001年版。
② 老子：《道德经》，作家出版社2001年版。
③ 冯友兰：《中国哲学简史》，新世界出版社2004年版。

具备了对万物的大爱。其次他具备使万物生长需求的最佳有益性与绝对幸福感,这都使其产生了与苏格拉底所提出的"善"的特性相近的特点。老子还认为人可以通过对纯真质朴的性格、谦虚谨慎的态度、超脱常知智慧的追求,也就是对"德"的不断完善,来修为自身,从而可以修德以及道,"常德不忒,复归于无极"。(《老子》第二十八章,"无极者,道也")也就是达到人类社会对于道德要求的终极目标。"修之于身,其德乃真;修之于家,其德乃馀;修之于乡,其德乃长;修之于邦,其德乃丰;修之于天下,其德乃普。"(《老子》第五十四章)老子认为,这样通过对自身的"德"的修为,再推而广之,使之惠及家庭、城邦、国家以及人类。

考察苏格拉底的道德哲学思想,不难发现也有一个与老子的"德"颇为相似的核心道德"善"。苏格拉底在各种场合提到的那些包括"古希腊四主德"在内的正义、智慧、勇敢、自制、虔敬、忠诚等基本品德,由于智慧是对自己心灵深处与神相通的绝对道德的认识,所以是最大的善与美德。这些美德都被苏格拉底用"善"这个更高层次的美德贯通起来,他是这样阐述的,"实际上,使勇敢、自制、诚实等,总之一句话,使真正的善得以可能的是智慧"(《对话录·斐多篇》)。他认为,善有两大主要特征,首先,善可以将人引导向真正的幸福和快乐,"一切可以达到幸福而没有痛苦的行为都是好的行为,就是善和有益"(《对话录·高尔吉亚篇》)。其次,善是利于世间万物的,能将任何事物都安排得井然有序、和谐而合理。例如,善对个人来讲就是生活中的秩序和纪律,可以帮助人获得身心的健康安泰;如果将善放诸整个社会,它就代表着公平与正义,能带来稳定和幸福。在他看来,"善是我们一切行为的目的,其他一切事情都是为了善而进行的,并不是为了其他目的行善"(《对话录·高尔吉亚篇》)。"天与地、神与人,都是通过同仁、友谊、秩序、节制联系在一起的……他们把事物之总和成为'有序的'宇宙,而不是无序的世界或暴乱"(《对话录·高尔吉亚篇》)。"善"在苏格拉底的道德哲学思想中被升华为代表天与神包容成全万物的一种大爱和道德精神,这种最高的道德价值包含了世间一切美德,因此也是人最高的理性追求。苏格拉底认为,美德是一种手段、技艺或途径,人通过尽力修养道德,寻求智慧,就能最大限度地趋向善,从而与神为代表的终极道德本源契合。苏格拉底提倡的这种"培善以通神"的思想与老子通过修德以及道的道德修养途径来达到最高道德境界何其相似,真有异曲同工之妙!

(四)关于道德践行方法的契合:"清心、寡欲"与"自制、理性"

在老子看来,纷乱的世界中想要到达自我精神的最终追求,必须降低对"欲"的奢望,即"寡欲"。冯友兰认为:"照道家的看法,人失去了原有的德,乃是因为欲望太多……当人力求满足无穷的欲望时,所达到的适得其反。"① 但作为一个普通人,要想降低对世间欲望的追求,就需做到"清心",而老子认为修清必以静,《老子》第十六章:"归根曰静,静曰复命。复命曰常,知常曰明。不知常,妄作凶。"进入"静"的境界才可以由静以知常,"知常容,容乃公,公乃全,全乃天,天乃道,道乃久,没身不殆"(《老子》第十六章)。冯友兰《中国哲学简史》第九章这样解释说:"知道事物变化的常理,人的思想就明智,明智的人就得以避免偏见;没有偏见,人的思想才能全面;思想全面才能胸怀广阔;胸怀广阔的人得见真理;得到真理的人将持续不败,终身也不会跌倒。"② 梁启超在《老子哲学》一书中也提道:"老子教人用功最要紧的两句话,是'为学日益而为道日损','五色令人目盲,五音令人耳聋,五味令人口爽,驰骋畋猎,令人心发狂。'"③ 谈到了老子对欲望的感慨。现实社会的急速发展,使人们面对的欲望不断更新、不断加强,正如纵马于畋猎中,欲驻不能。要想勒缰立马,由动转静,就又必须做到返观内视:"视之不见,名曰夷;听之不闻,名曰希;搏之不得,名曰微。"(《老子》第十四章)老子认为,人只有不外求,才能熄灭心中欲望之火。只有通过返观内视,找到真实的自己,通过"知常"达到"静"的境界,再由"静"入"清",由"清"入"道",这样一个循序渐进的修炼过程,才能实现自我的道德的不断完善。

苏格拉底提出的自我道德实践与完善的方法与老子的方法颇为类似,即通过自我克制与把握真正道德的理念来实现。自制(Sohproyne)是古希腊四大美德之一,它是对德尔菲阿波罗神庙昭示世人的两句箴言

---

① 老子:《道德经》,作家出版社 2001 年版。
② 冯友兰:《中国哲学简史》,新世界出版社 2004 年版。
③ 梁启超:《老子哲学》,《饮冰室专集》,中华书局 1936 年版。

"认识你自己"与"万勿过度"的接受与人自我的道德反省。自制之所以成为主要美德之一,是因为它表示了对于最高道德"善"的一切法则的服从,依照道德为人性所设置的限制,对自己各种不适当的欲望进行约束。苏格拉底认为"唯有自制才能给人带来最大的快乐。贪图身体快乐的人,对于任何德行都是无份的"。[1] 苏格拉底认为,人是灵魂与身体的结合体,如果人放纵身体而听从一切感官的需要做出奢侈、放荡、专横等种种无节制的行为,就会让自己的灵魂变得畸形与丑恶,"就永远没有机会满意地达到我们的目标,即被我们肯定为真理的东西"(《对话录·克里同篇》)。苏格拉底希望人们能够真正认识自己的内心和灵魂,发现内心和灵魂中不仅有可以与神相同的超越普遍意义的道德精神,还有使万事万物变得有序与和谐的道德理性。苏格拉底倡导的修善培德方法并不是要人压抑或禁绝一切欲望,而是依照天地与灵魂本有的道德理性进行思维和反省,用自制的美德控制不善与不适当的思想行为,同时积极发扬善与道德的思想行为,使得自己所思所行无不处于一切善的法则之中,从而实现真正自由幸福的人生。

三 结论

老子的道德哲学思想将中国上古时期人类对自然的崇拜,引领至对于人的生命与道德问题的探究,指引出一条培养人类智慧,实现"以无事取天下"的光明大道上来。苏格拉底被称为西方哲学历史上突破自然哲学研究领域的第一人,他的道德哲学思想关注人的灵魂与生命,涉及古希腊城邦政治经济与文教领域的各个层面,指出通过提倡培养理性的人,实现自我的道德完善,人生的幸福与社会的安定和谐。老子毕生的坚持与孜孜不倦的教化同苏格拉底不懈的追求与最后的杀身成仁是他们所宣扬的道德哲学思想最好的示范和垂教。若没有老子,以及老子"道"的概念,中国思想史将变得枯燥无味,人们对道德真理的探求,也犹如在黑夜中行走;若没有苏格拉底,有谁来指明真理?两位先哲的道德哲学思想虽有一些不同之处,但其中的共识与契合无疑为东西方道

---

[1] 柏拉图:《斐多篇》,杨绛译,辽宁人民出版社2011年版。

德文化的共性提供了有力的依据,也为我们社会道德精神的建设与个人道德修养的加强提供了重要的思想启示。

参考文献

[1] 张立文:《道》,中国人民大学出版社 1989 年版。
[2] 葛兆光:《七世纪前中国的知识、思想与信仰世界》,载《中国思想史》(第一卷),复旦大学出版社 1998 年版。
[3] 色诺芬:《回忆苏格拉底》,吴永泉译,商务印书馆 2002 年版。
[4] 钱穆:《国史大纲》,商务印书馆 1996 年版。
[5] 冯友兰:《中国哲学简史》,新世界出版社 2004 年版。
[6] 顾德荣、朱顺龙:《春秋史》,上海人民出版社 2003 年版。
[7] 柏拉图:《柏拉图全集》,王晓朝译,人民出版社 2002 年版。
[8] 梁启超:《老子哲学》,载《饮冰室专集》,中华书局 1936 年版。
[9] 柏拉图:《斐多篇》,杨绛译,辽宁人民出版社 2001 年版。

阴阳：中国哲学建构性别观念的坐标

申丽娟

（西安建筑科技大学马克思主义学院讲师，西安，710055）

摘　要　本文追溯了中国哲学以阴阳为核心术语所形成的性别观念以及在此基础上建构的性别秩序。中国哲学是源于中国各家思想流派的综合体，但对性别观念产生根本性影响的主要是儒学与道学。在这种文化语境中，按照"性"既表征人的生理欲求又指向人之为人的本质规定这一理解，中国式性别把两性界定为在生理差异基础上对应确立各自文化特质的社会性存在。这种性别观念确立的哲学基础就是阴阳观，阴阳互用的宇宙法则通过"天人同构"的思想具体而微地体现在两性身体上，形成了阳—男、阴—女相对照且化育生命的性别宇宙观。性别宇宙观进一步推演到社会领域，使内外有别、尊卑有序的社会主流性别秩序得以确立，作为社会细胞的家庭成为女性生活与工作的主要空间。两性在道德、生产活动等方面具有潜在的互补性，并在中国传统哲学中获得了文化支撑。当代中国性别文化的建构应立足这种文化基础，寻求两性之间的和谐发展。

关键词　阴阳；性别意识；中国哲学；儒学；道学

一　"性别"的中国式解读

有无性别意识是当代中国学界围绕中国哲学中的性别观念所展开的争论之一。所谓哲学中的"性别意识"是指哲学思维中有关于"性""性别"的观念，强调男女、雌雄既相互区别又相互生成的关系，这一视角为理解某一哲学传统甚至开展中西传统哲学的比较研究"开辟出一独特的话语空间"。从性别视角出发，关乎男女的性别问题在中国古代哲学思想中有着丰富的论说，并被视为重要内容之一。要把握中国哲学对性别的认识，首先当从谈"性"开始。

"性"是中国古代知识分子开展人性探讨时必须贯通的词汇/术语，对"性"的不同理解也导引出迥异的人性论。按照汉字的构成方式，"性"由"忄"（即心）与"生"两个部首组成，如何理解"生"也就直接影响着如何阐释人"性"。"生"作为名词，最直接的内涵指向自然生命，以此来理解性，"性"乃人与生俱来的禀性，与生命活动、生理欲望相关联，具体表现为人的各种生理需要。中国战国时期思想家告子讲"食色，性也"（《孟子·告子上》）；儒家哲学创始人孔子提出"饮食男女，人之大欲存焉"（《礼记》）；"亚圣"孟子也承认了"性"的生理面相："形色，天性也"（《孟子·尽心上》）；中国古典时期儒家第三位伟大思想家荀子认为"今人之性，饥而欲饱，寒而欲暖，劳而欲休，此人之情性也"（《荀子·性恶》），饮食、体貌以及男女情欲都是人不可消除的自然欲求。另外，"生"作为动词，有"生长""生成"之意，人这一生命体之生成与生长又是通过"心"表现出来的，由"忄"（心）而生即为性，所以孟子讲"尽心知性"（《孟子·尽心上》），此"性"既是人之为人，与动物相区别的本质属性与内在根据，又揭示了生命成长的趋向与过程，赋予人的本质以生成性。正是在此意义上，孟子提出了"性善论"，道学思想家老子、庄子认为，人虽万类殊体，但其本性皆有德。既然人性异于动物的本性，而人性在现实状态中又会出现道德失落，那么，"成人"过程就需要必要的德性修养，即所谓"牛生而长，雁生而伸，其性使然也；人而学或使之也"（郭店楚简《性自命出》），从而揭示了人之本性（即善性）的后天生成性。所以，孟子"学问之道无他，求其放心而已矣"（《孟子·告子上》）；荀子主张"化性起伪"。改造的途径就是尚礼，即《礼记·王制》中所说"司徒修六礼以节民性"。这实际上都从社会文化的意义上对"性"加以界定。

毫无疑问，中国哲学是从生理和文化两个层面来把握"性"，人之本"性"既包括生理属性，也是社会文化后天塑成的结果。而"性别"之中的"别"字也古已有之，具有"分解""分别""辨"之意。这样，"性别"两词连用，用于指称男女不仅具有生理结构上的区别，反映在社会位势、角色定位、礼仪教化等社会化层面同样存有文化差异。

美国著名汉学家安乐哲在研究中国传统文化中男女两性的交往特性时，认为中国传统文化的主流在生理性别（sex）和社会性别（gender）的关系上，是"后者决定了前者的意义"，男女两性更主要的是在社会关系中彼此限定，成其为自身，中国哲学强调"男女有别"，就是在两性各自生理性别的基础上形成彼此鲜明且相对独立的道德人格的社会性别。

二　性别的阴阳模式：从宇宙观到社会—家庭秩序

中国哲学生发"男女有别"的性别意识，并非仅仅立足于男女两性的生理差异，乃是从中凸显出一种极其深刻的哲学洞观，其通过确立"天人同构"的思想理路，把贯穿于其中的阴阳法则运用于男女两性，形成了中国独特的性别宇宙观。

阴阳是构建性别宇宙观的核心概念。《黄帝内经》中为我们提供了最为全面的阴阳定义：

阴阳者，天地之道也，万物之纲纪，变化之父母，生杀之本始，神明之府也。治病必求于本。

在这里，阴阳被视为内嵌于所有生命本质中的一种模式，从而为一个统一的世界观提供基础，这种世界观通过阴阳之间的相互渗透与调节，将人、天、道整合成一个动态整体，形成了中国"天人同构"的宇宙论思想。其中，"道"不仅是指作为世界（天、地、人）的唯一来源，而且也是作为在世界中有效生活的方式，其在本质上就是指阴阳互用（之间的相互作用），所以，阴阳相互交织构成了化生万物的条件，就是所谓"万物负阴而抱阳"。

阴阳互用而化生万物也对应着男女两性相交感而繁衍生命，因此，中国哲学谈论男女之性，并非仅基于一种纯粹的生理物理考虑，而是视为宇宙间阴阳两种力量在两性身体上具体而微的体现，把男女之道与宇宙生命生成之道联系在一起。这在中国最为古老的文本之一《易经》

中有更为系统的说明。《易经》中八卦代表八种自然现象，其不断组配产生64卦，来表示阴阳的功能和运动。它们都由相互对比区别的两个基本符号：阳爻"—"、阴爻"--"组成被一些学者指代为具有男根女阴的意象。按照这种理解，分别由六根纯"—"与"--"构成的前两卦"乾""坤"更清晰地显示了卦象依阴阳分类的功能，其对性别观念的形成具有直接意义。乾坤两卦被誉为"易之门户，众卦之父母"，按照《易经·系辞传》的解释，"乾"指向天和阳，代表力量和创造性，"坤"指向地和阴，代表承纳与保藏，两者相交化生万物就如同男女之性孕育生命的过程。

因此，在《易经》中，"天地""乾坤"通常与"男女"相提并举，即"乾道成男，坤道成女"，"天地絪缊，万物化醇；男女构精，万物化生"，男女之性成为协调阴阳的最直接的方式之一，既事关个人的幸福，又关联宇宙之日常功能的发挥。合于阴阳的男女间的交互作用（包括性行为）在中国当代学者张再林那里被视为宇宙的"原发生命机制"，其以发生学的方式从根本上回答了宇宙何以生成、何以可能的问题。

中国哲学将性别宇宙论效法于社会领域，形成了性别的社会秩序，其依据就是天地阴阳的理念。阴阳、天地、乾坤通常比附于男女，《易经·系辞上》曰"天尊地卑，乾坤定矣；卑高以陈，贵贱位矣；动静有常，刚柔断矣……乾道成男，坤道成女"；《黄帝内经》讲"夫言人之阴阳，则外为阳，内为阴"。这样，与阴阳相关的品性如尊卑、动静、刚柔、外内就与性别相匹配，并以此推演到社会人伦秩序中，社会性别秩序由此初露端倪：空间布局上的男外女内之别；等级位势上的男尊女卑之序。

维持上述社会性别秩序的具体运作方式就是"礼"。儒家文献《礼记》对男女之礼进行了较为集中、系统的阐述，把男女结合的婚礼视为"礼之本"，礼又被孔子视为"政之本"，两性婚礼就被上升到政治高度，在礼制上极力彰显"男女有别"，如在内外问题上，规定两性在言语、活动范围、居住空间上皆要内外有别；在等级关系上，强调"男帅女，女从男，夫妇之义由此始也。妇人者，从人者也；幼从父兄，嫁从夫，夫死从子。"（《郊特牲》）此"三从"训条（三从四德）可看作汉代"三纲"之说的雏形。

"三纲"之说经过先秦到汉代的思想孵化,由汉儒董仲舒鲜明提出。他在阳尊阴卑基础上划分出善恶优劣,并在性别上予以强化,其代表作《春秋繁露》中提出"丈夫虽贱皆为阳,妇人虽贵皆为阴","恶之属尽为阴,善之属尽为阳"(《阳尊阴卑》)。进而要求两性关系应同君臣、父子一样严遵"三纲",即"君为臣纲,父为子纲,夫为妻纲",并宣称"王道之三纲可求于天"(《基义》)。东汉官书《白虎通》随后对"三纲"作了进一步阐扬。随着儒学在汉代确立国家意识形态的正统地位,男尊女卑的地位因之奠定,成为传统社会性别秩序建立的基础,中国古代知识分子大多以此为原则诠释乃至要求重建一个合理的社会秩序。自汉代之后,尤其是宋代之后政治的专制主义色彩日益浓厚,男尊女卑的秩序实际上从礼制到政治层面都使女性之品性能力低于男性的观念得以确立。"哲夫成城,哲妇倾城"(《诗·大雅·瞻仰》)就是主张"妇无与国",朱熹就曾针对中国历史上独一无二的女性称帝事件,直接痛陈唐"虽号治平",但三纲不正而致五代之乱,甚至明末出现了旨在正妇德的"女子无才便是德"的说法。男女两性不循尊卑、内外之序就是对传统伦理规范乃至天道的背离。

以儒学为主流文化的中国哲学之所以如此重视社会性别秩序,源于其秉持的"家国同构"理念,社会的差序格局(差等序列)与家庭的阶序格局(阶层构成的序列)相互映照,这样,男女两性权力关系的尊卑匹配就从一个家庭身份准则跃升为社会普适的伦理法则,因此,男女有别、尊卑有序的性别(家庭)编排无疑构成秩序化社会的伦理基础。

按照"家国同构"的理念,治国、平天下之道在一定意义上可视为治家之道的延伸,性别的社会秩序必然对应着一定的家庭格局。家庭作为社会的子系统,是"国之本",所以,中国式家庭关系上仍然主张要恪守男尊女卑,信奉"国无二君,家无二尊,以一治之也"(《礼记·丧服四制》),朱熹认为"以一家言之,父母故皆尊,母终不可以并乎父","夫妇之别严者,家之齐也",夫妇之别就体现在"三从四德""三纲五常"中。但同时,两性彼此间的阴阳互济与道德示范也贯穿在家庭连同社会的治理中。《礼记·昏义》记载新郎行礼揖请新娘入席时,要"共牢而食,合卺而酳,所以合体、同尊卑,以亲之也"。组建家庭后,夫义妻敬是家庭中重要的伦理规范,孔子曾曰:"治家者,不敢失于臣妾,而况于妻子乎"(《孝经·孝治章》),进而指出"昔三代明王之政,必敬其妻子也,有道"(《礼记·哀公问》)。相传由孔子编撰的《诗经》就汇集了大量描述男女之爱、婚姻关系的诗歌,其中更从女性视角表达了女子自我的悲喜感受、妇女对远行乃至身处战场的丈夫的思念、担忧与坚守,也包括妻子对丈夫纳妾被弃的怨言,这在一定意义上为那些不依照社会期待来处理两性关系的男性提供道德规劝,提醒男性应担负的道德责任。

而对丈夫进行道德规戒正是中国哲学内在的妇女德性要求。虽然"三从""三纲"的规定的确降低了女性的人格与地位,"四德"(即妇德、妇言、妇容、妇功)以"妇顺"为宗旨,限定了女性的言行,但是我们不能无视"四德"在教育子女、道德示范、掌管家庭等方面所发挥的重要作用。

另外,内外有别的礼法使家庭成为女性生活与工作的主要空间,在中国的历史长河中,女性尤其是妻子实质就是整个大家庭的总管,"正家必先正女"就源于这种秩序安排。在家庭事务中,除了教育子女,经济活动也是夫妇共担的家庭职责。《诗·大雅·瞻仰》认为"妇无公事,休其蚕织",《吕氏春秋·上农》更是提出"是故丈夫不织而衣,妇人不耕而食,男女贸功,资相为业,此圣人之制也"。20世纪以前在自给自足的农业经济中,女性承担了与男性平等互补的生产活动。

三　中国女性主义的古典面相

两性在传统家庭领域中的互补性在先秦时期的道家思想中获得文化支撑。道学创始人老子可堪为其中典范,以其文本《老子》所体现的女性气质堪称人类最早的女性主义思想家。

《老子》思想中,"道"是最高的哲学概念,其最初的含义就是指万物之母,具有一个母性形象,"天下有始,以为天下母。既得其母,以知其子;既知其子,复守其母,没身不殆"(第五十二章)。这样,"道"通常被比喻为女性的身体,其一项基本功能就是"生",如同女性通过生育来繁衍后代的身体功能,因此,自然之道的基础是母性的,代表着绵绵不息的生命力。同时,"道"作为"万物之母"又被赋予一个独特的意象即谷神。"谷神不死,是谓玄牝。玄牝之门,是谓天地根"(第六章),谷即为穀(gǔ),中国最早用于解释词义的专著《尔雅》将"穀"释为"生也",谷具有生之意,以其形状可为女性生殖器的象征,所以,谷神就是玄牝,就是天地根,拥有一个雌性的母体,以女性生殖器的空间化育生命来比喻道生成万物且恒在、永动之过程。在这里,牝(pin)和雌(ci)两个术语与女性关联在一起。尽管牝和雌原本分别指向雌性动物和与公鸡相对的母鸡,但在关于万物起源的中国经典的文本中,这两个术语都蕴含"生命"(life)与"化生"(birth)之义,此二义又包含在"生"这一中国哲学术语中。这样,"生"与女性的链接自然会导向阴性力量的优先性。

通过"生",谷与阴息息相关,"负阴抱阳"在《老子》思想中是与谷有共生意义的观念:"道生一,一生二,二生三,三生万物。万物负阴而抱阳,冲气以为和"(第四十二章)。在这里,负阴抱阳是以作为"万物之母"的"阴"作为基础和背景,"阴"代表的女性气质在老子那里可谓推崇备至,如"柔弱胜刚强""牝恒以静胜牡",以雌静之牝、柔弱之水来象征道,显示了老子哲学贵柔尚静的旨趣和女性崇拜意识。

老子对女性"雌"的品质之崇尚可堪为中国文化中为"女性话语"张目的最早发声,台湾学者吴怡在盘点中国哲学"运用女性之德的经典之作"时,就把《老子》评为"彻头彻尾"的"女人哲学"。可以说,正是由于老子及其思想的存在,中国文化的历史流变中仍为一定的女性意识和话语留下空间。

四 结论

中国哲学中的两大流派儒学和道学都渗透了阴阳观念,但因其对阴阳两种元素及其位势的不同强调,代表了中国并行发展的两种文化路线,应运产生了相异的性别发展路线。儒家思想强调"天行健,君子以自强不息"而更多地体现为阳刚精神,被认为是男性意识和话语的代表。依循儒学的男性意识,尊卑、贵贱、善恶、内外既是对阴阳的把握,又对应规范了两性的社会秩序。自儒学确立了在中国政治系统中的主流地位，性别不对等的秩序也日益被强化。另外，道家思想重视"地势坤，君子以厚德载物"而钟情于尊奉阴柔之美，被认为是女性意识和话语的代表。因为推重女性气质，老子的思想中并没有男女尊卑的等级之序，与阴阳相应的动静、强弱、雌雄、刚柔、进退等组对都是合联并提、相辅相成的。

儒道思想在中国文化中形成互补。这些主流思想主张的性别秩序虽然是不平等的，但是倡导两性之间相辅相成与互补的观念同时潜在地发挥作用，中国文化"尚和"这一特质也充分体现在两性关系中。所以，中国哲学通常把两性置于一种相互作用的关系中来把握，其道德规范是面向男女双方的，即使在明确提出"三纲"之说并为后世诟病的汉代，这种双向互动的道德规范仍然得到提倡，强调臣、子、妻的服从是以君、父、夫的率先示范为其前提，夫妻间不平等的义务关系尚未达到后世尤其是宋代之后专制主义日趋加强时期"夫虽不义，妻不可不顺"的地步。在以儒学为主流的政治系统中，传统性别体系与其结成了共生关系，这决定了渗透于统治方式与人际关系中的"阴阳"也必然会体现在作为人伦次序之首的两性关系上。国外汉学家李约瑟、安乐哲也意识到中国文化中的"女性特征"（feminine symbol）。以此观之，把阴阳及其关系比附两性，虽然没有带来中国社会中两性的真正平等，但却是深刻把握中国哲学如何理解性别的关键点。

毋庸讳言，中国哲学在总体层面上作为一种阴阳生命之学，旨在追求稳固而和谐的两性关系，这一理想不仅以各种途径内化于中国人的日常生活中，而且是历史上中国各种思想流派所共同的理论愿景。这也意味着，当代中国性别文化的建构应立足这种文化基础，寻求两性之间的和谐发展。

参考文献

[1] 陈家琪：《反驳张祥龙》，《浙江学刊》2003年第4期。
[2] 高亨：《高亨著作集林·老子正诂》（第五卷），董治安编，清华大学出版社2004年版。
[3] ［美］安乐哲：《和而不同：比较哲学与中西会通》，温海明编，北京大学出版社2002年版。
[4] （清）《黄帝内经素问集注》，张隐庵编，学苑出版社2002年版。

[5]（汉）魏伯阳：《周易参同契》，陈全林注译，中国社会科学出版社 2004 年版。

[6] 张再林：《作为身体哲学的中国古代哲学》，中国社会科学出版社 2008 年版。

[7]（宋）朱熹：《近思录》，吕祖谦编，上海古籍出版社 2010 年版。

[8] 杨剑利：《规训与政治：儒家性别体系探论》，《江汉论坛》2013 年第 6 期。

[9]（宋）朱熹：《朱子语类》，黎靖德编，王星贤点校，中华书局 1986 年版。

[10]（宋）朱熹：《晦庵先生朱文公文集》，载《朱子全书》，上海古籍出版社、安徽教育出版社 2002 年版。

[11] 张再林、张兵：《老子：人类最早的女性主义思想家》，《西北大学学报》（哲学社会科学版）2010 年第 4 期。

[12] 殷国明：《老子与中国远古女性崇拜意识及其流变——古典文论阅读札记》，《华东师范大学学报》（哲学社会科学版）2008 年第 4 期。

[13] 牟钟鉴等：《道教通论——兼论道家学说》，齐鲁书社 1991 年版。

[14] 张锡勤、柴文华：《中国伦理道德变迁史稿》（上下卷），人民出版社 2008 年版。

[15] Robin R. Wang, *Yinyang*, New York: Cambridge University Press, 2002, 55.

[16] Robin R. Wang, *Images of Women in Chinese Thought and Culture: Writing from the Pre-Qin Period through the Song Dynasty*, Indianapolis/Cambridge: Hackett Publishing Company, 2003.

浅析《论语》中的社会秩序及其风险观

黄 萌

（西安交通大学人文学院哲学博士，西安，710049）

摘 要 中国现代化进程的加速发展引发了学界对风险社会的思考，本文力图通过对《论语》中政治与伦理思想的分析，借鉴孔子有关德治、仁治以及培养君子人格的思想对于现代中国人重新建立起自己的精神家园，从而规避现代社会所带来的风险有着重要的意义。

关键词 风险；礼治；君子人格

伴随着中国现代化进程的更深层次的推进，现代人对风险开始有了更深的体会，无论何时何地都有可能会遇见风险，无论是社会风险或者是自然风险都是人们所不愿意面对的却又必须要面对的。而如何在风险到来时有效地规避风险，或解决危机，甚至在风险到来之前进行预警机制，是人类所面临的一个新课题。风险概念的含义是指人类生存和社会发展进程中可能发生的危险、威胁、危机。风险存在的可能、概率具有不确定性，它既不是人们的主观预期，也不是人们在认识中附加给它的主观成分，而是事物客观关系在人们认识中的主观反映，是对事物固有属性的揭示，因而具有不容否认的客观依据。

正如贝克在《风险社会》中所说，"风险并不是现代性的发明"。[1] 近现代风险概念的含义是从西方传入中国。由于科学技术还没有发展到一定水平，很多的自然风险在中国古代是无法预测和回避的，但是针对社会政治风险与个人命运风险在中国古代亦有风险观，虽然缺乏逻辑上的严密性和理论上的完备性，但是不可抹杀亦不可否认。

从思想史角度看，古人强调"居安思危"。与其相似，《左传·襄

---

[1] ［德］贝克：《风险社会》，译林出版社2004年版，第18页。

公三十一年》有："居安思危，思则有备，有备无患，敢以此规。"居安思危的意义与社会风险的含义是相似的，都强调在安定、平稳的时候要考虑到可能到来的危险。安定就是一种平衡，平衡有稳定平衡和不稳定平衡之分，但是没有绝对的稳定平衡。所以在辨认事情的发展方向时一定要看到会有打破平衡的不和谐音，引申到现代就是做任何事情都要考虑到一定的风险性。无论在经济、政治、文化等各个方面都需要有风险意识，其实也就是要有"居安思危"的意识。

从历史学角度看，古人有关应对政治社会危机的言论不少，从西周开始即如此。先秦道家、儒家乃至法家在其政治哲学中都有过对政治社会风险的预防与对策的言论。亚圣孟子曾发出过"生于安乐，死于忧患"的喟叹，后世人也曾有过"先天下之忧而忧，后天下之乐而乐"的危机意识，可见对于风险社会的认识在中国是自古就有的，而不是仅仅由国外传入的思想。儒家是我国先秦时期形成并得到充分发展的重要思想流派，被称为当时的"显学"。新儒家大师徐复观曾经说过："殷周之际的人文精神的萌芽，是以忧患意识为其基本动力。此一忧患意识，尔后实贯注于各伟大思想流派之中。儒家墨家不待说。"[①] 由此，以下着重讨论的是《论语》中所涉及的风险观。

《论语》中虽然并未提到"风险""危险"等字样，但是对于如何才能维护社会的安定提出了"礼""孝悌"等说法，其目的性明确，有着未雨绸缪的先知先觉意识。通过"危"的反义"安"来说明君子只要保持克己复礼，安贫乐道的人格特征就可以给人们做出榜样，使社会安定和谐，而免予危难。以下将从三个方面来讨论孔子如何运用政治策略来化解危机以及其中所体现出的圣人智慧。

一 以家庭为中心，向外延伸至社会的家族理论，体现出治国管理由小及大，由易入难的一般规律

对于儒家传统来说：首先，组成社会的人，是处在人伦关系中的个

[①] 徐复观：《中国人性论史·先秦篇》，上海三联书店2001年版，第289页。

体，而这个个体属于家族，不是独立和自由的，在这个意义上，组成中国社会的单位是家族。正如胡适先生所说："细看《祭义》和《孝经》的学说，简直可算得不承认个人的存在。我并不是我，不过是我的父母的儿子。故说：'身也者，父母之遗体也'，又说'身体发肤，受之父母'。我的身体并不是我的，只是父母的遗体，故居处不庄，事君不忠，战阵无勇，都只是对不住父母，都只是不孝。"① 其次，处在人伦关系中的人是以关系为本位，社会是以义务为纽带联系在一起的。所以说，家庭与家族是社会的重要组成元素，而在家庭中的美德可以维系家庭伦理关系，保持家庭成员的和睦。《中庸》所讲的"修身、齐家、治国、平天下"也是以家庭为单位，首先需要个人进行道德修养，在此基础上循序渐进，以维持家庭和睦为第一要务。而维护家庭关系的主要品德有孝、悌、忠、恕、仁、义，在《论语》中对个人修养所必须具备的多种品德都进行了罗列，并且加以详细的分析。

  有子曰："其为人也孝弟，而好犯上者，鲜矣；不好犯上，而好作乱者，未之有也。君子务本，本立而道生。孝弟也者，其为仁之本与？"②

有子认为，人们如果能够在家中对父母尽孝，对兄长顺服，那么他在外就可以对国家尽忠。忠是以孝悌为前提，孝悌以忠为目的。儒家学者认为，在家庭中实行了孝悌，统治阶层内部就不会发生"犯上作乱"的事情；再把孝悌推广到劳动民众中去，民众也会绝对服从，而不会起来造反，这样就可以维护国家和社会的安定。

二 建立以礼治为主的等级制度，形成以"和"为中心，有序、稳定的社会秩序

对于社会风险和公共危机来说，有序的社会秩序是防范的有效前

---

① 胡适：《中国哲学史大纲》，东方出版社1996年版，第113—114页。
② 程树德：《论语集释》，载《论语·学而》，中华书局2006年版。

提。对于如何保持社会的确定性和有序性，孔子认为，要充分发挥"礼"的作用，特别是在等级较高的诸侯之间，将"礼"合理地应用在国家的政治核心机构中是问题的关键所在。礼治是包含了德治和法治两种因素在内的综合性结构。孔子论礼治，尽管更重"仁义"，有德治化的倾向，但尚未明显分离。[①] 在春秋时代，周天子实行嫡长子继承制，其余庶子则分封为诸侯，诸侯以下也是如此。整个社会从天子、诸侯到大夫这样一种政治结构，其基础是封建的宗法血缘关系，孝悌说正反映了当时宗法制社会的道德要求。而"刑不上大夫，礼不下庶人"，对于平民老百姓又如何进行教化，以保证民间的秩序，孔子认为孝悌与社会的安定有直接关系。家庭是社会的主要元素，维护家庭的稳定是维护社会稳定的基础和根本。孔子看到了这一点，所以他的全部思想主张都是由此出发的。他从为人孝悌就不会发生犯上作乱之事这点上，说明孝悌即为仁的这个根本道理。自春秋战国以后的历代封建统治者和文人，都继承了孔子的孝悌说，主张"以孝治天下"。汉代即是一个显例。他们把道德教化作为实行封建统治的重要手段，把老百姓禁锢在纲常名教、伦理道德的桎梏之中，对民众的道德观念和道德行为产生了极大影响，也对整个中国传统文化产生深刻影响。

曾子曰："慎终追远，民德归厚矣。"[②]

曾子说："谨慎地对待父母的去世，追念久远的祖先，自然会导致老百姓日趋忠厚老实了。"在孔子的观念中，祭祀已经被异化，不单是祭祀亡灵，而是把祭祀之礼看作一个人孝道的继续和表现。通过祭祀之礼，可以寄托和培养个人对父母和先祖尽孝的情感。因此，曾子的言论仍是继续深化"孝"这一道德观念和道德行为的内容。儒家重视孝的道德，是因为孝是忠的基础，一个不能对父母尽孝的人，他是不可能为国尽忠的。所以忠是孝的延伸和外化。关于忠、孝的道德观念，在《论语》中时常出现，表明儒家十分重视忠孝等伦理道德观念，希望把

[①] 曹刚、唐凯麟：《重释传统——儒家思想的现代价值评估》，华东师范大学出版社2008年版，第265页。

[②] 程树德：《论语集释》，载《论语·学而》，中华书局2006年版。

人们塑造成有教养的忠孝两全的君子。这是与春秋时代宗法制度相互适应的。只要做到忠与孝，那么，社会与家庭就可以得到安定。

  有子曰："礼之用，和为贵。先王之道，斯为美。小大由之，有所不行。知和而和，不以礼节之，亦不可行也。"①

  "和"是儒家所特别倡导的伦理、政治和社会原则，《礼记·中庸》写道："喜怒哀乐之未发谓之中，发而皆中节谓之和。"杨遇夫《论语疏证》写道："事之中节者皆谓之和，不独喜怒哀乐之发一事也。和今言适合，言恰当，言恰到好处。""和"成为儒家对于社会治乱所提出的最首要原则，以军队的介入和刑法治国来维持稳定的社会秩序与孔子以仁为核心的哲学、伦理思想相悖的做法。孔子认为，礼的推行与应用要以和谐为中心。但是，不仅针对礼要讲和谐，凡事都要讲和谐，而且任何事情不受礼的约束是行不通的。也就是说，既要遵守礼所规定的等级差别，相互之间又不能出现不和，礼治与和谐是相辅相成的。孔子提出的这个观点对于保证稳定的社会秩序是有积极意义的。在中国古代奴隶社会，各等级之间的区分和对立是很严肃的，其界限丝毫不容紊乱。较高等级的人，以自己的礼仪节文显示其威风；较低等级的人，则怀着畏惧的心情唯命是从。但是到了春秋时代，这种社会关系开始破裂，臣弑君、子弑父的现象已属常见。所以，孔子提出"君君、臣臣、父父、子子"②的礼教等级说，避免出现超越等级或者以下犯上的危险，实际上就是对社会政治风险的规避。对此，子由提出"和为贵"说，其目的是为缓和不同等级之间的对立，使之不至于破裂，以安定当时的社会秩序。我国现代提倡的和谐社会也是据此而来，"和"对于今后的社会发展存在着深远的意义。

  子贡曰："贫而无谄，富而无骄，何如？"子曰："可也。未若贫而乐，富而好礼者也。"子贡曰："《诗》云，'如切如磋！如琢如磨'，其斯之谓与？"子曰："赐也！始可与言《诗》已矣，告诸

---

① 程树德：《论语集释》，载《论语·学而》，中华书局2006年版。
② 同上。

往而知来者。"①

　　子贡说:"贫穷而能不谄媚,富有而能不骄傲自大,怎么样?"孔子说:"这也算可以了。但是还不如虽贫穷却乐于道,虽富裕而又好礼之人。"子贡说:"《诗》上说,'要像对待骨、角、象牙、玉石一样,切磋它,琢磨它',就是讲的这个意思吧?"孔子说:"赐,你能从我已经讲过的话中领会到我还没有说到的意思,举一反三,我可以同你谈论《诗》了。"《诗经》中"如切如磋,如琢如磨"的语句出现在《论语》中,将个人的品格比作盘和玉,用意是要人把自己的性格不断刷新修养,使之光明可鉴,没有瑕疵,显示出儒家重视个人修养的程度之深。

三　对个人道德修养的重视,培养君子人格,有助于社会的安定、和谐

　　上述以礼治为核心的统治制度,与教化和个人修养存在着千丝万缕的联系。礼并不是靠一个外在的权力来推行的,而是从教化中养成了个人的敬畏之感,使人服膺;人服礼是主动的。② 儒家遵从的是道德至上,道德本位。以道德要求来约束人的本性,一方面将个人的价值与作用凌驾于一切之上,具有至高无上的地位;另一方面,社会是人的本质的展开,是人自己的社会,儒家所倡导的治国方略是以仁治、德治为主,通过礼治以及道德教化,以个人的道德修养为基础,所以儒家极其重视理想人格的培养。《论语》中大部分思想都是"君子"之道。孔子期待每个人都能成为君子,将君子看成是建造礼治社会的砖块。有学者认为孔子学说对于个人道德修养的教化事实上最终目的是建立社会规范,形成有序的社会秩序,内圣外王之道的意义成为起点是内圣,而终点是外王。孔子的终极关怀虽是社会层次的秩序问题,但是建立秩序的手段,则依赖个人的道德教化。③ 孔子一以贯之之道的待人基本原则通

---

① 程树德:《论语集释》,载《论语·学而》,中华书局2006年版。
② 费孝通:《乡土中国》,文艺出版社2007年版,第56页。
③ 张德胜:《儒家伦理与社会秩序》,上海人民出版社2008年版,第43页。

过曾子表达出来，尽己之谓忠，推己及人之谓恕，对忠恕之道的推行就是孔子道德理想的践行。在《论语》中谈及更多的是关于人格准备，以尽可能完善的人格去应对、规避风险的理念。这种完善的人格包括仁义、礼智、孝悌，孔子希望他的弟子以及所有的人们都能够达到贫而乐道、富而好礼这样的理想境界，因而在平时对弟子的教育中，就把这样的思想讲授给学生。贫而乐道，富而好礼，社会上无论贫或富都能做到各安其位，便可以保持社会的安定了。

总之，在孔子的学说中，通过道德教化，对礼治、仁治的推行，避免了由隐性的社会风险上升为显性的公共危机。在春秋战乱时代，儒学在人们头脑中已经成为不可替代的主流伦理思想，并对保持稳定的社会秩序发挥了不可估量的作用。

通过以上对《论语》中所涉及的对社会政治风险进行规避和处理方法的分析，为我们如何应对现代风险社会提供了广阔的思考空间和可以借鉴的应对策略。面对现代化所带来的风险社会，人们的信仰和价值观都出现了不同层次的危机。信仰的缺失、价值观的变化是因为经济社会的发展。无论是儒家抑或是道家思想，都有一个信仰的核心，并且通过这个核心来抵御风险带来的危机。儒家以"仁"为核心的伦理思想中，以仁者爱人为信仰，而道家论道，以自然无为为信仰。如果在全球化进程中紧紧把握住中国传统文化思想，为国人找到一所生命的家园，那么无论风险社会带来的后果是如何严重都不会影响人们的信仰和价值观。

参考文献

[1] 乌尔里希·贝克：《风险社会》，译林出版社2004年版。

[2] 徐复观：《中国人性论史·先秦篇》，上海三联书店2001年版。

[3] 胡适：《中国哲学史大纲》，东方出版社1996年版。

[4] 程树德：《论语集释》，中华书局2006年版。

[5] 曹刚、唐凯麟：《重释传统——儒家思想的现代价值评估》，华东师范大学出版社2008年版。

[6] 费孝通：《乡土中国》，江苏文艺出版社2007年版。

[7] 张德胜：《儒家伦理与社会秩序》，上海人民出版社2008年版。

黑格尔财富观探幽

宁殿霞

（西安翻译学院讲师，西安，710068）

摘 要 财富的认定、分配与发展等问题伴随着中国快速的经济发展，而演绎成触碰边界的问题，越来越成为个人、组织甚至国家在分配领域的一大难题，也越来越成为哲学审视与关注的重要对象。黑格尔关于财富的本质，财富的等级思想，对于消解财富对人们的困扰，端正财富观念，树立良好的财富观提供了有益的启示。

关键词 黑格尔；财富观；等级；估计不足

一 财富的起源及其本质

财富是带着不平等来到这个世界的。"主观的利己心转化为对其他一切人的需要得到满足是有帮助的东西，即通过普遍物而转化为特殊物的中介。"[①] 劳动和满足需要是一种辩证运动的相互关系，辩证运动通过主观的利己心转化为利他，在为利他而生产的过程中通过普遍物而转化成特殊的中介。也就是说，单一地从利己里面去体会普遍性是比较困难的，必须借助于主观的利己心转化为对其他一切人的需要得到满足时有帮助的东西。利己的需要首先要认识到利他性的中介作用，利己向利他转换，然后把利他作为一个中介的交换过程中的普遍性。这就出现了一个商品的概念，商品就是供他人消费的。其实，通过普遍物而转化为特殊物的中介的辩证运动实际上暗含了货币以及货币的交换属性的特点。从这一点看，一旦社会出现了财富，就意味着人与人之间有了一个

---

① 黑格尔：《法哲学原理》，张企泰译，商务印书馆1997年版，第229页。

公平可能的观点是绝对不对的。财富从来到这个世界的那一天起，就带着它的不平等的属性。"但是分享普遍财富的可能性，即特殊财富，一方面受到自己的直接基础的制约，另一方面受到智能的制约，而技术本身又转而受到资本，而且也受到偶然情况的制约；后者的多样性产生了原来不平等的禀赋和体质在发展上的差异。这种差异在特殊性的领域中表现在一切方面和一切阶段，并且联通其他偶然性和任性，产生了各个人的财富和技能的不平等为其必然后果。"① 在这里，黑格尔反复讲平等与不平等，实际上告诉我们财富的问世意味着社会的不平等的出场，而不是社会的相对不平等。

财富不平等的原因何在？原始社会公有制条件形式下有没有财富？其实在原始的公有制条件下也是有剩余产品、剩余时间的，但没有马克思意义上的剩余价值。原始社会也有剩余产品的交换，但都是集体无意识的交换，不像今天拥有着意识的货币，拥有特定的可供交换的市场，以及确保市场可供交换的规定。人类早期的交换是自发的、偶然的、不自觉的，也就是这个部落和那个部落之间所各自拥有的剩余产品在一个盲目的、不自觉的、偶发的情况下进行交换，这样的交换只是一个剩余产品的概念，尚未出现财富的要素。

财富的起源在于它不同以往剩余产品的要素。财富的第一个要素是占有。财富首先是对剩余产品的自觉占有，其占有就是私有、私有化，部落主开始为了个人利益或为了少数统治阶层的利益，慢慢学会怎么对本部落或其他部落的剩余产品进行强行占有，所以对剩余产品的占有是理解财富非常重要的环节。其次，就是私有和私有化并在一定意义上得到法权的确认。部落主凭什么强行占有那部分剩余产品，凭什么宣布从原始的公有制出现了最早的国家形式。国家形式的出现以军队、法的出现为特征，部落主用自己组织的队伍强行掠夺他人的剩余产品，就是早期国家的雏形。归根结底，财富的起源意味着社会的不公正、不公平的出现。

黑格尔辩证法的思想之所以深刻就在于他赋予实体矛盾性、内在否定性。世界（存在）的实体意义的属性不是单一的、统一的、僵死的、

---

① 黑格尔：《法哲学原理》，张企泰译，商务印书馆1997年版，第211页。

一致的东西,"自然就是不平等的始基"。① 换句话说,自然本身就是不平等的,所以,财富的出现证明了自然(存在)的本质。黑格尔从存在论的本质来解读财富,赋予财富一个很重要的本质,就是不平等。不仅是奴隶社会、不仅是资本主义社会,乃至我们今天所实行的社会主义市场经济本身,深刻把握财富的本质具有极其重要的意义。因此,如何正确面对财富不平等这一重要属性并有效遏制其负面影响就成为当前我们在财富的认定、分配与发展过程中需要解决的重大课题。

二 财富等级的必然性

黑格尔在论述财富的过程中贯穿着普遍的等级概念。"等级之所以重要,就因为私人虽然是利己的,但是他们有必要把注意力转向他人。这里就存在着一种根源,他把利己心同普遍物即国家结合起来,而国家则必须关心这一结合,使之成为结实而坚固的东西。"② 社会属性的生成过程中产生普世性的财富,正是生产普世性的财富而导致社会的差异、差等、等级。也就是说,财富的生成过程伴随着等级生成的必然性。为什么利他取向的具有普遍性特征财富的生产,其结果却证明了等级的必然性呢?黑格尔一步步论证了市民社会(近代西方打造的经济体)的差异性、差等性、等级制都是合理的,因为这样一个市场通过每个人为他人利益生产的普遍性财富,在整个量度的过程中,社会分工就是差等,来自资本的占有的因素、来自技术方面的因素、导致劳动的总过程,都显现了等级、差别的必然性。

"分享普遍财富的方式和方法,任由每个人的特殊性去决定,但是市民社会之区分为众多普遍部门乃是必然的。"③ 通过反思的等级、形式的等级以及普遍的等级,黑格尔得出,市民社会实际上是最典型的等级社会。等级首先来自于个人向他人运动的一种差异。如果所有的人都想参加城市的分工,他们本身就不在同一个约束条件下,本身就预设了

---

① 黑格尔:《法哲学原理》,张企泰译,商务印书馆1997年版,第211页。
② 同上书,第212页。
③ 同上。

差等，因为获得财富与利益不是一个简单的、对称的过程，而是极为复杂、极为异质的过程。其实，黑格尔的等级思想，说到底，是说劳动本身就是等级的，分工、生产本身就是等级的。也就预设了分配过程就是等级的。市民社会从人格意义上就是这个社会如何挑起人的任性与欲望，如何去激活，又怎么样去整合任性与欲望。正如马基雅维利说的怎么样看待当时被人们认为是恶的欲望，欲望是治理国家的一个重要的东西，他主张用欲望去驱动欲望、用欲望去整合欲望。欲望正是来自于等级与差别。

从现代性发育的市民社会的角度来理解等级，里面有一定的社会分层的合理性。在论述等级过程中，黑格尔没有把所有的人都练成一个宗教的、信仰的狂徒，而是抛开信仰，隆重推出欲望。换句话说，市民社会就是近代西方打造的经济体，等级就是形式的表达。这样经济体的市场，每个人在为他人的劳动中产生的财富实际上就是差等。反思的、形式的、普遍的差等性、差别性、等级制都是合理的。进一步说，我们从社会存在的角度来观察实体概念的时候，我们看到的绝不是等级概念，而是看到由差异导致的一种矛盾运动。辩证法来自于差异，差异就是矛盾，矛盾就是动力，这是本体论内在的实质的矛盾属性。

黑格尔的"市民社会向国家的有方向的运动"，告诉我们人类的经济生活是有局限性的，表现在他只是能动地激活了人的一个方面的诉求，即欲望、任性、私欲、利益。怎样才能真正实现单个人在利他主义运动里面的普遍性，只有借助利他主义的市民社会的生产运动最后趋向于国家这样一个客观精神的最高的存在，才能真正理解普遍性的本质。所以，有市民社会，必须有国家。在市民社会发展的基础上构建的国家，最具有普遍性、能动性的功能，它最大化地激活了个人存在的价值和意义。也就是国家建立在市民社会基础上，是以个人哲学为分析单位，因而个人的欲望、任性、私欲、利益构成了市民社会发展的根本动力。可是，只有建立在市民社会意义上的国家，才是真正意义上的国家，充满着辩证性，充满着活力，不是仅仅靠外在的解释学给予这个国家以动力。市民社会之前也有国家，但是黑格尔认为，市民社会前提条件下建立的国家才是属人的、实在的，又是真正意义上的能动的。而古代意义上国家的职能是不健全的，只是外在解释学意义上的附着，如神动论、神造论、自然命定论等，从根本上说是反人性的，不具有自然法的合理性。

三大等级观是黑格尔财富观的重要部分。一是实体性的等级或直接的等级，这里实际上是指农业等级，也可以反转为自然等级。"实体性的等级以它所耕种的土地的自然产物为它的财富，这种土地可以成为它的专属私有物，它所要求的，不是偶尔的使用，而是客观的经营。由于劳动及其成果是与个别固定的季节相联系，又由于收成是以自然的变化过程为转移，所以这一等级的需要就以防患于未然为目的。"[1] 在这里，黑格尔认为，这个等级依靠自然的成分多于依靠个人的勤劳、多于依靠个人的反思和知性的成分，所以叫实体性的，相当于特殊性尚未分化的阶段。在这里，黑格尔发现了自己的起点，即特殊性的活力。换句话说，他发现了一个占有的时代，即人对人、人对自然、人对所有存在的占有。存在之所以充满着欲望，就是因为人类生活在一个占有的概念里。所以从早期的财富的出现，到今天我们被资本所驾驭，就是把物锁定在一个占有的概念里。这个占有除了人对人的占有，还包括人对自然的占有、人对所有存在的占有。

二是反思的或形式的等级，这一等级实际上被黑格尔理解为产业的等级。"产业等级以对自然产物的加工制造为职业，它从它的劳动中，从反思和理智中，以及本质上是从别人的需要和劳动的中介中获得它的生活资料。"作为工业等级的第一特点是反思。为什么近代形而上学传统是从笛卡儿开始的？因为笛卡儿第一个提出了"我思故我在"，经过反思的才是存在的，未加反思批判的就不是存在。工业体系必须伴随着反思精神，因为工业革命就是人对自然界的宣战、对自然界的支配、奴役。工业体系本质上就是代表了人把自然界作为人的反思对象加以批判和利用。人把自然界作为反思对象加以利用是从近代开始的，古代人类只是把自然作为崇拜对象。黑格尔哲学是反思的哲学，正是在近代这样形而上学的反思的哲学的驱动下，西方人才大胆地向自然界宣战。作为工业等级的第二特点是劳动。德国古典哲学提供了精神的能动性，提供了人的生成的哲学解读文本，它不同于生物学意义上的进化图式，把人的进化的动力理解为劳动的生成。也就是说，德国古典哲学给人类在理解劳动概念上奠定了基础。工业等级的第三特点是自我意识。工业体系

---

[1] 黑格尔：《法哲学原理》，张企泰译，商务印书馆1997年版，第210页。

预设自我意识，把市民社会的存在的意义归属于个人的需要，市民社会的生产所获得的结果都应归功于个人自身，是因为分工、劳动、交换这些存在首先得存在于个人的自我意识中，所以，市民社会首先反转为自我意识。

三是普遍等级，实际上就是思想的等级。"普遍等级以社会状态的普遍利益为其职业，因此，必须使它免予参加直接劳动来满足需要，它或者应拥有私产，或者应由国家给予待遇，以补偿国家所要求于它的活动，这样私人利益就可在它那有利于普遍物的劳动中得到满足。"① 也可以成为国家公仆等级，也即官员等级。作为国家公务员的等级是普遍等级，必须使他免予参加直接劳动，或者拥有私产或者拥有国家待遇以补偿国家所要求他的活动。

等级的必然性也就是特殊性的原则在西方近代思想生成过程中起着重要的作用。黑格尔在历史辩证法里面特别强调的是历史的特殊性。政治哲学、经济哲学必须上升到历史普遍性和历史特殊性。具体地说，历史普遍性就是从个人的利己需要转向利他的劳动过程，追求一种中介劳动的形式，达到普遍的财富，这样的普遍性更多的是作为单个人存在的普遍性追求，普遍性的定在，实际上是个人充盈自身存在的一个重要的方面。也就是说个人真正地实现个人的概念，具有个人概念的存在，就有了个人存在的普遍性。一个人有个人的属性，不代表有个人的概念。从生理意义上的个人存在上升到社会意义上的存在，才实现了个人存在的普遍性属性，这个普遍性的属性实际上就是充盈了个人概念的属性。所以，一个具象的个人跟个人存在的概念之间相比远远不及个人概念所内含的真理的东西。个人存在的普遍性只有在个人走向他人的辩证运动中才能发现他自身存在的普遍性的意义和价值。

三 黑格尔财富观的当代意义及启示

邓小平在《党和国家领导制度的改革》中讲到：我们进行了二十八年的新民主主义革命，推翻封建主义的反动统治和封建土地所有制，

---

① 黑格尔：《法哲学原理》，张企泰译，商务印书馆1997年版，第212页。

是成功的，彻底的。但是，肃清思想政治方面的封建主义残余影响这个任务，因为我们对它的重要性估计不足，以后很快转入社会主义革命，所以没有能够完成。现在应该明确提出继续肃清思想政治方面的封建主义残余影响的任务，并在制度上做一系列切实的改革，否则国家和人民还要遭受损失。① 在当前的市场经济建设中，我们对财富的认识与判断，是不是也存在着估计不足的情况？黑格尔法哲学原理，尤其是黑格尔财富观在何种意义上是我们可以借鉴的？在何等意义上可以对应中国当前在市场经济推进过程中所出现的一系列问题？黑格尔财富观在当代对我们有什么样的启示？本文谨提出以下几个问题姑妄论之，欲抛砖引玉引起学界的讨论。

（一）分配的差距是不是可以直接等同于财富的差距

从黑格尔的辩证哲学来反思我们今天的财富分配问题。财富的实际持有是一个变数，因为在今天的中国不少人的财富往往转换为由于资产性收入而直接兑换成再生产的要素，在某种意义上，就是把资产性收入转换为投资的符号。过去的财产就是放着、埋着，而现在却完全相反，财富变成了流转的、投资的符号。财富的本质就是不平等，如果消解了不平等，就无所谓财富的概念。从这个意义上就可以打开今天我们国家对财富问题的讨论的局面。今天我们市场经济大胆创新的推进过程中，不平等的存在是一个本体论的存在，是一个存在论的追问的存在。社会出现了差等，出现了财富上的分离，一个异化的社会，必须改革。但绝不是所谓的财富应该归属到平等概念上，因为这是一个未加反思的命题。不是收入有多少财富就有多少，越是凸显财富的社会，越是两极分化的社会。真实的世界，既是市场，更是社会，财富应该放在流变的过程中思考。这是因为，资本收入与劳动收入的占比是不以人的意志为转移的，而取决于我们的国家在国际大分工的位置；取决于我们的民族资本在中国市场的发育；取决于中国民营资本在当下的占有情况。所以，资本性收入比例越来越高证明国家财富的创造能力在向前发展，反而不是危险的，落后的。

（二）基尼系数高于警戒线是不是意味着极度的不平等

黑格尔的财富观告诉我们，财富的占有与分配应该放在一个大的社

---

① 邓小平：《邓小平选集》（第二卷），人民出版社1994年版，第56页。

会的框架、一个历史进化论的框架中去考量。针对中国当下，需要具体问题具体分析。财富有三大因素的制约（占有、私有、法权），这些属性在短时间内是无法消解的。形而上学的财富观用绝对的平等赋予财富的存在论的意义，实际上是幼稚的。财富的得失取舍必须放在一个大的社会的框架、一个历史进化论的框架中去考量。

中国的收入分配在行业之间、区域之间、岗位之间的差别越来越大，分配制度改革迫在眉睫，然而中国在量度社会平等与不平等过程中，在理性的实证分析方面是需要可靠依据的，必须具体问题具体分析。其实，人们对高于警戒线的基尼系数究竟是 0.57 还是 0.63 的关心只是问题的一个方面，更为重要的是在分配领域，人民群众愤恨的首先是权力能否参与分配。本来在劳动、资本、地租和赋税之外，不应该再有其他要素参与分配，但是，权力则可以通过安插不合格的劳动者（吃空饷）参与工资收入，通过"办事"或权力的影响获得"干股"之类的资本收益，通过审批许可等获得租金收入。这些都需要通过制度设计加以杜绝。①

（三）中国今天是制度的市场，预设的前提是什么

我们今天制度市场的预设是习俗，还是理性，是西方的经纪人概念，还是非理性？中国在何等意义上告别了习俗的社会？在何等意义上进入了理性化的市场经济？政治经济学批判是以政治经济学作为反思的对象，研究政治经济学所预设的前提的合理性、合法性的问题。我们对今天是制度市场的思考与研究是不是存在着估计不足的嫌疑。我们的制度市场前身是习俗社会，所以中国市场化、理性化的进程某种意义上就取决于我们在何种意义上告别了习俗社会，正如邓小平当年提出的对"肃清思想政治方面的封建主义残余影响这个任务"估计不足一样，我们对肃清习俗社会的"残余影响"也存在着估计不足，以致从习俗社会向法理型社会转型如此艰难，这主要表现在以下的矛盾概念之中：第一，习俗社会与市场社会。习俗是制度的前身，制度是刚性化的习俗，但又不是简单的传统意义上的习俗的价值观的叠加，必须把习俗融入当下的现代性的概念里。西方市场的逻辑预设是构建理性经济的社会，就

---

① 张世贤：《制度供给既要做"加法"也要做"减法"》，《中国经济周刊》2013 年第 35 期。

是利益最大化的目标追求，和自利原则的普世性。西方经济理性社会实际上有两个要点：一是如何把社会按照实现最大化的目标来运行；二是如何确保社会是建立在个人的分析方法上。第二，是经济的理性和社会的非理性。改革开放40年来，中国人在理性方面与非理性方面都发生了嬗变。理性方面正在发育市场，中国公民维权意识强了，有了经济理性的发育；但另一方面，经济理性发育还不够，有些不该向政府要的，偏偏把问题归结于政府。公权和私权、公场与私场之间没有连接，在根部存在的鉴定边界模糊。第三，少数人富有，多数人贫穷。财富放在市场的运行过程中，必然遇到两极分化的趋势，这是由财富内在实存的否定性矛盾决定的。实际上市场的竞争集中地反映在财富的最大化和最小化两个趋势上。所以，有财富属性的社会少数人富有，多数人贫穷是不是一个铁律，一个社会一旦谈到财富，就是两个极端。社会总财富是以两个极端化来运动的，而不是朝一个相互均衡的状态发展的，如果那样，就不是财富。所以，越是均衡的社会就越不是凸显财富的社会。黑格尔把事物的生成、进化、发展、进步理解为肯定、否定、否定之否定的三段论，马克思把经济学家研究的经济规律叠加到宏大的历史哲学家那里，在《资本论》里得以显现。有些概念并不是永恒的，如"私有""资本"等，在历史中生成，也必将在历史中消亡。

总之，真实的世界既是一个市场更是一个社会，是社会与市场的叠加，社会概念远远比市场概念大得多，所以单纯地用经济学的概念理解财富、理解社会、理解整个历史的进化，就会犯狭隘的错误。"资本力量已经成为这个特色社会主义的经济体系的重要力量。社会主义与资本已经从当初水火不容的状态，转化为对立统一的状态"。[1] 也就是说，当下的中国，"必须对资本运行方式进行引导与驾驭，而不能听之任之，更不能使全社会被私人资本力量所主宰"。[2] 所以，财富的分配既要社会力量的驾驭与导控，又要关注黑格尔意义上的等级与差别。这是因为，一方面，社会对资本的产生代表着一个时代的深度，一个时代的节律，一个时代的思考，一个时代的实践的成熟；但另一方面，由于它是历史性的范畴，要随着历史的实践不断地发展，不断地改变自己，不

---

[1] 鲁品越：《社会主义对资本力量：驾驭与导控》，重庆出版社2008年版，第11页。
[2] 同上书，第68页。

断地挑战自己，不断地否定自己。

参考文献

［1］张雄：《财富幻象：金融危机的精神现象学解读》，《中国社会科学》2010 年第 5 期。

［2］陈学明：《西方马克思主义对当今中国所提供的理论启示》，《毛泽东邓小平理论研究》2012 年第 12 期。

［3］张雄、马拥军：《制度安排的人民性、科学性和协调性——论科学发展观的制度要求及保障》，《人民论坛》2012 年第 12 期。

［4］鲁品越：《社会主义对资本力量：驾驭与导控》，重庆出版社 2008 年版。

［5］孙承叔：《资本与社会和谐》，重庆出版社 2008 年版。

［6］章忠民：《黑格尔的当代意义》，上海财经大学出版社 2003 年版。

［7］张一兵：《"思想构境论"想说明什么——答王金福》，《学术月刊》2009 年第 7 期。

中国语境中的西方马克思主义

姚明今

（西安交通大学人文学院哲学副教授，西安，710049）

摘　要　长期以来，西方马克思主义的引入，伴随着许多的争议。争议的原因，一方面是基于理论视角的差异，另一方面则是基于现实政治的考量。但从总体上来讲，如何认识西方马克思主义也就决定着如何认识经典马克思主义。之所以会形成这样的话语逻辑，其原因正在于西方马克思主义与经典马克思主义之间已形成一种相互阐释的关系。

关键词　西方马克思主义；话语；语境；历史

西方马克思主义被较系统地引入中国，也已经有不短的时间了，这个学说引进的历史实际上也是一部伴随着争议的历史，一直到今天这个话题还依然是中国学术界的一个敏感话题，这是因为在西方马克思主义与马克思主义的关系上，承认西方马克思主义或者属于马克思主义，则无疑放开了经典马克思主义现代阐释的闸门，也正因如此，维护着经典马克思主义统治地位，或者按照惯常的说法叫指导地位，不仅仅关乎学术也关乎政治。现实的障碍摆在这里，也使研究西方马克思主义实际上成为一件非常吃力不讨好的事情。但坦率地讲，中国当代人文社会科学向西方学习的最初路径很大程度上是由西方马克思主义开拓的，也正因如此，对于那些把思想抉择视为历史抉择的人来讲，这不仅仅只是为往圣继绝学的问题，还有一个为万世开太平的情结在起作用。凡此种的原因叠加在一起，也就推动"西方马克思主义"这一话题不仅在马克思主义的话语体系中变动，更加溢出了一切的限制，成为中国现实语境中的一个核心话题。

一　由两个马克思主义引出的话题

　　西方马克思主义进入中国现代的学理机制，据徐崇温回忆，完全出于一个非常偶然的原因。一位中央领导人在出访时，听到了西方马克思主义这个说法，就询问到了社会科学院，最后由做过这方面研究的徐崇温做了简报递交了上去。徐崇温的回忆对于这个事件的结果也没有再进一步的交代，按照中国1949年之后所形成的思想传播机制来看，既然连一种信息反馈机制的领导批示都没有，这也正说明这一学派与主流意识形态之间存在相当大的隔膜。但令人意想不到的是，在此之后，西方马克思主义的研究不仅在中国学界蓬勃兴起，而且还培养出一批人文社会科学的中坚力量，从某种意义上来讲，西方马克思主义及其相关的论题成为中国新一代学人成长的平台，这也最终影响到了中国现有的话语产生结构。

　　及至不久以前，徐崇温在回顾他的西方马克思主义研究历程时这样说道："我对西方马克思主义性质的认识，也经历了一个发展过程：开始时，我曾习惯性地按照苏联模式马克思主义的观点去看这种思潮；但随着研究的逐步深入，我渐渐感到苏联模式关于它的观点，有一些是无限上纲、站不住脚的；而西方马克思主义批评苏联模式的观点，有一些却是事出有因并有一定道理的。"徐崇温的这一段陈述对于那些从正统马克思主义研究领域转变过来的人来说，非常具有代表性。这种代表性更表现在他们一直以来，拒不承认西方马克思主义属于马克思主义，也就是拒不承认西方马克思主义作为马克思主义"革新派"的地位，也就是一般所说的"西马非马"。指责其哲学的基础是唯心主义的，很有可能就会使我们的指导思想多元化。这套完全脱胎于苏联教科书体系的话语，竟然出自对于西方马克思主义理论了解甚深的人之口，也可以看到，对于马克思主义话语的任何革新尝试是如何的困难。但社会环境毕竟为思想留出了一点空间，与马克思主义有着千丝万缕联系的西方马克思主义，便自然而然地潜入了中国原有的话语体系中间。

　　正统马克思主义学派对于西方马克思主义的排斥，必然会引起不同意见者的反弹。为此，所产生的争论连绵不绝，至今也未见有什么和解的迹象，这些争论中最具代表性的有徐崇温和杜章智在20世纪80年代后期所展开的争论，王雨辰和徐崇温之间长达十年的论战，段忠桥因为在一些观点上支持王雨辰而与徐崇温展开的论战。凡此种种，论战的层面不一，但中心还是围绕着西方马克思主义究竟是不是（属于）马克思主义这一命题而展开的。从论争的理论视域来看，这些讨论还是没有超过列宁在《唯物主义与经验批判主义》中所划定的理论界限。也正是因为这样的原因，正统派可以依据梅洛·庞蒂《辩证法的历险》中的论断，来指责西方马克思主义与列宁主义的对立。虽然在此前和之后，中国的马克思主义革新派以实践论以及人本主义为武器试图冲破正统派的理论界限，但总体上来讲，正统派因为有主流意识形态作为支撑，因而可以通过政治和经济的手段为社会大众的言语表达设定规范，也就迫使革新派的理论创新更偏重于在马克思主义的经典文本上获得逻辑的支持。

从总体上来讲，新时期的人文社会科学领域不管是学科的设置，还是相关学术话题设置，都与西方马克思主义学说的引入有着直接的关系。为争取西方马克思主义在中国主流话语中的合法地位，革新派不断尝试着在论题以及方法论上进行突破。正像我们所看到的，俞吾金致力于历史唯物主义的重建，一方面基于西方马克思主义对恩格斯建立的普遍辩证法所进行的批评，另一方面则基于西方马克思主义对于马克思主义理论根基的不断修正，在更加广义的基础上去解释物质的现实与精神的存在之间的关系。而陈学明则将中国学界吸收西方马克思主义的历史分为三个阶段，第一个阶段它使中国学界开阔了眼界，第二个阶段则是在马克思主义研究低迷时提振了信心，而第三个阶段"它的主要意义就表现在它成了我国开创新的发展模式的一种不可或缺的理论资源"。张一兵不断地"回到马克思""回到列宁"以致最后"回到海德格尔"，在文本主义的解读上越走越远，他的文本解读体现出中国的革新派艰难的理论蜕变过程，而衣俊卿则从"他们本身不过是马克思主义本身自我分化的产物和结果"结论出发，堂而皇之地来建立中国的文化批判体系，这表明中国学术界最终不再顾忌"西马非马"的阻碍，直接利用其话语形式来作为正统理论的支撑了。

在西方马克思主义和马克思主义的讨论之中，还存在这样一个现象，名义上理论作为了讨论的焦点，然而，如果我们进行仔细的分辨，正统话语的物化现实，往往成为阐释的背景，而这个社会背景与各种先见性话语体系交织在一起，越发难以回应各种现实问题，也成为论辩双方顺利对话的一个障碍，由此导致了对立双方的各说各话。正统派依然坚信，马克思的经典论述始终是不过时的，现实的变化恰恰是因为没有坚持马克思主义。然而在另一派看来，东欧剧变对于世界范围的马克思主义的发展，无疑都带来了非常巨大的冲击，这也是为什么中国革新派的研究视域，从斯大林的联共布党史，再到列宁主义，最后只能固守在马克思的原始文本上，来对客观环境的变化找寻理论解释。现实的环境对于传统话语体系的压力也越来越大，于是任由各种议题被完全展开，暴力革命、阶级斗争的必要性在被弱化之后，民主社会主义得到一定程度的肯定，第二国际的历史地位因此得到了重新评价。这一段时间新的话语建立在对传统话语的重新解读之上，这也成为现在理论创新的一个特点。

二　西方马克思主义与马克思主义的中国化问题

　　马克思主义的中国化问题在现在已成为一个流行性话语，但是如果我们对这个说法形成的历史稍加考证，就会发现，这个说法其实在毛泽东时代就已经得到了官方话语的推崇。从历史和现实赋予这个词的内涵来看，其更偏重于强调马克思主义理论与中国实际的结合，即一般所说的理论联系实际。在今天，这个词汇再一次得到强调无疑也是基于理论和现实结合的紧迫性，至于这种紧迫性所产生的根源，最直观的原因不外乎是因为外界的环境发生了变化，也就推动了理论发生变化，正所谓实践的合理性受到质疑之后，思想的合法性也受到了质疑。与此同时还应该认识到，"中国化"这个表述在中国现代化话语中又起到维护理论连续性的作用，理论的建构往往成为理论改造的遁词，这也是为什么在主流话语层面，只会提理论的建构，却很少谈到理论的改造，总体上来讲对理论的改造也只是只做不说，从而使左和右两个方面都愤愤不平，认为这种做法是对其逻辑忠诚的背叛。从其产生的后果来看，过于功利化的话语建构方式，完全漠视了话语的符号化和仪式化的功能，也为整个话语的混乱埋下了伏笔。

表面上来看,自改革开放以来,与中国在经济领域所取得成就相比,马克思主义理论界的创造性明显处于滞后的状态。或许人们会以"社会主义初级阶段""社会主义市场经济""三个代表""科学发展观"甚或"和谐论"为例,来证明这种指责实际上是一种错觉,但这个类似海德格尔所讲的"前结构"的错觉,对于大众语义表述的完成也起着一个非常重要作用。这一点与马克思主义在新民主主义时期的表述实践相比,就显得更加突出。人们或许会以思想的多元化和自由化来为这种现象找寻解释,但从实际的情况来看,对立的双方谁也无法说服对方是一个方面,而社会大众在理论接受上所表现出的迷茫可能才是最为关键的一个因素。

在一些人看来,西方马克思主义应该为如今的思想混乱承担一定的责任,然而西方马克思主义在这里之所以要承担责任,却不是因为其背叛了正统的马克思主义理论,而是因为其实践性的缺乏,而这种缺乏在其作为马克思主义批判精神继承者身份的映衬下,显得更加突出。虽然人们可能会辩解,正统派的顽固阻碍了这种实践性的完成,但坦率地讲,从卢卡奇、柯尔施再到法兰克福学派诸人,甚至再到萨特这样三心二意的马克思主义者,他们对于资本主义的批判不可谓不尖锐,这也是徐友渔所说的:"作为一种(在否定的辩证法这种意义上的)批判理论,作为一种社会病理诊断,西方马克思主义和马克思的基本精神是相契的。"但其对文化和精神过于抽象化的反思,也阻碍了人们对这些尖锐批判的信服,相比而言,哈贝马斯据说是减退了批判色彩的交往理论,或许在理论上创新难以服众,但是,这种改造的趋向却在某种程度上弥补了以往西方马克思主义理论在实践性上的缺失。

中国改革后的社会属性和结构无疑更具有世界一体化的特征,而这些变化也为马克思主义理论提出了新的要求,徐友渔在讲到中国现代发展时这样说:"终于有人领悟到了,时代的前进使人面临着一种问题转换:知识分子的使命不仅止于抨击守旧意识,为改革鼓与呼,而且要从价值层面对现代化的方向、后果或伴随现象加以监督,作社会公正的发言人,精神和文化的守护者。"应该说徐友渔这里所提出的现代性批判任务,恰恰是西方马克思主义将其推到极致的一项工作。然而,对于体系众多的西方马克思主义学派来讲,诸如黑格尔主义马克思主义、弗洛伊德主义马克思主义、存在主义马克思主义、新实证主义马克思主义和结构主义马克思主义等派别，是从不同的方面揭示了马克思主义呢，还是从不同方面解释了现代社会？无疑我们更倾向于后一个方面，这是因为，相对于将马克思仅仅停留在文化和社会批判上，我们更倾向于将其视为一个认识和分析不断变化着的社会的方法论工具。

三 西方马克思主义与马克思主义民族化的研究

马克思主义的民族化与马克思主义中国化有时在内涵和形式上相重叠，相较于"中国化"的实践性而言，应该说"民族化"更偏重于马克思主义与民族文化的融合性研究。从现有的学术生态来看，这两者结合的程度远远超出了一般人的认识，但由此而引出的争议也愈演愈烈，尤其是当国家意志在其中也积极介入的时候，一种历史性的比较很容易导引出各种各样的问题。新中国成立以后因为受僵化的意识形态的影响，对传统文化只采取了批判的立场，无视马克思主义在中国的实践本身就深植于民族文化的土壤之上这一事实，而用马克思主义来代替中国传统的文化，从而重创了中国传统文化。正像所有的思想体系更新一样，事实存在和理论的构建还存在非常大的差别，构建什么和怎么构建实际上也是一个问题。

构建一个理论最好或者是最便捷的方式就是回到其历史情景之中，从而使其存在的合理性自然地呈现。马克思主义的民族化的开端，无疑是源自于新民主主义时期，虽然现在的中国启蒙主义者总以批评的眼光看这种结合最终所导致的悲剧，但已经发生的历史我们已无法做出改变，要改变的也是将要发生的事情。从现代文化启蒙的角度，从五四运动到1949年，中国知识阶层领导了两场革命，一场是以土地革命为核心的社会革命，另一场是以反封建为核心的思想启蒙运动，从历史反思的角度来看，这两场运动互为因果，很难说哪一个才应该为后来的历史创伤背负责任，最终一个代表性的说法是，中国的传统应该为此负责，也就是邓晓芒所讲的："所谓'马克思加秦始皇'，其实是汉代以来的孔夫子加秦始皇，因为我们历来是从儒家'均贫富'的角度来理解马克思的阶级斗争学说的，我们的马克思主义自始就是儒家化的马克思主义。"这种反思的路径无疑还是承袭了"五四""文化大革命"的套路。朱学勤讲："原因的原因的原因就不是原因。"对这种文化逻辑的嘲讽虽刻薄有余理解较少，但是却也揭示出文化反思所存在的问题。

现如今，"儒教马克思主义"的说法被提了出来。对这个话题怎么看，无疑考验着我们整个学界的学理素养。总体来看中国的左右两方在这一件事情上达到了少有的统一，共同将这种提法视为封建主义的复辟，但如果我们仔细来厘清这种批判中所暗含的逻辑，就会发现，启蒙的逻辑不能就这样被简单地运用，因为正像"启蒙辩证法"来自现实的经验，中国新时期的启蒙反思也来自一段沉痛的历史教训。邓晓芒说："'文革'中的确大批'孔老二'，就此而言它与五四时期的'打倒孔家店'有表面上的貌合；但本质上的不同正在于，'文革'的大批判是'奉旨申斥'，而五四反孔则是自由知识分子的自由言论。因此，'文革'的批孔运动恰好是在君权至上、'三忠于四无限'、'罢黜百家独尊一术'的儒家氛围中发动起来的。"这段论述虽代表了当代启蒙主义对于马克思主义与传统文化畸形结合的一种揭示。然而，这种解释背后却依然还有很多的问题没有解决，一味批判自己历史的历史虚无主义不行，对于自己的过往又过度美化的后殖民主义也不行，取其精华弃其糟粕当然是一个美好的设想，然而对于思想的场域是强化指导还是放任不管，依然还是一个非常令人困惑的问题。

也正是因为这样的原因，马克思主义与民族化于今依然还是两张皮，无法进行有效的结合。各种理论的探索才刚刚开始，在方向还未定的情况之下，首先进行思想的清理工作看来是个面向未来的稳妥方式。以马克思主义的中国化为实践的基础来探索其与中国文化的共同特质，以中国文化的现代性作为研究的目标探讨其与现代性的关系，在中国的语境中间，这两个方面的工作，无疑都要涉及马克思这个主流的话语形式，西方马克思主义作为马克思主义的现代性形式便自然而然地成为相关论述的基点，但一个关键性的问题是，把这些问题单纯放到西方马克思主义的语境中间，未必能厘清事情的原委。徐友渔说："传统社会的心理，在中国的知识界，对现代化导向最坚定和最彻底的批判者往往是这样的三位一体：他们心仪西方马克思主义，拥抱后现代主义，并为文化大革命、大跃进等'新生事物'作辩护甚至唱赞歌。"邓晓芒说：

"'新启蒙'的提倡者最后纷纷归附于'新权威主义'和'新左派',这里面又有怎样一种规律性呢?"实际上都看到了现代话语的纷繁杂糅性。在一个"新左派""新儒家""新启蒙""后现代"相互交织在一起的语境中间,缺少方向性的中国现代话语的言说者们势必常常陷入茫然不知所措,以致自怨自艾的情境中间。

四　历史唯物主义的重建

一谈起历史唯物主义的重建,我们就想起了哈贝马斯在这个论题上所做的努力。这也是哈贝马斯理论研究中一个比较容易引起争议的论题,因为历史唯物主义在整个马克思主义理论中地位显赫,对其进行修正,在一些人看来不亚于重启炉灶。一种看法认为哈贝马斯重建历史唯物主义的思想脉络,根源于"在汲取黑格尔思想时各有取舍,是哈贝马斯形成有别于马克思观点的由来,也是他要重建历史唯物主义的动因"。但在另一些人看来,马克思的社会交往概念才是哈贝马斯思想构建的源头。在我们看来,探讨哈贝马斯重建历史唯物主义的原因也应该从法兰克福学派的学理传统上来找,从霍克海默、阿多诺再到哈贝马斯,理性的重建才是这个学派的一个终极使命,这个使命最终以"对话"来作为自己的逻辑落脚点,并不意味着平淡无奇的实用主义战胜了理论的艰苦思索,恰恰说明,长期以来,繁复的逻辑纠结忽视了它在现实所对应的形式。

如果一切的话语形式都是为着一个实际的目标,人们也似乎可以以这个事实对理论做出一个判断。然而自从康德身体力行在自己身上解剖出经验主义和独断论的对立。哲学的历史表明存在和思维究其根本也不过是认识和思维过程中的一个概念环节。然而一段时间里人们总想在这两个概念上发现一个终极性的真理,这就使所有的概念都要追溯到起源的最初,从而使自己在形而上学的泥沼中越陷越深。坦率的来讲,西方马克思主义所做的工作中很大一部分也无法避开这些形而上学的命题,从这一点来看,西方马克思主义相对于马克思本人来讲,展开了许多隐而不显的问题,但也使各种问题烦琐化了。这也是为什么黑格尔的历史哲学总会不断地在西方马克思主义的理论创新中被不同的派别反复借用。从中国现在所面对的问题来看，不管是以现代性为核心的"中国化"进程，还是以历史性反思为核心的"民族化"这一进程，历史唯物主义的重建在其中都起着非常重要的作用，这也是为什么俞吾金会断言："本文所要提出的第三种见解是：历史唯物主义是马克思的划时代的哲学创造之所在，马克思并没有创立过历史唯物主义以外的任何其他的哲学。"然而这种据说是唯物主义的重建，能否找到一个核心的理论基点，也是这个创建中所要认真面对的问题。

在一个复杂的话语场中，厘清话语的真假，确立对话的规范，或许是非常重要的，但是，更为重要的却是，话语场中的各个话语体系，要有一个自我清理的过程。在我们看来，在中国现代的这个话语场中，各说各话的各种语言体系，虽然拼命地想将自己的身影置身于话语的中央，实际的结果却多是不知要领的人云亦云。也正是因为这样，我们要对自己所熟稔的话语进行一个自我清理的过程就显得尤为迫切。以往错误的理解以及主观的概念设置，应该在深入的反思批判中恢复其客观真理性。尤其需要注意的是，现有话语的混乱，很大程度上来源于历史和逻辑的混乱。各种话语为了功利的目的，任意地裁剪历史，编织逻辑，而又振振有词。也因此只有在自我清理的基础上，才谈得上真实的面朝对象，建构自己话语的逻辑。最后才是在平等对话的基础上审视存在于当下的各个"视界"，达成各种话语的"融合"以及话语本身与阐释者存在情景的融合。

张一兵在创立自己的文本解释学时这样坦白："我实际上已经超越了那种具有现代性意义的解释学立场……我已经从原来的那种假设自己所思所讲的东西都是正确的立场，退却到在任何一种情况下都不再固守自己的话语判断是绝对正确、绝对客观的立场上。"从实际情形来分析，张一兵这一段如此不自信的表述，并不是一种压力下的话语策略，恰恰表明了中国的学术界在经历太多的教训之后，终于清醒地认识到，任何已完成或者正在建构的话语体系，都要充分地认识到，在其话语的前提条件甚至逻辑演绎本身，都存在相互对立视角的情况下，任何一个话语体系都不要也不应该独占对这个世界的解释权。

像对马克思主义学科本质究竟是人学还是科学这个问题的讨论，徐友渔就认为："西方马克思主义独特魅力，首先就在于它从人出发理解和阐释马克思。"从中国对西方马克思主义的接受史来看，这种论断应该是从存在主义马克思中总结而得出的，在萨特和梅洛·庞蒂看来，人的主要本质在于人的自我创造实践，也正因如此，个人的实践应当成为辩证方法的出发点，并且也应当成为马克思主义所向往的未来的阶级斗争的源泉。但同样是一个法国的马克思主义者，阿尔都塞坚持马克思主义的科学立场，得出了马克思非人道主义的立场。我们对于这些针锋相对的论述该怎样理解，承认马克思主义的非人道主义本质吗？显然这对于马克思主义有害。但是如果我们简单地承认马克思主义的人学本质，那么马克思主义的普遍性和科学性也将受到伤害。在这个悖论的选择中，我们是坚持马克思主义既是人学又是科学呢，还是认为其既不是人学也不是科学？不管选择哪一个，相应的问题又进一步展开了。

参考文献

[1] 徐崇温：《我的"西方马克思主义"研究历程——兼论有关"西方马克思主义"的论战》，《中共宁波市委党校学报》2011年第2期。

[2] 陈学明：《西方马克思主义对当今中国所提供的理论启示》，《毛泽东邓小平理论研究》2012年第12期。

[3] 衣俊卿等：《20世纪的新马克思主义》，中央编译出版社2001年版。

[4] 徐友渔：《西方马克思在中国》，《读书》1998年第1期。

[5] 邓晓芒：《儒家伦理新批判》，重庆大学出版社2010年版。

[6] 鲁路：《评哈贝马斯重建历史唯物主义的尝试》，《天津市委党校学报》2009年第3期。

[7] 俞吾金：《论两种不同的历史唯物主义概念》，《中国社会科学》1995年第6期。

[8] 张一兵：《"思想构境论"想说明什么——答王金福》，《学术月刊》2009年第7期。

第四编
哲学分支领域理论研究

信息价值论的生态学意蕴

——对罗尔斯顿价值论的新解读

邬天启

(西安交通大学人文学院博士,西安,710049)

摘 要 罗尔斯顿的自然价值论在西方生态伦理学理论中占有很重要的地位。但罗尔斯顿提出的那些自然价值的形式绝大多数都是基于人类价值评价维度基础之上的,因而,罗尔斯顿的价值哲学并没有把他所坚持的自然价值的观念贯彻到底。当代信息哲学提出了一种能够同时包容自然价值和信息价值的价值定义:"价值乃是事物(物质、信息,包括信息的主观形态——精神)通过内部或外部相互作用所实现的效应。"我们应当遵循自然价值(天道价值)高于人道价值的价值理念,从自然本体出发把自在价值、自为价值和再生价值确定为价值的三种基本形式,并确立自在价值在价值现象中的本原性和基础性地位。立足于自然价值和物质—信息双重价值维度的全新价值哲学能够成为生态伦理学和人类坚持可持续发展战略的最切近的哲学基础。

关键词 自然价值论;信息价值论;自在价值;自为价值;再生价值

生态伦理学发展与它的价值哲学发展是分不开的。罗尔斯顿率先将生态伦理学研究扩展到了哲学层面,他的自然价值论在西方生态伦理学理论中占有很重要的地位,在他的《哲学走向荒野》和《环境伦理学》两部书中都系统地提出了他的自然价值论思想。他认为伦理学除了限制性约束人的行为和关系之外,更重要的方面还应该体现在人的义务上,而"我们正是从价值中推导出义务的"。这样价值理论便成为伦理学,也是生态伦理学的理论基础。而邬焜的《信息哲学》中也提出了信息价值论的思想,信息哲学作为一门生命力极强的新兴哲学思想,它的价值论体系更具有基础性、全面性和强烈的时代性意义。生态伦理学如果要求得到发展，并走出现在的发展困境，就有必要在价值论上引入信息哲学的视角和理论。

一　从自然本体出发的价值定义

　　价值一直是一个很难定义的概念，甚至有些哲学家还提出了价值无法定义的观点，并责怪定义主义者的无知与牵强。基于相应的考虑，罗尔斯顿也有意或无意地回避了价值定义的问题，他直接从自然价值能否成立，以及自然价值的分类等问题入手来阐释他的自然价值伦。也许在他看来，价值概念已经是不言自明的了。其实，并非如此。

　　直到目前，价值概念仍然没有一个公认的定义。然而，按照系统理论的相关观点，任何概念都应该在其相关的系统中获得相对确定的规定，否则，它便不可能被我们清晰地把握，也不可能保证利用这些概念所展开的逻辑思维的准确性。我们既然要研究价值哲学，那么，就有必要对价值哲学中的核心概念——价值进行定义，如果不能给出一个相应的定义，那么整个哲学体系的根基便很难确立。事实上，能够给出怎样一个关于价值概念的定义往往能够成为确立相应价值哲学理论性质的一个基本前提。

　　在经典马克思主义哲学体系中并没有一个关于一般价值概念的规定。当年马克思的着眼点更多关注的是劳动价值的问题。在他所阐释的政治经济学理论中，价值指的是体现在商品中的社会劳动。价值量的大小决定于生产这一商品所需的社会必要劳动时间的多少。如果我们把这一层面的价值概念直接看作是价值的一般规定显然是过于狭窄了。罗尔斯顿虽然没有明确给出价值的一般规定，但从他关于价值的基本理论的阐释中也可以看出他也并未把他的生态伦理价值论限定在劳动价值论的范围。因为，他所提出的自然价值论就是要批判以人类中心主义为倾向的价值理论，而劳动价值论适应的范围恰恰是人类生产的领域。

　　目前较为流行的一些关于一般价值的定义更多强调的是客体对主体的积极的作用。随着当代价值哲学的发展，这样的一类定义也越来越多地受到了批评。因为，此类定义明显地具有两个方面的局限：一是把价值存在的范围狭隘地限定在主客体关系之中，不能揭示自然事物自身具有的价值；二是只承认"积极作用"的正价值，不承认负价值和中性价值。

在邬焜所著的《信息哲学》一书中，在讨论价值概念的定义时有一段很精彩的叙述。他首先分析和批评了两种相反的关于价值难以定义的观点。这两个观点一个是认为价值概念"太单纯"，因而不可定义；另一个则认为价值概念"太综合"，因而不可定义。

如果把这两个观点综合起来，价值似乎是一个既"太单纯"，又"太综合"的概念，也许，只有"上帝"这个概念能与之相类似了。因为"上帝"无所不包，无处不在，又先于、高于一切，超然于一切之上、之外，这不恰恰就是既"太单纯"，又"太综合"了吗？正因为是这样，"上帝"这个概念表面看来似乎每个人都能理解，但其实每个人都难以或者不能给出一个确切的定义来解释它。

但"价值"这个概念毕竟不是神学概念，它是可以被逻辑与系统思维所驱架的。

"从系统思维的观点来看，一个绝对孤立的事物是不可理解的，具体到概念就是，一个绝对孤立的概念是不可界定的。所谓绝对孤立就是既无内部关系，也无外部关系。"之前提到的"太单纯"就是无内部关系的，就如同无法再分的微粒。而之前提到的"太综合"就是综合到无所不包的程度，以至于外无他物，于是就没有了外部关系。"那些有外部关系的'太单纯'之概念可通过内涵法定义；那些有内部关系的'太综合'之概念可通过外延法定义；那些既不'太单纯'，又不'太综合'之概念则既可通过外延法，又可通过内涵法来定义；只有那种既'太单纯'，又'太综合'的概念，亦即对内、对外都是绝对孤立的概念才是不可定义的。""然而，那种既'太单纯'又'太综合'的事物或概念是根本不可能有的。因为，太单纯就意味着小而无内（如德漠克利特的原子），那么，它便一定会被更大的系统所包容，这就使它必然会有外部关系；而太综合则意味着大而无外（如广义的宇宙、存在概念），那么，它便一定会包含了许多个层次和部分，这就使它必然会有内部关系。"

那么，照此分析，价值概念不可能既"太单纯"，又"太综合"，所以，上述两种关于价值概念不能被定义的论说也就不攻自破了。既然价值概念是可以被定义的，那么随之而来的一个问题便是如何给价值概念下定义了。

目前流行的价值定义的歧义太多，很多哲学家都试图定义价值，但都很难走出人本主义的圈子。邬焜提到了王玉樑先生归纳出的6种关于价值定义的类型（需要论、意义论、属性论、劳动论、关系论、效应论），"但这6种类型都全然是在以人的世界为参照的主客体关系的范围里来界定价值的本质的"。这种主客体二元对立世界观基础下的价值论必然是单向的、片面的、肤浅的。

罗尔斯顿的自然价值论也是旨在批判这些人本主义或人类中心主义的价值论倾向，而意图创立自然本体论的价值体系。初衷是对的，但他的自然价值论在价值本身定义问题上就没有走出先前的误区，还是从主客体二元的基础出发，从人的角度出发来解释价值，明显是力度不够，根基不牢。

但信息价值论从复杂性系统思维的角度出发，还是总结出了价值的定义："从哲学层次来看，价值乃是事物（物质、信息，包括信息的主观形态——精神）通过内部或外部相互作用所实现的效应。"之前我们曾提到一种流行的观念，这一观念简单将价值归纳为某种"作用"，"作用"这一概念和邬焜所用的"效应"这一概念虽然表面看来十分相近，但如果仔细分析这两个概念的含义其实并不相同。"效应"是事物相互"作用"所产生的结果，我们可以发现价值产生于作用而又不是作用本身，作用带来的作用者改变的效应才是价值，而这种效应不能单纯地理解为主体需求或者人的个体感受，如果是这样就将效应的范围狭隘化了。这种效应应该是相互作用双方或多方共有的，不依赖观察者和感受者而客观存在的，并且，相关的效应既可以在有认识能力的主体和与其作用的客体之间发生，也可在没有认知能力的一般自然物的相互作用中发生。这种效应的性质也可以是积极的、消极的或中性的。这就是正价值、负价值或中性价值。如此看来，邬焜提出的价值定义更具有广泛的普适性和解释力。它既可以包容已有的以人为中心的价值理论，也可以解释更为广泛的自然价值现象。另外，根据这个价值定义还可以把价值和价值感受、价值评价和价值理想等区别开来，并分出相应的价值活动的层次。在这些价值活动的层次中，一般自然物之间的自在的价值效应乃是具有基础性和本原性的价值效应，也就是原初价值，而其他层面的价值活动都只能是由原初价值所派生的次生性价值，我们不应该将这些众多的不同层次的价值活动混为一谈。而不能区分这些不同层次的价值活动，简单用价值感受、价值评价和价值理想来代替价值本身则正是西方传统价值哲学的主要缺陷。

自然价值论应该以相应的能够包容自然价值的价值概念定义为基础，从这样的价值规定出发才可以真正走出人类中心主义或者主客体二元对立的价值论的局限，进而真正构建一种适合于当代生态文明理念的价值哲学。

二 罗尔斯顿的自然价值理论局限性

罗尔斯顿的价值哲学旨在发掘自然中的价值，他认为对提出大自然没有任何内在价值的看法"是我们要逐步予以检讨的"。他认为，现代西方的主流价值理论是一种依赖于人的主体的价值理论，缺乏对价值问题的客观性解读。

在《哲学走向荒野》一书中罗尔斯顿总结出自然的10种价值类型。之后又进行了补充，在《环境伦理学》中扩充到了14种。虽然罗尔斯顿认为这些价值都是自然独有的价值，而不是基于人类创造或者评价的。但是，如果我们详加考察，他所提出的14种价值仍然未能脱离人的价值评价的层面。

可以把罗尔斯顿提出的14种价值分为两大类：第一大类是抽象价值，包括三种：多样性与统一性的价值、稳定性和自发性的价值、辩证的价值。这三种价值从表面来看，它既可以针对自然，也可以针对个人、人类和人类社会。然而，它们都不是在价值本身的层面上做出的解释，而只是一种评价。因为，多样与否，统一与否，稳定与否，自发与否，辩证与否，等等，都需要借助某种有智慧的评价主体才能做出评定。

第二大类可以看作是具体价值，占了大多数，包括11种：生命支撑价值、生命价值、经济价值、消遣价值、科学价值、审美价值、使基因多样化的价值、历史价值、文化象征价值、塑造性格的价值和宗教价值。

现在分别对罗尔斯顿所提出的这11种具体价值作一概要的评价：

1. 生命支撑价值

生命支撑价值指的是自然维持生态系统运作以支撑生命的价值。罗尔斯顿强调支撑生命的是整个生态系统,生态系统是整个生命文化的"底基"。他激动地反问道:"难道不是由于地球本身就是有价值的人们才认为它有价值吗?难道这个生命支撑系统的价值真的仅仅是作为后来者的人类的利益而存在吗?"地球是前于人类、孕育人类的母亲,这是不可否认的事实。所以人类价值仅仅只是自然价值派生的次生价值。尽管罗尔斯顿强调的是整个生态层面的价值,但这个价值明显还是从人类生存的角度出发的,毕竟自然界并不在乎有生命或者无生命,自然只是在遵循自然自身的规律运动罢了。自然内在价值的重点应该在于自然本身的性质和规律。

2. 经济价值

这是一种人类特有的价值体系,罗尔斯顿举了石油这个例子来强调他所说的经济价值是自然内在的,针对的是马克思的价值概念,他认为人类的技术只能转化自然物并不能创造,所以自然物本身应该是具有价值的。就算你说石油在开采前就具有经济价值,并不是在人类劳动被加入之后才有的。但这种观点也仅仅是对人而言的,是否具有经济价值还是关乎交易者和使用者的利益。他提出经济价值的初衷竟然还是在于自然有近乎无限的资源可以让人类来发掘。随后他就举出了盘尼西林(青霉素)的发现和小麦杂交的例子。期待着自然中更多隐性的可利用资源被人类科技发现。这的确是个人类保护自然的理由。但同时也是个自私的理由,说难听了就是为了有利可图。果真没有躲开经济这个利益的字眼。这样的一种将人本主义价值论折射到自然中的价值理念实在不能令人满意,因为,他所强调的仍然是自然对人的价值。

3. 消遣价值

只有高等生命才有娱乐的意识,消遣活动的确是人类独有的行为,是人类高水平娱乐的某种态度和需求,是人类生活中的一种物质和精神层面的"享受"与"调节"。自然的确是人类最好的消遣场所之一,尤其是对于那些在人造自然环绕中的社会人来说更是这样。很多时候人挣钱是为了休闲、消遣。说自然本身就有消遣价值,实在有些费解,如果没有了人的需要,以这个评价原则得出的这些价值怎样体现?自然不是为了让人消遣而存在的,恰恰相反是人类处在自然界中都会有种回归母亲怀抱的归属感。消遣价值充其量也只是与人类享乐行为相关的一种效应而已。它可以成为人类保护自然的一种理由，而绝不是自然本身的价值，只能算作是自然服务于人的价值。

4. 科学价值

人类区别于其他生物的关键就在于科学技术。如果有科学价值这一提法也应该有技术价值才对。在之前的生命维持价值中就提到了，这里的价值应该就是指人类的一切思想与行为都源于对自然的认识和改造，科学只是在认识自然，技术只是在实践中实现的自然物的转化。连罗尔斯顿也说自然是一本叹为观止的小说，要是这样科学只是在帮助人类识字，技术只是能让人类做个注释而已，这本书本身并不会具有内在的科学和技术价值。它就写在那里，怎么读怎么批注是读者的事。科学和技术价值只是人类认识和改造的过程和结果对人类自身的价值，说其属于自然本身的价值是牵强了。

5. 审美价值

要审美就要有审美的主体，而这个主体只能是人，这只是丰富人类精神世界的属性。所以，美只能是属人的一种价值体验或价值，在这里，自然本身无所谓美丑，甚至没有善恶，自然是创生与毁灭并存的，从来不带一丝怜悯，也不会无缘由的屠戮。它只遵循法则，不只是运动。审美的活动只能是属人的。美丑问题只能放到人道价值的范围中来讨论。

6. 使基因多样化的价值

自然在出现生物和基因的漫长道路上不知毁掉了多少物种，消亡的必然要比现在还存在的多出太多。基因多样化是生物为求得适应自然而生存所应对的唯一方法。然而，就自然规律本身而言无所谓基因的有无或样态的增减。自然自身演化的效应既可以创生基因模式，又可以多样化或单调化，甚至泯灭基因模式，但无论是怎样的一种演化效应都是自然自身运行的价值。谈基因多样化的价值，只能是相对于生态、相对于生命、相对于人类的发展而言的利害评价。"在某种千载难逢的机遇下，一小点基因信息就能使人类受益匪浅"或许罗尔斯顿是太想让人类来保护自然了，哪儿都离不开从人类利益出发而考虑的保护理由。但作为价值层面的哲学著作，既然认为人本主义价值论是错误的，就不应该再向这方面靠拢了。

7. 历史价值

历史可以说是时间单向性所造成的必然结果，历史就是自然界循环变化所留下的信息痕迹，这确实是一种自然效应的价值。但是，通常来讲，我们在使用历史这个术语时，总是区分为自然史和社会史。如果单纯讲自然史那当然应当属于自然价值，但是这里还有一个问题，这个自然史价值是针对自然本身的，还是针对自然对人的效应的？如果是后者，它仍然属于人道价值的范围。如此看来，对于历史价值我们还需要详加讨论和说明。从罗尔斯顿的角度来看，他似乎更在乎美国的发展史，更重视人类社会的时代价值。虽然他也提到了黄石公园的自然环境，最后也提到了单纯的自然史，但是在罗尔斯顿那里，这两部分的历史价值仍然是被绑架在人类社会史的战车之上的。

8. 文化象征价值

文化这个术语几乎是人类专属用词了，文化象征是社会化的产物。罗尔斯顿举出了秃鹰象征美国人的自我形象，加拿大盘山羊是科罗拉多州的"州立动物"等。很多文化象征物的确是直接取于自然物，但是，这些自然物并不是在其自然本真价值的层面被使用的，它已经转化成了人类意志抽象代示的产物，是一种精神和信仰的文化符号，在此，罗尔斯顿所讨论的根本不是什么自然价值，而是假自然物之形所承载的人的社会文化符号价值。

9. 塑造性格的价值

这明显是从人格塑造层面上所谈论的个人的价值。罗尔斯顿在文中提到了各种组织在荒野中的活动，如童子军、户外训练团等。人类是从低等动物进化而来的，荒野作为原始的生命生存空间，正是最原始生命维持系统的再现，是呼唤人类灵魂深处记忆的地方。就如同消遣价值一样，其实身处荒野的人正是在这种野性呼唤与新鲜感充裕、兴奋与恐惧并存的复杂感受中沉浸着的。这只是世界庞大的生命维持系统给人带来的效应而已。这应该是属于自然及社会对于个人的价值或个人自身行为对自身的价值，根本不是什么自然本身的价值。

10. 生命价值

其实，按照罗尔斯顿所分的价值类型，上面提到的生命支撑价值、使基因多样化的价值和这里的生命价值应该是一种价值。另外，还有一些价值类型（如消遣价值、塑造性格价值、文化象征价值等）就其根本而言也都与这3种价值的意义相关联。由此我们可以看到，罗尔斯顿的价值分类并不严谨，把某些同样性质的价值分为不同的类型。

11. 宗教价值

宗教也是人类特有的，人类社会都是起源于自然，宗教必然也是。宗教的神明形象基本都是来源于人和其他生物的集合体，是人类内心敬畏的自然的衍生物。罗尔斯顿也写到"大自然是某种宗教'资源'，就像它是科学的、消遣的、审美的或经济的资源一样"。然而，就是在宗教起源的自然基础上来谈论宗教价值，这也仅仅是自然对人的价值，自然对人的社会的价值，而并不是什么自然本身的价值。

以上这11种价值与其叫自然所承载的自然本身的价值，不如叫自然对于个人、人类、人类社会的价值。或者说是人类出于自己利益考虑为什么要保护自然的理由。因为这些价值本身就是人类对自然、对人类或个人本身所起的价值评价。并非自然本身的与人无关的内在价值。那些自然的价值更像是在叙述自然对人类有哪些重要的应用价值，这样的价值确定更像是劝说和教育人类：自然生态对人类很有价值，所以为了我们自己的利益需要保护它。这种以人道价值为出发点的生态伦理学根本无法真正揭示自然生态的本然价值，更无法真正揭示自然自身的本然价值。这就如同邬焜信息价值论中提到的人道价值一样，作为人类本身是很难逃出人道价值这个范畴的。因为人类作为一个需要生存延续的群体，必然首先从自己的角度来评价世界，以自己的利害来对待价值问题。甚至"价值"这个词最初的创立应该也是为了描述人类或个人利害关系的。但也正是这样的思维模式限制了生态伦理学的发展，限制了人类的观念。

从罗尔斯顿的相关论述中，我们可以看到他所建立的自然价值理论的这种不彻底性。罗尔斯顿在反驳传统价值评价观点时曾这样写道："泥土具有工具性的价值，但它不是那种拥有自为价值（value by itself）的存在物，更不具有那种据之向人类提出权益要求的价值。……一块孤立的泥土确实不具有任何内在价值，也很难说它拥有多少自在价值（value in itself）。"之后他开始通过泥土是整个生态系统的一部分来确定这些传统无价值的自然物的价值地位。他先肯定了整个生态系统对人的价值，之后又推论出处于整个生态系统中的这一块泥土也就分享了生态系统的价值。这种不彻底的自然价值推论方式是无法作为生态伦理的价值论基础的。

要合理阐明自然自身的本然价值，又要避免罗尔斯顿的自然价值理论的肤浅和不彻底性，就有必要建立一种新的自然价值哲学。

三 建立包容自然价值和物质—信息双重维度的全新价值哲学

根据现有的信息价值论和生态价值论的理论，我们应当建立一种全新的价值哲学。这样的价值论学说首先应当立足于自然进化的自在价值，并在此基础上进一步揭示人与自然、人与人、人与社会的辩证而复杂的多重价值关系。

当代信息哲学提出的信息价值论不仅区分了价值和价值评价，而且还从复杂性思维的角度给出了价值的定义："从哲学层次来看，价值乃是事物（物质、信息，包括信息的主观形态——精神）通过内部或外部相互作用所实现的效应。"如果应用这个价值定义，那么价值就是事物相互作用的效应，价值评价则是从人类自身的价值标准出发对相关效应做出的评判。

依据当代信息哲学提出的信息价值论，我们可以确立三种基本的价值形式：自在价值、自为价值和再生价值。

自在价值是自然事物依照自然规律活动相互作用而产生的效应，这是最普遍、最基础的价值形式，它不依赖任何观察者、评价者的创造和介入。罗尔斯顿也注意到了信息量的问题，按照他的解说，一块泥土中的信息量是惊人的，包括其中的微生物和各种组成成分，以及自然进化留下的一系列痕迹，还有它身处自然界与周边事物的相互联系的配合和交换。如果把这一思想扩展到整个生态系统，山川、河流、大气等这些无生命的事物它们也都无时无刻不在相互作用中运动变化，这些相互作用所产生的效应也都是自在价值。

自为价值是自在价值在主体中的直观把握，是有意识能力的生命形式依照本身的价值需要对自在价值的认识和判断。自为价值是价值反映和价值评价。传统价值哲学中的价值理论大多是从人类自身活动的角度出发，以自为价值来解释价值。这样的价值理论往往以人的价值认识为出发点，把人的价值评价结果直接看作是价值本身，这才出现了以

"客体对主体的积极作用"，或者说是"客体对主体需要的满足"来规定价值本身的相关价值论学说。

再生价值是人类在自为价值的基础上，根据自己的目的需求所设计的价值理想，这种价值理想是人类指向实践、导引行为的理念。如果这样的理想是符合现实的，人们就可以通过相应的实践活动来实现它。

自在价值是没有善恶、对错、好坏、精粗、美丑、利弊这些属性的。只有主体通过分析和比较，主观性地加以感受和评断之后所产生的自为价值才具有了上述的那些性质。自为价值、再生价值是具有主体性和个体性的，是主体通过对价值现象及其利弊关系的认识创造出的评价性认识和应当追求和实现的理想模式。每个个体对于价值的评价和理解各不相同，其所要实现的价值追求和价值理想也各存差异，这就形成了自为价值和再生价值的主体性和个体差异性的特征。然而，在严酷的自然和社会的环境中，人们又必须以群体的类的方式集中起来才可能以人自身的方式而生存和发展，这就决定了人类在价值取向、价值评价、价值理想和价值实现活动中又往往具有某种群体意识和群体行为的相关性特征，由此出发，人所创造的自为价值和再生价值又不能不在某种程度上具有群体相关的共性特征。这样，我们又必须承认，自为价值和再生价值乃是价值的个体主体性与群体共同性的辩证统一。

在信息价值论中提到了人道价值与天道价值的概念。天道价值是人道价值的基础，天道价值高于人道价值，人道价值是在天道价值演化的基础上产生的。

罗尔斯顿提出了辩证价值和进化价值的概念，用因果联系以及进化的思想来为价值溯源，找到价值的出发点和基础。这样的做法就是一个凸显自在价值或者说天道价值本原性和基础性的过程。信息价值论中这样写道："从自然本体的角度来看，天道价值是原生价值或本源价值，人道价值是次生价值或派生价值，而人的价值反映、价值评价、价值取向、价值设计则是对原生和派生价值的主观认识，以及主体观念形态的价值模式创造。"罗尔斯顿指出，传统的辩证价值评价，仅仅是主客体二者的相互简单变换，并没有考虑到复杂性世界关系和自然环境的大背景。应当说，罗尔斯顿的这一批评是深刻而合理的。

根据现有的信息价值论和生态价值论的理论，我们应当建立一种全新的价值哲学，这一全新的价值哲学不仅能够包容自然价值和信息价值,而且应该有它自身的全新的价值评价体系。这样的价值论学说首先应当立足于自然进化的自在价值,并在此基础上进一步揭示人与自然、人与人、人与社会的辩证而复杂的多重价值关系。

既然价值是事物相互作用的效应,我们就有必要对事物相互作用所产生的效应做出一个基本的分类,信息哲学的相关理论认为事物的相互作用能够产生多重效应,这些效应主要表现为6个方面:①物自身的一种直接存在的样态向另一种直接存在的样态的转化;②中介物的产生和运动;③物物间的联系、过渡和转化;④物自身的直接存在向间接存在的过渡;⑤相互作用物的间接存在的相互凝结;⑥新的间接存在样态的建构。

这六种效应里的前三种属于直接存在的物质性变化的效应,而后三种则属于间接存在的信息性变化的效应。这样,我们就区分出了在一般事物相互作用的过程中所实现的双重性质的效应:物质性效应和信息性效应。我们有理由将这双重性质的效应分别称为物质价值和信息价值。

我们可以发现,在我们要建立的全新价值哲学理论中,自然价值和信息价值占据着价值体系非常重要的位置,而传统价值观中所缺失的也正是这两个重要的价值维度。新的价值评价体系,也可以说生态的价值观应该是从自然本体出发,不仅要用复杂性的辩证关系来对待价值关系,还应该考虑到进化演变的自然生态大环境。最后还要以物质—信息双重价值的态度来评价价值现象。

生态价值论是生态伦理学的理论根基,合理的生态价值论必须确立自然本体的自在价值,亦即天道价值的第一价值的本原性地位。这样的生态伦理学的发展才不至于限制于人类中心和生态中心这些无休止的争执中。立足于自然价值和物质—信息双重价值维度的全新价值哲学能够成为生态伦理学和人类坚持可持续发展战略的最切近的哲学基础。

参考文献

[1] [美]霍尔姆斯·罗尔斯顿:《环境伦理学》,杨通进译,中国社会科学出版社2000年版。

[2] 邬焜:《信息哲学——理论、体系、方法》,商务印书馆2005年版。

[3] [美]霍尔姆斯·罗尔斯顿:《哲学走向荒野》,叶平译,吉林人民出版社2000年版。

西方生态学马克思主义生态危机理论探析

寇 瑶

（西安交通大学人文社会科学学院博士，西安，710049）

摘　要　生态学马克思主义是西方马克思主义在当代发展的新形态，是西方绿色运动与社会主义思潮相结合的产物，代表了运用马克思主义的基本理论和方法解决人类所面临的生态危机的新的哲学思潮。认为生态危机产生的根源在于资本主义制度及其生产方式，提出从经济、政治及社会等方面变革资本主义制度，建立生态社会主义，以从根本上解决资本主义的生态危机问题。探讨生态学马克思主义的生态危机理论，对于解决当前中国社会主义现代化建设中所面临的生态环境问题有重要的意义。

关键词　生态学马克思主义；生态危机；生态环境

20 世纪 60 年代以来，随着第二次科技革命的兴起，一方面高科技在实践中的应用推动了生产力的迅猛发展，财富的激增；另一方面又造成了人与自然之间关系的紧张，造成了生态环境的严重破坏，并且发达资本主义国家凭借先进的技术和资本的权利进行全球性的掠夺开发，把污染严重的企业转嫁到发展中国家及落后国家，生态危机成为世界范围内的一个普遍问题。生态运动、绿色环保组织也随之兴起。在这样的背景下，一些学者开始立足于历史唯物主义立场，将马克思主义理论和生态运动、绿色组织结合起来，以资本主义生态危机为切入点，从资本主义社会制度及其生产方式本身入手揭示生态危机产生的根源，探索危机解决的途径及构建未来生态社会主义的发展模式，从而创立了生态学马克思主义。生态学马克思主义是西方马克思主义在当代发展的新形态。它是西方绿色运动与社会主义思潮相结合的产物，代表了运用马克思主义基本理论和方法解决人类所面临的生态危机的一股新的哲学思潮。

本文以生态学马克思主义代表人物威廉·莱斯、本·阿格尔、安德烈·高兹、詹姆斯·奥康纳等思想家为主，以他们的文本为依据，试图系统地介绍和阐述生态学马克思主义的生态危机理论，全面展示这一理论的发展动态，这对于探索当代中国现代化建设中生态环境问题的解决将具有一定的理论意义和现实意义。

一　生态危机产生的根源

20世纪60年代以来，人与自然的关系日益紧张，随着全球化的发展，生态危机也成为影响人类生存与发展的全球性问题，生态主义把日益严重的环境恶化和生态危机归结为科学技术的发展，主张在资本主义制度范围内通过限制技术的发展来解决生态危机，生态学马克思主义反对生态主义将生态危机的根源归结为科技的发展，而是以生态危机为切入点，揭示了资本主义制度及生产方式的反生态性，指出资本主义制度和生产方式是导致生态危机产生的根源。生态学马克思主义深入分析了资本主义生产扩张的逻辑，揭示出资本主义生产的动机是追求利润的最大化，为了实现利润最大化必然极力扩大生产，进而导致生态危机。生态学马克思主义者对此从不同的角度进行了分析和阐述。

高兹把生态学和政治学联合起来建立生态政治学，用生态政治学分析资本主义社会的生态危机，在其《作为政治学的生态学》一书中，他提出资本主义的利润动机必然破坏生态环境，分析了资本主义的利润动机同生态危机的关系。高兹指出，每一个企业都是自然资源、生产工具和劳动力等要素的联合体。"在资本主义的生产条件下，把这些要素联合在一起就能生产出最大限度的利润"，"任何一个企业都对获取利润感兴趣。在这种情况下，资本家会最大限度地去控制自然资源，最大限度地增加投资，以使自己作为强者存在于世界市场上"。资本主义追求利润这一动机同生态环境是矛盾的，结果是造成生态环境的破坏。资本主义在利润动机的支配下关注如何以最低的成本产出最大的交换价值，而不关注人的身心健康发展及生态系统的平衡，这就是资本主义的"生产逻辑"。

奥康纳在其《自然的理由：生态学马克思主义研究》一书中提出

资本主义社会的二重矛盾，认为资本主义社会存在两重矛盾和两重危机。第一重矛盾是马克思所讲的生产力和生产关系之间的矛盾，它们之间的矛盾运动会造成由于需求不足而导致的生产过剩的经济危机；第二重矛盾则是资本主义生产力和生产关系与生产条件之间的矛盾，第二重矛盾运动会造成由于生产不足而导致的生态危机。第二重矛盾是由资本主义的本性造成的，资本主义发展的目标是追求经济的无限增长，是一个无止境的自我扩张系统，但自然界的资源是有限的，无法随着经济的发展实现同步自我扩张，自然界发展过程的周期和节奏也完全不同于资本运作的节奏和周期，其结果必然是自然生态系统的破坏以及由此引发的资本各要素成本的提高，从而导致以生产不足为特征的生态危机。奥康纳认为"出现第二重矛盾的根本原因，是资本主义从经济的维度对劳动力、城市的基础设施和空间，以及外部自然界或环境的自我摧残性的利用和使用"。奥康纳着重从资本主义的第二重矛盾揭示生态危机发生的必然性。从资本主义的第二重矛盾来看，资本的积累必然会带来生态危机，这是因为在资本主义制度下，生产是以获取利润为目的，这就意味着资本主义生产体系必然是一个无限的自我扩张体系，为了保证经济不断增长，资本主义会加大剥削工人的额外劳动及对技术进行革新，由此所带来的是对资源的需求不断扩大，并导致资源的快速消耗，最终的结局是对自然资源越来越高的耗费和对自然界越来越重的污染。

福斯特在其《生态危机与资本主义》一书中立足于资本扩张的逻辑与生态系统有限性的矛盾来分析资本主义制度同生态危机的关系。他认为资本主义制度把追逐利润看成是社会发展的最高目标，在这一动机下，资本主义必然会不断地扩张生产，但地球上的资源是有限的，人类对自然资源的掠夺不可能永远持续下去，这就意味着资本无限的扩张必然同自然资源的有限性之间发生矛盾。福斯特指出这种矛盾并不是让人们放弃生产，不像生态主义那样反生产、反增长，而是人们应该认识到，在追求经济增长的同时要看到自然资源对人类行为的限制，应该把经济的发展同生态系统的平衡协调起来。"人类按'唯利是图'的原则通过市场'看不见的手'为少数人谋取狭隘机械利益的能力，不可避免地要与自然界发生冲突。"资本主义把追求经济的增长看成是唯一的目的，根本不会顾及生态环境的保护，为了追求利润，他们不惜一切代价，过度地消耗资源及加重环境的污染。资本无限扩张的本性与地球资源有限性之间的矛盾造成了资本主义制度与生态系统的对立，除此之外，福斯特还指出，资本为了追求利润注重短期投资这一行为也造成环境的破坏。资本为了规避风险，往往只注重短期投资回报，不会对和人们休戚相关的环境做一个长期的总体规划，但是环境问题关系到几代人的生存，生态系统的恢复也需要很长的时间，冷酷的资本需要短期回报的本质与生态系统是格格不入的。因此，正是资本主义制度造成了生态危机。

除制度因素之外，生态学马克思主义认为技术的非理性运用及异化消费也是导致生态危机产生的根源。绿色生态运动认为是科学技术造成了生态危机，进而他们对科学技术本身进行批判，得出反科学、反技术的浪漫主义结论。但是，生态学马克思主义与其不同，他们不是对科学技术本身进行批判，在他们看来科学技术及其运用并不是生态危机产生的根源，科学在社会中起何种作用是与一定的社会制度有关，不能抽象地谈论科学技术及其运用的后果，要把科学技术置于一定的社会背景中加以考察，因此，生态学马克思主义将生态危机产生的根源与资本主义的科学技术使用联系起来。

莱斯从"控制自然"的人类中心主义价值观出发批判技术的非理性运用所导致的生态危机。在《自然的控制》一书中，他考察了"控制自然"观念演变的历史。他认为在文艺复兴和启蒙运动之前，人们对自然的理解包含着双重意蕴，一方面，自然在人们心里具有神圣性，人们对自然还存有敬畏的心理；另一方面，人们把自然看成是满足人们物质需要的来源。但在文艺复兴和启蒙运动之后，人们对自然的观念发生了彻底的变化。由于理性精神和主体性精神的确立，最终使人们把自然和人对立起来，不再对自然存有敬畏心理，自然仅仅被看作是人类征服的对象。近代以来，人们就是凭借先进的技术控制自然、征服自然，使人们所创造的生产力，所积累的财富比以往任何社会的总和都要多。由于人们把控制自然能力的加强与社会的进步等同起来，因此，人们就习惯于从实用的角度看待自然，用工具理性处理人与自然之间的关系，莱斯批评了以往的研究者没有看到控制自然的社会后果，将科技的合理性等同于科技运用的合理性。因此，只有将"控制自然"置于一定的社会经济结构和政治结构中才能理解其意义。控制自然并不是人类伟大的事业，而是维护特殊统治集团利益的手段。控制自然的背后必然是对人的控制。当技术沦为特殊利益集团控制他人的工具时，技术必然会被非理性运用，由此导致生态危机的产生。可见生态危机并非技术本身所导致，而是由技术的资本主义使用方式所导致。

本·阿格尔从异化消费观入手分析生态危机的根源，认为"历史的变化已使原本马克思主义关于只属于工业资本主义生产领域的危机理论失去效用。今天，危机的趋势已转移到消费领域，即生态危机取代了经济危机"。阿格尔认为，当代资本主义危机形势已发生了变化，从马克思所讲的经济领域转向了消费领域，生态危机代替了经济危机。资本主义生产是受利润动机的支配，生产不是为了满足人们的基本需求即对使用价值的需求，而是为了交换价值和利润。而生产的动力是消费，没有消费就没有生产，因此，资本家必然会宣扬消费主义价值观，从而导致消费主义价值观在社会中的盛行。异化消费是当代资本主义社会为了维护其合法性，承诺给人们提供源源不断的商品，进而制造虚假的需求，诱使人们把消费和个人的幸福及成功联系起来，使人们对经济的增长和物质产品的不断丰富形成一种期待，但资本主义生产规模的无限扩大同地球资源的有限性是矛盾的，生态系统根本无力支撑资本对无限增长的追求，这必然会导致人们无限获取商品的期望的破灭。本·阿格尔还分析了异化消费同资本主义的异化劳动也有密切的关系。资本主义的劳动是异化劳动，劳动者在劳动中没有任何的自主性和创造性，劳动者通过消费来逃避异化劳动，于是导致了异化消费，即"为补偿自己那种单调乏味的、非创造性的且常常是报酬不足的劳动而致力于获得商品的一种现象"。异化消费助长了资本主义的扩大再生产，加剧了对自然的剥削，使资本主义的经济危机被生态危机所替代。

二 生态危机解决的途径

生态学马克思主义者不仅深刻地分析了生态危机产生的原因，而且他们还提出了消除生态危机的途径，理论上的创新和对现实的强烈关切，是生态学马克思主义生态危机理论的鲜明特点。

首先，变革资本主义制度。生态学马克思主义认为资本主义制度及生产方式引起了生态危机，因此必须改变资本主义制度及权利关系，把生态主义和社会主义联系起来，只有建立生态社会主义才能解决生态危机的问题。资本主义制度及生产方式的本性就是对最大利润的追求，而利润动机属于经济理性的范畴。因此，高兹提出解决生态危机就要批判经济理性，建立生态理性。所谓的经济理性是指以"计算与核算"的原则为基础，追求效率至上、越多越好原则。资本主义生产方式实际上就表现为经济理性。而生态理性在他看来则是："用这样一种最好的方式来满足（人们的）物质需求：尽可能提供最低限度的、具有最大使用价值和最耐用的东西，而花费少量的劳动、资本和资源就能生产出这些东西。"生态理性的原则是把最小的耗费和最大的价值结合起来，高兹认为在资本主义制度下，经济理性和生态理性是不相容的，建立生态理性是不可能的，因为要建立生态理性，就必须改变资本主义的利润动机，资本主义利润动机的改变也意味着资本主义制度和生产方式的改变。他认为社会主义可以实施生态的生产方式，因为社会主义是在生态理性的支配下运行的。因此，要解决生态危机就必须变革资本主义制度。

其次，重建技术伦理。生态学马克思主义者认为资本主义制度下技术的非理性运用导致了生态危机，因此要解决生态危机就要重建技术伦理。把技术从控制自然、满足人的非理性需要中解放出来，使技术转向为控制人的非理性欲望和需求服务，促使人的道德进步和全面发展。由此，生态学马克思主义者提出选择适应生态的"小规模技术""好技术"代替"大规模技术""坏技术"，以此来解决生态危机问题。

本·阿格尔借用英国经济学家舒马赫提出的"小规模技术"和"中间技术"的论述，提出应当用对环境破坏较小的"小规模技术"代替对环境破坏较大的"大规模技术"，但是阿格尔批评了舒马赫没有把技术的变革同资本主义社会制度的变革联系起来，他没有看到技术与它所承载的社会制度之间的关系，应把技术的变革同社会制度的变革结合起来。于是阿格尔提出通过"分散化"和"非官僚化"实现上述改造，"只有按照小规模技术发展起来的民主的组织和调节的生产过程才能使工人从官僚化的组织系统中解放出来。凡在由技术分散化形成小规模技术的地方，劳动过程的民主化都起因于工业组织的非官僚化。离开了一个就没有另一个。分散化本身并不是一个革命的概念；它需要伴之以工人对生产过程的直接管理（即生产过程的非官僚化和自我管理）"。这里所讲的"分散化"和"非官僚化"是指打破资本主义生产体制的高度集中及管理体制的高度官僚化，让工人直接管理生产过程，使生产过程和管理过程民主化，激发工人在劳动中的自主性和创造性，这样就可以使人们把幸福和个人价值同生产过程相联系，而不是同消费联系起来，人们就可以摆脱异化消费，从而解决由于过度生产和过度消费而产生的生态危机。阿格尔强调通过"分散化"和"非官僚化"可以保证技术的合理运用，因而也维护了生态平衡，并且从根本上改变了资本主义的社会结构。奥康纳和高兹也同阿格尔一样，认为解决生态危机既不能反经济，也不能反技术，技术的运用及后果是同一定的社会制度和价值观相联系的，因此，解决生态危机的关键是选择什么样的技术。

最后，重建消费价值观。生态学马克思主义者认为资本主义的异化消费导致了生态危机。因此，要解决生态危机，就需要理顺需要、商品、消费和幸福及自我实现的关系，重新构建需求理论，建立合理的消费价值观。

为了建立合理的消费观以解决生态危机，生态学理论家从不同的角度对此问题进行了有意义的探讨。最为典型是阿格尔提出的"期望破灭的辩证法"，所谓"期望破灭的辩证法"是指"在工业繁荣和物质相对丰裕的时期，本以为可以真的渊源不断提供商品的情况发生了危机，而这不管愿意与否无疑将引起人们对满足方式从根本上重新进行评价。人们对发达工业社会可以源源不断地提供商品的能力的期望破灭，最终会走向自己的对立面，即对人们在一个基本上不完全丰裕的世界上的满足前景进行正确的评价，尽管公认要进行这种评价是很难的。这并不是要提倡重新培育清教徒式的简朴精神，而是要调整人们对好生活的性质和质量的看法"。这种辩证法使消费者突然从对资本主义生产和消费的幻想中清醒过来，重新评价对于幸福的理解。面对日益严重的生态危机，阿格尔认为正是"期望破灭的辩证法"使人们重新评价以往的需求方式，促使人们经历一场需求的社会革命，建立新的价值观，从而消除异化消费，摆脱生态危机的困境。

三　对未来社会的构想

生态学马克思主义者对当代资本主义和现实社会主义进行了深度反

思和批判。他们认为，现实社会主义和资本主义一样也是奉行经济理性，以追求利润为生产的动机，在本质上和资本主义社会没有什么区别。他们试图超越二者并建立一种以实施生态保护为基本原则的生态社会主义，并对未来社会进行了积极的探索，描绘了生态社会主义的理想。

首先，用"生产性正义"代替"分配性正义"。生态学马克思主义者认为生态社会主义首先应实现生产的正义性，使生产的目的不再是交换价值而是使用价值，必须恢复生产的正义性，放弃分配的正义性。奥康纳详尽地分析了"生产性正义"。他指出资本主义社会的正义是分配领域中事物的平等分配，按一定的标准，平等地分配对象，合理获取被分配物，是"分配性正义"而不是"生产性正义"，它首先关注的是个人的权利、要求而不是社会的权利、要求。资本主义的正义可以看作"社会民主的分配性正义"，现实社会主义的正义也是分配领域的正义。奥康纳认为"分配性正义"是根据市场及市场对人的生命和健康的估计所做出的有关罚金与红利、税收与补助金的核算为前提的。但是，随着日益社会化的生产、分配、交换和消费体制的发展，意味着分配性正义将越来越不可能获得合理的测定和实施。这就说明实现平等要从"生产性正义"着手，"生产性正义"是生产领域中的公平和正义，指生产的主体在生产活动有平等参与和决策的权利。生产性正义使人们把自我价值的实现同生产活动联系起来，而不是建立在异化的消费中，将需求最小化，这样就能降低对自然资源的破坏，从而维护生态的平衡。

其次，建立"稳态经济"的发展模式。莱斯建议建立一种"稳态经济"模式，"稳态经济"并不是生态主义所倡导的实行经济和人口的零增长，反对科学技术，而是指经济的发展要遵循生态理性，放慢工业增长的速度，要和生态系统保持和谐统一。在此基础上，生态主义社会应是一个"较易于生存的社会"。

他认为，这种社会"是把工业发达的各个国家的社会政策综合在一起的社会，其目标就是减低商品作为满足人的需要的因素，与此同时把人均使用能源及其他物质的数量降到最低。将来技术的发明基本上都要用以这一目标的实现，用于同环境中累积的残存工业废物做斗争"。"较易于生存的社会"就是尽可能不把消费看作是满足人的需要的唯一方式，把人均使用能源的数量降到最低限度，一切技术的发明和使用，都要服从于这一目标。

最后,重返人类中心主义的立场。20世纪90年代以大卫·佩珀为代表的新一代生态学马克思主义者提出:重返人类中心主义,实现人和自然的和谐发展。在他看来,人对自然的支配不是引起生态危机的根源,生态问题是由人对自然的资本主义方式所引起的,因此,解决生态问题并不是要反对人类中心主义,放弃人类的立场,而是应以全人类的价值为尺度重建人类中心主义,并认为人类中心主义是未来社会的主要特征。

生态社会主义者坚持从人类整体和长期的利益出发,提出重返人类中心主义同技术中心主义意义上的人类中心主义有原则的区别,前者主张人与自然的和谐发展,重建人与自然的关系,在保护生态平衡的基础上,也要维护人类整体和长期的利益。后者主张人对自然的控制和征服,把人与自然对立起来,盲目的生产和过度的消费会导致生态危机。把人类中心主义和生态社会主义联系起来,对于我们解决当前的生态问题提供了一条途径。

四 结语

生态学马克思主义理论作为西方马克思主义发展的最新思潮。以生态问题为切入点,对资本主义生态危机产生的根源、解决的途径及对未来社会的构想展开了深入的讨论,生态学马克思主义把以上问题和资本主义制度联系起来,提出要解决生态危机就要变革资本主义制度,使关于生态批判的理论转向制度批判,深化了马克思主义的资本主义理论,这些理论探讨中不乏真知灼见,但也有其理论偏颇,对于解决我国现代化建设中出现的环境问题具有重要的启示。

首先,生态学马克思主义的观点有其重要的理论意义和现实意义。其一,拓宽了马克思主义理论批判的视野。在新时代背景及技术理性的支配下,资本主义社会追求过度的生产和过度的消费,造成严重的生态危机,面对时代提出的新问题,生态学马克思主义者以历史唯物主义理论为指导,挖掘马克思主义理论中潜在的生态思想,开启了历史唯物主义的生态视域。既把生态学马克思主义同生态主义区别开来,对资本主义生态批判同制度批判联系起来，具有一定的理论深度，又拓宽了马克思主义理论批判的视野。

其二，拓宽了对资本主义制度批判的视域。生态学马克思主义者坚持唯物史观的历史分析方法，反对生态主义把技术进步看成是生态危机产生的根源，从而提出反技术、反经济的观点，他们强调生态危机产生的根源不在于技术而在于资本主义制度及生产方式，因此，生态学马克思主义者提出要最终解决生态危机问题，就要变革资本主义制度及生产方式，建立生态社会主义，改变把追求利润看成是生产的唯一目的，实现"生产性正义"，改变人们的需求结构及满足方式，使人们把满足同生产活动联系起来，摆脱异化消费，实现人与自然的和谐发展。生态学马克思主义对生态危机的探讨没有仅仅局限于生态的批判上，而是把生态批判同资本主义制度批判联系起来，这就扩大了资本主义批判的视域。

其三，构建新的社会主义模式。他们在批判资本主义制度时，也批判了现实社会主义，现实社会主义也受经济理性的支配，把经济的增长看成是唯一的目标，这同资本主义没有实质的区别。而生态学马克思主义提出构建未来生态社会主义，要将社会发展与生态问题结合起来，重建人类中心主义立场，实现生产的正义性，建立一种稳态经济发展模式，使人们摆脱异化消费，在实现经济增长的同时，要维护生态的平衡。生态学马克思主义对未来社会主义模式的构想，为我们总结以往社会主义实践的教训，实现可持续发展提供了借鉴。

其次，生态学马克思主义也有其理论局限性。

面对资本主义新变化，生态学马克思主义指出马克思只看到生产领域中的危机，而没有看到消费领域的危机，马克思的理论已经不适合当代资本主义社会的特征，试图用生态危机理论取代经济危机理论，这一理论观点偏离了唯物主义历史观。虽然生态学马克思主义敏锐地看到了当代资本主义社会发展过程中的新问题，但又夸大了其严重性，用生态危机取代经济危机。这一理论主张并没有看到事物的本质，因为生产力和生产关系的矛盾将始终是人类社会的基本矛盾，人和自然的矛盾则受这一基本矛盾的制约，所以说经济危机依然存在，其实生态危机与资本主义经济危机是联系在一起的，它实际上就是经济危机的衍生物。因此，离开资本主义社会的基本矛盾去谈人与自然的矛盾，是不可能解决生态危机问题的。

　　生态学马克思主义者对资本主义制度及现实社会主义制度进行批判，代之以构建生态社会主义，并对未来社会的模式进行了深度的探索，主观愿望非常美好，但所构想的社会模式却带有很强的乌托邦色彩。他们所描述的小规模技术和分散化生产无疑是一种历史的倒退，问题的关键不在于生产和技术的规模大小，而在于技术所承载的社会制度及价值观。

　　因此，坚持用马克思主义的观点对其进行客观分析和批判。仔细甄别其理论的积极意义及局限性，以便为我们社会主义国家的生态文明建设提供有意义的启示。中国的社会主义是建立在落后的封建社会的基础上，改革开放之后，在经济发展上采取粗放式的经营模式，虽然我们的经济得到飞速的发展，但同时给我们的环境也带来一系列的问题。生态学马克思主义对资本主义生态危机的批判对我们有重要的启示。在建设社会主义市场经济过程中，我们应吸取西方资本主义国家破坏生态的深刻教训，坚持走"生产发展、生活富裕、生态良好"的文明发展道路，践行科学发展观。

参考文献

[1] 奥康纳：《自然的理由：生态学马克思主义研究》，南京大学出版社2003年版。

[2] 福斯特：《生态危机与资本主义》，上海译文出版社2006年版。

[3] 本·阿格尔：《西方马克思主义概论》，慎之中译，中国人民大学出版社1991年版。

风险分配的马太效应及其对风险治理的启示

唐建旺

（西安电子科技大学外国语学院教授，西安，710126）

摘 要 本文着重从风险分配的不平等性——风险分配的马太效应进行分析。首先阐述了马太效应的内涵、风险社会的内涵及风险社会的马太效应及其本质。其次从三个方面对风险社会的马太效应产生的原因进行了分析：风险本身的累加特性、传导特性、有组织的不负责任现象的产生。最后从现代政府的职责论述了风险马太效应治理的途径，建立公正的社会风险分配机制。

关键词 风险；风险分配；马太效应；风险治理

贝克曾经在《风险社会》一书中论述风险分配的逻辑时指出："贫困是等级制的，化学烟雾是民主的。随着现代化风险的扩张——自然、健康、营养等的危机——社会分化和界限相对化了。客观地说，风险在其范围内以及它所影响的那些人中间，表现为平等的影响。"贝克在此主要论述的是风险分配的平等性，本文将着重从另外一个角度：风险社会中风险分配的不平等性——风险社会中，风险分配的马太效应来试图对风险治理途径做出新的探索。

一 马太效应及其内涵

马太效应（Matthew Effect），原指一种社会现象，源于《新约全书·马太福音》第 25 章："凡有的，还要加给他；没有的，连他所有的还要夺过来。"1968 年，美国学者罗伯特·莫顿（Robert K. Merton）曾经用马太效应这个术语，来概括科学评价和奖励中的不平等现象："相对于那些不知名的研究者，声名显赫的科学家通常得到更多的声望，即使他们的成就是相似的，同样地，在同一个项目上，声誉通常给予那些已经出名的研究者，例如，一个奖项几乎总是授予最资深的研究者，即使所有工作都是一个研究生完成的。"一个人如果较早地取得初步成果，其个人的才华就有可能较早地被科学界发现和重视，因而能使他在年龄相当的科学工作者中较早地积累科学优势。例如获得较多的研究经费，占有较精良的研究设备，接受更好的培养。这些有利的条件，使个人的才能得到更有效的发挥，进而更有效地研究和取得更多的成就。相反，却使未能获得者变得越来越贫乏，对于他们的成就和评价不断地受到压抑和贬低。罗伯特·莫顿把"马太效应"概括为：任何个体、群体或地区，一旦在某一个方面（如金钱、名誉、地位等）获得成功和进步，就会产生一种积累优势，就会有更多的机会取得更大的成功和进步。莫顿的学生朱克曼后来在其出版的《科学界的精英》一书中，通过对美国诺贝尔奖获得者的分析，用大量的事实和数据来论证这种科学上的马太效应。后来，马太效应被广泛地应用于政治、经济、文化和社会学以及心理学等各个领域。这种对富有的还要给，对无所有的继续进行剥夺的现象，社会学家形象地称为"马太效应"。

二　风险社会风险分配的"马太效应"

（一）风险社会内涵及其本质

从一般意义上讲，每个社会在其所处的发展阶段都会面临一定的风险，作为社会中的个体，他们不可避免地会面临各种各样的风险。德国慕尼黑大学哲学家乌尔里希·贝克在其著作《风险社会——走向新的现代性》中提出了"风险社会"（risk society）的概念，在书中，贝克认为，我们已经进入了风险社会，其本质是全球性的。在贝克最初的研究中，风险社会指的是一组"特定的社会、经济、政治、文化的情景，其特点是不断增长的人为制造的不确定的普遍逻辑，它要求当前的社会结构、制度和联系向一种包含更多复杂性、偶然性和断裂性的形态转型"。在贝克的著作和文章当中，风险社会这个概念曾经多次出现，但是贝克并没有严格地对风险社会作过定义以明确其内涵。

笔者认为，风险社会本身的特征主要具有以下几个方面的特点：首先就是在风险社会当中，人的因素越来越多，"人化"的特征也越来越明显。随着现代科学技术的不断进步，人类利用工具改造自然的能力也越来越强，人们的活动范围几乎覆盖了人类愿意到达的任何地方。因此，随着风险社会的来临，风险的结构发生了根本性的变化，由原来的自然风险占主导地位逐步转变为由于人为的因素占主导地位，甚至在工业社会之后的社会里，几乎每一个社会风险都能够找到人为的因素。用吉登斯的话来说就是，人造风险。吉登斯认为人造风险一般具有以下几个特点："一是人为风险是启蒙运动引发的发展所导致的，是现代制度长期成熟的结果，是人类社会对社会条件和自然干预的结果；二是其发展以及影响、后果等更加难以预测，无法用旧的方法来解决这些问题，同时他们也不符合启蒙运动以来认为的'知识越多，控制越强'的这种理性主义至上的思维；三是其中后果严重的风险，其影响也具有全球性的特点。"在现代风险社会，风险主要是指"人造风险"，其本质是与现代化发展过程当中所面临的问题，同时与人的各种活动以及人们的风险决策有着密不可分的关系。其次就是人类社会制定各种制度来规避风险，因为规避风险是人类的一种本能诉求，但同时追求冒险也是人类社会的天性。事实已经多次证明，人类社会的各种制度往往难以应对和处理真正的风险，用吉登斯的话来说就是："随着外部风险越来越多地向人造风险的转移，同时风险的日益全球化，这个世界并没有越来越受到我们的控制，而似乎是不受我们的控制，成为一个失控的世界。"贝克同时认为，风险社会的定义关系与马克思的生产关系相类似。风险社会的定义关系是特定文化背景下的规则、制度和对风险的认定和评估能力。

风险社会这个概念作为风险社会理论的核心概念，随着风险社会理论的研究越来越得到学界的重视，不同的学者对之均做出了不同的解读。贝克认为，风险社会是一个这样的社会，即"工业化所造成的副作用具有可控性，这的确是一个设计精妙的控制社会，它把针对现代化所造成的不安全因素而提出的控制要求扩展到未来社会"。

（二）风险社会中的马太效应

随着社会科学技术的迅猛发展和我国处在社会转型的关键阶段，中国社会在进入现代化的过程中所面临的风险会越来越多。无论是自然风险、环境风险还是经济风险、政治风险等都不能忽视。

贝克认为,"现代性正从古典工业社会中的轮廓中脱颖而出,正在形成一种崭新的形式——工业的风险社会"。对于中国社会而言,中国在进入社会转型的关键时期和现代化的进程中,它也将不可避免地面临各种各样的风险。中国社会的现代性是后发的、是复合的,具有典型的"时空压缩"特征:一方面从历时态的角度来理解,传统、现代和后现代这三个不同的东西已经压缩到同一时空体系之中,使中国社会风险的来源更加复杂和多样;而另一方面从共时态的角度来看,中国社会在自身发展过程中不断受到世界其他发达国家和发展中国家的干预和挤压,从而在中国社会内部呈现出世界性社会问题与风险的凝聚。这种局面的出现,从根本上说受到全球化浪潮的影响,更是与当代中国社会正在经历的巨大的社会转型息息相关。中国目前存在的诸多结构断裂和制度空白,恰好成为社会风险的积聚地带,但同时用于抵御风险的风险预警和规避体系没有建立起来或者没有发挥作用。具体来说,主要面临的风险体现在以下几个方面:一是由农业生产方式带来的传统风险和新的科学技术的使用所带来的技术风险。二是全球化的趋势所带来的风险。全球化在一定程度上加速了全球资金、技术等的交流,同时也使在这一过程中必然伴生的风险具有全球化的特征,它不仅加大了风险的来源,同时也在一定程度上放大了风险的潜在社会效应和负面影响。三是随着我国社会转型以及在转型和体制改革过程当中的利益分配失衡所产生的社会风险。这些风险都是并存交织在复杂的中国社会当中,从而使中国社会目前的风险具有明显的复合特征。

风险社会中,从一般意义上讲,每一个个体无论强弱、身处何处,都会面临风险的影响。这是风险的平等性的体现,但更为重要的是,每一个个体在风险社会中抵抗风险的能力是完全不一样的。现实情况是,弱势群体所受到的风险的影响远比强势群体要大,而且弱势群体抵抗风险的能力也远不及强势群体。从某种意义上可以说,社会中的各种风险,主要承担者是没有什么抵抗风险能力的弱者。"风险分配的历史表明,像财富一样,风险总是附着在阶级模式上的,只不过是以颠倒的方式:财富在上层聚集,而风险在下层聚集。"正因为如此,这同时给处在中国转型关键时期的社会群体和个体在抵抗风险的时候呈现出一种"强者越强,弱者越弱"的态势,这就是我们说的风险分配中的马太效应。

（三）在风险社会风险的分配过程中，风险分配本身具有的"马太效应"又因为风险自身的累加性特点、传导性特点、风险社会中的"有组织的不负责任"现象又进一步加剧了风险分配中的"马太效应"

笔者认为，风险本身具有累加特性。个体或者群体在经受一定的社会风险之后，若是强势群体或者强势个体，风险的累加特性则表现为其抵抗风险的能力越来越强，风险对其产生的负面影响将会越来越弱。因为强势群体或者强势个体可以运用自己掌握的社会资源来化解或者减少风险对其所造成的损失。但是，若是弱势群体或者弱者，在面临一定社会风险之后，风险的累加特性则表现为其抵抗风险的能力越来越弱，从而将会进一步产生其他的各种各样的风险，从而导致了风险的累加，这样必然导致风险对弱势群体或者是弱者的负面影响则会越来越大。这就是风险的累加特性，当然，不管是哪个方面，其本质都离不开风险分配的"马太效应"。

同样，风险分配过程中，风险同样还具有传导性的特点。风险传导特性的实质就是危机的转嫁。在现代风险社会中，无论是组织还是个体，在面临一定风险的时候，都会力图避免，但是当无法避免风险或者无法减少风险给自身所造成的损失的时候，其很可能会通过各种方式来转移风险，从而达到转嫁风险的目的。

风险社会中的"有组织的不负责任"现象的产生也在一定程度上加剧了风险分配的"马太效应"。贝克指出："由于现代风险的高度不确定性，不可预测性、显现的时间滞后性、发作的突发性和超常规性，使专家在面临新的科学技术时，往往多注重科技的贡献性而忽略其副作用，或者故意隐瞒其副作用，以至于人们在开始使用科技时，就已经为风险埋下了发作的种子。"贝克的"有组织的不负责任"主要包括以下两个方面的内容：第一，尽管现代社会制度非常健全，但是每当人类和社会面临真正的风险时，我们往往措手不及，无法采取适当的措施来控制风险和事后的风险处置；第二，就人类所生存的环境而言，几个世纪以来，人类生存的环境面临越来越大的压力和被污染、被破坏的危险，但是，我们却无法确定环境被破坏的责任主体。各种治理主体反而在利用法律和科学为自己的行为进行辩解，实际扮演着"有组织地不承担真正责任"的活动，而这样在事实上造成了"有组织的不负责任"的局面。最后导致的就是各种治理主体其实是在进行"有组织地制造风险"的活动。风险的制造者和主管机构都在借助制度避免自己承担责任，最终造就的结果就是"有组织的不负责任"。

贝克在他的《从工业社会到风险社会——关于人类生存、社会结构和生态启蒙等问题的思考》这篇论文中曾经提到，人们过度依赖于现代社会的法律、制度和科学，但是现代社会的制度与现实的社会结构回馈给人们的却是越来越难以找出真正的风险承担者。这里实质上隐含了我们社会在发展中的一个价值判断问题，在"高歌理性、以物质财富的增长为发展的根本目标，鼓励消费"的准则下必然地会造成实际中的风险责任主体虚位和责任处置的悬置。如果不从根本上改变这个局面，试图以制度的完善和法制的健全来厘清风险责任往往是失效的。"这是一个自相矛盾的变化过程。在这个过程中，我们所力图摆脱的东西却越来越深地钻进了社会。"

三 加快建立公正的社会风险分配机制

从以上的分析中我们可以看出，风险分配的"马太效应"的本质是一种风险分配的不公。在目前中国社会转型的关键时期，由于长期的财富分配不公，不公正的社会风险分配格局也正在逐步地形成。因为社会财富的分配与社会风险的分配是具有密切关联的。在当前中国社会，我们必须高度重视建立公正的中国社会风险分配机制，否则将会给中国的经济发展和社会改革带来严重的影响。

作为政府，必须及时地建立公正的社会财富和社会风险分配机制。从而最大限度地避免制度性风险所造成的损失。制度性风险主要表现为由于社会经济发展制度、社会控制制度、社会生存保障制度、社会安全制度等出现规则匮乏或者机制失灵而遭受损失与危害的可能性增加。就制度建设层面而言，治理风险的核心内容表现为政府必须保证制度的正义与公正。从我国政府承担的社会职能来看，政府对社会财富的公正分配和承担一定的社会风险责任是我国政府不可推卸的责任和义务。这里主要包含制度本身的正义与公正以及制度在运行中的公正，这两者缺一不可。而这一制度保证对于正处于转型时期的中国社会来说意义尤为重大。《中共中央关于构建社会主义和谐社会若干重大问题的决定》指出："社会公平正义是社会和谐的基本条件，制度是社会公平正义的根本保证。必须加紧建设对保障社会公平正义具有重大作用的制度，保障人民在政治、经济、文化、社会等方面的权利和利益。强调从民主权利保障制度、法律制度、司法体制机制、公共财政制度、收入分配制度、社会保障制度六个方面加强和完善制度建设。"美国政治哲学家约翰·罗尔斯在其重要著作《正义论》中曾经指出，正义是社会体制的第一美德，而对正义的规定构成了社会发展的基础。罗尔斯提出正义的两个原则，已经成为当代社会考察这个问题的标杆。第一个就是平等的原则，即每个人应该在社会中享有平等的社会发展的权利。那么同样，我们也可以认为，社会中的个体应该同样平等地享有规避风险的权利。第二个就是包括差别原则和机会平等的原则。前者要求在进行分配时，如果不得不产生某种不平等，这种不平等应该有利于境遇最差的人的最大利益，即利益分配应该向处于不利地位的人倾斜。这也同时蕴含了，在风险分配中，社会不可能保证风险分配的绝对平等，但是我们必须从制度上保证风险分配应该向风险规避能力较弱的群体进行倾斜。这是风险分配中的制度基础。

四 小结

中国目前正处在社会改革和转型的关键时期，在这个时期，由于政策的非连续性以及法律的缺位，使部分群体的既得利益得不到法律的有效保障，同时也使部分群体不能享受到改革开放所带来的发展成果，反而使社会弱势群体承担了其不应该承担的风险和后果，这对中国社会的和谐发展和中国梦的实现都是一个巨大的挑战。我们必须高度重视中国社会发展过程中的风险分配的正义，并用制度和法律来予以保证。现代政府的根本职责就在于维护社会的公平和正义，这其中必然包含风险分配的正义。

参考文献

[1]［德］乌尔里希·贝克：《风险社会》，何博闻译，译林出版社

2003年版。
[2] 金炳华等:《哲学大辞典》,辞书出版社2001年版。
[3] [英]安东尼·吉登斯:《失控的世界》,周云红译,江西人民出版社2001年版。
[4] [德]乌尔里希·贝克、[德]约翰内斯·威尔姆斯:《自由与资本主义——与著名社会学家乌尔里希·贝克对话》,路国林译,浙江人民出版社2001年版。
[5] 夏玉珍:《中国正进入风险社会》,《甘肃社会科学》2007年第1期。
[6] 薛晓源、刘国良:《全球风险世界:现在与未来——德国著名社会学、风险社会理论创始人乌尔里希·贝克教授访谈录》,《马克思主义与现实》2005年第1期。
[7] 《中共中央关于构建社会主义和谐社会若干重大问题的决定》,新华网,2006年10月18日。

现代化、全球化与哲学的身体化

——三位一体的自然主义身体哲学论纲

侯志成

（西安交通大学人文社会科学学院博士，西安，710049）

摘　要　现代化是发展问题，全球化是和平问题，现代化、全球化应该以身体化的哲学作为指导。哲学的身体化有着逻辑和历史的必然。身体化的哲学包括我你他三位一体、心身物三位一体、动静松三位一体，以及由此三个三位一体构成的相体用的三位一体，既是自在性的，又是坐标性的，并以中印西为例，指出其各自特点，提出了发展建议。

关键词　现代化；全球化；哲学的身体化；三位一体辩证法；我你他；心身物；动静松；自然主义身体哲学

一　现代化、全球化

"现代化"与"时间"概念联系在一起，"全球化"跟"空间"范畴密不可分。在中文里，时间和空间自古相伴，如《文子·自然》："往古来今谓之宙，四方上下谓之宇。"佛教东来，有过去、未来、今生三世及欲界、色界、无色界三界，合而言之有"世界"之称，可以统指一切存在的整体，这个意义至今沿用，如中国教材中的哲学是一种"世界"观，又如"全世界"有时相当于本文的"全球"，而稍偏于空间义。"宇宙"现在多用于天文物理学，即使限于此，它也仍然是包罗无遗的最大量级。此外，秦始皇的"天下"统驭宇内传之万世也可谓是兼有时空二义的，但一般侧重于空间，而且现在除了见于引经据典和文学想象之外很少使用了，但赵汀阳近来热衷于重构"天下体系"以抗衡西方基于个人本体的世界格局。

有了时间和空间，然后才有所谓现代化和全球化。关于现代化，是有特定所指的。通常以为西方发达国家就是"现代"的样板，所谓现代化就是其他国家"见贤思齐"，向他们靠拢。至于全球化，哥伦布以来的欧洲中心主义、西方中心主义虽然在实际的对外较量中不得不渐有收敛，但既然现代化以西方为准，全球化也就在地域上有了主要和次要之别了，毕竟，即使是地球村，村里也要有村主任与村民、地主与仆户的分工的，不是吗？然而可以再问一句，——是吗？对于一般西方国家和地区而言，经济方面除了不争气但又无计可施的为数不少的城市贫民窟之外总体上已经普遍高度发达了，政治上除了不时冒出来的斯诺登泄密丑闻这样的事件之外也自以为是非常自由民主了，只有文化方面，虽然好莱坞梦工厂仍然为自由帝国的人们造着好梦，巴黎的香水照样使追求浪漫的女人们一如既往地令人销魂，而马尔库塞大肆揭露"单向度的人"的生存真相，鲍德里亚也不识趣地撩开符号消费下虚伪的面纱，诸如此类，未免在喧嚣交响的乐章中频发种种不和谐的音符，有些煞风景了。至于广大发展中国家，就更常见其全方位的千疮百孔、险象环生了。叩其因由，他们自己的"落后"固然是难辞其咎的内在症结，先发国家对他们的殖民、掠夺、剥削、倾销以及困难时期的以邻为壑转嫁危机也是不可否认的致祸之源。

现代化，怎样的现代化？为什么要现代化？与现代对照的过去、未来还有没有价值？什么样的价值？后现代比现代更先进吗？全球化，谁的全球化？全球化是必然的吗？过去有没有全球化或与之类似的提法？全球化有止境吗？现代化与全球化是一个过程还是两个过程？可能合一吗？理由何在？

不可回避的是，现代化和全球化既然提出来了，就必须回答，关于这些，各位专家自有高论，本文将二者合在一起，不是要正面探讨二者，而是以此来观照在某种意义上更根本的，作为终极思考的哲学，尤其是哲学自身的发展问题，只有哲学本身的问题解决好了，它的高屋建瓴的指导性才能真正实现，相信如此一来，对现代化、全球化也就有所启示。

二 哲学何用、如何可用

哲学何用？要解答这个问题必须先解决"哲学是什么"的问题。哲学是什么？"哲学"这个词源于毕达哥拉斯的"爱智慧"，那么，是谁来爱？爱是何性质？为什么爱？怎样去爱？智慧是什么？智慧与哲学是何关系？不同时代、不同地方、不同民族、不同个人对这些问题的答案可能各不相同。本文不去列举哲学史上的陈述，且直接说出作者的观点：哲学是主体对自身及其所在世界的终极思考和根本把握，从个人来说这是到达自由与逍遥境界的必由之路，对群体而言又是时代精神的最高结晶。如此，哲学何用的问题就有了答案。而且，不管个人是否知道作为"哲学"的问题，作为"问题"的哲学是始终存在的。能够从哲学上探究其问题的常常是少数有闲、有兴趣且有一定文化水平的人，而更多的人则是生活在问题之中，到了难以自拔的程度，往往有两个去向：一是宗教，二是普通迷信。西方人大概较少有人问哲学何用了，因为他们吃饭问题解决得早，教育普及面大、文化程度高，在任何一个领域到了一定的高度，特别是本领域的理论不够用的时候，自然接近哲学；同时，西方的宗教传统悠久、氛围浓厚，其中自有哲学的成分可用。中国没有西方意义上的哲学，虽然也有佛、道等宗教，但普通百姓对其迷信的比重更多，至于民间的功利色彩明显的迷信就更是比比皆是了。人总是可能在某个时候面对终极问题，迷信、宗教与哲学，都有关于终极问题的解说和方法，哪个更好、更见文明？总的趋势似乎是越来越多的人由迷信而宗教而哲学，这符合"人是理性动物"的命题，中国先秦的《荀子·天论》早就说过"君子以为文，百姓以为神"。问题是，直到冯友兰时代，还有人问"哲学何用"，今天的中国人凡有中等以上文化程度的都接受过一定的哲学教育，但是学生问着这个问题进入课程，最后带着这个问题结束课程。冯友兰说哲学有"无用之大用"，无用似乎确实不错，大用一点没有见到，哪里出了问题？哲学既然是处理终极问题的理性方式，应当是有用的，那么，就是终极问题不常出现？以致哲学没有用武之地？或者即使出现了，又不知道如何使用？宗教与迷信很有市场，它们是不是没有类似的困惑？为什么？哲学本身可以解决这个难题吗？

三 哲学的身体化

　　人生之困惑中最普遍而最无可奈何的可能莫过于生死了，人死如灯灭还是轮回无休止？能够生之由人死而在己吗？人与世界是怎样的关系？世界是一维的还是双重的还是多元的？人从何而来往何而去？世界何始何终？人与人应该是怎样的关系？人必须先解决这些才能活得更好吗？人生意义何在，怎样才能活得有意义？苏格拉底说没有思考的人生是不值得过的，思考了就值得吗？何谓值得？是一种比价关系吗？什么与什么相比？我们还可以一直问下去，生命不息，问题不止。生是每个人自己的生，死是每个人自己的死，无人代其生，无人代其死，生死是每个人自己的事，好像这就最能体现自己的存在，但是谁都无法经历自己的生死，因为生前死后都不由己，只有生后死前才是自己可以体验也可以与人谈论的人生，只有生后死前的存在才是属己的从而也是真正可以与人分享的，生命不是从任何假设开始，也不向任何虚无终结，我们只能从属己的存在出发，向两端延伸，至于是向祖宗的无尽追溯向子孙的无穷绵延，还是溯至上帝归于上帝，是轮回变形还是立其环中，都已经是后来的选择和想当然了，也只有前者才存在真正的公共现实，而后者则属本质上的个人隐私。由柏拉图二分灵肉肇其端、笛卡儿我思故我在固其垒、黑格尔绝对精神集其成的意识哲学史是一部意识一厢情愿的意淫史，它同时也是一部精英与草根、贵族与平民的分化史，其结果是造成人与人的你死我活不共戴天的对立，以及由于人类对自然的步步进逼而最终招致自然的绝地反击。各国盲目现代化之极就是全球化共商人类出路之始。换句话说，传统的现代化发展至今已经看不到明天，因为后发国家的发展空间早已所剩无几，而先发国家造成的恶果余波未尽甚至只是劫难方兴。人类的未来如此乌云密布，而其中的个人尚且奔忙于现代化的喧嚣进程、沉浸于全球化的一时繁荣之中。地球还能承受多久？"现代"将能至于何处？

　　阴长阳消、物极必反之际，黑格尔尸骨未寒，在费尔巴哈"感性的人"的鼓舞下，马克思已经不满足于哲学的解释，而是要用行动来改变世界。呐喊家尼采借狂人之口宣布了振聋发聩的预告：人类必须回归大地，灵魂应该返回肉体，圣人正在走向人群。偶像的黄昏到了，超人的曙光来临了。胡塞尔呼吁回到事物本身，梅洛·庞蒂更直接归于身体。这些思想方面的革命与社会改造、女权运动、性解放、身体消费等等一系列影响广泛而深远的社会现象相呼应，交织成身体革命的洪流汹涌向前，相对于之前的备受压抑的状态，身体的确应该扬眉吐气了，但如果身体只是欲望，那也就难怪其之前所受的待遇是为应当了。被解放了的唯身能量，犹如脱缰的野马，假以当今令人无所适从的海量信息的裹挟，驰骋于表面丰富炫人眼目底下暗流涌动危机四伏的物质冰原，乐极生悲也就不远了。

哲学应该回到活生生的人、活生生的身体，但不应该成为"唯身"的哲学。唯心的哲学虽然虚幻，其害于生命尚只是浸染而渐进的，唯身的哲学一旦成为可能，玩火自焚的结局是转瞬即至的。我们需要切身但不唯身的哲学。

四　身体化的哲学

向身体靠拢、回归的哲学已有不少，如上述的费尔巴哈、马克思、尼采、梅洛·庞蒂等，他们的观点论辩性多于建设性，在哲学史上处于过渡的形态；另有一些人如福柯、舒斯特曼以及其他从性别、技术、消费等角度切入的又过于具体化，只能算是应用的身体哲学，还不是身体哲学本身。中国研究身体哲学的学者也越来越多，如汪民安、杨大春对国外身体哲学的译介可谓不遗余力，立论方面，大陆的张再林认为中国古代的哲学就是一部身体哲学，[①] 台湾的杨儒宾认为传统儒家如孟子的身体观以"形—气—心"为基本结构，[②] 从中国台湾去美国的吴光明认为中国哲学尤其是《庄子》以所谓的身体思维、具体思维、故事思维著称。[③] 但是，总的说来，迄今为止尚未有一个自足的身体哲学体系。

---

① 张再林：《作为身体哲学的中国古代哲学》，中国社会科学出版社 2008 年版，第 3 页。
② 杨儒宾：《儒家身体观》，中国文哲研究所筹备处 2003 年版，第 10 页。
③ 张再林、张兵：《"故事思维"的探索》，《自然辩证法研究》2012 年第 1 期。

笔者好读书而不求甚解，不自量力，提出一个身体哲学的初步设想，希望能够有资于相关的探讨。

（一）日用是道

本文卑之无甚高论，简单说来就是我、你、他、心、身、物、动、静、松九字。这九个字每个人每天都在用，极其平常。然而，正如《中庸》所说："道也者，不可须臾离也，可离非道也。"又说"道不远人。人之为道而远人，不可以为道"。作为华夏共典的《周易》被推为"群经之首"，诸子百家都可从中汲取所需，佛教也有以禅说易的，现在又有科学易一派。然而它也是"三玄之冠"，比如什么叫作"一阴一阳之谓道"就费人思量。《周易·系辞上》云"仁者见之谓之仁，知者见之谓之知，百姓日用而不知，故君子道鲜矣"。为什么道"无不在"却难以觉察（无在）？同样是《周易·系辞下》又说包羲氏"近取诸身远取诸物，于是始作八卦，以通神明之德，以类万物之情"。万物何其多，取之难尽，圣人可以取之，并形之于易象卦爻，但这样一来自然又离百姓远了，百姓是不是注定难与斯文？《孟子·尽心上》有句名言"万物皆备于我"，这又如何可能？如果真的能够实现的话，就可以解决万物之多不胜其烦（特别是今天的人造"奇技淫巧"之数目更不下于自然物）以及天南地北诸物不同而以个人所知难以互明的问题。本文的解决办法是"近取诸身，远推诸物"。将"万物"虚化为一"物"。"身"为"物"之尤者，因其直关于"我"，故独出于物。我身既明，可推及物。《中庸》说"君子之道，辟如行远必自迩，辟如登高必自卑"。迩卑在身，高远及物。此就逻辑之根本而言，实际上，身物相交，随机互明，重要的是，从此可以不失其道而行，无往而非道。《周易·系辞下》说"《易》之为书广大悉备"，这话不错，要是再直切于身，就更明白易行而不玄虚了，也只有这样才能真正"道中庸"而"极高明"。

（二）道不离身

具体说来，上述九字又可分为三组：我、你、他为一组，心、身、物为一组，动、静、松为一组。显而易见，九字之中，身只占一字，是不是还能称为身体哲学？首先，身体哲学不是唯身主义，而是为了突出与传统哲学的贬身抑身才特意标出此名；其次，上述其他八字也都与身相通；最后，中国思维有天人、身国同构的原理，宇宙可以说是最大的身，国家等各级有组织的体系是不同规模级别的身，所以"大学之道"有"修身"以至于"齐家""治国""平天下"等八目，相互之间可以触类旁通，但是人人当以修身为本，又以其他充实之、启发之，修身是个人之事，又是可以沟通、分享之所在，其他则是具体领域之事，唯其同行才易于交流，所以善处身者谓之哲人，善治事者是为专家，专家可以通哲人乃成大师，哲人可以返专家故有巨匠。

（三）哲学之身

为什么是三个一组，三组之分是不是别有深意？这就是九字不是任意九字的缘故所在。西方与印度传统鄙弃身就先不说了，中国哲学既然是身体哲学，为什么长久以来也隐而不彰呢？原因之一可能是《周易》《老子》《庄子》太玄虚，有所谓"神无方易无体"，这就难以捉摸，其实应该是"大体须有""定体则无"。再者，儒家身体观又过多湮没于所谓"礼"之中，礼虽是身之行，专注于礼"仪"而不重其礼"义"则未免琐屑不堪，最终只成了具体的身体社会学。作为哲学，应该超越身体的细节，作为身体哲学，又应该回归大体的身体。身体哲学在过去不能独立还有特别重要的一个原因是，九字之义虽然常用，在实际生活中的理解和地位却因为时代的局限而不能平等对待。比如，三个人称代词的用法都有烦琐的讲究，又如对静的偏好，对松的忽视，等等。到今天，世界开放，万象纷呈，身体哲学应该有其自在的体系，沧海泛滥，也自有更好的澄清。中国古代哲学作为一部身体哲学只是有其自发的存在，散见于浩如烟海的文献之中，作为自觉形态的体系则尚付阙如。去勾勒和还原古代的身体哲学形象固然有其意义，但面向现代、面向全球，构建一部普适的身体哲学也许更有必要，这正是本文主旨所在。

（四）辩证之三

接下来就是说明"以三为法"的原因了。简单说，"三"是辩证法的天然形式。西方有古希腊形式逻辑的三段论，有古罗马的奥古斯丁的《论三位一体》，有黑格尔哲学全书的三进扬弃体系；印度有佛教的三世、三界、三法印，印度教的三主神；中国有老子的"三生万物"，儒家的执两用中，民间的"事不过三"。世界必然是一个整体，如果不是，那就有一个相互关系的问题，于是又回到一个整体。但是，纯粹的"一"是无以显示自身的，就等于"无"。显示相对于非显示，就有了"二"，一般的辩证法谈到这里就止步了，《易经》的符号似乎只有阴阳两爻，《道德经》也充斥着许多成对的范畴，很少有人注意其中隐含的第三者，比如，"万物负阴而抱阳"，阴阳固然是二，而负之抱之者鲜有人提出来。况且老子明明说"三生万物"，为什么生万物的不是"二"也不是"四"而偏偏是三？太极图不只是有阴阳鱼，还有双鱼中间的S线。再如人们常说一枚硬币有两面，不是还有中间的那一层吗？无论它多么薄都是不可抹杀的。一人之生也绝不只是父母之功，还有其本身所参与，所谓的"人是未完成的动物"就可以从这里得到解释，其实一切存在都有这种性质，只是人特别明显而已。由于篇幅及主题所限，这里不能展开，要注意的是，第三者是作为中介存在，而任何一个开放而又自在（自在故是此一，与彼一相分，或即我，为小我；开放故又与外界相通合为大一，或谓大我）的"三一体"的存在其三部分在不同的意义上是互相中介的，但不是并列的，并列的三者与任意的二者或四者等之并列无异，当其三虚则并为无，当其三实则入于具体之三，与一般多者混同，就只是一种外在的偶然性，能够称为三一体的三者之关系只有两虚一实或两实一虚这两种情况：前者如万物负阴而抱阳，此时阴阳为用，见其动，三一体已入后天；后者如双鱼共S线，此时阴阳为体，见其静，三一体尚在先天。先天后天相互转化，体用循环，变动不居。宇宙间的任意两者可以通过视其余为第三者而构成三一体，关键是其能否自觉。"天地不仁"，以万物为"刍狗"；"真人"体三，故可"道法自然"。

（五）三个本分

讨论身体哲学似乎应该首先从身开始，不过，人虽然先有其身，而后才能有其作为个人的一切，但人对这一切的意识则是由心的自觉开始，而心的自觉的标志莫过于对我、你、他的辨别。因此，我、你、他是第一个要关注的三一体。我、你、他必然是同时产生同时成立的，逻辑上主体自称在先，语法上也有人称的第一、第二、第三之别，但在语义上，这三者是互相规定而无可独存的。人格的健全发展也应该是在真实、开放的人际关系中实现的。一般而言，我，即主体性，你，即对象性，他，即中介性（或中界性）；作为行事方式，我无极限，你随方便，他有底线。由此可见，三者不可或缺。没有我，则没有原创力，但是只有我，就会破坏世界最终毁灭自己；没有你，就没有目标，若只有你，就被你牵制没有自由，哪怕是爱也成为负担；没有他，无从达到目的，而如果只有他，则处处受阻，动辄得咎。我、你、他必须各正其位，才能最终皆大欢喜。

传统的哲学只讲主客二分，或我他对立，后来有人反对二分，主张合一或干脆多元化，如前所述，纯粹的一不能自我展开，一般的多元化等于取消人的主动性，势必回到以无限对无限的徒劳之局，只有辩证的三一结构才能取得有机的统一。

儒家讲毋我，道家讲忘我，佛教讲无我，好像"我"是十恶不赦的坏蛋，其实是针对修养中的我执而有，最高境界也是诸我不分共成大我。但是片面反对"我"——或者说直接以要达成的目的当作最初的要求的结果是中国人的个性不得张扬，或者只有一种扭曲之我——在下位夹着尾巴做人，一旦跃居上位立即趾高气扬盛气凌人，而现实中一般的情况是上之上还有上，下之下还有下，故造成了一种普遍媚上欺下的人格，只有最高者唯我独尊，但他也有没上位之时。本来君父作为圣人天子当为天下表率，但是由于礼制及相应的权力所限，皇宫大内无人性之亲，只有觊觎与防察之意，一旦猜忌心起，立即骨肉相残，不问亲子。如此，上行下效，文明礼仪之邦反多苟且不伦之事。中国人没有真我，或者说真我很难发挥，故作为其特点的你性（如所谓"礼尚往来"）就失去了可靠的基础而难免显得虚伪和计较，对作为他性的法律和制度就未必自觉遵守，而更多相机行事了，"慎独"也就成了一句空话，极少有人能够做到，也因此虽然孟子说"人皆可为尧舜"、荀子也说"涂之人可以为禹"，事实的尴尬则是成圣成贤的毕竟少之又少。

印度在语言种族上属于印欧一系，在文化传统上更经常划归东方。其冲破小我与大梵合一在境界追求上与中国无异，而在对起点的拘禁上也与中国不期然同趣。其种姓制度至今牢不可破，苦行无所不用其极，他律之严可见一斑。佛教的随缘大慈、方便度人本来是很好的你法，可惜墙内开花墙外香最后甚至墙内开花也不能了，诚为憾事。

西方人我性突出，互不相让，以否定他人为能事，最后达成妥协，形成法律，是为他律。所以西方难以形成中国那样的大一统帝国，而对契约非常看重，造就了自由民主的传统。相比之下，像中国父母对子女的无私的爱以及为朋友两肋插刀的情谊很少体现于西方普通的人际之中，却更多见于对上帝的无限奉献中。

马丁·布伯区分我—你与我—他,[①] 认为信奉上帝在于每个人跟上帝的直接对话,并且应该把这种态度推广于人际乃至人物之际,这对于西方的缺少你性是一个很好的纠偏和补救。但是我、你、他的关系远不止他所提出的两种而已。由前述,三一体内部是一损俱损、一荣俱荣的,其结构是一种三位双向一体。比如与我—你相对有你—我,与我—他相对有他—我,你他也有双向关系(详细的讨论另及)。不过,所有这些关系后面都隐含着我,身体哲学告诉我们总是我在行动,没有主体的世界没有意义,而作为三一体的存在,又避免了唯我论,实际上,如果视你他为我之化身,就能更好地理解我你他的一体性了。

我、你、他之分可以作为普遍的范式,或者说分化即以我你他相分为范型,凡能自称我者,或虽不能自称我也有相对你他之自我,故无不有其我、你、他,故可谓之"本分",三者自身又互相缘及,有其一必有其二三,有其某二必有其间,故又可称为三"缘由",此三者无所定指,故只是表"相",相不可执着,应当"随缘",如此,我你他就不难相处了——既要有我的独立,又不能有我的霸气;既要有你的迁就,又不能有你的束缚;既要有他的公正,又不能有他的固执。在东西方关系中,西方人主动的设身处地较少,常常给人傲慢或冷漠的印象,而中国人似乎不太遵守规章制度,另外又很能逆来顺受,使西方人觉得非常奇怪。如果都能注意三本分而随缘,我们就能不着相而和平共处了。

在布伯那里,至高无上的我—你是交融性的,爱,尤其爱上帝是典型,但敌对又何尝不是盯着对方不放?至于到底是爱是恨,不是由三本分决定的,而是下文将要讲到的动、静、松主导的。布伯虽然深刻,但是未及全面,他对我—你的规定也是人为的,因为一方面他没有直接讨论我、你、他三者,而是只有我—你、我—他两种关系;另一方面,他的我—你或我—他是架空论述的,没有实际内涵,也缺乏行动的方式,或者说虽然都有,却没有足够分化。

(六)三个本体

紧接我、你、他的是心、身、物,前者是"相",相不自相,必依其"体",后者正是前者之体,所以可谓之三"本体",本体才有其自

[①] [德] 马丁·布伯:《我与你》,陈维纲译,生活·读书·新知三联书店1986年版,第17页。

在。自在总是相对一定的主体而言的，其三者任一都不能独自存在，而是三一体的成分，所以又叫"元素"。对于心、身、物三者，以往也多是成对地加以关注，从而有意或无意中就割裂了它们作为三一体不可分割的事实，从而产生了数不清的无谓之争，尽管从中也确实获得了不少片面的深刻。对于人来说，"心"是其引以自傲的标志，然而心只是一种自觉，从来不曾显现，对于别人的认同也只是"人同此心"，想当然而已。相比之下，物似乎是确实不移、可以反复验证的。历史上心的自觉与物的客观誓比高低而一直相持不下，难以和解，原因就在于缺乏一个合适的第三者来仲裁。这个必要的第三者非身莫属，而它一直与物混同，由上述三位一体的辩证法可知，这必然导致心、物（实际包括身）之间的摇摆不定。心物相争于外，何如和诸一身？身的提出，使物淡化为背景，而身是当然的主体，背景与主体的观察者就是心。在外显特征上，身物同类，身从物中脱颖而出；而在连续性方面，身心一体，心是身之功用。按进化论，先有物斯有人身，有人身而后乃有人心，有人心才可再现其物乃至又有人造之物，形成了一个循环。反之，心返于身有克制，身返于物有驾驭，物返于心有校正。这是又一个三位双向一体（拟另详）。三者相生相克，形成一个动态的平衡，过度偏盛偏衰终将导致三一体的崩溃。无心则无情意，唯心唯余虚幻；无物必无生机，唯物则缺少灵气；无身一切皆空，唯身则是欲望机器。只有心物身和谐的三一体才是完整的世界。显而易见，对人来说，心随其身而遇物，物无一定，心因而变之，身则是人类所同的直接凭证。在世界文化传统中，唯心者莫过于印度，印度自然物质丰富，人们习于苦行，认为世界不过是心造幻影，他们疏于人间历史的记录而对虚幻的大千世界描绘得天花乱坠，于凡夫俗子却显然荒诞无稽；唯身者首推中国，人们一般不尚玄谈思辨而务实，尤其讲究迎来送往上下尊卑而陷入循规蹈矩；相对唯物者当数西方而至于唯利是图，其虽有奥林匹克之传统，虽有哲学思辨与科学理性，对物的追逐实远胜中印。一个传统一旦形成惯性就很难内部转变，只有加以外力，与内部原有处在隐伏或边缘状态的类似因素相呼应，才容易产生突破。中国先后接受印度佛教和西方的科学与物质就是它在这一方面实有所需而未能自成体系之故。同样，西方对于印度的瑜伽和中国的太极之热衷，对于儒佛道之看重都可以补其唯物之不足，当然西方的唯心论本来也十分发达，只是相形之下，唯物的特点比中印更明显罢了。在印度方面，物质的冲击也应当有助于其种姓制度的缓和，瑜伽大师们要是能够更多地走出来现身说法也会冲淡对于人身各部位的机械分别，既同属一体，又何分贵贱？在全球化的今天，各民族各国家在发展中既要保证自身内部的相对平衡，又要发挥固有特色参与世界对话，为全球的和平发展贡献力量，才不会边缘化而最终出局。

（七）三个本能

身体哲学有体有相还不够，其自身要构成一个三一体还必须有其"用"，这就是动、静、松了。动静松是体之"本能"，三者无间可谓三"圆融"，但是一般讨论的常常只有动静，这是不全面的。动静之间有松，松虽难见其显，而静由此开始瓦解冰释，动由此游刃有余。同样，有了静，动才有根基，松才有依归；也只有动的存在，静才不会僵死，松才不会懈怠。事实上，松在心身物有不同的称谓，即心虚、身柔、物松（希、稀），为适应现代语言而统谓之松。这里的关键仍然在于动静松三者亦构成顺逆循环（拟另详），顺则外用，逆则内修，大到宇宙演变，小到个人养生，无不由之，本体之存在，本分之分度，皆由此本能。譬诸身体运动，其典型者分别有如西方拳击、印度瑜伽和中国太极拳。拳击但求实效，一击必杀，挑战极限，短期之效明显，但非长久之计，一味坚持或将走向反面而透支生命，故拳王多伤残乃至早夭，一般运动员也退役甚早；瑜伽静坐作为调剂甚好，有助于生命的深度开掘，但为之者既多既久，形如槁木不事生产，轻则个人不良于行、重则社会运转堪忧；太极拳兼具技击养生之效，但"十年太极不出门"，常人难以体会松之奥妙。① 文化上，与身体运动类似，西方偏于动，印度雅好静，相比之下，中国更属于松。西方好斗而富攻击性，终而有所不胜；印度好静，虽然历经侵略屡次分裂而仍有所继；中国好松而似乎懒散，又毕竟能屈能伸，不可终侮。总之，动、静、松三本能事实上圆融难分，差别只在于随主观倾向而在形式上有所强化，而一旦用意过度，适将事与愿违。如果我们能够破除偏见，顺其自然，回归三本能本来圆融的状态，事情往往比我们预料得更快更全面地取得效果。比如20世纪八九十年代中国流行气功热，一时功法流派泛滥，其中有一类自发气功

---

① 祝大彤、薛秀英：《太极内功解秘》（增补珍藏版），人民体育出版社2008年版，第18—35页。

颇受争议。其实，相对于其他人为设定的有为法，自发功堪称无上功法。因为它最少人为的干预，无为而无不为，在生命科学这一最原始而又最尖端的领域面前，它绕过了人类一切外在经验的局限，而能自动依循练功者个人的实际情况找到最佳法门。这里只有一个要求就是全面辩证地看待动静松三者的关系。众所周知，西方运动属于外练型，东方修行则偏重内练，而内练的传统理论是以静为极致。唯静的理论想方设法在一切方面向静靠拢，如正襟危坐，甚而盘腿以至于双盘，保持特定的姿势不动，极端者要求"形如槁木心如死灰"，这就进入"顽空"。一般则是外形虽然不动，内在却讲究七返九还、三脉七轮，周天运转，翻江倒海。这都需要专门的秘传才能保证不会"走火入魔"，因为内部世界比外部世界更加幽暗难明，至于密宗更讲一对一的灌顶破瓦。总之，人人有身，但关于身的修炼却成了"专家"才可以做的事。自发功的出现打破了专家垄断的局面，本来其普遍高效性是有目共睹的，但是由于对于功理的疑惑及随着练功第一个平台期到来的似乎停滞往往使人裹足不前，不能坚持。如果有了正确的本能观，有了更全面的身体哲学，修炼者就不会过于功利主义，也不会强求异能神通，就能以平常心贯彻终身了。这应该会比舒斯特曼所鼓吹的费尔登克拉斯技法和亚历山大技法更简易也更有效，[①] 尤其是可以人人自行。我们应该回到人自身，我们的文明可以从中学到很多，发展得更像文明，更和谐、更健康、更适合于人类。

五 三位一体的自然主义身体哲学的体系

黑格尔之后，一般人都不再企图甚至反对建立形式上的大全体系。但问题的关键应该在于这样的体系能否接纳生成而不是成为独断僵化的教条。《周易》是生生不息的，但或许稍失于玄虚，而且其易象与易辞的对应已经固定，难以完善；《几何原本》是无可置疑的，却无关于生命；《精神现象学》体大思精，可惜往而不返，人为多于自然。上述三

[①] ［美］理查德·舒斯特曼：《身体意识与身体美学》，程相占译，商务印书馆 2011 年版，第 3、7 页。

个三本（三三）则直切于人本身而又有自在严格的逻辑，或可成为一种兼具众长又能显示其不足进而指出其前进方向的新尝试。这个体系基于三位一体的辩证法，以身为典范，以心为镜鉴，虽是人为，又复天成，究天人之际，又自然而然，笔者谓之彻底的自然主义的身体哲学。①

《周易》以阴阳二爻组合成为六十四卦，其卦爻系辞归于文王周公，而解释归于孔子，至于其所以然则终不可得知；扬雄自作《太玄》，亦在独断，且有故弄玄虚之嫌；黑格尔天纵英才，其《哲学全书》亦难免牵强附会之讥。本体系则以三位一体辩证法自然演绎而成，具体的论证拟专文另及，简而言之即世界为大一，纯一如无，故分化为二，才可自见其存在，二中又必有三，才可实际展开分化。如此，世界自我分化为作为观照者的我、被观照的我和作为展开者的我三个小我或小一，这三个小一在主体、对象、中介的对应上直接化为我、你、他，或者在认识、本体、背景的意义上对应于心、身、物，或者在能指、所指、介指的意义上对应动、静、松，或者在自我圆满的意义上对应于相、体、用。本体系之三三亦可互相组合（如下图），其实际意义则因人而异，因为凡能言我者必有其身，凡有其身者必有其动静，而其具体则如人饮水冷暖各知，可以仁者见仁，智者见智，故所有可能的体系都不过是这一体系的某种具体化，或者说可以从这个体系导出和得到说明；另外，又由于三三本身的切身性、直观性和普通性，可以在人际达成一定程度的共享和互通。进而言之，身可为人身，万物亦各有其身，于是亦可用此身体哲学，谓之拟人亦未尝不可，在孩子的世界里我你他又哪有什么人、物之别，又如神话的天地中亦是如此。这样一来，身体哲学就不只是哲学，而更由于身体走向生活本身。回归自然、回归孩子，甚至回归神话，是不是就可以实现"诗意地栖居"？

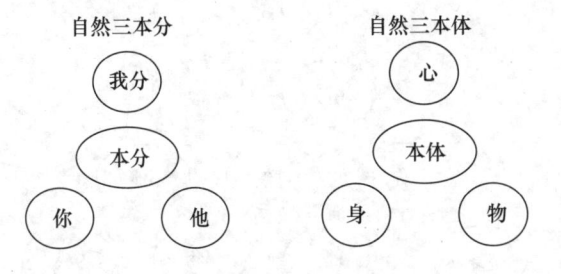

自然三本分　　　　自然三本体

我分　　　　　　　心

本分　　　　　　　本体

你　　他　　　　身　　物

---

① 侯志成：《论生命教育的身体哲学基础》，《昆明学院学报》2010 年第 1 期。

自然三本能　　　　自然一体图

(动)　　　　　　(相)

(本能)　　　　　(自然)

(静)(松)　　　　(体)(用)

一贯图：自然三本，周天一贯

(1我)

(2你)(9松)

(3他)(自然)(8静)

(4心)(5身)(6物)(7动)

小三图：自然三本，三三相分

(1我)

(2你)(3他)

(4心)(自然)(7动)

(5身)(6物)(8静)(9松)

中三图：自然三本，两两相交

(1我)

(4心)(7动)

(2你)(自然)(3他)

(5身)(8静)(6物)(9松)

大三图：自然三本，一一相续

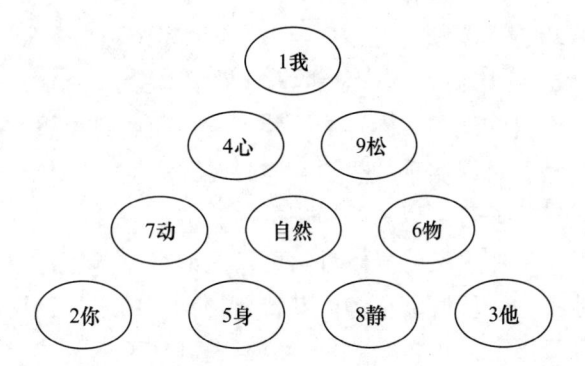

```
        1我
     4心    9松
  7动   自然   6物
2你   5身   8静   3他
```

为了便于直观，把我你他、心身物、动静松分别与数字1—9对应，如下表所述。

其中，我、你、他顺其三人称而应1、2、3；相、体、用又依次为三，从而排定心身物、动静松之序。如果排成九宫，就有另外一表：

本分	缘由	相	1我	2你	3他
本体	元素	体	4心	5身	6物
本能	圆融	用	7动	8静	9松

4心	9松	2你
3他	5身	7动
8静	1我	6物

九宫之妙在于纵横皆有三三之范畴，均匀分布。又比于人身，我下为底，松上无极，身主于中。三元本体斜贯左右，物身心渐进。静物为背景，你心是追求，他动方为中正。又可看作三维坐标，松我为上下，他动为左右，静你为前后，心物为内外。

如果仍然以三为度，三三任意排列组合成三联体，可得729条，与《太玄》之赞辞相当（《太玄》81首有四画之象相应，每首9赞却是蹈空虚作）。"自然"，也可简称"玄"。玄者暗也，代表未解之谜以示神秘，身体就是最切近、最直观的谜，而"自然"之名可以安心，一切无非自然。以"自然"为中心而持守之，犹如立于旋涡中心最安静，却可以策应周全。所策应者已知也，而敬畏其所不知，中和可致矣。当然还可以名之为"道"，直接切身——也列入其中，以"〇"代表，可得1000条。729条纯粹是三三之内容本身，其余涉〇条目与作为"自然主义"的形式自觉相关，算是哲学与哲学对象的中介，由此，哲学不再是纯理论而自在地与实际连成一片了。进而或可设想，将十字十数体系语言化，是否可以实现理想语言与日常语言的合一与重构，建立成为真正名副其实的而且可以人机通用的"世界语"？

归结起来，自然主义的身体哲学可以概括为：自然三原理，归元心物身，随缘他我你，回圆动松静。其特点是：日用之常，三三九字；体验之深，可以无极。既可自立，也能分析；可平天下，国治家齐，归于身修，世界一体。世界既有的每一种文化传统，无论是上文已反复提及的中印西，还是其他文化，各有其体相用，都是在漫长的历史长河中积淀下来的本民族的智慧结晶，其中都包含了优秀的成分，也有不符合时代要求的因素，它们既有本民族必须特别关注的，也有可供全人类共同参考的，这有待于我们实事求是，具体问题具体分析从而最终妥善解决。而哲学的身体化，必将从根本上有助于我们高屋建瓴，直达理想的目标，也有助于我们在对话中走向和平共处，实现真正的人类一家，天人和谐。

六　转向、超越与回归

作为余论，本节再申述一下对哲学的发展问题的看法。

当我们谈论哲学或任何其他事物的时候，有谁能够出离上述的本体、本能和本分之外？差别只在于有意或无意之间对某些方面的强调或反对，而同时却可能忽视了某些不能回避的问题，而由于三三本身逻辑的全面性，就势必招致其他人从另外的角度发动的批判，这是各人在三三坐标中的立场和方向的不一致的缘故。批判是必要的，它也可以成为新的个性化的生长点，但又由于三三的一体性，过分的争执是没有必要的，它只会浪费时间和精力，得不到任何积极的成果，反而造成无谓的冲突。我们应该自觉三三，在现实中，在个人与个人之间、国家与国家之间、民族与民族之间、文化与文化之间实现人类的以及人类与大自然的大和平。

哲学是民族智慧的结晶，是时代精神的升华，归根结底，也是活生生的个人对世界的参与、对人类的贡献。关于传统哲学，中印西以及其他各民族各有其发展着的体系，它们各有其前提假设和最终皈依，成为各自文化系统内的人们的精神支柱。但是，无论这些体系有多么不同，它们都离不开现实的人的生活这个"中间现实"。中间现实是所有体系上演的公共舞台，自然主义的身体哲学就是对这个中间现实的提炼。有学者在谈到重构中国哲学的当务之急是以文化解释学建立统一的认识体系时说到，对西方文化要"借鉴高明"并要"高明地借鉴"，对传统文化要有"阐释的通变与哲学的融合"，并且要在二者的比较中朝向最主要的方面即现实的世界。① 这不仅是相对弱势的中国哲学应该如此，就是暂时强势的西方哲学也不能例外，即必须在现实中继承传统和借鉴他者，这样，强者才容易突破"瓶颈"，弱者才可能后来居上。自然主义的身体哲学本身是一种哲学，同时也是一种哲学的坐标。作为哲学，它可以解释一般世界，尤其可以直接参与行动；作为哲学坐标，它可以直观诸体系及其相互关系。这个体系本来就是自在的，我们所有人都用自己的生命实践演绎着不同的外显形式，笔者的实践方式就是要将这一体系从自在中发掘出来，成为人人可以自觉利用的形式。从哥伦布"发现"新大陆以来，乃至从《马可·波罗游记》流行开始，全球化和现代化就成为一种不可逆转的趋势，20世纪的两次世界大战使之成为一种自觉的主题，这一主题至今没有得到很好的解决，这也是我们现在讨论这个话题的意义所在。在某种意义上，全球化问题就是和平问题，现代化问题就是发展问题，和平与发展都有一个主体问题，对主体问题的最高思考来自哲学。和平、发展、主体也是一个三一体，对应于上述身体哲学中的我你他本分、动静松本能和心身物本体。业界精英们都以自己的方式引领各种潮流风云际会，哲学家们也都踊跃争取做出自己的贡献。每一个人都是不可忽视的，哪怕是有意逃避，也足以引起敏锐的反思，从而有益于整个事情的圆成。

就哲学而言，在西方哲学史上，伴随全球化和现代化的进程，先后发生了所谓从本体论到认识论、再到语言学、现象学的转向，在对现代西方哲学发展特征的概括中，有人又提出了彻底经验主义转向、中立主

---

① 李建群：《阐释的通变与哲学的融合》，《西北大学学报》（哲学社会科学版）2007年第4期。

义转向、语言学转向、主体间性转向乃至治疗学转向五大转向。[①] 作为客观描述，西方哲学的五大转向是不容忽视的。而作为主观追求的转向，有人很不以为然，认为这导致了哲学之路越走越窄以致进入了死胡同，最终使"解构哲学""取消哲学"之论甚嚣尘上。[②] 但是，作为主体对世界的终极性思考，不论它叫什么，必然是一种需要，因而必然与人同在，也不妨仍然以"哲学"为名，只是需要加上具体的限定。当西方人大谈"转向"的时候，热衷于东方文化的人们津津乐道于"内在超越"，前者可见其务实倾向，后者仍可谓务虚传统的体现。务虚与务实，都有其必要，但要能不厚此薄彼乃至互相攻讦，我们还是不如"回归"主体本身，是为"即身成道"。人身有上下前后左右三维六向，从而也就有了上天堂与下地狱、"左"倾与右倾、复古与进化的分歧和争执，切身而观，既然有此六向，就都是必须而不宜有任何偏颇，倒不如一体中和。西方的 metaphysics 本是在后，到了中国成了"形而上学"就在上了，到底是在后还是在上？其实都是超越，而超越必有所起又有所趋，必须有全体观。易卦六爻有所谓"周流六虚"，而六虚即是上下左右前后六合（吴前衡《〈传〉前易学》），能够既基于爻位又超越爻位才能真正实现周易之自圆其说和神变无方，哲学也是如此。全体入于具体必然万象森罗，枚举不尽，故求元素，始为哲学，于是回归心、身、物三本体，身为中，心内物外，内外又依身而为一体。每个人的活生生的身就是哲学的起点，也是哲学的归宿，大道一以贯之，身体哲学就是哲学本身，哲学必然归于身体哲学。基于身体哲学的现代化必然是立足当下、承前启后的可持续发展，基于身体哲学的全球化取向必然是心有梦想而又脚踏实地、以人为本而又胸怀天下的和谐社会、大同世界。

参考文献

[1] 张再林：《作为身体哲学的中国古代哲学》，中国社会科学出版社 2008 年版。

---

① 张再林：《现代西方哲学的四大理论转向与当代中国马克思主义哲学的发展》，《教学与研究》2004 年第 3 期；第五大转向之说已于其教学中提及。

② 黎鸣：《西方哲学死了》，转引自邬焜《哲学的发展与哲学的根本转向》，2013 年首届国际信息哲学研讨会论文集，第 6 页。

［2］侯志成：《论生命教育的身体哲学基础》，《昆明学院学报》2010年第1期。

［3］李建群：《阐释的通变与哲学的融合》，《西北大学学报》（哲学社会科学版）2007年第4期。

［4］张再林：《现代西方哲学的四大理论转向与当代中国马克思主义哲学的发展》，《教学与研究》2004年第3期。

［5］黎鸣：《西方哲学死了》，转引自邬焜《哲学的发展与哲学的根本转向》，2013年首届国际信息哲学研讨会论文集。

身体、符号及其能动性

张 兵 谢芳芳

（陕西师范大学政治经济学院博士、讲师，西安，710062；
西安交通大学人文社会科学学院教授，西安，710049）

摘 要 借助符号学的推动，"身体"以其社会建构的身体观与诸多领域相关涉而成为现代哲学研究的关键词；反之，"符号"也因其对身体的建构而后来居上，成为社会批判、权力诊断、文化分析的基本要素。然而，"身体"在借"符号"而显的同时又构成了"隐"的困境，即符号建构中的身体是一个沉默的、无声息的身体；在符号学的话语实践上，这一困境表现为话语决定论中的"能动性难题"。女性主义者巴特勒以其"操演"理论试图在话语符号系统内部解决福柯、拉康等社会建构论者中所包含的能动性难题，但其最终所提供的策略——"作为被排除之物的身体的破坏性回归"——又构成了其身体建构论立场的反对项，这一悖谬或许促使我们应在一个新的语境中重新思考身体的肉体性。

关键词 身体；符号；能动性问题

如果将"转向"定义为基于过往运动历程的反动环节，则"身体转向""符号学转向"这些表述的流行不仅显示了"身体"与"符号"在当前理论运动中对哲学中央舞台的渴望，而且暗示了其声名鹊起的所借之处，即对自身被压制的隐秘历史的重述及重新肯定。在自我证成的努力中，"身体"与"符号"共同营造了当代哲学的某种氛围，并且在摆脱心理/身体、所指/能指的二元结构中有一个交织。然而，在身体与符号的汇流乃至重合之中，身体固有的疑难以一种新的形式呈现出来，并在这一新的形态中包含着符号的"失败"，这一"失败"在肯定与否定意义上都与"能动性"问题有关，但"能动性"的内在要求又指向了符号化身体的反面，构成了身体运动的又一个反向环节。

一 社会建构论中身体的"出场"

在西方传统哲学中，人对自我身份的确认不是通过身体而是通过"祛身体"（decorporealize）来实现的，在笛卡儿对"我思"的确执中，"我有一个身体"作为一个最明显的事实被搪塞过去。① 相对于"我思"的明证性，"身体"是不在场的，对于身体社会学的倡导者特纳来说，将"不在场"（absent）看作对身体的"忽视""湮没"或许更恰当些，"因为社会学理论中的身体实有一段私下的、隐秘的历史而非全无历史"。② 特纳的"身体社会学"常被看作身体诸问题的涌现节点，对身体理论兴趣的大爆发意味着身体不再局限于生物学之内，而是一个涉及面广泛的社会文化议题。

事实上，当代的身体研究开始为人所瞩目应追溯到福柯，用特纳本人的话说，其书《身体与社会》"在某种程度上可看作是米歇尔·福柯哲学的一个运用"。③ 的确，《规训与惩罚》——这本福柯称为"我的第一部著作"——的开篇，引述了一个令人印象深刻的对身体施予惩罚的

---

① "对身体的遗忘"浇铸了笛卡儿影响深远的身心二元结构丰碑，这一"密码"在胡塞尔自谓"二十世纪的笛卡儿主义"中仍一以贯之，思维的"纯粹性"首先意味着纯粹于身体性（Leiblichkeit），对自我身份的肯定与对身体的剥离是同一条行程。更大的问题在于，对身体的贬损不仅仅是在具有深度的高水平认知层面上，在不纯粹的感知层面上也有一个"忘身"的自然行为。我们暂且借用胡塞尔"原意识"（Urbewuβtsein）和"后反思"（Reflexion）一组概念，尝试分析布伦塔诺曾列举的一个与"内感知"——有时也被胡塞尔称作"原意识"——相矛盾的例子：当我想观察在我胸腔中熊熊燃烧的怒火时，那怒火必定已经冷却了。抛开胡塞尔及其他现象学家关于"后反思"定义的复杂争论，这里，在反思中，"怒火"已经失去了其强烈情绪的身体性特征，它变成了意识的纯粹内容；在原意识中，在我不可遏制的暴怒中，虽然有剧烈的身体动作，我却意识不到我在发怒，怒火在我的注意力之外。

通常这后一种情况被看作笛卡儿式二元结构的一个效应，但在 Drew Leder 看来，身体在身体活动中这种自然的"非对象化"，恰恰"在鼓励和支持笛卡儿二元主义中扮演了一个决定性的角色"（具体论述可参见 Drew Leder, *The Absent Body*. Chicago: the University of Chicago Press, 1990）。

② Bryan S. Turner, *The Body and Society: Explorations in Social Theory*. London: Sage, 2004, p. 63.

③ Ibid.

场面。福柯丝毫不顾虑读者心中可能引起的种种不适，将达米安（Damiens）受刑的血腥过程完整地摘录了下来。这一肢断血流的身体，固然阅后令人难忘，但绝不是福柯研究的主体，也不是特纳将其"身体现象学"归功于福柯启示的原因。不过，在这个血腥的场景中也包含着福柯所要分析的内容：权力对人（身体）的作用。对达米安的惩罚是传统权力运作的典型方式，与现代的权力运作技术大相径庭。现代权力运作的方式是温和的而不是野蛮的，仍从惩罚来看，身体的痛苦不是惩罚的目的，人们不再直接触碰身体，而是触碰身体以外的东西，人的身体只是一个媒介，从权力运作的有效性上看，"惩罚从一种制造无法忍受的感觉的技术转变为一种暂时剥夺权利的经济机制"。[①] 相应地，施罚者也不再是刽子手所代表的权力核心人物（比如君主），而是由看守、医生、牧师、精神病专家、心理、教育学家等组成，甚至还包括受罚者本人。因此，与传统政治权力的纯粹压制、强迫功能不同，现代权力的运作不仅有控制性的一面，同时，其控制性恰恰要依赖于一种生产性——将权力的意图内化到其作用对象的灵魂之中使之成为权力的积极实践者。

在福柯所描述的权力运作方式的转换格局中，身体的形象和意涵也有一个相应的变化。身体不再是一个生物学的物理事实，不再有其自然的、固定的物质形态，而是一个总是由权力覆盖、赋予（invest）其意义的驯顺的身体。从这个方面来说，身体不仅仅是医学探究的纯粹生物学意义上的经验对象，"肉体也直接卷入某种政治领域"，[②] 权力的运作给身体打上标记，使身体呈现为"政治的身体"。由此，身体不是一个孤立、僵化、自然的存在，而是被权力、社会、文化不断塑造、建构的结果。从其现成性上看，被建构的身体是权力运作的结果，这为一种回溯性的研究提供了依据：身体以其被建构性、以其所镌刻的社会密码可以成为社会研究的棱镜，通过对"政治身体"的微观分析可以探察其中所蕴含的权力运作"秘密"，解码并使之呈现出来。因此，也可以如特纳所说，"身体社会学"源自福柯的发明。自福柯开始，径自谈论一

[①] [法]米歇尔·福柯：《规训与惩罚》，刘北成、杨远婴译，生活·读书·新知三联书店 2007 年版，第 11 页。

[②] 同上书，第 27 页。

个固定的、自然的身体已经不太可能,身体就是一个经由社会文化之铭刻而成的"文—本","身体是铭刻事件于其上的平面",① 事件之迁流构成了历史,则"历史就是生成变化的具体的身体"。② 从这个角度看,对人类社会历史的分析和研究,将不再是一个"'观念史',其中只根据身体被感知以及被给予意义和价值的方式来思考身体,而是一个'身体史',其中根据身体中所被赋予的最具实质性的和至关重要的东西的方式来思考身体"。③

福柯的"身体"是一个社会建构的身体,"如果我们想要理解它对人们意味着什么,我们需要去理解身体是如何通过象征、符码、符号、意指活动及话语实践来建构的"。④ 对于福柯来说,"身体"以及其晚期着重分析的"性"都是话语(discourse)实践的产物,话语实践即权力运作本身,则福柯的社会建构论也可谓之"话语建构论"。此处的"话语",是一个渊源于符号学的概念,则"身体"内涵的社会化,或许离不开符号的意指功能。

二 符号意指中的话语建构

通常,索绪尔被看作现代符号学/语言学的开创者,他所阐述的能指/所指关系的任意性原则以及符号的意义源于符号系统内部要素的"分节"(articulation)的思想,对于强调符号的本原性地位有重要意义,即语言符号不再是传统表现论意义上的思想传递媒介,而是思想所从出、所可能之地基。海伦·凯勒"水之悟"⑤ 的故事仍然是一个阐述这一观点的极好例子,借助符号的意指功能,那个混沌、黑暗的世界才以明晰的面貌对海伦呈现出来。如卡西尔所说,人不是生活在一个纯粹

---

① Michel Foucault, *The Foucault Reader*. ed. by Paul Rabinow, New York: Pantheon Books, 1984, p. 83.
② Ibid., p. 80.
③ Michel Foucault, *The History of Sexuality* (Volume Ⅰ: An Introduction). Trans. by Robert Hurley, New York: Pantheon Books, 1978, p. 152.
④ Lisa Blackman, *The Body: the Key Concepts*. Oxford and New York: Berg, 2008, p. 22.
⑤ Helen Keller, *The Story of My Life: With Her Letters and a Supplementary Account of Her Education*. Auckland: The Floating Press, 2009, pp. 408 - 409.

的物理宇宙之中，而是生活在一个符号世界之中。符号所意指的概念并不是事物本身，乃至更进一步，"是词语的世界创造出了事物的世界——事物起初是混杂在将要生成的此时此地的总体中——词语赋予它们的本质以具体的存在"，① 上帝创世可以看作符号意义创造的隐喻，是语言符号使世界成为人们生活的世界与可被我们理解认识的世界，进一步而言，乃至人这一笛卡儿式主体也是符号的创造物，用拉康式的表述来说就是，"人"是能指的效果，"人的本质变成由语言的结构显示其中的效果所编织的，其中他成了语言结构的素材"。② 如果说在索绪尔那里语言符号还存在一个深度结构和表层现象的区分，拉康则完全颠覆了这一区分，③ 将所指虚无化，强调语言符号的创造性、建构性特征，不仅是人在说话，同时也是话在说人，人其实是"话语"的效果物。

借助符号学，拉康极大地改变了精神分析的气质，把弗洛伊德的生理主义发展为语言文化分析。在这一理论背景下，拉康理论极具哲学革命意义的内涵是对笛卡儿"我思"这一统一性主体的攻击，即作为主体的"我"是语言形构的效果。形构的关键源自于一种"身体形态学"的展示，因此，作为功能的自我身份的建构也是身体的话语符号的建构，"身体"是符号意指功能的话语实践的效果。拉康对身体形态学的阐述有赖于其对弗洛伊德"身体自我"的镜像式说明，在自我的形成上，弗洛伊德谈到，"自我首先是一个身体的自我；它不仅是一个表面

---

① Jacques Lacan, *écrits*: *The First Complete Edition in English*. Trans. by Bruce Fink, New York & London: W. W. Norton & Company, Inc, 2006, p. 229.

② Ibid., p. 578.

③ 以符号的基本结构为例，索绪尔将其表述为 $\frac{\text{signified}}{\text{signifier}}$，在拉康看来，如果两者以一种上项和下项平行结合而成的整体出现的话，这个算式就是一个谜一样的神秘符号，于是拉康将其改写成 $\frac{S}{s}$，并将其视作现代语言学的一个基础算式。按拉康的解释，这个算式可读作如下："能指在所指之上，'之上'相当于分开这两个平面的横杠（bar）。"（Jacques Lacan, *écrits*: *The First Complete Edition in English*, p. 415）这个读法在两个方面与索绪尔截然不同：①能指以大写的 S 表示并置于横杠之上，表明能指的优先性而非所指具有优先性；②能指与所指中间的横杠不再表示二者的结合，而是意义对能指的抑制，能指总是抵达不了所指，只能靠引向另一个能指才能成立，因此，所指只是能指在能指链中不断滑动所产生的效果，即所指是语言符号的运动效果，是话语的产物。

的实体，而且它本身还是一种表面的投射"，① 在镜像形态学上，拉康同意这一观点，即自我是受身体在镜中形象的激发形成的，"这一点教导我们不要把自我看作居于感知—知觉体系的中心，也不看作是由'现实原则'组织而成的"，② 而是受惠于误认的功能。这一误认最初表现在婴儿对镜中影像的认同中，拉康用"hommelette"③ 一词指称六个月之前的婴儿，此时是一个没有自我观念、未分化的存在，相应地，其身体的自我觉知是混沌的、杂乱的、碎片化的，借助于他偶然在镜子中瞥见的自我身体的形象，这个小人获得了对其身体统一性的把握，并在这种身体轮廓的统一性中获得了自我的确定性身份。相对于其实际的身体能力，这一完整的身体形象所代表的功能是超越其身体发展实际水平的，因而是早熟的，也是外在的，亦因此故，把镜中之像当作自我其实是把"他人"误认为自我。这一误认亦发生在随后更具普遍性的以语言符号为镜的主体的确立中——想象域的故事情节可以看作符号域剧情的形象展示，借助符号之镜，想象域的"自我"（ego）在符号域中注册为"主体"（subject），相应地，在拉康所谓的符号域（symbolic order），身体是被话语建构的，弗洛伊德的经由体验（如痛苦）而知的身体在这里被改写为在语言之镜中被意指的身体。

没有预先给定的身体，身体是符号建构的结果，前话语的身体也是不存在的。虽然晚期拉康谈到真实域的身体（body as real），但这并不构成对其符号建构的身体的挑战，"身体是真实的并不是因为它是前符

---

① 车文博主编：《弗洛伊德文集·第六册·自我与本我》，杨韶刚译，长春出版社2006年版，第127页。弗洛伊德在该书的英文版（1927）中给出了一个脚注："意即，自我基本上是从身体的感觉中派生的，主要是从身体表面产生的那些感觉获得的。因此，可以把它看作是身体表面的一种心理投射，另外，如上所见，它代表心理结构的外观"（superficies）。巴特勒对此有一个评论，"尽管弗洛伊德在此试图解释自我的形成，并宣称自我源自被投射的身体表层，但他无意中建立了将身体联结（articulation）为形态的前提"（Judith Bulter, *Bodies That Matter*, p. 197），并将这一线索与拉康镜像阶段"重写形态学（morphological）的想象"联系起来。

② Jacques Lacan, *écrits: The First Complete Edition in English*. Trans. by Bruce Fink, New York & London: W. W. Norton & Company, Inc, 2006, p. 80.

③ 这是拉康所造的词，由homme（人）和omelette叠加而成，后者有"小"和"蛋"两义，故其既可指六个月大的"小人"——婴儿，也指此小人的存在状态——"蛋形人"，借用了柏拉图《会饮》中阿里斯托芬所讲的神话中圆球人的形象，此"蛋形人"指尚无自我身份意识（例如没有性别身份意识）、尚未分化（分裂）的存在。

号（pre-symbolic）的而是由于它不能依赖于能指得到理解"；① 同样，由内在感觉所确证的身体观也与拉康的符号建构论截然相反，如其所说，"他者的享乐——为身体象征的他者——绝不是爱的记号"，② 即身体不是体验的、活生生的身体。

对于福柯来说，身体是被权力话语铭刻的；对于拉康来说，身体是被能指符码覆写就的。尽管表述上有着细微的差别，一个可谓之社会建构论，一个为符号建构论，但二者在外在建构性方面可以相互流通，其中，身体因符号的意指而关涉于社会存在的各个部分，而符号也因其对身体的建构而后来居上，成为社会批判、权力诊断、文化分析的基本要素。

三 建构论中的"能动性问题"及其身体疑难

作为一种社会批判、权力诊断方式，身体建构论一度为当代女性主义的"翻身运动"诉求所看重，由此，女性主义的性别政治批评也体现了一个从生理的身体到话语的身体的位移。话语建构的身体观为女性摆脱"生理即命运"的生理本质主义枷锁提供了另一种可能，也成为后女性主义性别政治斗争策略的前提。其中朱迪斯·巴特勒的"性别操演"③ 理论可谓其典型。

在巴特勒看来，身体是被建构的这一立场，其确立无疑与福柯有关。身体是一个"权力/话语"铭写自身于其上的场所，社会的变迁、权力的运作、文化的流行总是会在身体的表面上留下痕迹，如此，身体

---

① Sean Homer, *Jacques Lacan*. London and New York: Routledge, 2005, p. 121.
② Jacques Lacan, *On Feminine Sexuality: The Limits of Love and Knowledge.* Trans. by Bruce Fink, New York and London: W. W. Norton &Company, 1999, p. 39.
③ "操演"的原文为 performativity，有人将其译为"表演"（将其与剧院的 performance 相联系）或"施为""述行"（这种译法考虑到该词的 performative 这一语言学渊源以及巴氏对奥斯汀"以言行事"理论的借重），本文采用《性别麻烦》一书中译者宋素凤的译法，原因在于，巴氏本人已澄清其 performativity 的内涵的揭示首先在于将其与 performance 区别开来；其次，该语虽有奥斯汀的语用学线索，但还包含福柯、拉康、德里达等的话语思想，而已经成为巴氏本人的概念，似不应专属奥氏；此外，中文"操演"一词既可表达建构的外在管控性，又含有个体的强迫重复乃至生产的积极性，可承载 performativity 的丰富含义。

的表面就是一个写满了符号的文本,记载了社会、权力、文化运作的轨迹,这些轨迹就是身体的"身世",则对权力脉络的探询就变成了对身体的"阅读"。但福柯有关铭刻的身体的建构模式,却潜在地包含着一个与其建构立场相左的推论。从字面意思上看,"铭刻"(inscription)即书写于其上,在书写之前应有一个承载体,类似于洛克的"白板"——一个便于刻写的空白平面,则"铭刻于身体之上"是否预设了"一个外在于建构的身体,一个在建构中不变的身体"?[①] 一个尚无任何意义、等待文化形式赋义的质料?为了避免类似于福柯所可能陷入"生理身体/社会身体"二分的僵局,巴特勒主张,身体的物质现实性总是早已在一个社会情境中被定位并被规定的。以性别身份为例,没有一个前话语的、作为一个自然事实的先定的身体,由此,巴特勒区分了表演(performance)与操演(performativity),即性别身份的建构不是一个先在身体对性别服装的自主选择,恰恰相反,是那些作为性别诸样式的话语建构为这个性别的身体,性别身份(包括生理性别和社会性别)是规范话语实践的效果而非原因。借助一种彻底的话语建构论,巴特勒可以对异性恋的男权统治霸权展开攻击,即男性霸权并没有一个天然的形而上学地基,只是后天建构的效果,故可通过"再建构"而突破这一男性话语体系。

然而,排除了福柯在身体问题上可能的形而上学残留,巴特勒又将陷入新的困境之中,即摒弃了作为行动者的身体和作为选择筹划的主体,性别操演中所具有的积极意义又如何可能?既然一切都是话语的建构,我们又如何选择建构的方向和样式?这个问题对关注"自我呵护"的晚期福柯同样有效,在福柯那里,身体是被动的,被动承受权力运作的烙印;它是灵魂围剿的目标,灵魂以其无上智慧把身体作为碑石刻写自己的丰功伟绩,身体在文化的覆盖中沉默失声。因此,虽然"身体"因福柯而声名鹊起,但在福柯的建构论中却成为一个沉默的身体,福柯的微观分析只是一种呈现,一个沿着谱系的回溯,无法为自我的未来提供有益的线索。此外,身体只是话语的效果物,则我们很难指望通过身体影响或者回击那作为规训权力的话语。这个"能动性问题"也可见

[①] Judith Butler, "Foucault and the Paradox of Bodily Inscriptions", *Journal of Philosophy*, 1989, p. 602.

于德里达对拉康菲勒斯中心主义的批评中，在拉康那里，符号建构论最终变成了先验建构论，同样，福柯的话语建构论最终变成了话语决定论。

对于女性主义者来说，"能动性"（agency）① 这个概念主要关涉的是个体抵抗、协商或者拒绝规训权力起作用的能力。福柯的话语谱系可以揭示女性在权力运作中的不利地位，但女性主义更关心的是如何改变话语实践中已建构的女性贬损形象，那么，能动性问题在女性主义这里又可表述为：如果性别是经由建构变成的而不是一个先天如此的存在状态，那么，是什么决定了这个变成？更进一步，对于巴特勒的"操演"理论来说，操演所具有的女性自由存在维度来自话语的重新意指（re-signification），则改变已有话语的意涵的重新意指之动力何在？简言之，"能动性问题被重新表述为意指和重新意指如何运作的问题"。②

四　话语在意指中"被排除的身体的回归"

按巴特勒，"能动性悖谬"可以表述为："a）只有诉诸一个前话语的'我'，能动性才得以建立，即使那个'我'存在于一个诸话语的交集中；b）被话语建构就是被话语决定，此决定排除了能动性的可能性。"③ 前已论及，操演所具有的建构维度首先在于对此前话语的"我"及"身体"的排除，因此，能动性的悖谬可进一步表述为：主体只是一个代理（agency），其形成依赖于我们永远无从选择的话语，同时，这些话语也产生并供养我们的能动性（agency）。

---

① "能动性"的英文词为 agency，有时它也被译为"代理"。此处所讨论的问题也与这个方面的含义有关，在话语建构论者看来，没有一个先在的、统一的、实体的主体，主体也是被建构的，因此，相比于传统的主体观，此处的主体只是一个空洞的主体，如拉康所引用的诗词，"我们内中空空/我们塞得满满/彼此靠在一起/头盔里填的全是稻草。唉！"（参见 Jacques Lacan, *écrits: The First Complete Edition in English*, p. 234）我们只是空心人、稻草人，只是一个转换词（shifter），主体这个词只是一个代理，没有自主法权，其被动性就构成了个体自主选择的难题。

② Judith Butler, *Gender Trouble: Feminism and the Subversion of Identity*. Routledge: New York, 1990, p. 184.

③ Ibid., p. 182.

坚持话语建构论的立场，则话语建构论中的能动性就不能从身体方面而应当从符号角度去寻找。从其最初意义上，社会建构论的建构即是一种能动性的表现，只不过这一建构作为符号之建构是符号之能动性的表现，其根源，在索绪尔那里是使个体言语活动成为可能的作为深层结构的整个符号差异系统，在拉康那里是作为大他者的无意识的话语，具体言之是能指在能指链上的回溯性意指。总之，把建构中的能动性归结为符号，在于符号的意指行为是由符号系统自身产生的而不是依赖于所指，强调符号的意指实践能力及建构能力，则使符号成为与权力运作一体两面的生产性的"话语"。对于巴特勒的"操演"理论来说，强调符号的能动性的另一个来源是奥斯汀区分出的不同于陈述性言语的"施行话语"（performative utterance），这一话语表明"言语的发出就是在实施一个行为"。奥斯汀所例示的以言行事场景与阿尔都塞询唤（interpellation）场景一致，通过阿尔都塞的阐发，奥斯汀的"说话即做事"衍化为拉康意义上的话语生产：律法以其强制性使那个"它"在符号域中注册从而成为主体（"他"或"她"）——语言符号的能动性变成了话语的决定性。

话语的建构成为一种排除了能动性的决定论，在巴特勒看来，问题在于"阿尔都塞把这种'招呼'或'询唤'设想为一种单边行为""没有考虑到这一询唤律法所可能引出的一系列违反。律法不但有可能被拒绝，而且有可能被破裂，被迫进行重新表述（re‑articulation），使其自身单边运转方式的一神论式的强制性受到质疑"。[1] 这一施行话语的构成性失败也是德里达所说的符号的失败。符号必然是可以多次重复的，与胡塞尔坚持符号重复意指的同一性相反，德里达主张符号的重复性不能保证意指的统一性而恰恰是意义分裂乃至增衍的根源，原因在于：一个施行话语或询唤必须在合适的情境下才有效，而符号的可重复性又要求符号"必须能够将其从其生产的当下在场与单一意向中剥离出来"，[2] 从而不可避免地有一个符号的失败。这一超出了其原初语境的再次使用固然是历史意指的失败，但也可以看作新的意指及与其相应

---

[1] Judith Butler, *Bodies that Matter: On the Discursive Limits of "Sex"*. Routledge: New York, 1993, p. 82.

[2] Jacques Derrida, *Signature Event Context. From A Derrida Reader: Between the Blinds*. Ed. by Peggy Kamuf, New York: Columbia University Press, 1991, p. 107.

的情境生成的无限可能性。因此，符号的重复不是保持其意义自我统一性、保证话语建构同样有效性的构成机制，而是意义延异、撒播的路径。相应地，符号与其被看作一个忠实于所指的能指，不如看作一个意谓不断位移的踪迹（trace）。"踪迹"是对在场形而上学中起核心作用的超验所指的解构，同时"它的功能也动摇了符号的形而上学的决定性"。①

德里达关于符号重复性的解释，有助于我们理解巴特勒所赋予"操演"的特别的能动性含义，即对于性别霸权话语的解构，在这一瓦解中"一个根本的民主理论将发现有其价值"。② 但德里达关于重复性征引及其中可能的失败等的说明，只是对霸权话语形态的解构，其能动性所蕴含的解放的民主含义只停留在"去中心化"的意义上，其所提供的只是解构之后的诸多可能性，缺乏能动性所特有的在积极方向上的要求。故此，在由符号的重复性所导致的话语的重新意指方面上，巴特勒所要彻底解决的能动性难题，是如何使这一重复性朝向某一个所需要的方向运动，或者说，如何使那些曾被性别规范话语所压制的存在在话语中建构出来。在这里，巴特勒又不得不借重精神分析对"重复性"的解释。例如，弗洛伊德关于忧郁症机制的解释，包含着将"压抑"视作生产性力量的可能；在忧郁症中，对欲望的压抑既是对欲望的拒绝也是对欲望的保留，欲望总是以各种不同的形式在现实中表现出来，这也是福柯曾经分析过的抑制与生产合为一体的律法（话语）的本性。在精神分析的维度中巴特勒又需要重新思考身体的物质性问题，身体的物质性如何体现？肉体生命真的可以在理论上化约为一个符号的存在吗？巴特勒虽然坚持身体的物质性，但她并没有把身体看作与其周遭具体情境一齐活现的身体，而是看作——如其 Bodies that Matter（可以译成《麻烦的是身体》?）一书的副标题所显示的——话语的界限，其意义表达的是话语实践和符号意指所遭到的抵制。在这一抵制中，话语建构身体的物质性喻示的是某种超出话语体系的外在，"但它并非一种绝对意义上的'外在'，即超出或反击话语边界的存在论意义上的在那儿

---

① Niall Lucy, *A Derrida Dictionary*. Hoboken, New Jersey: Blackwell Publishing, 2004, p. 144.

② Judith Butler, *Bodies that Matter: On the Discursive Limits of "Sex"*. Routledge: New York, 1993, p. 143.

(thereness)"，① 而是此话语体系赖以成立的构成性外在，它指示的是话语边界的脆弱性以及运动性。以女同性恋者为例，异性恋的菲勒斯话语将同性恋的身体作为嫌恶的对象排除为"外在"，这一"外在"作为"压抑"下的"无意识"② 总是试图回归到话语形态中，从而使那些曾被贬黜的、嫌恶的存在在话语中建构出来。因此，事关一种抵制中的能动性，巴氏又不能仅仅将身体当作一种话语的边界，而需要一个对欲望的身体、身体的欲望的额外援引。这里不再是符号自身的分裂逻辑，而是欲望的生产逻辑，被压抑的欲望的重复性，实质上是痛苦的身体渴求在话语秩序中的回返。曾经被符号秩序拒绝的东西试图重返回来，重复不仅是某种主体化未能出现的标记，同时也是主体化失败的标记，"在主体中所重复的是彻底排除于主体的形构之外的东西，是威胁到主体自身的边界和一致性的东西"，③ 这些曾被排除之物的棘手性回归不仅是对不可抗律法的破坏，也是"一个有效的分裂，一个对符号域进行彻底的再表述的时刻，其中身体变得至为关键了"。④

让我们在此处把巴特勒有关能动性的复杂解释简化一下。①性别身份与主体性都是由话语建构的，并不存在话语之外的身体，谈论话语之外的物质性是没有意义的；②建构论中主体的能动性被让渡给话语的能动性，在某种程度上递变为话语决定论而排除了能动性；③话语决定论中的规范话语的霸权统治依赖于对"他者"的排除，这一排除对"他者"来说构成了精神分析意义上的压抑；④被压抑的欲望作为一种原初性创伤构成了对话语秩序的抵制，它总是要不断地表现自己；⑤曾被排除之物（痛苦的身体）在话语秩序中的破坏性回归构成了对现有话语形态的挑战，从而使话语的重新意指成为可能，这也是话语自身所包

---

① Judith Butler, *Bodies that Matter: On the Discursive Limits of "Sex"*. Routledge: New York, 1993, p. xvii.

② 在这里，巴特勒显然是整合了福柯的"权力/话语"理论与精神分析的话语理论，权力对身体的规训一方面将主体按照话语的结构建构出来，同时将那种与规范性（normativity）相冲突的身体要素排除在外，这些排除在外的"剩余物"（remainder）构成了压抑机制中的无意识冲动，这些无意识冲动因子总会以种种变形重复出现在意识中，构成了对意识话语和已建构主体的某种威胁。

③ Judith Butler, *Bodies that Matter: On the Discursive Limits of "Sex"*. Routledge: New York, 1993, p. 190.

④ Ibid.

含的能动性所在。在这些解释中，话语所包含的两面性充分体现出来：一方面，话语建构了主体，建构了身体；另一方面，话语又包含了主体活动的广阔空间，为主体提供某种能动性。但需要注意的是，对此能动性的说明并没有忠实地依循于话语符号之内，在能动性证成的关节——符号的重复性——上，不得不引入了一个异质性的外援，即与感知觉和物质性紧密联系的身体的欲望，则身体并非如福柯、拉康、巴特勒等社会建构论者所坚持的那样，完全是由符号建构的，这构成了身体建构论的一个内在矛盾。再者，身体的物质性也并不如巴特勒所宣称的，只是一个话语意指的界限，以符号吞噬身体也许与自索绪尔以来的能指/所指的二元区分有关，只不过符号建构论者采取了将所指消融到能指中的策略，这一"文化"覆盖"自然"的策略在解决身心二分、以心控身的传统模式中恰恰是沿着笛卡儿的道路行进并将其推到极致。综合来看，这一立场的极端性，也许预示了另一个议题——梅洛-庞蒂的身体观——作为活现（embodiment）的身体的重要性，但要走出同样可能极端的肉身性立场，跳出西方文化的框架去思考也许是一个有益的尝试。

参考文献

[1]［法］米歇尔·福柯：《规训与惩罚》，刘北成、杨远婴译，生活·读书·新知三联书店2007年版。

[2] Michel Foucault, *The Foucault Reader*. ed. by Paul Rabinow, New York: Pantheon Books, 1984.

[3] 车文博主编：《弗洛伊德文集·第六册·自我与本我》，杨韶刚译，长春出版社2006年版。

[4] Judith Butler, *Gender Trouble: Feminism and the Subversion of Identity*. Routledge: New York, 1990.

[5] Judith Butler, *Bodies that Matter: On the Discursive Limits of "Sex"*. Routledge: New York, 1993.

[6] Jacques Derrida, *Signature Event Context*. From *A Derrida Reader: Between the Blinds*. Ed. by Peggy Kamuf, New York: Columbia University Press, 1991.

从实用主义美学到身体美学

——兼论舒斯特曼的身体美学思想与中国古典美学的比较研究

张再林　李军学

(西安交通大学人文学院教授，西安，710049；
西安理工大学人文与外国语学院博士，西安，710048)

摘　要　舒斯特曼由分析美学转向实用主义美学的宗旨就在于让美学发挥对日常生活的指导价值，让身体成为我们日常生活的中心。因此，实用主义美学关注身体的目的在于：①身体而非理性与语言是我们通达原初世界的途径，通过改善和提高身体意识达到对世界的本真性了解；②纠正人们在对待身体现象上偏向外在表面的矫饰行为，而主张建立身心合一的新身体观；③反对把身心分离为手段—工具二元论思想，而主张建立手段与目的的相互依寓的身心一体的身体观，重视身体在人类行为中的基础性价值；④反对身体的禁欲主义主张，从身体出发对于身体合理性欲望的充分肯定。舒斯特曼建立身体美学的目的就在于恢复鲍姆嘉登遗漏的"身体"，重置了"身体"作为美学学科的本体性地位。此外，本文还比较了这一身体美学思想与中国古典身体美学的异同及研究意义。

关键词　实用主义美学；身体转向；身体美学；中国古典美学

　　与欧洲大陆理性主义美学不同，20世纪英美美学分别由英国分析美学和美国实用主义美学构成。它们都以批判理性形而上学为旨趣，而在反对形而上学过程中，分析美学曾经一度成为英美美学的主流，以致土生土长的美国实用主义美学几乎被强大的分析美学所统治。然而，随着美国本土对自己民族文化的认同诉求，加之分析美学自身仅仅囿于语言分析的科学主义局限，使一度处于沉寂的实用主义美学日益受到向来崇尚实用精神的美国学者的重视,甚至一些曾经热衷于分析美学研究的学者,也纷纷把关注的眼光转向了颇受冷遇的实用主义美学,舒斯特曼就是其中的一个杰出代表。

舒斯特曼之所以要从盛极一时的分析美学转向实用主义美学,源自于美学实践和对美学的重新认识。1985 年,舒斯特曼回到美国,在天普大学哲学系从事美学教学与研究工作,实用主义才作为一个哲学视点呈现给他。1988 年,在给舞蹈专业和哲学系研究生上美学课时,起初杜威的实用主义美学还不过是当时远为出众的阿多诺美学的陪衬,但在学期结束时,经过仔细观察课堂上不同辩论和在跳舞地板上检验某些论点,促使他不得不用朴实、乐观、民主的杜威实用主义美学来取代严峻、阴沉和傲慢的阿多诺美学。就其对美学的新认识而言,舒斯特曼深刻地认识到,作为一门追求智慧的学问,美学就像其当初产生时那样,应以指导人们的生活实践和完善人们的美好生活为旨归,但实际情形却恰恰相反,美学日益的专业化、学院化和工具化,远离了人们的日常生活实际,变成了狭隘范围内少数人研究的学问,渐渐地失去了其在人们生活中的影响,以致被边缘化。而舒斯特曼通过对早期古希腊思想和后现代哲学的研究,试图重新恢复美学本应具有的现实价值,实现其对身体的伦理关怀和生活的实践指导。

舒斯特曼这一美学思想的重大转向,尽管招致了那些固守分析美学学者的批评,但他对实用主义美学的开拓性研究,奠定了其继杜威、罗蒂之后新一代实用主义美学领军人物的重要地位。这一开拓性研究就在于,他对美学回归日常生活的倡导以及对自古以来颇受诟病的通俗艺术的正名,尤其是近年来他所力倡建立的身体美学学科及其在这一领域所取得的卓越成就,使他在国内外声名鹊起。舒斯特曼从实用主义角度倡导建立的身体美学思想,与后现代一些哲学家对欧陆意识美学批判与反思基础上所提出的身体美学主张灵犀相通,但舒斯特曼立足实用主义角度,无论就身体转向的旨趣还是身体理论的主张,都和欧洲大陆理性主义的身体美学理论迥然有别。因此,理解舒斯特曼的身体美学思想,对于当今人类日渐隆盛的身体关怀行为不无积极的借鉴意义和启示价值。

一　从实用主义美学走向身体

正是基于实用主义美学对美学要面向生活实践的要求，舒斯特曼把美学研究焦点转向基础的身体。在舒斯特曼看来，"哲学不是一个文本问题，而是一个具体的生活实践问题"。传统哲学对真理和理性研究并没有实现哲学真正的目的。"如果理性和真理的最大目的是维持和推进我们肉体的存在，那么为什么不转向目的本身直接关注身体呢？"

舒斯特曼对身体的关注与 20 世纪美学发展的基本走向不期而遇，20 世纪现代西方美学基本发展趋向是对意识美学的批判和身体美学的出场。在身体美学看来，作为抹平差异、追求同一的意识美学不但是一种缺乏爱恨情仇的"太监美学"，而且是无视身体差异的"独白美学"，其归根结底都是一种唯心主义的"意识美学"。一如有学者所言"如果可以把美学从窒息他的唯心主义的沉重负担中解救出来，那么只能通过一种发生于身体本身的革命才能实现"，必须"在身体的基础上重建一切——伦理、历史、政治、理性等"，因此，转向身体成为 19 世纪以降思想的根本走向。如果说 19 世纪马克思通过"劳动的身体"、尼采通过"权力的身体"、弗洛伊德通过"欲望的身体"恢复了身体在各种人类活动中的基础性地位，那么"20 世纪有三个伟大传统将身体拖出意识哲学的深渊。追随胡塞尔的梅洛-庞蒂将身体依然插入知识的起源中，他取消了意识在这个领域的特权位置……涂尔干、莫斯、布尔迪厄这一人类学传统重视人的身体实践和训练，这一反复的实践逐渐内化进身体中并养成习性，但这个习性不仅仅是身体性的，它也以认知的形式出现，尤其是要克服意识在认知和实践中对身体的压制，身体和意识在此水乳交融。尼采和福柯的传统根本不想调和身体和意识的关系，在这个传统中，只有身体和历史、身体和权利、身体和社会的复杂纠葛"，正是他们不遗余力地通过对意识美学的批判与清算，从而使向来为人们所熟视无睹的默会性身体一跃成为关注的中心。与欧洲大陆哲学家对身体转向的理解不同，舒斯特曼从实用主义立场提出了转向身体的旨趣。

首先，舒斯特曼之所以要转向对身体的关注，就在于对"身体缺席"的意识美学反思。意识美学要么把美学当作脱离鲜活生活经验而致力于"先验—本质—形式"领域的纯概念的逻辑推理演绎，要么把美学仅仅停留于语言分析，建立一套凌驾于一切之上的知识系统，从而一劳永逸地解决人们在实际生活中的问题。而无论是理性演绎还是语言分析，均遮蔽了与原始生活经验密切相关的身体维度。"造成这种状况的部分原因是当代西方哲学的逻各斯中心主义和语言中心主义对身体领域的总体忽视。"而它们之所以忽视身体存在，一方面在于难以避免的身体缺陷，譬如死亡、疾病、疼痛、残疾等，它们不仅导致我们认知能力的不足，扭曲了我们的感知能力，而且影响我们对真理的判断，阻碍我们通达普遍一致的认识；另一方面，我们的身体与其他动物相比，更多地受我们后天经验和行为的决定而非受制于基因遗传的限定，身处不同时空境域和社会交往场域的身体就形成了各自不同的身体特性，而差异化身体就形成了我们对同一事物各自不同的理解，从而耽误我们一致性的判断，阻碍我们追求普遍性的真理，因此身体向来被视为欺骗性牢笼而备受谴责。然而，舒斯特曼认为，正是由于人们推崇理性与语言而对身体忽视，致使本应充满活力和具有生活指南的美学变成了高深莫测、远离生活、令人望而生畏的抽象玄学，它不但歪曲了我们对世界直接而原初的实际体验，而且遮蔽了认识得以奠基的存在论基础。与身体知觉对事物的外在把握不同，意识是借助概念而把外物作为对象来把握，而在这种对外在事物的把握过程中，我们不经意中完成了对物的双重歪曲。第一次是我们忽略了外物与我们身体知觉的直接照面而以主体之先验意识实现对物的把握，这种借助先验意识而显现的外在事物总不是事物本身，因为"事物不再是野性的事物，它已经被改造和软化得服从我们的想象，以便我们可以用概念来把握它"。第二次歪曲则是体现在语言符号中，因为我们对外物的认识总是通过语言符号体现出来，而任何语言符号只能描述事物的一般特征，这样，事物本身的丰富性和生动性在语言符号中又一次被淘汰掉了。就此而言，意识不是对事物的真实把握，而是对物的强暴，只有在不以对象化的意识方式而是以身体的知觉方式来把握外物时，我们才能直面事物本身。因为我们的身体是先于意识与外物打交道的，是身体首先"看到""闻到""触摸到"外物，在我们形成对外物的概念把握之前身体已经以前反思的、非概念的、非推论的默会方式直接接触到外在事物，而理性与语言只不过是身体经验主题化结果，因此身体知觉在我们的知识构造中具有奠基性的意义。我们不应该因为身体感官的欺骗性而拒斥身体，相反，我们应当努力通过提高身体意识和不良的身体习惯来纠正感觉使用的失误，实际上，严重的错误常常产生于病弱的身体。基于此，舒斯特曼认为："人类意识和语言的发展使我们超越了无理性的肉体存在，成功地改善了我们的生活环境。然而，由于我们的生活环境现今已变得太过复杂和变动不居，以至于不利于建立本能和习惯，因此，我们仍然需要有效地利用意识来引导我们的生活，这不仅仅是创造理念和工具，而且包括改善对身体的自我运用。"因而转向身体也就是要把长期以来处于辅助意识（subsidiary awareness，波兰尼语）的身体从久受遮蔽和隐匿的状态中凸显出来，使人们认识到身体以及良好的身体意识在人类实践活动中基础性的价值与意义。

其次，舒斯特曼之所以要转向对身体的关注，就是要纠正在现代社会发展过程中，重"肉体"轻"意识"所导致的人们大量身心失调之痛，建立身心一体的身体美学观。在现代社会，随着生产方式的根本改变和人们生活的日益富足，大部分繁重的体力劳动和脑力劳动可以被人类自身所创造的发达的生产工具所取代，欲望的躯体代替了劳动的躯体，被科技解放的人们可以把更多的闲暇打发在对自我身体的关怀与照顾上。"我们现在越来越关注我们的身体，这是因为在我们的环境里已经没有集中关注其他事情的真正需要了"。尤其是随着媒介技术的发展和消费文化的崛起，一如鲍德里亚所理解的，在经历了千年清教传统之后，身体在广告、时尚和大众文化中完全出场，成为消费社会中唯一的最美、最珍贵和最光辉的物品，唯一具有最深不可测的意涵的物品，彻底取代了灵魂。在现实生活中，身体变得越来越紧要了，美容化妆、养生保健、整容变性、塑身减肥等呵护和美化身体的时尚已从星星之火发展至燎原之势，耗费了人们大量的时间和金钱，身体产业成为助推经济发展的重要引擎。但是在对身体万般呵护中，人们往往把身体视同工具意义上的物质实体，仅仅局限于腹部、臀部、大腿、脸庞等部分表面的矫饰，通过隆鼻、隆胸、文身、抽脂等整容技术，强求一致地把身体修复为像商业广告和大众传媒中人人心仪的帅哥靓妹，甚而出现了"人造美女"的奇观。这种不顾身体自身的个性差异，无视作为整体意义上的身体机能的生长规律的过火身体美容技术，带给人们大量无可挽回的不堪后果。舒斯特曼认为，作为时代精神集中反映的美学怎能龟缩在学院之内对日渐隆盛的畸形的身体矫饰现象装聋作哑呢？它有责任纠正社会上人们不良的身体矫饰，为人们对美丽、健康和完善的身体追求提供一种理论指南，因此舒斯特曼讲"如果我们把哲学看作是对经验和生活的正确道路的根本探求，那么我们就可以认为身体学——连同它通过实际的身体训练对一个人自己鲜活的经验所做出的具体测试和改善——是哲学生活的一个必要部分"。如何正确地引导和规范人们的身体行为，是哲学家不应回避的迫切的现实课题。

因此，舒斯特曼强调"身体美学不限于它的表面形式和装饰性的美容，它还关注身体自身的运动与经验"。换言之，人们对身体这种异乎寻常的关注不应该仅仅体现在追求永葆青春靓丽的外表，更重要的在于改善和促进身心的和谐。正如舒斯特曼所言："身体美学本质上并不关注身体，而只关注身体的意识和中介，关注具体化的精神。"如我们前所论及，正是由于身体很少受先天遗传基因的决定而更多地来自后天社会环境的影响，因此身体不仅仅是生理和物理意义上的身体，更是进化论意义上的身体。在人的身体上更多地铭刻着社会规驯的印记，人的举手投足、动容周旋无不是后天熏陶和教化的结果。但人们却想当然地把铭刻着身体规范的身体习惯认为是自然而然的，缺乏对其进行合理性的批判反思。而问题在于"我们未经反思地获得坏习惯如同获得好习惯一样易如反掌，一旦获得坏习惯，我们如何纠正？"更进一步的是，长期以来由于受占统治地位的柏拉图—基督教—笛卡儿传统对身体的贬抑，身体常常被视为心灵之牢笼、丧志之玩物、罪恶之源、堕落之根。因此，西方哲学家通常漠视身体的修养。现代文明的快速变化的节奏已经对我们的身体构成了一种威胁，使旧的、缓慢的以及无意识形成的身体习惯很快就变得落伍而不适应现代社会的变化和节奏，导致更为基础的身体机能和更高级的智力行为不相和谐，从而引发了身体的流行性伤残并激发了身心不适，造成了文明人遭受更多的身体失调。正基于此，舒斯特曼认为仅仅依靠身体的缓慢进化来获得无意识和本能的身体已经不能适应快速变化的社会，我们必须进行身体功能的再教育，通过有意识的身体控制来改造和调节我们的身体机能和身体习惯，使身体朝向更有意识、更有理性、更有控制的方向推进，以适应日趋复杂的外界环境。舒斯特曼主张"身体美学鼓励人们从对身体的外在形态和吸引力的注意转移到对活的身体经验和身体机能的一种改善的品质感受上"。

因此，舒斯特曼这里所提出的身体美学思想，绝不仅仅等同于流俗意义上的诸如整容保健和美容化妆之类的表面性修饰行为，而是旨在通过培养一种积极的身体意识，纠正不良的身体习惯，以达到身体感知的丰富性和敏锐性，从而使身体适应不断变化的现实社会。

再次，舒斯特曼认为我们之所以要转向身体，还在于纠正人们仅仅视身体为实现目的之手段的不当认识，强调身体在人文学科的特殊地位与重要价值。身体向来是人文学科研究领域的一个"空场"，因为人文学科最初是相对于神学而建立起来的，但人文思想家并不满足于做人，他们心底里暗自渴望超越死亡、软弱、错误，像神那样存在，既然在身体里不能实现这些愿望，他们便专注于心灵。所以人们往往把身体研究视为是自然科学的对象，而人文学科是精神科学的对象。这样，人文知识分子往往忽视了身体之于意识的基础性作用。即使研究身体也常常像自然科学那样，以为身体和其他事物一样是遵循物理与化学规律的物质实体，结果是我们的宗教是没有形体的灵魂的宗教，我们的心理学是没有形体的精神心理学，甚至在医学领域，医生把患者肉体的生理指征是否合标作为诊断的主要依据，而完全忽视了患者肉体生理指征背后的差异性的社会和精神因素，它让医生们不去思考疾病的心理因素，而精神病医生则不关心患者的肉体因素。其实身体不但是生理的身体，它更是意识的身体，也是我们感知和行动的身体。没有无身体的意识，也没有无意识的身体，身体既是手段，也是目的，但人们往往只是把身体当作实现目的的工具，而无视工具之于目的的重要价值，就像我们通过眼镜观看世界却不能看清楚眼镜那样，在日常生活中，身体往往被视为心灵的仆人而被忽略和边缘化。只有在人的身体出了故障和生命大限临近之际，人们才能切身地意识到身体所负荷的价值与基础性的意义。

舒斯特曼站在中庸的立场上，认为我们在专注于目的本身的同时，也必须关心实现目的之手段——身体。身体也应该得到人们的重视，以便改善对它的运用。也就是说，如果我们达乎目的的手段——身体——出了毛病，那么，也就不能完美地实现我们的目的。舒斯特曼常举的一个典型例子是著名的身体理论家和治疗师 F. M. 亚历山大，他最初是一位戏剧表演家，由于一度声音嘶哑和失声而不得不中断自己的演艺生涯，后来经过仔细研究发现，之所以出现如此状况，是自己关于身体的想法和运用自己身体的方式存在问题造成的，于是他通过纠正自己不正当的头颈姿势重新登上戏剧舞台。亚历山大后来专门创立亚历山大技法来帮助那些在日常生活中由于不适当的身体习惯而导致身体疾患的人。其实不仅是亚历山大本人，其他的艺术家诸如音乐家、画家、舞蹈家、演员等，如果学会了与其艺术相关的技能，学会了如何操作自己的工具和身体，以避免不良的身体习惯所导致的疼痛和残疾，他们可能表演得更自如和出色。但是，这种良好身体习惯的培养绝非是一蹴而就的，它需要人们持之以恒地努力。正如舒斯特曼所言："用语言快速而易于说出的东西，也许需要成年累月的时间的实践，才能在身体上获得成功。"所以时时反省和纠正我们不当的习以为常的身体习惯不但不会耽误我们的工作，反而会更有力地促进我们工作的进展。"虽然小刀是切割的手段而非打磨锋利的目的，我们有时也需要打磨和保养它们以使它们更锋利、在使用时更有效"。基于此，我们在关注我们的心灵的同时，也应该重视作为工具意义的身体之于目的重要价值。

最后，舒斯特曼认为，我们之所以要转向和推崇身体，就在于摒弃长期以来理性主义哲学所主张的禁欲主义思想观念，充分肯定人们的身体所具有的正当合理的欲望。长期以来，由于人们对身体怀有敌视，身体以及身体所具有的内在欲望被视为魔鬼和罪孽，身体以及由身体而来的合理欲望始终处在被压抑的状态。正如舒斯特曼所言，"在自然科学已经剥夺了宗教的权威并将世界世俗化之后，为了保卫精神性的领域，唯心主义着重于心灵意识和大体上继承下来的基督教占统治地位的贬斥的身体的冲动"。因此，"在中世纪，身体主要遭受道德伦理的压制，而在宗教改革之后，尤其从17世纪起，身体主要受到知识的诘难"。对身体的禁欲主张一直不绝于耳。然而在舒氏看来，肯定身体必然肯定身体的欲望，因为"身体不仅是快乐的源泉，还是协调所有情感经验的中介，因此身体转向构成了我们文化的美学转向的一部分"。因而自叔本华、尼采之后，通过对意识美学的批判和身体的颂扬，身体及身体的正当的欲望追求才得到积极的肯定。尼采甚至认为，美学艺术就是一种"艺术生理学"，彻底颠覆了传统意识美学所主张的"无功利""无目的"的禁欲主义主张。而舒斯特曼则立足于实用主义的立场，认为这种禁欲主义思想主张不过是统治阶级别有用意维护阶级特权和自我利益的反映，而在阶级特权被打破、消费社会已经来临的时代，充分肯定躯体的正当欲望无疑是时代发展的反映。所以舒斯特曼充分肯定了自柏拉图以来颇受诽谤的通俗艺术,认为被贵族阶级视为颓废、肤浅的摇滚、拉谱、乡村音乐等通俗艺术,恰恰彰显了世俗生活的欲望,其以向身体维度的快乐回归的方式满足了大众的审美需求,从而为向来被人所不齿的通俗艺术立身正名。

二 从身体走向身体美学

上述这些美学关注的多元维度和身体的联结,促使舒斯特曼提出了"身体美学"的思想,与其他身体美学理论不同,他不仅认识到身体在诸多方面的重要意义,而且在身体美学的实践方面也做出了卓有成效的工作,他本人就是专业身体训练师。在舒斯特曼看来,其实这种身体训练古已有之,比如印度的瑜伽和中国的气功、武术,还有古希腊犬儒学派都突出身体训练对于智慧和善的生活的重要意义。当代西方的身体训练如亚历山大技法(Alexander Technique)、费尔登克拉斯方法(the Feldenkrais Methed)和生物疗法都通过培养身体运行,来改善我们的身体感知。如何把我们所形成的身体理论和卓有成效的身体实践结合起来,迄今还是一个学科建设上的空白,正如舒斯特曼所言,"尽管当代理论对于身体的关注取得了明显进展,但是,我们会发现当代身体理论缺少两个重要的特征。一是缺少一个结构性的整体框架,无法将那些非常不同的、似乎毫不相关的话语整合成一个更加富有成果的系统领域。这种全面的框架能够富有成果地将生物政治学话语和生物能量学的疗法联结起来,或者将随附性的本体论与超集的身体塑形方法联结起来。二是当前大多数哲学性的身体理论缺少一个明确的实用主义取向,通过它,个体可以直接将理论转化成改良身体训练的实践"。正是基于这方面考虑,舒斯特曼首倡建立一门新兴学科——身体美学,来形成人们正确的审美欣赏和实现对身体的关怀,修正当前人们在改善身体方面的诸多误区和盲点。因为在舒斯特曼看来,"鲍姆嘉通将美学定义为感性认识的科学且旨在感性认识的完善。而感觉当然属于身体并深深地受身体条件的影响。因此,我们的感性认识依赖于身体怎样感觉和运行,依赖于身体的所欲、所为和所受"。因此,为了论证建立身体美学的必要性和可行性,他从美学创立之初的鲍姆嘉通那里寻找学科建立之根据。

既然身体是作为感性学的美学得以运行的关键,那么为什么在鲍姆嘉通创立美学之初身体却成为令人震惊的缺席对象,甚至在后鲍姆嘉通的时代,美学的范围被从感性认识的广大领域减缩为美和美的艺术的狭隘范围呢?换言之,美学如何像哲学一样,从一个高尚的生活艺术收缩为狭小的、专门的大学学科而遗漏了至为重要的身体呢?要回答这个问题,我们必须回到鲍姆嘉通创立美学的初始情境中去,从哲学根源上讲,鲍姆嘉通的思想继承自笛卡儿通过莱布尼茨至沃尔夫的理性主义传统,而在这一浓郁的理性主义传统中,身体仅仅被视为一种物理学意义上的机器或机械装置,因此,它从来不能真正成为感觉能力或感性认识的场所。另外,18世纪中期宗教思想在意识形态领域还占统治地位,而且鲍姆嘉通出生在一个宗教氛围非常浓郁的家庭,他又是一个虔诚的基督徒,他的老师沃尔夫就因为强调身—心统一问题而被教皇逐出大学的校门,故此,即使在创立美学之初意识到身体的意义,但他也不敢冒险与视身体为"邪恶的、淫荡的"的宗教思想相冲突。而到后鲍姆嘉通的启蒙主义时期,理性主义雄踞时代主流,身体始终处在理性思想的阴霾之中,所以在美学的开端,身体处于缺席的状态也就毫不惊奇了。而真正颠覆理性和宗教理论而使身体成为人们关注中心的则肇始自喊出"上帝死了"旗号的尼采。

所以,我们今天建立身体美学就是要把鲍姆嘉通在创立美学方案之初不幸遗漏的中心——身体的培养——作为美学研究的核心。恢复身体在美学中本应具有的重要地位。所以舒斯特曼坦陈,他建立身体美学的主要目的是:①复兴鲍姆嘉通将美学当作超越美和美的艺术问题之上、既包含理论也包含实践练习的改善生命的认知学科的观念;②终结鲍姆嘉通灾难性地带进美学中的对身体的否定(一个被19世纪美学中的主要唯心主义传统所强化的否定);③提议一个被扩大的、身体中心的领域,即身体美学,它能对许多至关重要的哲学关怀做出重要的贡献,因而使哲学能够更成功地恢复它最初作为一种生活艺术的角色。因此,在这里,舒斯特曼所建立的身体美学绝不是身体美学下属的类似于环境美学、艺术美学的分支美学,而是要让身体恢复美学的本体地位。这是因为,一方面身体不仅被视为审美价值和审美创造的对象,而且身体被视为增进我们对其他所有审美对象的处理以及增进对非标准的审美事物处理的至关重要的感觉媒介。另一方面,身体美学不仅涉及人类学、社会学和历史的研究，而且也要进行生理学和心理学的研究。更重要的还要进行为传统美学所不屑的武术、健美、节食等身体的实践训练。正是在此意义上，身体美学是对传统意义上美学的开拓和创新。所以，舒斯特曼认为身体美学应该包含分析、实用和实践身体美学三个方面的状况。在这里分析的层面是纯理论的，实践的层面是纯应用的，实用主义的层面是介乎理论和应用之间的。所以身体美学是一门理论与实践相结合的学科，而这符合鲍姆嘉登当初对美学的构想。

三　对于中国美学研究的启示

尽管舒斯特曼谦称其所提议建立的身体美学只不过是"旧思想方式的新名字"，但他的这一思想引起了中国学者的极大兴趣和思想共鸣。这恰如舒斯特曼自己所言："主张身体对作为一种生活艺术的哲学的至关重要的作用，与统治绝大多数欧洲哲学的观念主义对身体的忽视不同，中国哲学展示了对身体在人性完善中的深深尊重。"与西方敌视身体的传统相比，"中国文化将对身体的理论肯定与改善我们的运动与精神集中能力的实际训练的发展结合起来，使我们变得更为高雅，使我们的意识变得更加愉快和敏锐"。因此，当他所提出的身体美学招致同行的非议时，他更多地从亚洲哲学特别是中国哲学中获得极大的鼓励和支持。

对于没有原罪意识和反智主义而注重天人合一、身心一如的中国古代美学而言，舒斯特曼从"他者"眼光对中国古典美学的诊断的确是独具慧眼的。这是因为中国古代美学无论是儒家的"修身"思想还是道家的"贵身"理论都无不是围绕着"身体"而进行的。这种身体观绝不等同于建基于身心两分意义上西方近代科学基础上的对身体的纯粹生理学、物理学意义上的定位。而与舒斯特曼所强调的身心合一之身暗然相契。而笔者最近从身体角度对中国古典美学的系列阐发，也佐证了这一点。

正是身体与意识唇齿相依的关系，中国古典美学的身体绝不是生理学意义上的形躯之身（physical body），而是"天生人成"的后天养成之身。也就是说，人的情欲贪念等诸种欲望扎根于人的形体躯壳中，成为道德进程的羁绊，但是中国古典美学并没有像西方古代美学那样视身体为意识不共戴天的罪恶之渊薮，而是强调身体与意识的连续性和亲和性，使人的原始形躯之身符合社会规范系统的"礼"，使身体从"血气之气"转化为"浩然正气"，从"小体"转为"大体"，儒家采用了"摄威仪"与"治血气"，以及"践形""美身"等方式实现克己复礼扩充修养功夫，使身体成为"充实而有光辉"（孟子语）、"君子之学以美其身"（荀子语）的道德生命之身。恰如孟子所言："形色，天性也，惟圣人然后可以践行"（《孟子·尽心上》）。从而使"君子所性，仁义礼智根于心，其生色也，睟然见于面，盎于背，施于四体，四体不言而喻"（《孟子·尽心上》）。如果说儒家的修身采用了顺承直贯充养推扩的"践行"的"正"的身心体证功夫，那么道家所强调的则是"涤除玄览""心斋""坐忘"逆向反致消解遮拨"负"的支离功夫，二者都旨在消解和悬置知识论致思方式，完成"知觉体系的转变"，从而实现物我一如的前认知、前主客对立的天人合一之"身"，使身体直接参赞天地之化育。也正是通过这一番转化功夫，就不难理解为什么中国古代的许多美学范畴就直接源自"近取诸身，以文拟人"这样以形躯而起念的身体语言，诸如形神、气韵、风骨、肌肤、血肉、眉目、主脑，以及肥、瘦、刚、柔、味、品等文学艺术评论的核心范畴皆源自于人的身体。特别值得一提的是，中国古典美学正是从身体出发，充分肯定身体的合理性欲望，在某种意义上，中国古典美学既是一种身体论的美学，也是一种欲望论的美学，因此在其中才形成立足于生理满足（食）和种族繁衍（色）基础之上别具特色的"味美学"和"性美学"，这种"味"既是一种不离身体的生理感觉，又远远超乎人的生理的感觉器官之上的形上意味，从而使中国古代美学具有"亲体性""咸和性""品味性"的原生态审美特征；这种基于种族繁衍的阴阳两性美学，又因既遂人欲而又遂她欲的"互欲"之情，而使中国古典美学既具有"中和"之美，又不失为一草一木皆是情的重"情"美学。更为重要的是，中国古典美学对身体的重视还体现在"身与物游"的审美境界。也就是说，这种身体美学的思想不是如舒斯特曼那样通过身体意识自觉来达到对不良身体习惯的纠正，不是一种"对象式的审美"而是"栖居式审美"，即"游心于物之初""心游万仞"的与物为春境界，在身体完全怡然自得地沉浸于外在情境之中，在交感共振地和谐相栖中，身体潜移默化地发生了脱胎换骨的转化。恰如孔子在让弟子们各言其志时对曾点"莫春者,春服即成,冠者五六人,童子六七人,浴乎沂,风乎舞雩,咏而归"之语所发出的"吾与点也"(《论语·先进》)的由衷赞叹。也如嵇康"目送归鸿,手挥五弦,俯仰自得,心游太玄"(《赠秀才入军》)而达到"胸次悠然,直与天地万物上下同流"的"天地境界"(冯友兰语)。

在今天人们身心日益被增长的电子传媒、网络技术等信息符号的洪流淹没的情况下,在这个资本逻辑和权力话语操控和规训一切的时代,关注我们的身体和培养良好的身体意识,对于纠正我们因"身心分离"所导致的"以身为殉"生命感性经验贫乏的异化悲剧,无疑是重要而迫切的课题。作为方兴未艾的一门新兴学科,尽管舒斯特曼与中国古典美学所强调的身心兼修的身体美学思想基于各自不同的文化背景还略有差异,但二者在寻求两种思想的对话与沟通、拓展和深化身体美学研究以解决我们面临的时代困境方面,无疑为我们奠定了良好的开端,指明了发展的方向。

参考文献

[1] 理查德·舒斯特曼:《实用主义美学》,彭锋译,商务印书馆2002年版。

[2] 理查德·舒斯特曼:《身体意识和身体美学》,程相占译,商务印书馆2011年版。

[3] 理查德·舒斯特曼:《生活即审美》,彭锋译,北京大学出版社2007年版。

[4] 特里·伊格尔顿:《美学意识形态》,王杰等译,广西师范大学出版社1997年版。

[5] 汪民安:《身体的文化政治学·导言》,河南大学出版社2004年版。

[6] 彭锋:《身体美学的理论进展》,《中州学刊》2005年第3期。

[7] 鲍德里亚:《消费社会》,刘成富等译,南京大学出版社2006年版。

[8] 理查德·舒斯特曼:《通过身体思考:人文学科的教育》,《学术月刊》2007年第10期。

［9］理查德·舒斯特曼：《哲学实践》，彭锋译，北京大学出版社 2002 年版。
［10］汪民安：《尼采与身体》，北京大学出版社 2008 年版。
［11］张再林：《作为身体哲学的中国古代哲学》，中国社会科学出版社 2008 年版。
［12］张再林：《作为"有味道的形式"的美——中国古代审美中身体性维度的探析》，《西北大学学报》2011 年第 1 期。

后　记

《当代哲学研究文集》中文版在几经反复修改的基础上终于编写完稿了，这是一个会议文集。它集成了与会代表的成果和研究心得，虽然离会议结束已经有了一段时间，但只要不是应景文章，放一放或许也是一个沉淀的过程，犹如陈年老酒，是需要经得住时间的考验的。令人欣慰的是，相当一些文章如今读来仍然有新鲜感和时代感，研究的这些问题并未随着时间的推移而失去价值。我们不仅要等待"密那发的猫头鹰"在黄昏起飞，也要倾听"高卢雄鸡"在清晨的高鸣。哲学将随着时代所提出的问题以独特的方式介入时代的精神理论的创造性活动之中，并与其他力量一道推动文明的历史进程和社会的进步。在本书的编纂过程中，我的学生任李娜、吴铮、强哲、张雅馨、李慧婷在书稿的校对、编排和文字细节的处理等方面付出了巨大的努力。他们认真细致，在可能的条件下尽量准确，这真是一个要求极其认真又需要付出时间的细活，容不得粗心大意。学生们通过这样的工作熟悉了流程，掌握了体例规范和校勘要求，同时通过阅读理解文句学到了不少理论知识，这真是附加的收获。在此也对本书的责任编辑侯苗苗所付出的心血和努力表示由衷的感谢和敬意。在文稿的出版过程中，她为保证书稿的出版质量，几乎不厌其烦地多次与我们沟通讨论，书中存在的哪怕很小的问题也要一丝不苟地进行处理。她的负责精神感染了我们，也保证了文集最大限度地减少可能的瑕疵和问题。为了全书论文在内容上的一致性，我们以话题的类型将全书分成四个部分，这些部分之间没有严格的界限，例如，在"全球化问题"一编中，涉及价值与文化的文章也可能与其后的一编"社会发展与文化价值"中的某些论文论题相关，但这不影响我们在文章板块方面的粗略划分，它不是在严格逻辑意义上区分的。最后，在文集出版之时，向全体作者表示敬意，正是他们的努力特别是编辑过程中许多作者按要求做了许多的修改，才使文集有了今天样子，希望这些智力劳动成果能够为哲学研究提供有价值的参考。